CAD로
배우는
배관 도면

CAD로
배우는
배관 도면

초판 인쇄일 2023년 3월 3일
초판 발행일 2023년 3월 10일

지은이 이진천
발행인 박정모
등록번호 제9-295호
발행처 도서출판 혜지원
주소 (10881) 경기도 파주시 회동길 445-4(문발동 638) 302호
전화 031) 955-9221~5 팩스 031) 955-9220
홈페이지 www.hyejiwon.co.kr

기획 · 진행 김태호
디자인 조수안
영업마케팅 김준범, 서지영
ISBN 979-11-6764-052-9
정가 29,000원

CAD로
배우는
배관 도면

혜지원

플랜트 배관 도면을 작성하기 위한
범용 CAD 학습서!

플랜트는 현대 사회에서 근간이 되는 산업이라 할 수 있습니다. 석유를 시추하는 시추선, 정제하는 정유 설비, 에너지를 만들어내는 발전소, 다양한 공산품을 생산하는 공장을 건설하는 산업이 플랜트입니다. 우리나라와 같이 원재료를 구입하여 제품을 만들어 외국에 판매하는 경제구조를 가진 국가에서 플랜트는 국가를 지탱하게 하는 산업이라 할 수 있습니다. 따라서 플랜트 분야는 많은 인재가 필요한 분야입니다. 대학에 '플랜트'라는 명칭이 들어간 학과도 있지만 플랜트 분야에 종사하는 사람들은 기계, 전기, 화학, 건축, 토목 등 다양한 전공자들이 모이는 융합 분야입니다.

'플랜트 설계는 배관 설계'라고 말할 수 있을 정도로 플랜트 설계에서 배관이 차지하는 비중은 높습니다. 이로 인해 플랜트 배관 설계를 수행하기 위한 전문 소프트웨어가 많이 출시되어 활용되고 있습니다. 플랜트용 전용 설계 소프트웨어는 3차원 설계를 기본으로 엔지니어링 계산, 간섭체크, 물량산출 및 다양한 도면을 산출할 수 있는 기능을 갖고 있으며 가격도 고가입니다. 그러나 현실적으로 국내의 많은 중소 설계사무소에서는 전용 소프트웨어를 사용하는 데 가격, 전문인력 확보 등 여러 제약이 있습니다. 이러한 현실로 인해 중소설계사무소에서는 AutoCAD, ZWCAD와 같은 범용 CAD의 2D 기능을 이용하여 도면을 작성하는 작업이 많습니다. 여기에 LISP과 같은 프로그래밍 언어를 사용하여 자신의 업무에 맞는 기능을 개발해 사용하기도 합니다.

이 책에서는 이러한 국내 현실을 반영하여 플랜트 배관 도면 작성법을 배우고자 하는 학생이나 관계자들을 대상으로 하여 범용 CAD를 이용하여 플랜트 도면 작성법을 설명하고 있습니다. 이 책의 구성을 간단히 살펴보면 다음과 같습니다.

- **Part 1**에서는 플랜트 배관에 대한 개요와 도면 작성 도구인 CAD와 도면 작성을 위한 일반적인 내용에 대해 알아봅니다.
- **Part 2**에서는 플랜트 배관은 무엇인지, 배관 도면의 도시 방법에 대해 알아봅니다.
- **Part 3**에서는 AutoCAD 조작을 위한 기초 지식과 작도 및 편집, 치수 기입 등 명령어 사용방법에 대해 알아봅니다.

- Part 4에서는 앞에서 학습한 CAD 명령어를 이용하여 배관 도면 작성법에 대해 알아봅니다.
- Part 5에서는 플랜트 배관 평면도 및 아이소메트릭 도면 작성법에 대해 알아봅니다.
- Part 6에서는 3차원 명령어와 예제 도면을 이용하여 3차원 배관 모델링 방법에 대해 학습합니다.

　　필자는 플랜트 배관 전문가가 아닌 소프트웨어 전문가입니다. 배관 관련 소프트웨어 개발 경험으로 얻은 지식과 관련 서적을 참고하고, 플랜트 전문가의 자문을 받아 쓴 책입니다. 전문가 입장에서 보면 매우 초보적인 내용일 것입니다. 플랜트 설계를 위한 학습서라기보다는 플랜트 배관 도면을 작성하기 위한 범용 CAD 학습서로 이해해주시기 바랍니다. 이 책을 통해 범용 CAD를 이용하여 플랜트 배관 도면의 작성법을 익히고자 하는 분들이 기초를 쌓는 데 일조를 했으면 하는 바람입니다.

　　그리고 이 책에서 언급되는 도시법은 발주처나 설계회사 또는 설계자에 따라 약간 차이가 있을 수 있습니다. 작도 방법 또한 설계자에 따라 여러 방법이 있을 수 있으며, 책에서 언급한 방법은 필자가 제시하는 하나의 방법으로 이해해주시기 바랍니다.

　　이 책이 나오기까지 플랜트 배관에 대한 참고 자료의 제공과 자문을 해준 친구 양회범에게 감사드리고, 혜지원의 박정모 사장님과 편집자님께도 감사의 뜻을 전합니다. 소프트웨어 개발에 여념이 없는 ㈜디씨에스의 임직원, 옆에서 변함없이 성원해주는 아내와 두 아들에게도 감사의 뜻을 전합니다.

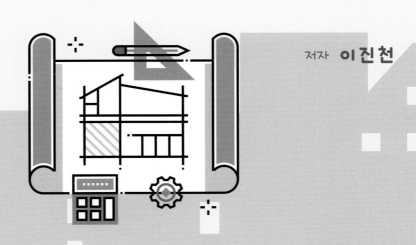

저자 **이진천**

PART 02 배관 도면 작성을 위한 기초지식

PART 03 AutoCAD 기능

Chapter 06 AutoCAD 기능

Chapter 07 작성 및 편집 명령

PART 04 배관 도면 작성

PART 05 플랜트 배관 도면 작성

Chapter 10 플랜트 배관 평면도 작성

Chapter 11 아이소메트릭 도면 작성

PART 06 3차원 배관 모델링

Part 1

개요

본격적인 배관 CAD 작업에 앞서 플랜트는 무엇이며 어떤 작업이 있는지 알아보겠습니다. 그중에서 배관 설계에는 어떤 작업이 있고 어떤 점을 고려해야 하는지 알아보겠습니다. 배관 도면 작업에 사용할 도구인 CAD 소프트웨어 AutoCAD에 대해 살펴보고, 플랜트 설계를 위한 응용 프로그램에 대해서도 알아보겠습니다.

Chapter 1

플랜트 설계

플랜트 배관(Piping) 도면 작성법을 학습하기에 앞서 플랜트 설계의 기본적인 내용과 배관 설계에 대해 알아보겠습니다.

1 플랜트란?

플랜트(Plant)의 사전적 정의는 '소요 물질이나 에너지를 얻을 목적으로 원료나 에너지를 공급하여 물리적 · 화학적 작용을 시키는 장치 또는 공장시설 및 생산시설 전체를 가리킨다(공조냉동건축설비 용어사전)' 또는 '전력, 석유, 가스, 담수 등 제품을 생산할 수 있는 설비를 공급하거나 공장을 지어주는 산업을 말한다(출처: 매일경제)'라고 정의되어 있습니다. 알기 쉽게 정리하면 '기계장치 및 전기 · 통신 따위의 종합체로서 제조 및 생산 시설을 건설하는 것'을 말합니다. 단순하게 표현하면 생산 시설이나 공장을 건설하는 것입니다.

사실 공장을 건설한다고 하면 단순하다고 할 수 있지만 이 공장에는 건물의 외관인 건축, 내부에 들어가는 기계, 기계를 구동시키는 전기 및 발전 장치, 공장 내의 쾌적한 작업환경을 조성하는 환기 및 냉난방, 화재 및 재난에 대비한 방재 및 피난 시설 등이 포함되기에 다양한 분야의 기술이 어우러진 종합체라 할 수 있습니다.

플랜트는 노동력, 원자재, 자금 등을 투입하여 목적으로 하는 기능을 갖게 하는 제품을 생산하기 위하여 기계, 장치, 기타 관련된 여러 요소들을 유기적이고 체계적으로 조합시킨 집합체라 할 수 있습니다. 일반적으로 플랜트 건설 업체들을 EPC 업체라고 부르기도 하는데 Engineering(설계), Procurement(구매, 조달), Construction(공사) 그리고 Commissioning(시운전)으로 설계에서부터 공사에 소요되는 기계, 배관, 전기, 계장 자재를 구매 후 설치하여 목적 용도에 맞춰 운전을 한 후 발주처에 넘겨줍니다.

분류하는 기준에 따라 차이는 있습니다만 플랜트는 어떤 종류의 시설을 건설하느냐에 따라 분류됩니다.

① 발전 플랜트

전기와 같은 에너지를 생산하기 위한 플랜트를 말합니다. 즉 발전소를 건설하는 플랜트입니다. 동력원에 따라 화력, 수력, 원자력, 풍력, 지열, 조력, 가스, 태양광 및 태양열 플랜트 등이 있습니다.

② 화공 플랜트

원료 물질에 화학적 및 물리적 처리를 해서 제품 물질을 생산하는 플랜트를 말합니다. 정유, 석유 화학이나 정밀 화학 등 각종 화학 제품을 생산하기 위한 공장 설비를 말합니다.

③ 환경 플랜트

폐수 처리, 쓰레기 및 각종 오염 처리 시설과 같은 환경과 관련된 설비를 말합니다.

④ 제조 플랜트

밸브, 펌프와 같은 기기와 장치 제조를 위한 공장을 건설하기 위한 플랜트입니다. 자동차 공장도 제조 플랜트라 할 수 있습니다. 제조 플랜트는 주로 사업주가 직접 건설하는 것이 특징입니다.

⑤ 식품 및 제약 플랜트

식품의 생산이나 약품의 생산을 목적으로 하는 공장을 건설하는 설비를 말합니다. 시장 수요에 따라 변화가 용이한 시설로 유연성이 강한 특징이 있습니다.

이 밖에도 작은 부품의 생산 공장, 제철소와 같은 다른 설비를 만들기 위한 원재료의 생산 공장 등 공장의 종류가 다양하듯 다양한 종류의 플랜트가 있습니다. 해양의 석유 시추선과 같은 해양 플랜트도 있습니다.

2 플랜트(Plant) 설계

플랜트 설계는 플랜트(공장 및 생산 시설) 건설을 위한 설계 업무를 말합니다. 기본 설계(Basic Design) 및 상세 설계(Physical Design)를 말하며 프로젝트 전체 비용에서 차지하는 비중은 낮지만 전체 프로젝트의 비용과 시간을 줄일 수 있는 매우 중요한 작업입니다. 가장 먼저 플랜트 레이아웃(Plant Layout) 설계를 하게 됩니다. 주어진 조건에 맞춰 관련 법규에 저촉되지 않는 범위 내에서 경제성, 안전성, 작업의 용이성, 미관, 유지보수 등을 고려하여 최적의 설계가 이루어져야 합니다. 플랜트 설계는 다음과 같은 조건이 충족되어야 합니다.

① 발주처의 요구 충족

당연한 것이겠지만 발주처가 제시한 조건과 환경에 맞춰 설계가 이루어져야 합니다. 같은 제품을 생산하는 공장이라 하더라도 발주처에 따라 요구사항이 다르기 때문에 이 요구사항에 부응할 수 있어야 합니다.

② 경제성 충족

공사를 하는 기업의 입장에서는 경제적인 이익을 증대시키기 위한 활동이므로 충분한 경제성을 확보할 수 있어야 합니다.

③ 법규의 준수

인허가 단계에서부터 준공에 이르기까지 건축기준법, 소방법, 고압가스 취급법, 위험물 취급법, 전기설비 관련법, 건축법, 노동안전법 등 수많은 법규가 관련됩니다. 법규를 준수하지 못해 재시공하는 극단적인 경우도 발생할 수 있습니다. 이러한 법규를 위반하지 않도록 세심한 주의를 기울여야 합니다.

④ 안전성 확보

어느 현장이든 안전사고의 위험성을 내포하고 있습니다. 경제성을 맞추기 위해 무리한 공정계획을 세운다든가, 안전장치를 소홀히 하여 안전사고가 발생하지 않도록 안전에 대해 충분히 고려하여 설계되어야 합니다.

⑤ 작업의 용이성

건설 과정에서도 그렇지만 완공된 이후에도 작업자가 작업하기 편리한 환경을 조성하는 것도 중요합니다. 운반이나 통행을 위한 도로와 장비의 반입·반출과 같은 통로 및 작업자의 작업공간의 확보, 쾌적한 냉난방 설비, 핸들이나 스위치 조작 등의 제어의 편리성, 각종 모니터링의 편리성 등을 고려해야 합니다.

⑥ 유지보수 용이성

어떤 장비나 설비도 시간이 경과하면서 노후화됩니다. 소모품은 수시로 교체하기도 하고 소모품이 아니더라도 수명이 다 되거나 고장이 발생한 장비나 부품을 교체하기도 합니다. 필요에 따라 수리가 필요하기도 합니다. 건설 당시의 용이성도 필요하지만 완공한 이후 유지보수의 용이성도 충분히 고려하여 설계되어야 합니다.

⑦ 전체적인 미관

사람이 작업하는 공간이고 활동하는 공간이기 때문에 건물이나 설비의 미적인 부분을 간과해서는 안 됩니다. 입지 환경에 따른 배치, 다른 건물이나 설비와의 조화, 색상도 고려해서 설계가 이루어져야 합니다. 단, 미관에 치중한 나머지 경제성이나 안전성 등을 소홀히 해서는 안 됩니다.

3 플랜트(Plant) 설계의 종류

플랜트 설계에는 다양한 분야별로 설계가 이루어지는데 다음과 같은 종류가 있습니다.

① **토목 설계:** 플랜트 설비가 들어설 부지의 계획 및 정비, 토목 구조물의 설치에 대한 설계
② **건축 및 구조 설계:** 플랜트 설비가 들어설 건축 및 건축 구조물에 대한 설계
③ **기계 설계:** 기계 장치를 만들기 위한 조건과 절차 및 기계 구조물의 설계
④ **전기 설계:** 해당 건물 및 플랜트 설비에 공급할 전기 시설에 필요한 설계
⑤ **계장 설계:** 측정 및 제어 장치에 필요한 계장 계획, 계기 설정, 관리 방식, 동력원 및 배선과 배관을 포함한 설계
⑥ **배관 설계:** 유체를 조건(압력, 속도, 유량 등)에 맞춰 수송하기 위한 설계
⑦ **환기 및 냉난방 설계:** 쾌적한 작업 환경 및 해당 시설물을 안정적으로 유지관리하기 위한 환기 및 냉난방을 위한 설계

⑧ **방재 설계:** 화재, 지진 등 재난에 대비하기 위한 예방 시설과 재난이 발생했을 경우 대피 및 진압 등의 방재 설계
⑨ **공정 설계:** 플랜트 건설을 위한 절차 및 일정의 설계. 각종 설비 또는 자재의 반입, 인력 및 작업 배치를 위한 설계
⑩ **시운전 설계:** 시공 완료 후 시험운전을 통해 목적한 대로 돌아가는지 체크하고 생산을 위해 준비하는 설계

이 밖에도 부식 및 산화방지, 각종 화학물 생산을 위한 화학장치 설계 등 다양한 종류의 설계가 있습니다.

4 배관(Piping) 설계

플랜트 설계에서 가장 많은 비중을 차지하는 것이 배관 설계입니다. 배관(PIPING)은 각종 유체 및 기체의 운송을 담당하는 중요한 설비입니다. 사실 배관이라는 하나의 아이템이지만 토목, 건축, 기계, 전기 및 계장 등 여러 분야와 연관되기 때문에 배관에 대한 지식뿐 아니라 관련 분야 지식과의 연관 관계를 이해할 수 있어야 합니다. 또 여러 분야와 상호 유기적인 업무가 가장 많기 때문에 관련된 각 분야의 사람들과 밀접하게 소통하면서 넓은 시각으로 업무를 수행해야 합니다. 따라서 제대로 된 배관 설계를 위해서는 경험이 많아야 합니다. 도면의 작성 경험뿐 아니라 현장에서의 실전 경험도 중요하다고 할 수 있습니다.

4.1 배관(PIPING)이란?
일반적으로 파이프(PIPE)는 우리말로 하면 '관(管)'이라고 하며, 단면으로 보면 원통 형상으로 가운데가 비어있는 것을 말합니다. 이 비어있는 공간을 이용하여 액체, 기체 등 유체를 수송하거나 전기배선이나 케이블 등을 보호할 목적으로 이용되고 있습니다. 수송물의 종류, 수송 환경, 경제성 등을 고려하여 재질을 결정합니다.
배관(PIPING)은 유체의 수송이나 배선 등의 보호 목적으로 이용되는 관(PIPE)이나 튜브 등을 설치하는 것을 말합니다. 또는 설치되어 있는 관(파이프)이나 튜브를 지칭하기도 합니다. 쉽게 표현하면 관을 배치하는 것이 배관입니다.
종종 '관(PIPE)'과 '배관(PIPING)'을 혼동하여 사용하는 경우가 많습니다. '관(PIPE)'을 '배관(PIPING)'으로 표현하는 경우도 종종 있습니다. 정확히 표현하면 '관'은 파이프 자체를 말하고 '배관'은 관을 배치(설치)하는 것을 말합니다.

4.2 배관 설계자의 업무
배관 설계는 관(파이프)을 배치하는 위치나 방법을 도면이나 문서로 표현하는 업무입니다. 배관 설계에는 3D 도면을 토대로 2D 평면 작업이나 아이소메트릭 도면을 작성하는 단순한 작업도 있지만 종합적인 설계 지식과 현장 경험을 가지고 전체 플랜트를 설계하는 플랜트 엔지니어가 필요합니다. 배관 설계자의 업무를 살펴보면,

• 각종 기술 사양서(제원) 작성

- P&ID 및 흐름도 작성
- 토건 및 기기의 설계자료 작성
- 플랜트 레이아웃(GENERAL ARRANGEMENT DWG) 작성
- 배관 라인 스케줄 작성
- 배관 재질의 결정
- 기기별 노즐의 방향 및 연결방법 결정
- 배관 도면 작성: PIPING ARRANGEMENT DWG(PIPING PLAN DWG), ISOMETRIC DWG, SPOOL DWG, SUPPORT LOCATION DWG, SUPPORT DETAIL DWG 등
- 배관자재 집계 및 자재발주, 관리

4.3 배관 설계 시 고려 사항

배관 설계는 관(PIPE)을 연결하는 단순한 작업이 될 수도 있지만 크게 보면 플랜트 전체에 지대한 영향을 끼치는 중요한 작업입니다. 배관을 설계할 때 고려해야 할 내용에 대해 알아보겠습니다.

① 전체적인 관점에서 균형적인 사고와 미관을 고려하여 계획해야 합니다.
② 프로젝트의 경제성을 고려해야 합니다. 목적으로 하는 기능을 충족시켰다 하더라도 수익적인 면에서 도움이 되지 않는다면 성공한 프로젝트가 아닙니다. 반드시 경제성이 고려되어야 합니다.
③ 시공의 용이성을 고려해야 합니다. 시공이 용이해야 공기를 단축시킬 수 있고, 경제적 효과도 얻을 수 있습니다.
④ 사용자가 장치의 조작이 용이하도록 계획해야 합니다. 건설 시에는 시공의 용이성이 고려되어야 하고 완공 이후에 시설을 운전하는 과정에서 사용자가 조작하기 용이하도록 설계되어야 합니다.
⑤ 안전성을 고려해야 합니다. 시공 또는 완공 이후에 시설을 가동하는 동안 안전이 최우선되어야 합니다.
⑥ 향후 유지보수를 고려해야 합니다. 각종 장치나 설비는 일회용 소모품이 아니고 오랜 기간 동안 사용해야 하기 때문에 향후 모니터링, 수리 및 교체 등 유지보수를 고려한 설계가 이루어져야 합니다.

이러한 설계를 위해서 배관 설계자는 관련 지식과 실제 현장 경험이 풍부해야 하며 종합적인 관점에서 전체적인 균형을 고려하여 설계할 수 있는 감각을 가져야 합니다.

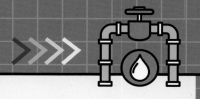

Chapter 2

도면 작성 도구

이번 챕터에서는 도면 작성 도구에 대해 알아보겠습니다. 캐드(CAD)의 정의와 종류, 용도에 대해 알아보겠습니다.

1 캐드(CAD)란?

모든 작업을 수작업에 의존했던 시대에는 자와 연필을 이용하여 선을 그리고 글자를 써서 도면을 작성했지만 컴퓨터의 보급에 따라 도면도 컴퓨터에 의존하는 시대가 되었습니다. 초기에는 단순히 수직, 수평의 2차원 도면이 중심이었습니다만 점차 3차원 도면으로 옮겨가고 있습니다.

CAD는 'Computer Aided Design/Drafting'의 약어로, 직역을 하면 '컴퓨터 지원 설계(디자인) 또는 제도'입니다. 즉, '컴퓨터를 활용한 설계 및 설계 관련 작업' 또는 '컴퓨터에 의한 설계 지원 도구(Tool)'를 말합니다. CAD를 'Computer Assisted Drafting' 또는 'Computer Assisted Drawing'으로 표현하는 경우도 있고, 설계 대상이나 목적에 따라 CADD(Computer-Aided Design and Drafting), CAID(Computer-Aided Industrial Design), CAAD(Computer-Aided Architectural Design) 등으로 표현하기도 합니다.

정리해서 표현하면 **'실제 또는 가상의 대상물에 대해 도면을 작성하고, 설계 대상에 대한 가상공간의 구현 및 시뮬레이션 등을 컴퓨터의 자동화된 수단으로 실시하는 제반 설계 업무'**를 말합니다. 이 업무를 가능하게 하는 도구가 바로 CAD 소프트웨어입니다.

최근에는 분야를 막론하고 3차원 모델링(Modeling) 설계가 대세가 되고 있습니다. 단순히 겉모습만 3차원으로 표현하는 것이 아니고 각 요소가 가진 정보(Information)까지 포함한 3차원 모델을 구축하고 있습니다. 플랜트 분야도 예외는 아닙니다. 발전소나 화학공장의 대형 프로젝트는 이미 3차원으로 설계되고 있으며 3차원 설계모델을 활용한 시뮬레이션, 유지관리 등에 적용하고 있습니다.

그렇지만 모두 3차원 모델링을 수행하는 것은 아닙니다. 현장에서 필요에 따라 간단히 작성하는 평면도나 아이소메트릭 도면은 아직도 2차원으로 작성하는 경우가 많습니다. 특히 중소기업에서는 고가의 3차원 소프트웨어 도입 시의 경제적인 문제를 비롯하여 이를 충분히 활용할 수 있는 맨 파워(Man Power)의 확보와 같은 현실적인 문제에 봉착하여 3차원 설계를 도입하지 못하는 경우도 많기 때문에, 2차원 설계와 3차원 설계를 적절하게 분배하여 상황에 따라 활용하고 있습니다. 하지만 4차 산업혁명이 이슈가 되면서 3차원 설계가 일반화되어 가고 있습니다. 국내의 수요도 늘어나고 있으며 외국 공사의 경우 발주처의 요구에 의해서 3차원 설계가 이루어지고 있습니다. 산업 전반적인 분위기가 3차원 설계를 유도하고 있습니다.

[3D 플랜트 CAD 이미지의 예]

2 CAD 소프트웨어의 종류

CAD 소프트웨어는 활용 분야가 많고 사용자층도 다양해 세계적으로 무수히 많은 CAD 소프트웨어가 있습니다. 대부분은 유상이지만 무상으로 사용할 수 있는 CAD 소프트웨어도 많이 있습니다. CAD 소프트웨어는 크게 특정 분야에 한정되지 않은 범용 CAD와 특정 분야나 업무에 맞춰 개발된 전문 CAD로 나눌 수도 있습니다. 필요에 따라 범용 CAD를 기반으로 하여 특정 분야(플랜트 설계, 산업 디자인, 의류 디자인 등)에 맞춰 특화된 기능을 가진 3rd 파트 소프트웨어도 많습니다. 즉, 범용 CAD인 AutoCAD의 기본 기능을 가지고 있으면서 플랜트 설계를 위한 전문 기능을 부가한 소프트웨어가 이에 해당됩니다. 2차원 기능만 지원하는 2D CAD와 3차원 모델링이 가능한 3D CAD로 나눌 수도 있습니다. 2차원만 지원하는 2D CAD는 점점 사라져가는 추세에 있습니다.

CAD 소프트웨어는 다음과 같이 분야에 따라 다양한 제품이 있습니다.

자동차 산업과 같은 기계설비 분야	Dassault Systems의 CATIA, SolidWorks사의 Solid Works, PTC의 Pro/ENGINEER, Autodesk의 Inventor 등
전기, 전자 설계	OrCAD, EPLAN 등
건축, 토목, 플랜트 등 엔지니어링 분야	Bentley사의 MicroStation, Autodesk사의 Revit, Graphisoft사의 ArchiCAD 등
도로, 항만 등 토목 분야	Softdesk의 Civil/Survay, AutoCAD Civil3D 등
이미지 처리 및 동영상 작업	PhotoShop, Maya, 3DS MAX, 3DS VIZ, Soft Image 등
특정 분야에 한정되지 않고 사용되는 범용 CAD	AutoCAD, IntelliCAD, GstarCAD, ZWCAD 등

3 오토캐드(AutoCAD)란?

AutoCAD는 국내에서 가장 많이 사용되고 있는 범용 CAD 소프트웨어입니다. '운영체제(OS)' 하면 '윈도우(Windows)'가 연상되는 것처럼, 'CAD 소프트웨어' 하면 'AutoCAD'를 지정할 정도로 전 세계적으로 많은 사용자가 사용하는 소프트웨어입니다. 국내 CAD가 도입되던 초기에 많은 사용자를 확보하여 지금은 PC CAD 시장에서 높은 시장 점유율을 차지하고 있습니다. 하지만 연간 라이선스 비용을 지불해야 하는 가격 정책의 변경으로 소비자들의 부담이 늘어나 가격이 저렴한 ZWCAD, GstarCAD, CADIAN 등 저가 CAD의 수요가 늘어나고 있습니다.

AutoCAD는 미국의 오토데스크(Autodesk)사에서 개발한 제품으로 범용 설계 소프트웨어입니다. 전 세계적으로도 20여 개 이상의 언어로 번역되어 거의 모든 나라에서 판매될 정도로 많은 사용자를 확보하고 있는 CAD 소프트웨어입니다.

Autodesk사에서는 범용 CAD인 AutoCAD 외에도 각 산업 및 전문 분야에 적합한 기능으로 무장한 전문 CAD 소프트웨어를 발표하고 있습니다. 예를 들어보면 건축, 구조, 설비 분야의 Revit, 건축기계설비 및 전기 분야의 AutoCAD MEP, 기계 분야의 Inventor, 토목 분야의 Civil3D, 3D 애니메이션 및 이미지 처리용 툴 Maya, 3ds Max 등 다양한 종류의 소프트웨어를 개발하여 출시하고 있습니다. AutoCAD Plant 3D, AutoCAD MEP 등은 범용 CAD인 AutoCAD를 기반으로 전문 분야의 기능을 부가한 전문 CAD 소프트웨어라 할 수 있습니다. 기존 AutoCAD 사용자라면 보다 쉽게 적응할 수 있습니다.

AutoCAD는 분야에 관계없이 설계를 지원하는 범용 CAD 툴로서 국내의 다양한 분야에서 많은 사용자를 확보한 대표적인 PC용 CAD 소프트웨어입니다.

3.1 AutoCAD의 주요 특징

많은 사용자가 AutoCAD를 사용하고 있다는 것은 나름대로 장점이 많다는 것을 의미합니다. 만약 제품의 완성도가 떨어진다면 많은 사용자로부터 사랑을 받을 수가 없었을 것입니다. 그만큼 제품의 완성도 면에서 인정을 받고 있다는 증거입니다. AutoCAD의 특징을 간단히 살펴보면,

① 사용의 편의성

직관적인 아이콘과 도구 막대, 메뉴 막대, 메뉴 탐색기, 리본 메뉴, 명령어 창, 단축키 기능 등 다양한 사용자 인터페이스(UI: User Interface)를 갖춰 사용자가 접근이 용이합니다.

② 막강한 커뮤니케이션 기능

설계 작업은 개인이 혼자 작업하는 경우도 많지만 프로젝트 단위가 되면 많은 사람이 참가하여 진행하게 됩니다. 해당 프로젝트에 참가하는 사람이 한 공간에 있지 않은 경우도 많은데 이를 위한 커뮤니케이션 기능을 지원

하고 있습니다.

③ 다양한 제품군에 의한 호환성

Autodesk에서 개발된 범용 CAD인 AutoCAD 외에도 다른 전문 분야의 CAD와 다양한 제품 라인업을 갖추고 있어 다른 CAD에 비해 호환성 측면에서 폭이 넓습니다. AutoCAD의 파일 포맷인 *.DWG 파일은 대부분의 CAD에서 사용할 수 있는 포맷입니다. 3차원 데이터의 경우 산업 표준 포맷인 *.IFC 포맷을 지원하고 있습니다.

④ 제품의 안정성

장기간에 걸친 버전업을 통해 안정성을 확보하고 있습니다. 특히 사용자들이 자주 사용하는 기능은 다양한 의견 수렴과 개선을 통해 안정적입니다. 안정성은 각 기능의 에러를 최소화하는 측면과 그래픽의 표현 정도, 처리 속도, 도면의 호환성 등이 해당된다고 할 수 있습니다.

⑤ 2차원과 3차원의 지원

기존 2차원 기능과 함께 막강한 3차원 기능을 지원하고 있습니다. 특히 최근 몇 번의 버전업에서는 3차원 기능이 대폭 강화되어 여느 3차원 CAD 못지 않은 기능을 갖추고 있습니다. Solid, Surface, Mesh의 작성과 편집이 직관적이며 사용하기 쉬운 기능을 지원합니다.

⑥ 다양한 개발 툴의 지원

아무리 좋은 소프트웨어라 하더라도 사용자의 조작 패턴, 적용하는 업무의 내용, 요구에 따라 100% 충족시키기는 어렵습니다. 이럴 때 커스터마이즈 기능을 통해 사용자의 요구에 맞는 기능을 보완합니다. AutoCAD는 이러한 작업을 위한 다양한 개발 툴을 지원하고 있습니다. AutoLISP을 비롯해 Object ARX, VBA, Delphi 등 사용자가 쉽게 개발하기 위한 환경을 제공하고 있습니다. 따라서 AutoCAD를 기반으로 한 다양한 3rd 파트 소프트웨어가 개발되어 많은 사용자를 확보하는 데 일조했다고 할 수 있습니다.

이 밖에도 인터넷 기능, 다양한 포맷의 내보내기 기능을 비롯해 최근에는 모바일 시대에 맞춰 모바일 앱의 제공과 클라우드 컴퓨팅 기술을 이용하는 기능을 선보이고 있습니다.

Chapter 3

도면 작성을 위한 일반사항

이번 챕터에서는 도면의 크기, 선 종류 및 용도, 문자의 표기와 같은 도면을 작성하는 데 필요한 기본적인 내용을 알아보겠습니다.

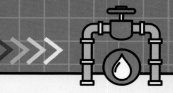

1 도면 작성을 위한 규격

도면을 작도하는 것은 설계자 본인이 읽기 위한 것이라기보다는 다른 사람에게 설계자의 의도나 생각을 전달하는 데 목적이 큽니다. 다른 사람에게 설계자의 의도나 생각을 전달하기 위해서는 특정 규칙(규격)에 의거하여 작성되어야 합니다. 도면을 작성하는 규격은 국가나 조직에 따라 차이가 있습니다. 처음에는 개인이나 각 공장에서 만들어 사용하다가 단체 및 국가적인 표준 규격의 필요성에 의해 국가 규격이 만들어졌고, 다시 국제적인 규격으로 발전하게 되었습니다.

(1) 한국산업규격(Korean Industrial Standards)

KS로 규정된 규격으로 제도 통칙은 KS A 0005로 제정되었습니다.

(2) 국제 규격(International Organization for Standardization)

ISO로 불리는 국제표준화기구에 정의된 국제적 통일 규격을 말합니다.

국제표준화기구(International Organization for Standardization)	ISO
한국 산업 규격(Korean Industrial Standards)	KS
일본 공업 규격(Japanese Industrial Standards)	JIS
독일 규격(Deutsches Institute fur Normung)	DIN
미국 규격(American National Standards)	ANSI
영국 규격(British Standards)	BS
프랑스 규격(Norme Francaise)	NF
스위스 규격(Schweitzerish Normen-Verein igung)	SNV

(3) 단체 규격

사업자 및 업종 단체, 또는 학회 등 특정 단체를 중심으로 제정한 규격을 말합니다.

(4) 사내 규격

기업 또는 공장 또는 공기업과 같은 기관에서 제정한 규격입니다.

2 도면의 크기 및 양식

일반적으로 도면은 규정된 크기의 용지에 맞춰 작성하게 됩니다. 플랜트 도면을 포함하여 대부분의 도면은 1:1
로 작성되는 경우가 없습니다. 특정 척도로 작성하게 되며 일정 양식에 맞춰 작성합니다. 도면의 양식은 발주처
및 설계 회사에 따라 약간의 차이는 있습니다만 대부분 유사한 형식입니다. 도면의 크기와 양식에 대해 알아보
겠습니다.

2.1 도면의 크기와 척도

사용하는 도면의 크기는 일반적으로 A열 크기(A0~A4)를 사용하며 통상적으로 도면의 긴 쪽을 좌우 방향으로
놓고 사용합니다. 플로터를 사용하거나 청사진이 필요했던 시기에는 A0나 A1 크기로 작도해 청사진을 작성했
지만 CAD가 일반화되면서 청사진 대신 USB 및 전자 메일 전송과 같이 전자 매체를 사용하게 되어 출력을 하더
라도 검토용으로 A3 용지를 이용하여 출력하고 있습니다.

작성된 설계 대상물을 용지의 크기에 맞추는 개념이 척도(스케일)입니다. 일반적으로 척도를 고려한 도면의 경
우, 실제 치수로 작도한 후 사용자가 출력하고자 하는 용지에 맞추는 작업이 스케일(척도)입니다. 예를 들어, A1
용지의 크기는 (841×597) 입니다. 이 용지에 길이가 80,000(80m)인 크기의 건축물을 작도한다면 1/100의 스
케일(척도)을 사용해야 합니다. 용지의 크기인 (841×597)에 100을 곱한 크기가 도면의 작성 공간인 (84100×
59700)입니다.

다시 한번 정리하면, 작도 대상 객체는 실제 치수로 작도하고 출력할 때는 용지에 맞춰 척도(스케일)만큼 조정
하여 출력하게 됩니다. 따라서 도면의 한계(범위)를 정할 때는 용지 크기에 스케일(척도) 값을 곱해서 나온 값
으로 지정해야 합니다. 다음은 용지의 크기와 척도가 1/50일 경우와 1/100일 경우의 도면의 크기를 표시한
것입니다.

용지 명칭	용지 크기	1/50인 경우	1/100인 경우
A4	297 × 210	14850 × 10500	29700 × 21000
A3	420 × 297	21000 × 14850	42000 × 29700
A2	594 × 420	29700 × 21000	59400 × 42000
A1	841 × 594	42050 × 29700	84100 × 59400
A0	1189 × 841	59450 × 42050	118900 × 84100

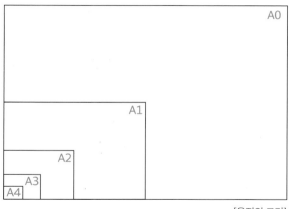

[용지의 크기]

척도의 종류와 표시는 다음과 같습니다.

척도의 종류	설 명	표시 방법
현척, 실척(Full scale)	실물과 같은 크기로 표시합니다. 치수를 보지 않아도 실물의 크기를 바로 알 수 있으며 치수나 형상의 오류가 적습니다.	1:1
축척(Contraction scale)	실물의 크기보다 줄여서 표현합니다. 대상물의 형상, 크기, 구조에 따라 도형이나 치수가 명시될 수 있는 축척을 지정합니다.	1:2 또는 1/2
배척(Enlarged scale)	실물의 크기를 확대하여 표현합니다. 시계의 부품이나 반도체와 같이 소형이면서 복잡한 구조를 가진 대상물을 표현할 때 많이 이용합니다.	2:1 또는 2/1
NS(Not to scale)	대상물의 크기나 치수와 관계없이 표현합니다. 계통도나 P&ID와 같이 전체적인 흐름이나 구조를 파악할 수 있는 도면의 표현에 유용합니다.	N.S

2.2 도면 양식

일반적으로 도면은 작성 주체에 따라 차이는 있지만 기본적으로 정해진 양식에 맞춰 작성합니다. 이 양식은 설계 대상, 설계 주체에 따라 약간씩 차이는 있습니다. 도면의 외곽 윤곽선, 표제란, 물량산출표(BM), 리비전(수정) 항목표 등이 있습니다.

(1) 도면 윤곽

도면의 크기에 따라 도면 테두리에서 안쪽으로 윤곽선을 작도합니다. 일반적으로 다음의 표와 같은 간격으로 윤곽선을 작도합니다.

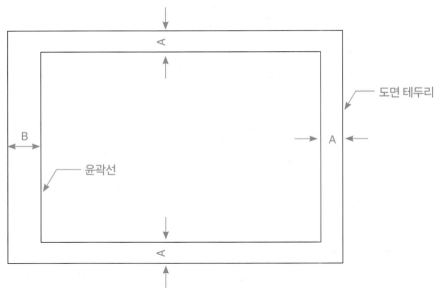

크기	A0	A1	A2	A3	A4
가로 X 세로	1189 x 841	841 x 594	594 x 420	420 x 297	297 x 210
A(최소)	20	20	10	10	10
B(철할 때)	25	25	25	25	25

(2) 표제란(Title panel)

도면 오른쪽 하단에 표제란을 두어 도면에 대한 정보를 표기합니다. 프로젝트 명칭, 발주처, 도면 작성자 및 검토자 정보, 도면 번호, 척도 등의 도면 정보를 표시합니다. 표제란 형식에는 특정한 규정은 없지만 도면을 보는 사람으로 하여금 도면 정보를 파악하기 쉬운 내용을 표기합니다.

PROJECT : HDO #B 1234 PROJECT			DS (주)디·씨·에스 DAESIR COMPUTER SYSTEM CO.,LTD.		
JOB NO. : 080411			DS (주)디·씨·에스 DAESIR COMPUTER SYSTEM CO.,LTD.		
P&ID NO.	E53-107-004/108-004	UNIT NO.	OFF	FLUID	MIXED C4
GAD NO.	2601-P107-02	LINE NO.	FLL-E53122-2'-C01A		
ISO DWG NO.	ID-FLL-E53122-01		SHT 01 OF 01	REV.	

[표제란의 예]

(3) 리비전 이력

도면의 검토(Revision) 후 검토 내용에 따른 수정 또는 주의사항 등을 표시하고 이에 대한 이력을 표시하는 공간입니다.

NPS	MAT'L CLASS	OPER. PRESS. (kg/cm²)	OPER. TEMP. ('C)	DESIGN PRESS. (kg/cm²)	DESIGN TEMP. ('C)	TEST PRESS. (kg/cm²)	TEST MEDIUM	INSULATION TYPE	INSULATION TH'K (mm)	PAINT CODE	PWHT	NDE (%)	TOXIC	TRACER TYPE	STRESS							
2'	C01A	ATM	38	3.5	66	3.85	P	-	-	C	-	5	-	-	-							
		HOLD																			
															0	NOV.30.09	ISSUED FOR CONSTRUCTION	S.H.CHOI	J.C.LEE	N.O.MIM	
															REV.	DATE	DESCRIPTION	BY	CHECK'D	APPR'D	

[리비전 이력의 예]

(4) 수량 산출표(Bill of Material)

일반적으로 도면 우측에 수량 산출표를 배치합니다. 수량 산출표는 클래스, 아이템, 크기, 수량, 주석 등으로 구성되며 경우에 따라 항목이 추가되기도 하고 생략되기도 합니다.

CLASS	ITEM	SIZE	Q'TY	DESCRIPTION
C01A	P	2"	18.6	PIPE,,SMLS, A105-B,SCH80,,BE,
C01A	9E	2"	4	90 DEG. ELBOW (LR),BW,SMLS, A123-WPB,SCH80,,
C01A	SO	2"x3/4"	1	SOCKOLET,SW,MSS,CL3000, A105,,,
C01A	CT	3/4"	3	CAP,SCR'D (NPT),CL3000, A105,,,
C01A	WF	2"	3	WELDING-NECK FLANGE,RF,ANSI,CL150, A105,SCH80,,,
C01A	G	2"	2	SPIRAL WOUND GASKET,I-RING: SS 316,O-RING: CS,ANSI,CL150,HOOP :
C01A	BT	2"	3	STUD BOLT W/2-NUT,HEAVY HEX. NUT, A193-B7
C01A	BA	2"	2	BALL VALVE,FLGD-RF,API,CL150, A216-WCB,SS-316 TRIM,RTFE SEATVLQ-ACDG
C01A	BA-2	3/4"	1	BALL VALVE,PE/TE,BS,CL600, A216-WCB,SS-316 TRIM,RTFE SEATVLS-DC04

[수량 산출(B/M)의 예]

3 선과 문자

도면은 선과 문자로 이루어집니다. 도면의 해독을 용이하게 하기 위해서 선의 종류와 굵기, 글씨체(글꼴)와 크기 등은 일정한 규칙에 의해 작성하는 것이 좋습니다. 선과 문자에 대해 알아보겠습니다.

3.1 선

도면은 선의 집합이라고 해도 과언이 아닙니다. 어떤 선을 어디에, 어떻게 연결하느냐에 따라 도면이 작성됩니다. 따라서 도면의 해독을 용이하게 하도록 선의 종류와 굵기를 규정하고 있습니다.

(1) 선 종류(Line Type)

① **실선(Continuous line):** 연속적으로 이어진 선입니다.

② **파선(Dashed line):** 일정 길이와 간격을 반복하여 연결한 선입니다.

③ **일점쇄선(Chain line):** 긴 선과 짧은 선을 길이와 간격을 반복하여 연속적으로 조합하여 연결한 선입니다.

④ **이점쇄선(Chain double-dashed line):** 긴 길이의 선 하나와 짧은 길이의 선 두 개를 반복하여 연결한 선입니다.

실 선 ——————————————

파 선 — — — — — — — — — — —

일점쇄선 ——— — ——— — ——— — ———

이점쇄선 ——— — — ——— — — ———

(2) 선 굵기(Thickness)

선의 용도에 따라 굵기(너비)를 다르게 표현하기도 합니다. 예를 들어, 치수선이나 중심선은 가늘게 표시하고 외형선은 굵게 표현합니다.

① **가는 선(Thin Line):** 굵기가 0.18 ~ 0.5mm인 선입니다.

② **중간 선(Thick Line):** 굵기가 0.35 ~ 1.0mm인 선입니다.

③ **굵은 선(Thicker Line):** 굵기가 0.7 ~ 2.0mm인 선입니다.

굵기는 도면의 표현 상황에 따라 조정합니다. 설계자가 필요에 의해 더 많은 종류의 굵기로 분류하여 사용하기도 합니다. 선의 종류와 굵기는 용도에 따라 다음과 같이 사용합니다.

명칭	선 종류	용도
외형선	굵은 실선	물체의 보이는 부분의 외곽선
파선	중간 굵기의 파선	시점으로부터 물체의 외형이 보이지 않는 부분의 형상을 나타내는 선
중심선	가는 일점쇄선 또는 가는 실선	도형의 중심을 표시하는 선
가상선	가는 일점쇄선	- 인접 부분을 참고로 표시하는 선 - 이동 위치를 표시하는 선 - 물체의 앞면을 표시하는 선 - 반복을 표시하는 선 - 도면의 단면을 90도 회전하여 표시하는 선
절단선	가는 일점쇄선으로 하고 양끝에 굵게 표시하거나 단면의 투상 방향을 나타내는 화살표를 표시	단면을 작성하는 경우 절단 위치를 나타내는 선
파단선	가는 실선으로 하고 물결 모양으로 굴곡을 표현	도형의 일부를 절단하여 표현할 때, 끊어진 부분을 표시하는 선
해치선	가는 실선	절단면이나 특정 패턴의 무늬를 작도할 때 표시하는 선

3.2 문자

도면을 설명하는 방법으로는 각종 심벌이나 기호를 사용합니다. 그중 가장 확실한 설명은 문자로, 치수를 기입한다든가 주석을 달아 설계자의 의도를 설명합니다. 도면을 설명하는 가장 확실한 방법인 문자에 대해 알아보겠습니다.

(1) 문자 높이

문자의 크기는 문자의 높이로 지정합니다. 일반적으로 문자의 높이는 다음과 같이 분류하여 사용합니다. 이 값은 반드시 지켜져야 하는 높이가 아닙니다. 도면의 크기나 척도 등 도면의 전체적인 균형에 따라 용통성을 발휘하여 높이를 지정합니다.

용도	높이
치수 문자	2.5 ~ 5.0
부품번호 문자	5.0 ~ 10.0
공차치수 문자	2.0 ~ 4.0
도면번호 문자	9.0 ~ 12.0
도면이름 문자	9.0 ~ 18.0

아이소메트릭 도면에서는 최소 3.0mm로 입자체로 작성하는 것이 원칙입니다.
문자의 굵기는 글자 높이의 1/8 ~ 1/10로 하는 것이 일반적입니다.

(2) 글꼴

문자의 글꼴(Font)로는 도면의 해독자가 읽기 쉬운 글꼴을 사용합니다. 샘물체나 흘림체와 같은 장식용 글꼴보다는 고딕체, 명조체, 바탕체와 같이 읽기 편한 정자체를 사용합니다. 단, 아이소메트릭 도면에서 가로 방향의 치수 문자는 치수보조선의 각도에 맞춰 비스듬히 표기합니다.

그리고 특정 CAD 제품에서 제공하는 특수한 글꼴이나 특정 기업에서 제공하거나 판매하는 글꼴은 피하는 것이 좋습니다. 작성한 컴퓨터 또는 소프트웨어 외의 다른 컴퓨터나 소프트웨어에서 제대로 표현되지 않을 수 있으며 저작권법에 저촉될 수도 있습니다. 가능한 한 운영체제(예: Windows)에서 제공하는 일반적인 글꼴을 사용하는 것이 좋습니다.

4 투상법

설계자가 머릿속에서 상상하고 있는 이미지나 형상을 종이에 표현하는 것이 도면입니다. 도면을 통해 다른 사람에게 설계자의 의도를 전달하게 됩니다. 이때 어떻게 표현하느냐에 따라 충분한 의사전달이 될 수도 있고 그렇지 않을 수도 있습니다. 투상법은 도면에 사물을 표현하는 방법을 말합니다.

4.1 투상법(Projection)이란?

투상법이란 하나의 평면에 광선을 투사하여 이면에 찍히는 사물의 그림자로 형상을 표현하는 방법을 말합니다. 이 광선을 '투사선'이라 하고, 그림자가 찍히는 면을 '투사면', 투사면에 찍히는 그림을 '투상도'라 합니다.
투상도는 광선을 쏘는 위치 즉, 시각의 위치와 사물을 놓는 위치에 따라 도형의 크기가 변합니다. 시점으로부터 투상면이 사물보다 앞에 있으면 축소되어 표현되고, 시점으로부터 투상면이 사물보다 뒤에 있으면 확대되어 표현됩니다.

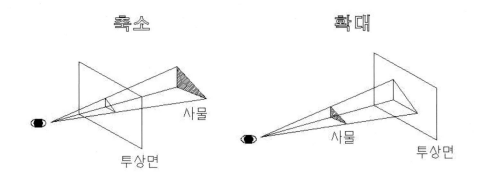

[투상법에 따른 축소 및 확대]

4.2 투상법의 종류

투상도에는 크게 평행 투상법과 투시 투상법이 있으며, 평행 투상법에는 수직 투상법과 사투상법이 있습니다.

(1) 평행 투상법

평행 투상법은 눈과 물체 사이에 무한의 거리가 있다고 가정하고 시선이 서로 평행한 투상법입니다.

1) 수직 투상법

수직 투상법은 투상면과 시선이 형성하는 각이 90°인 경우입니다. 수직 투상법에는 정투상법과 축측 투상법이 있습니다.

① 정투상법(Orthographic projection drawing)

정투상법에는 제일각법과 제삼각법이 있습니다. 한국공업규격(KS)의 기계제도 규격(KS A0111)에서는 원칙적으로 제삼각법을 사용하도록 규정되어 있습니다. 제삼각법에 대해서 설명합니다.

투상의 대상이 되는 물체를 투명한 유리상자에 넣습니다(왼쪽 그림). 이때, 물체의 주가 되는 면을 1면에 평행하게 맞춥니다. 다음에 상자의 6개의 면(1 ~ 6)의 각 면에 물체를 투상해서 유리상자를 전개합니다.

정투상법의 장점은 작도하는 방법이 쉽고, 복잡한 형상이라도 각 면별로 표현하기 때문에 도시하기 쉬우며, 치수기입을 완전하게 할 수 있다는 점입니다.

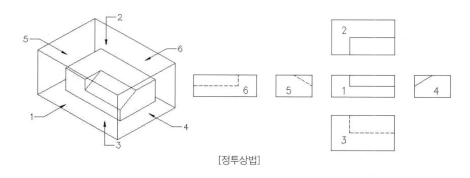

[정투상법]

이 그림에서 1면을 정면도로 하고, 그 상하에 평면도(2면), 하면도(3면), 좌우에 좌측면도(4면)와 우측면도(5면), 그리고 좌측면도의 왼쪽에 배면도(6면)를 배치하도록 규정되어 있습니다. 실무에서는 주로 정면도, 평면도, 좌측면도 또는 우측면도를 이용합니다.

② 축측 투상법(axonometric projection)

축측 투상법에는 등각 투상법, 이등각 투상법, 부등각 투상법이 있습니다.

정투상법은 하나의 물체를 설명하는 데 있어 서로 다른 방향에서 바라본 그림을 여러 개 조합해서 사용하는 투상법인데 반해, 축측 투상법은 그림 하나로 표현하는 방법입니다. 사물을 비스듬하게 놓고 경사대의 경사각 및 경사대 위에 있는 정육면체의 방향에 따라 달라집니다.

• 등각 투상법

정육면체의 서로 직교하는 모퉁이를 주축이라고 부르기로 한다면, 등각 투상법은 투상면에 투상된 3주축의 길이가 동일하고 서로 이루는 모퉁이가 동일하게 120°가 되는 투상입니다.

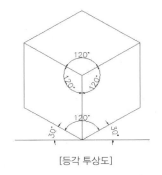

[등각 투상도]

• 이등각 투상법

이등각 투상법은 투상면과 세 축이 이루는 모퉁이가 두 축이 동일하고 다른 한 축만 다른 경우의 투상법입니다. 이등각 투상법은 등각 투상법에 비해 작업 능률이 뒤떨어지지만 대상물 고유의 시점을 등각 투상법보다 자유롭게 선택할 수 있고, 세 축으로 구성되는 축측면 중 한 면 혹은 두 면을 강조할 수 있다는 특징이 있기 때문에 등각투상법에 이어 많이 사용되고 있습니다.

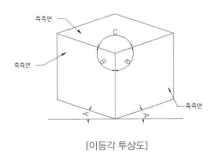

[이등각 투상도]

• 부등각 투상법

부등각 투상법은 투상면과 세 축이 이루는 각도가 각각 다르고, 투상된 3축의 길이도 각각 다릅니다. 그다지 사용하지 않는 투상법입니다.

2) 사투상법

사투상법은 물체의 대표적인 한 면을 투상면과 평행으로 두고 시선과 투상면이 이루는 모퉁이를 비스듬하게 한 투상법입니다. 사투상법으로 만들어지는 투상도를 '사투상도'라고 합니다. 사투상도는 투상도에서 안쪽 길이를 취하는 방법에 따라 카발리에 투상법, 캐비닛 투상법, 일반 사투상법으로 나눌 수 있습니다.

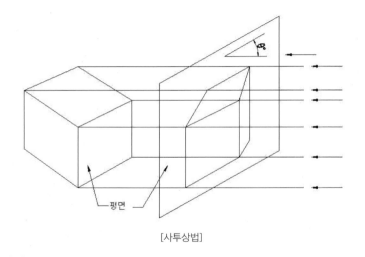

[사투상법]

(2) 투시 투상법

투시 투상법은 시선이 한 점(시점)에 집중하는 투상법입니다. 투시 투상법은 시점, 투상면, 물체 간의 상호 위치에 따라 투상된 그림의 크기, 형상이 다르게 표현됩니다. 시점의 수에 따라 일점 투시 투상법, 이점 투시 투상법, 삼점 투시 투상법으로 나뉩니다.

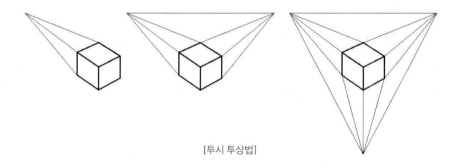

[투시 투상법]

일점 투시 투상법은 정육면체의 한 면을 투상면과 평행으로 둡니다. 삼점 투시 투상법은 세 점을 기준으로 표현하기 때문에 가장 현실감 있게 물체의 형상을 표현할 수 있습니다.

4.3 투상도의 명칭

투상도는 보는 방향(시점)에 따라 각각의 명칭이 있습니다.
방향에 따른 명칭은 다음과 같습니다.

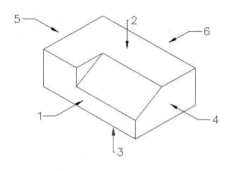

투시의 방향	투상도의 명칭
(1) 앞면	정면도(F: Front View)
(2) 윗면	평면도(T: Top View)
(3) 아랫면	하면도(B: Bottom View)
(4) 우측면	우측면도(SR: Right Side View)
(5) 좌측면	좌측면도(SL: Left Side View)
(6) 뒷면	배면도(R: Rear View)

[투상도에서의 시선의 방향]

Part 2

배관 도면 작성을 위한 기초지식

이번 파트에서는 도면 작성에 앞서 플랜트 배관 도면 작성을 위해 기본적으로 알아두어야 할 내용과 도시법에 대해 알아보겠습니다.

Chapter 4

플랜트 배관 일반사항

이번 챕터에서는 플랜트 배관 도면의 목적과 종류, 도면 작성에 필요한 기본적인 내용에 대해 알아보겠습니다.

1 배관설계의 목적 및 업무 내용

배관은 수많은 장비와 기기들 사이에서 유체 수송을 목적으로 정해진 공간 내에서 설치되는 구조물입니다. 배관설계의 목적은 배치된 장비 및 기기들 사이의 유체 수송을 원활히 하기 위한 것입니다. 정해진 공간 내에서 원활한 유체 수송을 위한 재질, 관경, 파이프 두께의 결정은 물론 배관의 경로 설정, 시스템의 안정성, 작업의 안전성 및 편리성, 미관, 향후 유지보수의 용이성 등 다양한 조건을 고려하여 설계되어야 합니다. 플랜트 설계에서 많은 장치의 설계도 중요합니다만 이들 장치가 움직이게 하는 배관의 설계도 매우 중요합니다. 배관설계의 중요도만큼 배관 설계자의 역할 또한 중요하다고 할 수 있습니다. 성공적인 프로젝트를 위해서는 다양한 지식과 경험을 가진 설계자가 필수적입니다.

배관 설계자는 단순히 배관의 경로에 따라 선을 하나 긋는 것이 중요한 것이 아니라 종합적인 관점에서 신중하게 결정해야 합니다. 배관 설계자는 다음과 같은 업무를 수행합니다.

① 배관 재료의 사양 결정: 대형 엔지니어링 회사의 경우는 Material 팀에서 결정합니다.

② P&ID, FLOW SHEET의 작성: 플랜트에서는 공정팀의 업무에 해당됩니다.

③ 각종 기술 사양서의 작성

④ 기기별 노즐의 방향 및 연결 방법의 결정

⑤ 토건 및 기기의 각종 데이터 작성

⑥ 배관 기본설계 도면작성: PLOT PLAN(PIPING ARRANGEMENT DWG), PIPING ROUTING STUDY DWG

⑦ 배관 상세설계 도면작성: PIPING ARRANGEMENT DWG(PIPING PLAN DWG), ISOMETRIC DWG, SPOOL DWG, STEAM TRACING DWG 등

⑧ 배관 지지 도면작성: SUPPORT LOCATION DWG, SUPPORT DETAIL DWG

⑨ 배관자재 집계 및 자재발주, 관리

배관 설계자의 지식과 경험의 차이에 의해 수행할 수 있는 업무 역량에 차이가 있고 의사결정 범위가 다릅니다. 기본 도면을 토대로 아이소메트릭 도면을 작성하거나 수량을 산출하는 초보 기술자가 있는가 하면, 프로젝트 계획 수립에서부터 중요한 결정사항을 판단하는 등 프로젝트 전체를 관장하며 이끌어가는 책임자가 될 수도 있습니다. 초보 기술자든 책임자든 배관 설계에 관계되는 모든 인력은 플랜트 설계에서는 빠질 수 없는 중요한 인력임에는 틀림없습니다.

2 배관설계 도면의 종류

하나의 프로젝트에는 규모에 따라서 수천, 수만 장의 배관설계 도면이 산출됩니다. 주요 배관설계 도면을 살펴보면 다음과 같은 종류가 있습니다.

2.1 PLOT PLAN

플랜트(공장) 내의 도로와 건축물 프로세스에 필요한 모든 기기와 설비의 배치 및 좌표를 표현한 도면을 말합니다. 이 PLOT PLAN에 의해 다음 단계 엔지니어링 업무를 수행할 수 있으므로 플랜트 건설의 시작이라 할 수 있습니다. 따라서 플랜트 PLOT PLAN의 완성도에 의해 해당 플랜트의 성패를 좌우할 수 있는 중요한 과정이기도 합니다.

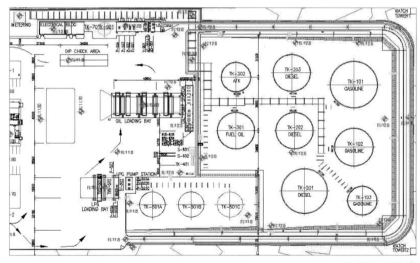

[PLOT PLAN의 예]

2.2 DWG INDEX

DWG INDEX는 배관 도면을 작성하는 데 기반이 되는 도면이므로 세심한 주의가 필요합니다. PLOT PLAN을 기초로 하여 작성되며 플랜트 전체를 도면 한 장에 나타내면 복잡해져 식별하기가 어렵고 공사를 진행하는 데도 불편하기 때문에 이를 분할하여 여러 장으로 나누어서 식별을 쉽게 하고 원활한 공사를 목적으로 합니다.

- 스케줄 작성의 기본이 되고 PLANNING DWG.(STUDY DWG.) 및 PIPING ARRANGEMENT DWG.을 평면적으로 구분지어줍니다.
- DWG INDEX는 도면 매수 파악과 맨아워(M/H) 할당 및 상세 작업 스케줄 작성에 이용되므로 조기에 작성해야 합니다.
- PLOT PLAN이 완전하지 않아도 DWG INDEX를 작성할 수 있습니다.

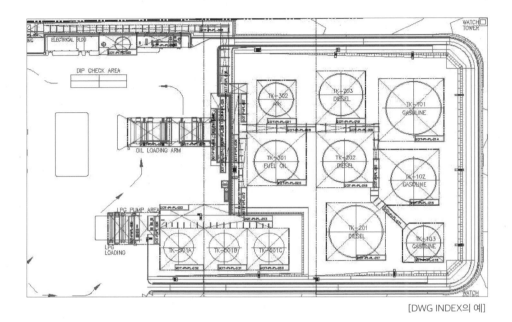

[DWG INDEX의 예]

2.3 PIPING ROUTING STUDY DWG.(PLANNING DWG)

파이프의 배치는 여러 가지 조건들을 고려하여 종합적 관점에서 이루어져야 하며, 발생할 수 있는 다양한 문제를 고려해야 합니다. 이때 배관 설계자의 역할이 매우 중요합니다. 배관 설계자가 프로세스 장치 설계에서의 주도적 입장으로서 각 장치 설계 부분에 대한 자료제공 등 종합적인 각도에서 충분한 검토가 필요하기 때문입니다.

- 이 단계(계획)의 수준에 의해 플랜트 설계 전체에 매우 중요한 영향을 미치게 됩니다. 해당 플랜트의 프로세스를 잘 이해하고 주어진 조건을 면밀히 검토하여 종합적인 시각으로 계획하고 세심한 주의를 기울여야 합니다.
- PLANNING DRAWING은 배관도 즉, ARRANGEMENT DWG.의 작성을 위한 각 부문의 종합계획으로 DWG INDEX에 의해 각 AREA별로 분할하여 일정한 척도(SCALE)로 작성됩니다.
- 장치를 전체적인 관점에서 미관과 균형을 고려하여 계획해야 합니다.
- 장치의 조작이 용이하도록 계획해야 합니다.
- 안전성과 경제성을 고려해야 합니다.

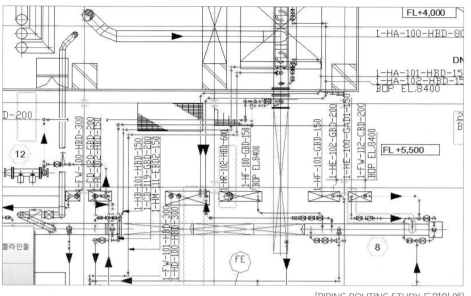

[PIPING ROUTING STUDY 도면의 예]

2.4 PIPING ARRANGEMENT DRAWING(배관 평면도, 배관 배치도)

PIPING ARRANGEMENT DWG.은 공장에 설치되는 장치와 장치 사이의 파이프를 배치하는 작업입니다. 단순한 파이프의 배치뿐 아니라 유체의 계측 및 제어에 이르는 모든 과정을 표현하는 작업입니다. PIPING PLANNING DWG.이 완성된 이후 과정으로 플랜트 건설에 직접 반영되는 중요한 작업이므로 세심한 주의가 필요합니다.

- P&ID, 기기 배치도 등을 기준으로 설계기준에 따라 논리적, 경제적인 면을 검토하여 배관 배치를 계획하여 표현한 도면으로, 도면의 축척과 복잡성 등을 고려하여 구역별, Elevation(고도) 또는 층별로 세분화하여 작성합니다.
- GENERAL ARRANGEMENT DWG 및 PLANNING DWG을 기초로 하여 P&ID상에 표기된 배관 및 계장관련 모든 내용을 표기하며, PLANNING DWG상의 문제점이나 미비한 점을 보완하여 시공용으로 이용할 수 있도록 도면을 작성합니다.
- 구조물 및 장치와 배관, 배관과 배관 사이에 간섭이 일어나지 않도록 체크해야 하며, 설계자 상호 간에도 크로스 체크(Cross Check)를 반복적으로 실시하여 현장시공 시에 발생할 수 있는 문제점을 최소화해야 합니다.
- 척도(SCALE)에 맞춰 정확히 작도합니다.
- 배관의 고도(Elevation)의 표현이 명확해야 하며, 특정 부위의 상세한 설명이 필요할 경우 수직으로 단면을 끊어 단면도(Section)를 작성합니다.

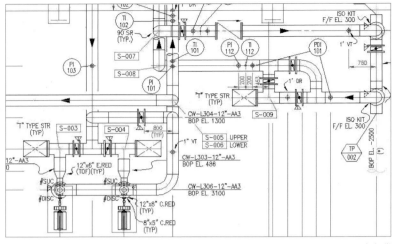

[PIPING ARRANGEMENT 도면의 예]

PIPING ARRANGEMENT DRAWING은 다음과 같은 사항을 고려하여 작성되어야 합니다.

- 시스템의 안정 및 안전에 대해 고려해야 합니다.

- 작업자가 조작이 용이해야 합니다.

- 플랜트 전체의 미관에 대한 고려가 되어야 합니다.

- 경제성을 고려해야 합니다.

- 향후 유지보수에 대한 고려가 되어야 합니다.

2.5 Process Flow Diagram(PFD; 공정흐름도)

각종 장비 및 시스템상의 상세 설계에 필요한 압력, 온도, 용량 등을 표시하여 플랜트의 공정을 설명해주는 다이어그램입니다. 제조 공정(Process)의 작업 흐름을 표현한 도면으로 각 공정을 구성하는 단위 조작기기의 구성과 그 흐름을 간결하게 표시하며, 공정에 포함되는 모든 기기와 정상운전에서 흐

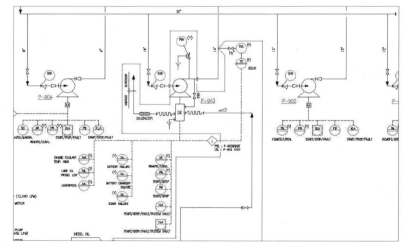

[Process Flow Diagram의 예]

름을 나타내는 모든 라인을 기입합니다. 또, 주요 계장(Control System, Control Valve)이 표시되어 콘트롤 개념을 파악할 수 있습니다. PFD에는 각 흐름의 물질수지와 열수지를 표시함으로써 공정의 내용을 정량적으로 파악할 수가 있습니다.

2.6 P&ID(공정 배관 계장도)

P&ID는 'Piping & Instrument Diagram'의 약어로 Mechanical Flow Diagram 또는 Engineering Flow Diagram이라고도 부르며 공정 흐름도인 PFD(Process Flow Diagram)를 기초로 하여 공정을 구성하는 단위 조작기기의 구성과 그 흐름을 상세하게 표현한 도면입니다. P&ID는 프로젝트 계획 및 기본 설계를 다음 단계 (상세 설계, 구매·조달, 시공 등)로 이행하기 위해 흐름을 도식화하여 플랜트 설계에 관계된 각 전문분야에 정보를 제공하는 중요한 도면입니다. 따라서 PFD를 기초로 하여 기계, 전기, 계장 등 플랜트 설계에 관계되는 모든 분야의 전문지식이 망라된 결과물이라 할 수 있습니다.

P&ID는 공정의 기본적인 조작, 비상 조작을 비롯하여 시작에서 끝날 때까지의 모든 장치, 동력 기계, 배관, 공정 제어 및 계기를 표현하고 이들 상호 간의 연관관계를 표시하여 상세설계, 건설, 수정, 유지보수 및 운전을 하는 데 기본이 되는 도면을 말합니다. 장비 및 장치, 배관, 계기 등을 표시하여 플랜트의 공정과 흐름을 알기 쉽게 표현합니다. 배관 설계에 있어서 없어서는 안 될 중요한 도면입니다.

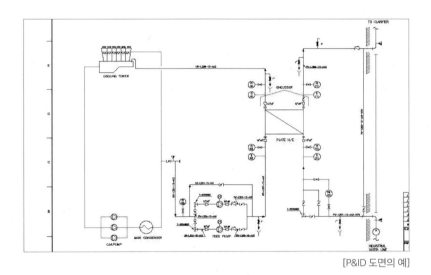

[P&ID 도면의 예]

장비 및 배관 시스템상의 상세설계에 필요한 압력, 온도, 용량 등을 표시하여 플랜트의 공정을 설명해주는 HEAT MESS BALANCE DIAGRAM(HBD), 플랜트 공정에 관련된 모든 배관 라인과 장비 및 기기 등을 표시한 PIPING & INSTURUMENT DIAGRAM에서 유틸리티(플랜트에 공급되는 Water, Oil, Gas, Steam, Air 등) 시스템만 따로 분리해서 작성한 UTILITY FLOW DIAGRAM이 있습니다.

2.7 PIPING ISOMETRIC(ISO) DRAWING(등각투영도)

배관의 흐름이나 접속관계를 이해하기 쉽게 등각투영법을 이용하여 입체적으로 표현한 도면입니다.

- 배관 형상, 치수, 방향, 계기설치 위치, 용접, 지지물, 설계 데이터, 제작 상세, 물량 및 주석 등의 정보를 표현합니다.
- ISOMETRIC DRAWING은 각 라인별로 작도하며, 현장 설치(Shop) 및 조립용(Spool)으로 사용합니다.
- 척도(SCALE)는 적용하지 않고 작도하나 전체적인 균형에 맞춰 작도합니다.

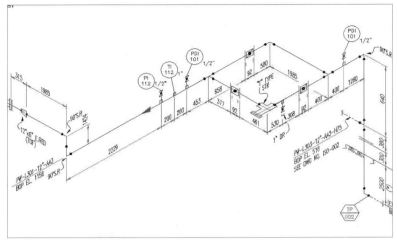

[PIPING ISOMETRIC(ISO) 도면의 예]

2.8 PIPING SPOOL DRAWING(배관 제작도)

현장에서 설치할 수 있도록 운반 및 설치가 가능한 크기 단위로 상세하게 작도한 부분 배관 도면(제작도면)입니다. 스풀 도면을 이용하면 공장에서 제작되므로 배관공의 투입을 줄여 인건비 및 공기를 단축시킬 수 있습니다.

- 스풀(SPOOL)이란 미리 조립할 수 있는 단위 파이프, 파이프 피팅류의 조합입니다. 이런 단위 조합 조립품 또는 부품별로 개별 작성된 도면을 수풀 도면이라 합니다.
- SPOOL DWG에 의해 제작된 각 수풀은 현장에서 ISOMETRIC DWG에 의해 조립됩니다.
- 공장 제작/가공 스풀(SHOP FABRICATED SPOOLS): 주로 2.5"(DN65) 이상의 대구경 배관의 중요 계통에 적용하며 공장에서 제작합니다. 공장 제작 수풀의 크기는 조립, 제작의 용이성 및 운송 한계 등을 고려하여 정합니다.
- 현장 제작/가공 스풀(FIELD FABRICATED/RUN SPOOLS): 주로 2" 이하의 소구경 배관에 적용하며 별도의 수풀 도면을 작성하지 않고 아이소메트릭 또는 배관 배치도면에 따라 현장에서 제작 설치합니다. 2.5" 이상의 배관일지라도 저온, 저압 계통의 배관 및 현장의 여건에 따라 자주 적용하기도 합니다.
- 정사도법(ORTHOGRAPHIC)으로 작도하며, 스케일은 적용하지 않습니다.
- 운송을 고려하여 트럭의 적재 범위 내의 길이에 맞춰 스풀 도면을 작도합니다.

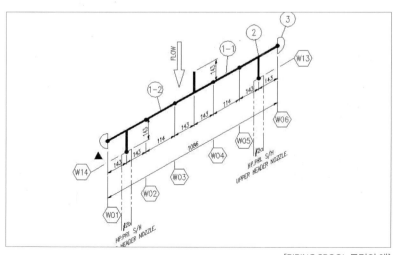

[PIPING SPOOL 도면의 예]

2.9 PIPING SUPPORT DRAWING(배관 지지 도면)

PIPING SUPPORT DWG.은 파이프를 비롯하여 피팅류, 밸브, 계기류 등으로 구성된 배관의 하중을 지지하기 위한 장치를 표현한 도면입니다.

- PIPING HANGER & SUPPORTS에 대한 상세설치 도면으로 보통 2.5" 이상의 배관은 SUPPORT TAG NO.별 개별도면으로 작성합니다.
- 2" 이하의 배관은 표준 도면으로 작성하며 설치상세 또는 표준 타입, 관련 배관 데이터, 지지 하중, EXPANSION MOVEMENT, 설치 위치, 관련 ISO 도면, BOM 등의 정보를 포함합니다.

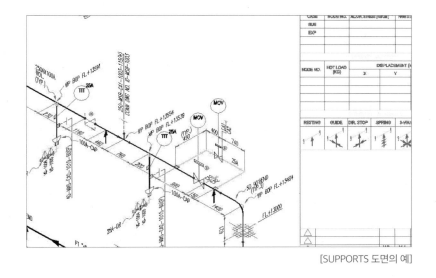

[SUPPORTS 도면의 예]

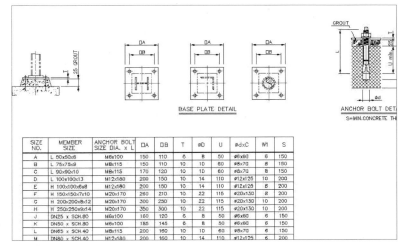

[SUPPORTS 디테일 도면의 예]

SIZE NO.	MEMBER SIZE	ANCHOR BOLT SIZE DIA. x L	□A	□B	T	øD	U	ødxC	W1	S
A	L 50x50x6	M6x100	150	110	8	8	50	ø6x60	6	150
B	L 75x75x9	M8x115	150	110	10	10	60	ø8x70	8	150
C	L 90x90x10	M8x115	170	120	10	10	60	ø8x70	8	150
D	L 100x100x13	M12x180	200	150	10	14	110	ø12x125	10	200
E	H 100x100x6x8	M12x180	200	150	10	14	110	ø12x125	8	200
F	H 150x150x7x10	M20x170	260	210	10	22	115	ø20x130	10	200
G	H 200x200x8x12	M20x170	300	250	10	22	115	ø20x130	10	200
H	H 250x250x9x14	M20x170	350	300	10	22	115	ø20x130	10	200
J	DN25 x SCH.80	M6x100	180	120	8	8	50	ø6x60	6	150
K	DN50 x SCH.80	M6x100	185	145	8	8	50	ø6x60	6	150
L	DN65 x SCH.40	M8x115	200	160	10	10	60	ø8x70	8	150
M	DN80 x SCH.40	M12x180	200	160	10	14	110	ø12x125	6	200

PIPING MATERIAL SPEC.이란 플랜트 내의 모든 배관에 대해서 재질, 형태, RATING 등을 규정한 문서입니다. 배관 재질 사양서를 작성하는 데 있어서 먼저 압력, 온도, LINE NO. 및 LINE CLASS의 결정에 의해서 제작된 LINE 인덱스를 참고로 해서 제작되며, 사양서 작성은 풍부한 지식과 많은 경험을 필요로 합니다. 다음과 같은 도서가 있으나 프로젝트의 성격에 따라 가감이 있습니다.

3.1 PIPING MATERIAL SPECIFICATION/CLASSES (PMS/PMC)

계통의 압력, 온도, 재질, CODE 등에 따라 배관의 CLASS를 분류하고 CLASS별로 배관의 기본 품목에 대한 재질, 두께, 형상 등을 규정한 배관 도서입니다.

SEPC.NO	SHT. NO.	PIPING MATERIAL CLASSIFICATION					MATERIAL CLASS	AAS 150
SYSTEM	COOLING WATER SUPPLY & RETURN				APPLICATION CODE ANSI B51.1		APP REV	
PIPE AND FITTING					VALVES			
ITEM	SIZE(in)	WALL THK. OR RATING	MATERIAL	DESCRIPTION	SIZE(in)	DESCRIPTION		TAG NO.
						GATE		
					½-1½	A105/18CR, API 800LB, THR'D.BB/OS&Y		VAT811
	½-2	SCH 80	A65GRB GALV	SMLS. PE	2-14	A216WCB/18CR, ANSI 150LB		VAF221
	2½-6	SCH 40	A65 GR.B	ERW. BE		FLGD RF, BB.OS&Y		
PIPE	8-24	STD	A65 GR.B	ERW. BE	16-24	A216WCB/18CR, ANSI 150LB		VAF221
	26-56	STD	A154	EFW. BE		FLGD RF, BB.OS&Y G-OPER		
	58-48	XS	A154	EFW. BE	26-60	A216WCB/18CR, MS 150LB		VAF221
	52-60	XS	A154	EFW. BE		FLGD RF, BB.OS&Y G-OPER		
NIPPLE	½-2	SCH 80	A65GRB GALV	SMLSPE/TOE76L		GLOBE		
	½-2	6000LB	A105 GAL'V	THR'D	½-1½	A105/18CR, AFI 800LB, THR'D.BB/OS&Y		VBT811
ELBOW TEE	2½-6	SCH 40	A234GR. WPB	W(SMLS)BW(1)	2-10	A216WCB/18CR, ANSI 150		VBF221
REDUCER	8-56	STD	A234GR. WPB	W(SMLS)BW(1)		FLGD RF, BB.OS&Y NOTE(2)		
CAP	58-48	XS	A234GR. WPB	W(SMLS)BW(1)	12-12	A216WCB/18CR, ANSI 150		VBF221
	52-60	XS	A234GR. WPB	W(SMLS)BW(1)		FLGD RF, BB.OS&Y G-OPER		
CAP (SCREWED)	½-2	6000LB	A105 GAL'V	NPT		CHECK		
F.CPLG	½-1½	6000LB	A105 GAL'V	SW	½-1½	A105/18CR, AFI 800LB, THR'D.BC.LIFT		VCT811
H.CPLG					2-24	A216WCB/18CR, ANSI 150		VCF221
	½-2	ANSI 150LB	A105 GAL'V	THR'D RF		FLGD RF, BC.SWING		
	2½-24	ANSI 150LB	A105	SO RF	26-60	A216WCB/18CR.MSS 150LB		VCF221
FLANGE	26-56	MSS 150LB	A105	WN RF STD		FLGD RF,DUAL PLATE		
	58-48	MSS 150LB	A105	WN RF XS		BUTTERFLY		
	52-60	MSS 150LB	A105	WN RF XS	2-8	A216WCB/TP504+EPDM		VUW22H

3.2 PIPING LINE LIST

계통별, 배관 LINE NO.별로 DESCRIPTION, 배관 데이터, 설계 및 운전온도, 압력, 보온 정보, 유체 종류 등을 명시한 배관 도서입니다.

3.3 VALVE LIST

계통별, VALVE TAG NO.별로 DESCRIPTION, SIZE, TYPE, CLASS, 배관 데이터, 설계조건, 서비스 등을 규정한 배관 도서입니다.

3.4 TERMINAL POINT/INTERFACE LIST

설계 및 공급 경계 지점에 대한 계통, 배관 정보 위치 좌표 등을 명시한 배관 도서입니다.

3.5 배관 보온 사양서(PIPING INSULATION SPECIFICATIONS)

배관 보온에 대한 설계기준, 재질, 설치방법, 설치도면, 온도별 보온 적용 두께 등을 규정한 배관 도서입니다.

3.6 배관 자재 내역서(PIPING BILL OF MATERIAL (BOM))

배관의 제작 및 설치용 자재 구매를 위한 자재내역서로 계통별 및 LINE별 배관 사양, 수량 등을 명시한 배관 도서입니다.

3.7 배관 두께 계산서(PIPE WALL THICKNESS CALCULATIONS)

공사 적용 CODE/STANDARD의 두께 계산식을 적용하여 배관 계통별, LINE별로 재질, 설계 온도, 설계 압력, 재질의 허용응력, 부식여유, 제작여유 등을 고려하여 두께를 산정해서 명시한 배관 도서입니다.

3.8 배관 응력해석 보고서(PIPING STRESS ANALYSIS REPORTS)

공사 적용 CODE/STANDARD의 규정에 따라 배관 LINE의 건전성 증명을 위해, 공인된 소프트웨어를 활용하여 로드로 인한 응력 및 THERMAL EXPANSION STRESS RANGE 등의 해석 결과가 규정한 허용 한도 이내에 있다는 것을 증명하기 위하여 작성하는 보고서입니다.

3.9 PIPING SPECIALTY LISTS

PIPING SPECIALTY의 구매를 위한 계통별 및 LINE별 배관 사양, 수량 등을 명시한 배관 도서입니다.

4 배관(PIPING)의 구성 요소

배관(Piping)은 단순히 파이프 하나만을 지칭하는 것이 아니고 파이프를 연결하는 피팅류, 유체의 흐름을 제어하는 밸브류 및 각종 부품 등 여러 요소로 구성됩니다. 구성 요소에 대해 간단히 살펴보겠습니다.

4.1 파이프(PIPE)

유체의 통로 역할을 하는 요소로 유체의 종류 및 용도, 응력, 경제성 등 다양한 조건을 고려하여 재질과 두께를 지정합니다.

(1) 파이프의 치수

파이프 치수는 호칭경으로 표기하는데 표기법에는 ASME/ANSI 표기법과 JIS/KS 표기법이 있으며, inch로 표시하는 방법과 mm로 표시하는 방법이 있습니다. ASME/ANSI 표기법에는 NPS(Nominal Pipe Size) 방법과 DN(Diameter Norminal) 방법이 있습니다. NPS법은 파이프의 표준 크기를 inch로 나타내며 NPS1/2. NPS10과 같이 표기하고, DN법은 파이프의 표준 크기를 mm로 나타내는데 DN10, DN200과 같이 표기합니다. inch나 mm를 함께 표기하지는 않습니다.

JIS/KS 표기법에서 inch 단위계로 파이프의 표준 크기를 나타내는 경우에는 10"는 10B, 20"는 20B로 파이프 크기를 표기하며 Metric(mm) 단위계로 파이프의 표준 크기를 나타내는 경우에는 100mm는 100A, 200mm는 200A로 호칭경을 표기합니다.

① A호칭: mm

    100A, 150A, 200A

② B호칭: inch

    4B, 6B, 8B

호칭경		호칭경	
B	A	B	A
1/8	6	3 1/2	90
1/4	8	4	100
3/8	10	5	125
1/2	15	6	150
3/4	20	8	200
1	25	10	250
1 1/4	32	12	300
1 1/2	40	14	350
2	50	16	400
2 1/2	65	18	450
3	80	20	500

(2) 파이프의 두께

파이프 내부에 흐르는 유체의 온도, 압력 및 파이프 재질에 의해 두께를 결정합니다. SCHEDULE NO. 방식과 WEIGHT 방식이 있습니다. 일반적으로 SCHEDULE NO. 방식을 많이 사용합니다.

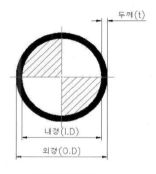

[파이프의 단면]

① SCHEDULE NO. 방식은 사용압력과 허용응력과의 비에 의해 만들어진 두께 시리즈이며 10~160이 널리 이용되고 있습니다.

파이프 종류에 관계없이 SCHEDULE NO.가 동일하면 두께는 다를 수 있으나 견딜 수 있는 압력이 같음을 의미하며 계산식은 다음과 같습니다.

$$\text{Sch.} = 1000P / S \qquad\qquad t = PD / 1.755 + 2.54$$

여기에서 P = 사용압력(kg/㎠),　　S = 상용 상태에서의 재료의 허용응력(kg/㎠)

D = 파이프의 외경(mm),　t = 파이프의 두께(mm)

일반적으로 플랜트에서 파이프 두께(t)를 구하는 공식은 ASME31.1 Paragraph 104.1.2: Straight Pipe Under Internal Pressure에 명시된 식을 적용합니다.

② Weight 방식은 파이프의 단위 길이당 중량을 기준으로 하여 MSS(Manufactures of Standardization Society)가 발표한 것으로 현재 10" 이상, 2" 이하의 파이프에서 SCHEDULE NO. 방식의 보완용으로 사용됩니다. 여기에는 Std(Standard Weight), XS(Extra Strong or Extra Heavy), XXS(Double Extra Strong or Double Extra Heavy)가 있습니다.

(3) 파이프의 재질

파이프의 재질은 유체의 화학적 물리적 성질, 압력, 온도, 접촉물과의 전위차로 인한 전기부식, 파이프 사이즈, 연결 및 조립 방법, 유용성 및 경제성을 고려하여 선정하게 됩니다.

일반적으로 사용하는 파이프 재질은 다음과 같습니다.

① **CARBON STEEL(탄소강):** 가장 일반적으로 사용되는 재질이며 400℃ 이하에서 광범위하게 사용됩니다. 저·중온 및 저·중고압에 사용됩니다.

② **STAINLESS STEEL(스테인레스강):** 주로 부식 방지 및 순도유지용으로 많이 사용되며, 강관에 비해 기계적 성질이 우수하고 두께가 얇아 운반 및 시공이 용이합니다. 저온 충격성이 크고 한랭지 배관이 가능하며 동결에 대한 저항이 큽니다. 농도가 짙은 염화물 용액과 같은 환경에서는 부식이 발생합니다.

③ **CAST IRON(주철):** 내압성, 내마모성이 뛰어나고 특히 강관에 비해 내식성, 내구성이 뛰어나기 때문에 수도용 급수관, 가스 공급관, 화학공업용 배관, 통신용 지하 매설관 등에 많이 사용됩니다. 저온 및 저압, 토목 배관으로 많이 사용됩니다.

④ **ALLOY STEEL(합금강):** 400℃ 이상의 고온에서 사용하며 1종에서 6종까지 있습니다. 이음매 없이 제조하며 1종은 몰리브덴강, 2~6종은 크롬-몰리브덴강이고 크롬 함유량이 많아질수록 내산화성, 내식성이 좋아집니다. 고온, 중고압에 사용됩니다.

⑤ **COPPER(구리):** 열과 전기의 전도율이 좋고 내식성이 우수하며 가공이 용이하고 마찰저항이 적은 장점이 있습니다. 이음매가 없으며 굴곡성이 뛰어나 시공이 용이합니다. 저온, 저압의 해수에 많이 사용됩니다.

⑥ **FORGED STEEL(단조강):** 탄소 강괴를 타격, 프레스 등에 의해 성형한 것을 말하며, 내부의 결함이 압축되어 점성이 증가하여 강도 및 인성 등의 성질이 증가합니다.

⑦ **PVC:** 무가소성의 염화비닐관으로 내약품성이 우수하여 산, 알칼리, 유류 등에 침식되지 않으며 해수나 부식성이 강한 토양에서도 부식의 염려가 없이 장기간 사용할 수 있습니다. 비중이 1.43으로 철의 1/4, 연관의 1/10, 알루미늄관의 1/2 정도로 운반과 시공이 용이하고, 인장강도는 연관의 3배로서 기계적 강도가 강합니다.

⑧ **GRP(유리섬유강화 플라스틱):** 플라스틱에 강도를 높이기 위해 보강재로 유리섬유를 첨가한 재질입니다. 금속에 비해 가볍고 전기 절연성이 뛰어나며 충격 및 하중의 저항성에 대한 복원력이 뛰어납니다. 또, 온도에 따른 물성변화가 적은 것이 특징입니다.

이 밖에도 알미늄(ALUMINUM), 티탄늄(TITANIUM), 연관(LEAD PIPE), FRP(FIBERGLASS REINFORCED PLASTIC), 구리-니켈(COPPER-NICEK), 고무(RUBBER), 콘크리트(CONCRETE)관 등 다양한 종류의 파이프가 있으며 하나의 재질에서도 성분의 함유량에 따라 여러 종류로 나누어지기도 합니다.

(4) 파이프의 연결방법
파이프와 파이프 사이를 연결하는 방법은 크게 다음과 같이 분류합니다.

① 맞대기 용접(BUTTED-WELD; B.W)
파이프 사이즈가 2 ½"(DN65) 이상으로 큰 경우에 많이 사용되는 방법이며 접속되는 부위를 일정한 각도로 커팅하여 용접으로 연결합니다.

② 소켓 용접(SOCKET-WELD)
DN50 (2") 이하의 현장 맞춤(FIELD-RUN) 배관에 적용하며 온도와 압력 CYCLING 및 진동 발생이 예측되거나 1/16" 틈새 연결 부위로 틈새 부식이 가속될 수 있는 곳에 SOCKET WELDING을 해서는 안 됩니다.

③ 나사식 이음(THREADED)
2"(50A) 이하의 현장 맞춤(FIELD-RUN) 배관 중 주로 코팅 처리되는 배관계에 적용하며 나사에 의한 이음쇠를 이용하여 조임으로 시공하는 이음 방법입니다. 이음쇠에는 소켓, 엘보, 티, 유니언, 니플 등이 있습니다.

④ 플랜지 이음(FLANGED)
관경이 크거나 빼내기 작업이 빈번히 발생하는 곳에 적용하는 이음 방법으로 플랜지를 사용하여 잇습니다.

용접을 적용하기에 부적절하거나 유지보수가 자주 요구되는 곳에 주로 이용하는 이음 방법입니다.

4.2 파이프 피팅류(PIPE FITTINGS)

일반적으로 파이프의 방향 전환, 사이즈 변경, 분기, 파이프 상호 간의 연결에 사용하는 이음쇠(FITTING)를 말합니다. 연결하는 방법으로는 SCREWED(SCR'D), SOCKET WELD(S.W), BUTT-WELD, FLANGED 등 다양한 방법이 있습니다.

(1) 90도 엘보

파이프 방향을 90도로 변환하는 데 사용합니다.

① **장곡(Long Radius Elbow):** 일반적으로 엘보는 Long Radius Elbow를 말합니다. CENTER TO END DIMENSION은 1.5D입니다. 여기서 D는 NOMIMAL DIAMETER을 의미합니다.

② **단곡(Short Radius Elbow):** 공간이 좁은 곳의 방향 전환에 사용합니다. 도면에서 'S.R'로 표기합니다. 'S.R'로 표기되지 않은 엘보는 Long Radius Elbow입니다. CENTER TO END DIMENSION은 1.0D입니다.

③ **이경 엘보(Reducer Elbow):** 레듀셔와 엘보의 역할을 동시에 수행하는 엘보로 특수한 경우에 사용합니다. 이경 엘보는 Long Radius Elbow만 있습니다.

④ **마이터 엘보(Mitered Elbow):** 주로 압력 저항이 중요하지 않은 저온, 저압의 대구경 파이프의 방향 전환에 사용됩니다. 비용이 저렴하여 경제적입니다. 용접 개소 수에 따라 ONE WELD MITER, TWO WELD MITER, THREE WELD MITER로 나뉩니다.

[장곡관]

[단곡관]

[마이터 엘보]

(2) 45도 엘보

파이프 방향을 45도로 변환하는 데 사용합니다. 도면에서 45도 엘보는 '45°ELL'로 표기합니다.

[45도 엘보]

(3) 티(Tee)

파이프에서 분기할 때 사용합니다. 티에는 다음과 같은 종류가 있습니다.

① **동경 티(Straight Tee):** 주 파이프(Run) 사이즈와 분기부(Branch)의 사이즈가 동일한 경우 즉, 세 방향의 크기가 동일한 사이즈입니다.

[동경 티]

② **이경 티(Reducing Tee):** 주 파이프(Run) 사이즈에 비해 분기부(Branch)의 사이즈가 작습니다.

[이경 티]

③ **아웃렛(Out-LET):** 주관과 지관의 사이즈 차이가 커(2배 이상) 티(Tee)로 분기할 수 없는 곳에 사용하며 종류는 WELDOLET, ELBOLET, LATROLET, SWEEPOLET 등이 있습니다.

[다양한 Out-Let 제품]

(4) 레듀셔(REDUCER)

파이프의 사이즈를 줄이거나 키우고자 할 때 사용합니다.

① **동심 레듀셔(CONCENTRIC Reducer):** 사이즈가 큰 쪽과 작은 쪽의 중심이 동일합니다.

[동심 레듀셔]

② **편심 레듀셔(ECCENTRIC Reducer):** 사이즈가 큰 쪽과 작은 쪽의 중심이 차이가 있으며 한쪽 면이 평평합니다. 주로 파이프 랙이나 펌프의 SUCTION LINE에 많이 사용됩니다.

[편심 레듀셔]

(5) 캡(CAP)

파이프의 OPENING END 부분을 막는 데 사용하는 반 타원형 모양입니다. O.D(외경)는 연결되는 파이프의 O.D와 동일합니다.

[캡]

(6) STUB-IN

피팅류를 사용하지 않고 분기하고자 할 때 사용합니다. 메인(STRAIGHT) 파이프에 구멍을 내고 분기 파이프를 삽입하여 용접하는 방법입니다. 분기쪽 사이즈는 메인(STRAIGHT RUN) 파이프와 같거나 작습니다. 저압, 저온에 많이 사용합니다.
STUB-IN의 CONNECTION의 최소 WELDING 거리는 3"이 유지되어야 합니다.

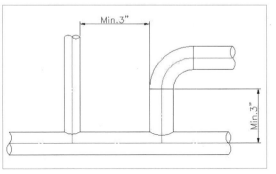

[Stub-in]

(7) 커플링(COUPLING)

파 이 프 와 파 이 프 를 연 결 하 는 FULL COUPLING, 파이프의 분기용으로 사용하는 HALF COUPLING, 파이프와 파이프의 연결부에서 사이즈를 줄이고자 사용하는 REDUCING COUPLING이 있습니다.

[FULL COUPLING]   [HALF COUPLING]

(8) 플러그(PLUG)

2" 이하의 작은 사이즈 파이프에서 SCREWED FITTING OPENING END 부분과 SCREWED VENT & DRAIN VALVE OPENING END 부분을 막는 데 사용하며 SCCKET WELD FITTING에는 사용하지 않습니다.

[PLUG]

(9) 유니언(UNION)

2" 이하의 작은 사이즈 파이프에서 빈번히 유지보수가 필요한 경우에 사용하며, SCREWED 배관이나 SOCKET WELD 배관에서 조립 및 공사를 용이하게 할 수 있습니다.

[UNION]

(10) 스웨이지(SWAGE)

큰 사이즈의 파이프에서 작은 사이즈의 파이프로 전환 시에 많이 사용되며 레듀셔와 마찬가지로 CONCENTRIC과 ECCENTRIC SWAGE 두 종류가 있습니다. 2" 또는 1 1/2" 이하의 사이즈에서 레듀싱할 때 사용합니다.

[CONCENTRIC SWAGE]　　[ECCENTRIC SWAGE]

(11) 니플(NIPPLE)

2" 이하의 작은 사이즈 파이프에서 피팅과 피팅 사이에 사용하며 피팅 사이의 간격은 최소(Min.) 2"입니다. 길이는 일반적으로 6" 및 3"을 많이 사용합니다.

[NIPPLE]

4.3 플랜지(FLANGE)

플랜지는 유지관리상 파이프의 해체가 빈번이 발생하거나 주기적으로 점검이 필요한 곳, 서로 다른 재질 사이의 연결, WELDING이나 SCREWED를 할 수 없는 경우에 사용됩니다.

(1) 플랜지의 구성

플랜지는 2개의 플랜지와 가스켓(GASKET), 볼트와 너트(BOLT/NUT)로 구성됩니다.

(2) 플랜지의 분류

플랜지는 플랜지면의 형상, 파이프와의 접속 방법, FLANGE RATING에 의해 분류되는데, RATING은 실제 압력의 수치가 아니고 압력(PRESSURE)과 온도(TEMPERATURE)의 관계에 의해서 얻어진 수치(POUND)입니다. ANSI B16.5에 규정되어 있습니다. RATING은 재료에 따라 다르며 주로 많이 쓰이는 단조강(FORGED STEEL)과 주철(CAST IRON) 등이 있습니다.

RATING은 ANSI와 JIS로 다음과 같이 플랜지 호칭 압력으로 분류하고 있습니다.

① **ANSI(7종류):** 150lb, 300lb, 400lb, 600lb, 900lb, 1500lb, 2500lb
② **JIS(8종류):** 2k, 5k, 10k, 16k, 20k, 30k, 40k, 63k

(3) 접속 방법에 의한 종류

① **SLIP-ON:** 가장 많이 사용하는 접속 방법으로 파이프를 플랜지 안쪽에 삽입시켜 내외부에 FILLET WELDING을 통해 접속합니다. 열 응력에 약하기 때문에 고압, 고온 배관에서는 잘 사용하지 않습니다.

② **WELD NECK:** 많이 사용하는 FLANGE로서 파이프와 직접 BUTT-WELDING으로 연결되며 파이프 내경과 FLANGE의 관경(SCH. NO.동일)이 같아야 합니다. SLIP-ON FLANGE보다 다소 고가이나 열 응력에 강하므로 극한 조건(SEVERE CONDITION) 및 고온, 고압에 주로 많이 사용됩니다.

③ **THREADED(SCREWED):** 2" 이하의 작은 사이즈 배관에 많이 사용하나 2"보다 큰 사이즈에서도 사용하는 경우가 있으며 주로 저압, 저온 배관에 많이 사용됩니다.

④ **LAP JOINT(VAN STONE):** 자주 점검이 필요하거나 분해 및 청소가 필요한 부분에 사용하며 분해 해체 후 조립하기가 간편해서 큰 사이즈에 많이 사용합니다. LAP JOINT FLANGE는 STUD-END와 FLANGE로 구성되며 STUD-END와 FLANGE는 서로 다른 재질을 사용할 수 있습니다.

⑤ **BLIND:** FLANGED VALVE, VESSEL NOZZLE 및 EQUIPMENT NOZZLE 등의 열려있는 끝부분을 막고자 할 때 사용합니다.

⑥ **RING JOINT:** FLANGE를 자주 떼어낼 필요가 없는 고압, 고온 배관에 주로 사용합니다. 접속할 때 RING GASKET을 사용해서 타이트하게 SEALING은 할 수 있으나 분해하기 어려운 단점이 있어 잘 사용하지 않습니다.

⑦ **ORIFICE:** 계기(INSTRUMENT)용으로서 유량을 측정하기 위해 사용됩니다. 두 FLANGE와 GASKET 및 ORIFICE PLATE을 사이에 두고 결합되는데 양쪽 두 FLANGE에는 TAP이 있습니다.
ORIFICE FLANGE의 RATING은 최소 300LB 이상입니다.

⑧ **REDUCING FLANGE:** 파이프 사이즈를 바꾸고자 할 때 WELD-NECK FLANGE와 REDUCER와의 연결 공간이 없는 경우에 사용하고, 작은 사이즈에서 큰 사이즈로 될 때는 사용 가능하나, 큰 사이즈에서 작은 사이즈로 될 때는 잘 사용하지 않습니다. 난류현상 및 PRESSURE DROP이 매우 크기 때문입니다.

(4) 가스켓(GASKET)

두 FLANGE의 접합에 있어서 플랜지 면 사이에 끼워 타이트하게 접속하기 위한 SEALING PACKING의 일종입니다. 가스켓의 타입 및 재질은 유체의 종류, 온도, 압력, FLANGE의 FACING에 따라서 달라집니다. 가스켓의 경도, 접촉부의 형상, 플랜지 형상 및 RATING, 재료의 부식성 등을 고려하여 선정합니다.
가스켓 타입은 다음과 같습니다.
-FLAT RING: RF FLANGE에 사용하며 FLANGE의 RAISED FACE의 외경과 같습니다.
-FULL FACE: FF FLANGE에 사용하며 FLANGE의 외경과 GASKET 외경이 같고, FLANGE와 동일한 볼트 구멍이 있습니다.
가스켓의 두께는 KS/JIS의 경우는 1.5mm, 3.0mm를 주로 적용하고, ANSI 규격일 경우에는 1.6mm, 3.2mm, 4.5mm를 적용합니다.

4.4 유체 제어용 장치

파이프에 통과하는 유체의 양을 제어하거나 이물질을 걸러낼 필요가 발생합니다. 유체의 양을 제어하거나 차단하는 역할을 하는 장치인 밸브, 유체의 이물질을 걸러내는 스트레이너, 응축수를 배출하는 트랩 등 유체 제어용 장치에 대해 알아보겠습니다.

밸브(VALVE)는 유체를 통과 또는 차단하거나 제어하기 위하여 통로를 개폐 또는 조절할 수 있는 기구를 갖는 기기를 총칭하여 밸브라 합니다. 유체를 제어하는 장치는 기능에 따라 다음과 같이 분류됩니다.

- 유량의 개폐: STOP, GATE, BALL, BUTTERFLY VALVE
- 유량의 조절: GLOBE VALVE, NEEDLE VALVE
- 유량의 역류 방지: CHECK VALVE
- 유량의 개폐 및 역류 방지: STOP-CHECK(NON-RETURN) VALVE
- 유량, 온도 및 압력의 제어: CONTROL VALVE, REGULATING VALVE
- 방출: BLOWDOWN, BLOWOFF, SAFETY/RELIEF VALVE
- 유량의 분배: 3-WAY VALVE
- 이물질의 필터링: STRAINER
- 응축수 여과: TRAP

(1) 게이트 밸브(GATE VALVE)

유체의 개폐를 목적으로 하며 가장 많이 사용하는 밸브입니다.

웨지 게이트 밸브(WEDGE GATE VALVE), 패러렐 슬라이드 게이트 밸브(PARALLEL SLIDE GATE VALVE), 더블 디스크 게이트 밸브(DOUBLE DISC GATE VALVE), 벤튜리 포트 게이트 밸브(VENTURI PORT GATE VALVE), 스루 컨딧 게이트 밸브(THROUGH CONDUIT GATE VALVE) 등 다양한 종류의 게이트 밸브가 있습니다.

[게이트 밸브]

(2) 스톱 밸브(STOP VALVE)

밸브 시트에 밀착할 수 있는 밸브 본체를 나사 봉에 설치한 다음 이것에 핸들을 설치하고 밸브 본체의 상·하 움직임이 가능하도록 해서 유체의 흐름을 차단 및 조절하는 밸브입니다.

스톱 밸브 종류로는 다음과 같은 것이 있습니다.

글로브 밸브(GLOBE VALVE), 앵글 밸브(ANGLE VALVE), Y형 밸브(Y-GLOBE VALVE), 니들 밸브(NEEDLE VALVE)가 있습니다.

[스톱 밸브]

(3) 체크 밸브(CHECK VALVE)

밸브 디스크가 유체의 배압에 의해 역류를 방지하도록 작동하는 밸브를 총
칭합니다. 유체를 한쪽 방향으로만 흐르게 하고 반대 방향으로는 흐르지 못
하도록 하는 밸브입니다. 체크 밸브에는 다음과 같은 종류가 있습니다.
리프트 체크 밸브(LIFT CHECK VALVE), 스윙 체크 밸브(SWING CHECK
VALVE), 틸팅 디스크 체크 밸브(TILTING DISC CHECK VALVE), 볼 체
크 밸브(BALL CHECK VALVE), 듀얼 플레이트/와이퍼 체크 밸브(DUAL
PLATE/WAFER CHECK VALVE).

[체크 밸브]

스톱 체크 밸브는 스톱 밸브와 체크 밸브의 두 가지 기능을 가지고 있는 밸브입니다. 디스크를 고정하는 디스크
락 너트(DISC LOCK NUT)를 제외하면 글로브 밸브와 같은 형태입니다.

(4) 볼 밸브(BALL VALVE)

개폐 부분에 구멍이 뚫린 구(球) 모양의 밸브가 있으며 이것이 회전에 의해
구멍을 막거나 열어 밸브를 개폐시키는 것으로 콕과 유사한 밸브입니다. 주
로 FUEL GAS 및 FUEL OIL과 같은 연료 계통에 설치합니다.

[볼 밸브]

(5) 버터플라이 밸브(BUTTERFLY VALVE)

원판 중심선을 축으로 원판이 회전함에 따라 개폐가 이루어지는 밸브입니
다. 주로 저압의 물 계통 및 대구경 배관에 설치합니다.

[버터플라이 밸브]

(6) 다이아프램 밸브(DIAPHRAGM VALVE)

탄성력이 매우 좋은 합성수지 또는 금속으로 다이아프램을 만들고 유로를
수직의 선형 운동으로 차단하여 유체의 흐름을 제어하는 밸브로 밸브 내부
를 초청정 상태로 유지할 수 있어 반도체 공장용의 순수 가스 및 물 라인, 제
약회사 등의 고순도 유체관리가 필요한 프로세스에 사용됩니다.

[다이아프램 밸브]

(7) 플러그 밸브(PLUG VALVE)

테이퍼진(비스듬한) 원통 모양의 플러그로서 이 플러그에 원형 또는 사각형의 구멍을 내고 플러그를 90℃ 회전함에 따라 유체의 흐름을 차단 또는 조절하는 밸브입니다. 슬러리(SLURRIES)의 집적을 도모하지 않는 구조이기 때문에 불순물이 개제된 액체 계통에 널리 사용됩니다. 종류로는 2-WAY, 3-WAY, 4-WAY, 5-WAY가 있습니다.

[플러그 밸브]

(8) BLOWDOWN VALVE/BLOWOFF VALVE

보일러의 STEAM/UPPER DRUM, VESSEL 등의 일부분으로부터 찌꺼기나 침전(앙금) 물질의 연속적인 제거(CONTINUOUS BLOWDOWN) 또는 간헐적인 제거(INTERMITTENT BLOWDOFF)를 위해 사용하는 배출밸브입니다. BLOWDOWN VALVE는 밸브 전후단의 차압이 크고 부식 및 공동현상(CAVITATION) 등으로부터 손상을 방지할 수 있도록 설계되어야 하고, BLOWOFF VALVE는 밸브 내에 침전물의 축적을 방지하도록 댐(DAM)이나 포켓(POCKET)이 없는 구조로 설계되어 있습니다.

(9) 스트레이너(STRAINER)

유체 속에 포함된 고형물을 제거하여 기기 등에 이물질이 유입하는 것을 방지하는 장치를 말합니다. 펌프, CONTROL VALVE, STEAM TRAP, METER 등과 같은 기기를 보호하기 위해 사용됩니다. 스트레이너는 운전 중 파이프 내의 찌꺼기를 걸러내는 역할을 하며, 주로 PUMP SUCTION 및 STEAM TRAP 전단에 많이 사용됩니다.

① **Y형 STRAINER:** 2" 이하의 작은 사이즈에서 사용되며 주로 스팀 라인에서 많이 사용됩니다.

② **BUCKET STRAINER:** 공장 및 각종 플랜트의 수평 배관라인에 설치되며 작은 사이즈부터 큰 사이즈까지 사용이 가능합니다. 특히, 원료액이나 B-C OIL 등과 같은 점성이 높은 유체에 적합하며, 대용량을 요구하는 PUMP SUCTION, 이물질의 양이 많아 충분한 여과 면적을 요구하는 경우 등에 광범위하게 사용됩니다.

③ **DUPLEX BASKET STRAINER(TWIN):** 큰 사이즈 배관 라인에 주로 사용하며 BASKET 내의 찌꺼기를 제거할 때는 핸들을 돌려서 BASKET를 교체해서 제거합니다.

④ **CONICAL & BASKET START-UP STRAINER(TEMPORARY):** 큰 사이즈 배관 라인에 주로 많이 사용하며 START-UP(시운전)할 때만 사용하고 찌꺼기의 유무는 DIFFERENTIAL PRESSURE GAUGE에 의해 확인됩니다.

[Y형 스트레이너]　　　　　[바스켓 스트레이너]

(10) 트랩(TRAP)

배관 내에 응축수(CONDENSATE)가 발생하면 열 전달을 방해하여 기동 시간이 길어지고 응축수로 인한 배관 및 기기의 마모 및 수격 현상이 발생할 수 있습니다. 이러한 문제 해결을 위해 응축수를 자동 배출하는 요소를 총칭하여 트랩(TRAP)이라 합니다.

① **스팀 트랩(STERM TRAP):** 증기계통 파이프 내에서 기수분리기(汽水分離器)에 의하여 분리된 수분을 파이프 밖으로 배출하는 장치입니다.

[스팀 트랩]

② **AIR/DRAIN TRAP:** 압축공기계통 배관 내에 생성되는 응축수(CONDENSATE) 의 자동 배출을 위해 사용되며 주로 FLOAT TYPE TRAP이 사용됩니다.

[에어 트랩]

4.5 신축 이음(EXPANSION JOINT)

VESSEL, 열교환기, 파이프 라인 등에서 열팽창이나 수축으로 인해 발생할 수 있는 변형에 대한 대비, 회전기기로 인해 발생할 수 있는 진동으로부터 방진을 위해 신축성을 가진 이음쇠(JOINT)를 말합니다.

종류로는 금속성 신축 이음(METALLIC EXPANSION JOINT), 비금속성 신축 이음(NON-METALLIC EXPANSION JOINT), 플렉시블 조인트(FLEXIBLE JOINT)가 있습니다.

[METALLIC EXPANSION JOINT]

[FLEXIBLE JOINT]

4.6 보온(INSULATION)

INSULATION은 열의 전달을 차단하는 단열재 또는 전기의 전달을 차단하는 전기 절연재를 통칭합니다. 배관에서는 열의 전달을 차단하는 목적이 주가 됩니다. 보온은 에너지 절약 차원에서 파이프를 보온하는 것이 더 경제적인 경우와 운전상 유체의 온도를 일정하게 유지할 필요가 있는 경우에 실시합니다. 또, STREAM TRACING용 보온, 동파방지, 작업자 보호, 소음방지의 경우에도 보온을 하게 됩니다.

(1) 보온(HOT INSULATION)

열 손실이 발생해도 문제없는 곳 이외에는 운전온도가 60 ℃ 이상의 기기나 배관에 보온을 합니다. 운전온도가 60℃ 이하일지라도 열 손실이 일어나서는 안 되는 FULL HEAT CONSERVATION INSULATION(HO)은 보온(HOT INSULATION)을 해야 합니다. FLANGE, UNION, VALVE 등도 특별한 경우를 제외하고는 보온을 합니다.

(2) 보냉(COLD INSULATION)

운전온도가 0℃ 이하인 기기나 배관에 적용합니다. 유체의 냉기를 보존하고 냉기에 의한 파이프의 표면에 습기가 생기지 않도록 하기 위해서 0℃ 이하의 COLD PIPING에 주로 실시합니다.

배관 또는 기기(또는 Lug)를 제외한 아래와 같은 부속품(Attachment)과 돌출부(Protrusion)의 보냉(Cold Insulation)은 보온 두께의 4배 또는 최소 300m를 보냉해야 합니다.

- Tower와 Tank의 Skirt 또는 Leg
- 배관의 지지(Support)
- Drain과 Vent Piping의 분기(Branch)

(3) 보호용 보온(PERSONNEL PROTECTION INSULATION 또는 SAFETY INSULATION, CLASS PR)

보호용 보온(PERSONNEL PROTECTION INSULATION)은 작업자들이 작업 도중 부주의로 인해 접촉하지 않게 다음과 같은 범위의 운전온도가 65℃ 이상인 기기와 배관에 적용됩니다.

- 지면이나 바닥에서 2000MM 이내의 높이(FUJAIRAH PJT: 2500MM)
- PLATFORM이나 통행로의 가장자리로부터 600MM 이내의 거리
- 열 손실이 일어나도 무방한 부위의 보호(PERSONNEL PROTECTION)는 보온 대신 보호망(SHIELD)이나 보호물(GUARD)을 설치하는 방법을 고려할 수 있습니다.

(4) 결로방지 보온(ANTI-SWEAT INSULATION)

대기온도 이하이거나, 운전온도가 0℃ 이하인 기기나 배관에 적용합니다. 아래와 같이 습기로 인해 표면에 응축이 생기는 곳은 결로 방지 보온(ANTI-SWEAT INSULATION)을 해야 합니다(SPEC.에 따릅니다).

- 전기적 위험(ELECTRICAL HAZARD)
- 작업자에 불편을 주는 SURFACE CONDENSATION
- 기기에 손상

(5) HEAT TRACING

배관 내에서 유체가 동결되거나 점도가 높아지는 것을 방지하며 유체의 응축을 방지하는 목적으로 적용하기도 합니다. 가열매체에 따라 FLUID HEAT TRACING과 ELECTIRIC HEAT TRACING으로 구분됩니다.

(6) 동결방지(ANTI-FREEZING PROTECTION)

운전온도가 5℃ 이하이고 동파방지를 필요로 하는 외부 배관에 동결방지를 위해 보온을 해야 합니다. 동파에 대비한 보온은 연속운전이 되지 않는 배관 중 SHUT-DOWN 또는 고장 시에 동파의 위험이 있을 때 적용합니다.

(7) 이중온도 보온(Dual Temperature Insulation)

일반적으로 운전온도 0℃ 이하의 배관과 기기에 적용됩니다. 그러나 재생(Regeneration)하는 동안은 80℃ 이상의 높은 온도에도 필요합니다.

5 계기류(INSTRUMENTS)

계기류는 장비 및 파이프의 유량, 온도, 압력 등을 수집, 검출, 처리, 표시하기 위한 부품과 장치를 일체화한 것을 말합니다. 모든 플랜트는 계기에 의해 제어되어 운전되고 있습니다. 특히 최근의 플랜트는 대부분 자동화되어 계기에 요구되는 사항은 점점 복잡화되고 있으며, 배관 설계와도 매우 밀접한 관계가 있으므로 계기에 대한 사항은 꼭 알아두어야 할 필요가 있습니다.

5.1 계기류의 종류

파이프에 부착하여 측정하는 용도인 계기류는 계장기기라고 부르기도 합니다. 대표적인 계기류(INSTRUMENTS)를 살펴보면 다음과 같습니다.

(1) 압력계(PRESSURE GUAGE)

기체나 액체의 압력(단위 면적에 걸리는 힘)을 측정하는 기기입니다. 대표적인 압력계로는 부르돈관(BOURDON TUBE) 압력계와 다이아프램(DIAPHRAGM) 압력계가 있습니다.

- 부르돈관(BOURDON TUBE) 압력계는 한쪽 끝이 막힌 C자형으로 굽힌 타원형 단면을 갖는 Bourdon tube 내에 압력유체가 유입되면 압력에 비례하여 Bourdon tube가 펴지게 되고, Bourdon tube의 변형은 Sector gear를 거쳐 바늘을 회전시켜 작용하는 압력을 나타냅니다.
- 다이아프램(DIAPHRAGM) 압력계는 다이아프램 센서가 미세한 압력의 변화에도 민감하게 반응하는 얇은 막을 이용하여 압력을 감지합니다.

[부르돈관 압력계]   [다이아프램 압력계]

(2) 온도계(THERMOMETER)

기체나 액체의 온도를 측정하는 기기입니다. 크게 접촉식과 비접촉식이 있습니다.

- 온도계를 배관의 직관 부분에 부착시키기 위해서는 파이프 사이즈가 최소 4"(DN100) 이상 되어야 하고 가능한 한 파이프와 수직으로 설치해야 합니다.
- 배관의 엘보 부분에 부착할 경우에는 파이프 사이즈가 최소 1 1/2" 이상 되어야 합니다.

[온도계]

(3) 유량계(FLOWMETER)

파이프 내부의 유체의 양을 측정하는 기기입니다. 유량계는 용도나 측정 유체의 종류(액체, 기체, 증기 등)나 유체성상(고점도, 부식성 등), 유로의 형상 등 다양한 조건에 따라 다양하게 있습니다.

유량계의 종류를 보면, 오리피스(차압식) 유량계, 코리오리스식 질량 유량계, 칼먼 와류식 유량계, 용적 유량계, 면적 유량계, 전자 유량계, 초음파 유량계, 터빈 유량계, 광센서 부착식 유량계 등 다양한 종류의 유량계가 있습니다.

[오리피스 유량계]

(4) 수준기(LEVEL INSTRUMENT)

수준 또는 수평을 측정하는 기기입니다. 크게 직접 측정방법과 간접 측정방법이 있습니다. 다음과 같은 다양한 방식의 수준기(수준계)가 있습니다.

- 레이더식: 측정 대상을 향해 센서로부터 전파를 발사하여 시간과 속도를 이용해 거리를 구하는 방식
- 초음파식: 음파의 시간과 속도로부터 거리를 구하는 방식
- 가이드 펄스식: 전류 펄스를 가이드와이어를 이용하여 왕복시켜 시간과 속도로부터 거리를 구하는 방식
- 차압식: 액체에 검출 파이프를 삽입하여 액체의 압력을 측정하는 방식
- 플로트식: 액체의 부력에 의해 상하로 움직이는 추를 이용하여 추로부터 나오는 검출신호를 출력으로 측정하는 방식
- 레이저식: 레이저를 이용하여 좁은 장소에서의 액체 등을 측정하는 방식
- 정전용량식: 원통 형상의 전극을 액체에 침투시켜 정전용량의 변화에 의해 측정하는 방식

[비접촉식 레이더 수준기]

6 파이프 지지(SUPPORT)

파이프는 파이프 자체 무게는 물론 내부의 유체의 무게, 적설에 의한 무게, 열에 의한 신축, 유체의 흐름에 따른 진동에 노출됩니다. 또, 길이가 길기 때문에 변형이 발생하기 쉽습니다. 파이프의 지지(SUPPORT)는 무게, 열응력, 내압, 바람, 지진 등에 의한 진동, 신축 등의 변형을 방지하기 위해 설치하는 장치입니다.

6.1 서포트(SUPPORT) 또는 행거(HANGER)

파이프의 중량을 지지하기 위한 목적으로 설치하는 장치로 위에서 아래쪽으로 매는 행거와 밑에서 위쪽을 지지하는 서포트가 있습니다.

① **리지드 행거(Rigid Hanger):** 배관의 자체 중량을 지지하기 위해 사용하며, 수평 변위는 다소 발생해도 수직 변위는 거의 발생하지 않는 위치에 설치합니다.

② **베리어블 행거(Variable Hanger) 또는 스프링(Spring Hanger):** 파이프의 하중을 지지함과 동시에 열팽창에 의한 수직 방향의 변위를 허용하는 장치입니다. 가변 스프링식 행거와 불변 스프링식 행거가 있습니다.

③ **콘스탄트 행거(Constant Hanger):** 수직 방향의 움직임에 대해 일정한 하중을 지지합니다.

[스프링 행거의 예]

6.2 레스트레인(RESTRAINT)

주로 열 팽창에 의한 파이프의 자유로운 움직임을 구속하거나 제한하기 위한 장치입니다.

① **앵커(Anchor):** 지지점의 이동 및 회전을 허용하지 않는 곳에 설치합니다. 장비 및 파이프를 단단하게 고정하는 용도로 사용하는 장치입니다. 움직임이나 진동 억제 효과가 있으나 과도한 열응력이 생길 수 있습니다.

② **스토퍼(Stopper):** 한 방향 앵커라고 하며 파이프 지지점의 일정 방향으로의 움직임을 제한하는 장치입니다.

열팽창으로부터 기기 노즐을 보호해야 하거나, 안전 밸브의 토출 압력이 있는 곳에 설치합니다.

③ **가이드(Guide):** 지지점에서 파이프 축 방향으로 안내면을 설치하여 파이프의 회전 및 직각 방향의 움직임을 구속합니다.

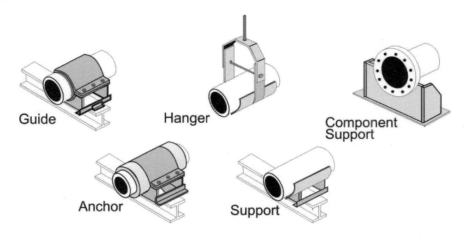

[다양한 종류의 지지 방식]

6.3 브레이스(BRACE)

열 팽창 및 중력에 의한 힘 이외의 외부 힘에 의한 파이프의 움직임을 제한하는 장치입니다.

[브레이스의 예]

① **방진기:** 파이프의 중력 및 열팽창 하중 이외의 다른 하중에 의하여 발생하는 진동을 방지하거나 감쇠시키기 위한 장치입니다.

② **완충기:** 동하중(바람, 지진, 진동), 수격(Water Hammering)이나 안전밸브의 토출 반력에 의한 움직임을 조절하여 파이프를 보호하기 위한 장치입니다.

Chapter 5

배관 도면 도시 방법

이번 챕터에서는 플랜트 배관 도면에서의 기기류, 파이프, 피팅류, 밸브류 등의 표현 방법에 대해 알아보겠습니다. 여기에서 제시한 표현 방법은 일반적인 경우로 기업, 기관, 설계자 등 설계 주체에 따라 차이가 있을 수 있습니다.

1 파이프

배관 도면의 근간이 되는 파이프입니다. 기본적으로는 신설 배관이 기준이 됩니다만 기존 또는 증설 배관의 경우는 선의 종류를 달리하여 표현합니다.

① ARRAGEMENT DRAWING에서는 ON SCALE로 그리며 12" 이하의 사이즈는 싱글라인(단선)으로 그리고, 12" 이상의 사이즈는 더블라인(복선)으로 그립니다.
② ISOMETRIC DRAWING에서는 모두 싱글라인으로 그리는 것이 원칙입니다.

1.1 신설, 기설, 증설 파이프

파이프의 표현 방법은 같지만 신설, 기설, 증설의 종류에 따라 선 종류를 달리 표현합니다.

정투상도		등각투상도
소구경	대구경	
단면(소구경)	단면(대구경)	

기설 파이프의 경우는 일점쇄선, 증설 파이프의 경우는 이점쇄선으로 표현합니다.

정투상도		등각투상도
소구경	대구경	
단면(소구경)	단면(대구경)	
소구경	대구경	
단면(소구경)	단면(대구경)	

1.2 숨겨진 파이프

매설관과 같이 겉으로 드러나지는 않고 뒤쪽에 존재하는 파이프의 표현은 파선으로 표현합니다.

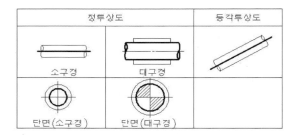

1.3 이중 파이프(자켓 배관)

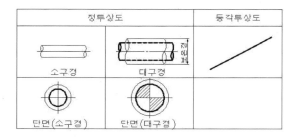

1.4 보온(보냉) 파이프

보온 또는 보냉을 위한 단열재를 부가한 파이프의 표현입니다.

2 정투영법에 의한 배관의 입체적 표현 방법

여기에서는 배관의 상태를 정투영법에 의해 2차원적으로 표현하는 조립도, 평면배관도, 입면배관도 등 배관 도면에 있어 배관의 표현 방법에 대해 알아보겠습니다.

플랜트 배관이나 건축설비에 있어 배관 도면에서는 배관의 경사의 상태나 휘어지는 상태와 같은 3차원 상태를 간략하고 알기 쉽게 2차원 도면상으로 표현하여 도면을 보는 사람들에게 전달할 필요가 있습니다. 이를 위해서 배관의 입체적인 상태를 가능한 한 간략하게 작성하고 도면을 해독하는 사람들을 위해 기호나 문자가 어느 정도 정해져 있습니다. 대표적인 예를 중심으로 살펴보겠습니다.

2.1 직각 방향으로 올라오고 내려가는 파이프

다음은 파이프 A가 직각으로 위쪽으로 올라오거나 아래쪽으로 내려갈 때의 표현입니다.

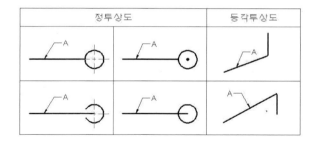

2.2 직각으로 올라와서 접속되어 동일한 방향으로 진행되는 파이프

파이프 A가 직각으로 올라와서 파이프 B 방향으로 진행되는 경우입니다.

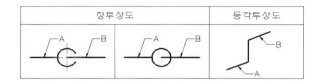

2.3 분기된 파이프가 위쪽으로 올라오거나 내려가는 파이프

파이프 B가 파이프 A에서 티(Tee)로 분기되어 위쪽으로 올라오는 경우와 파이프 B가 내려가는 경우는 다음과 같이 표현합니다.

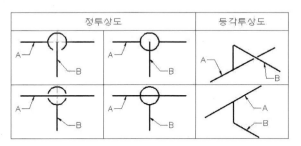

2.4 입상 파이프

파이프가 직각으로 올라온 입상 파이프만을 표현할 때는 다음과 같습니다.

2.5 직각 이외의 각도로 진행되는 파이프의 표현

(1) 파이프 B가 위쪽으로 경사각을 가지고 올라오는 경우

정투상도	등각투상도

(2) 파이프 B가 아래쪽으로 경사각을 가지고 내려가는 경우

정투상도	등각투상도

(3) 파이프 B가 수평 방향 앞쪽으로 비스듬한 각도로 꺾어지는 경우

정투상도	등각투상도

(4) 파이프 B가 수평 방향 뒤쪽으로 비스듬한 각도로 꺾어지는 경우

정투상도	등각투상도

(5) 파이프 B가 수평 방향 뒤쪽으로 꺾이면서 비스듬하게 경사져 올라오는 경우

정투상도	등각투상도

(6) 파이프 B가 수평 방향 앞쪽으로 꺾이면서 비스듬하게 경사져 올라오는 경우

정투상도	등각투상도

3 파이프의 접속, 교차 및 중복

배관은 일반적으로 파이프, 엘보 및 티, 플랜지, 밸브 등의 부품을 서로 연결하여 구성합니다. 이때 연결하는 방법은 파이프의 크기, 재질, 목적 및 조건, 시공 요령 등에 따라 다릅니다. 주로 사용하는 접속 방법과 교차 및 중복에 대한 표현 방법을 알아보겠습니다.

3.1 파이프의 접속

파이프의 접속 방법에 따라 다음과 같이 표현합니다.

접속 방법	도시 기호
풀커플링	
플랜지	
유니온	
용접	
턱걸이	

[접속 방법에 따른 도시 기호]

3.2 파이프의 교차

파이프끼리 접속하지 않고 교차하는 경우는 다음과 같이 표현합니다. 위쪽은 시점으로부터 가까운 파이프를 말하고, 아래쪽은 시점으로부터 멀리 있는 파이프를 말합니다.

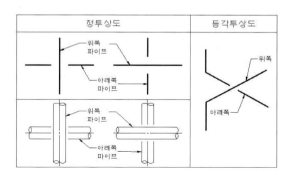

3.3 파이프의 중복

파이프끼리 접속하지 않고 중복이 된 경우는 다음과 같이 표현합니다. 위쪽은 시점으로부터 가까운 파이프를 말하고, 아래쪽은 시점으로부터 멀리 있는 파이프를 말합니다.

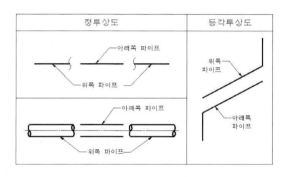

Chapter 5 배관 도면 도시 방법 **67**

4 피팅류(이음쇠)

파이프에는 다양한 피팅류(이음새)를 이용하여 연결하게 됩니다. 주요 피팅류를 중심으로 표현 방법을 알아보 겠습니다.

4.1 90도 엘보

(1) 12" 이하의 사이즈는 싱글라인으로 작도하고, 12" 이상의 사이즈는 더블라인으로 작도합니다.

(2) 아이소메트릭 도면에서는 모든 사이즈를 싱글라인으로 작도합니다.

(3) WELDING POINT를 표시합니다.

(4) SHORT RADIUS ELBOW는 'S.R' 또는 'S'를 표기합니다.

다음은 THREDED(나사) 타입과 용접(WELD) 타입의 90도 엘보를 나타낸 그림입니다.

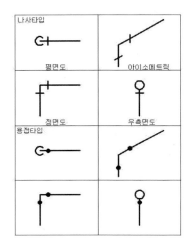

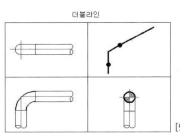

[90도 엘보의 도시]

4.2 45도 엘보

45도 엘보의 용접 부분은 타원으로 표현합니다.

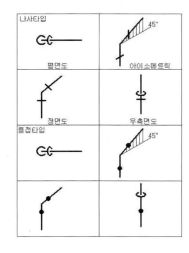

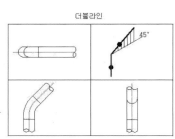

[45도 엘보의 도시]

4.3 티(TEE)

파이프를 분기하는 티는 다음과 같이 표현합니다. 이경 티의 경우는 양쪽 사이즈를 표현합니다.

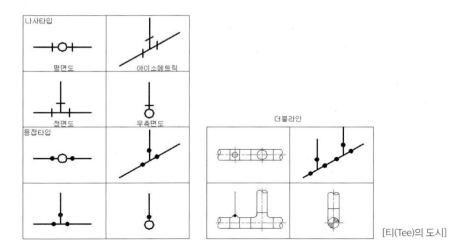

[티(Tee)의 도시]

4.4 티(Tee) 이외의 분기

티 이외에 분기하는 방법에는 아웃렛(OUT-LET, O-LET), 하프 커플링(HALF COUOLING), 보스(BOSS), 브랜치 커넥션(BRANCH CONNECTION) 등이 있습니다.

(1) 아웃렛(OUT-LET)

아웃렛(OUT-LET)은 메인(RUN)이 되는 파이프에 구멍을 내어 가지관을 접속하는 피팅류입니다. 다음과 같이 표현합니다.

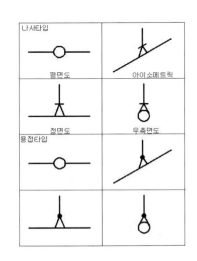
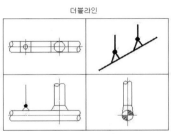

[아웃렛의 도시]

(2) 하프 커플링(HALF COUOLING)과 보스(BOSS)

하프 커플링(HALF COUOLING)은 메인(RUN)이 되는 파이프에 구멍을 내어 분기되는 가지관 쪽에 하프 커플링을 대고 용접하여 접속하는 방법입니다. 용접면이 편평하기 때문에 보스(BOSS)에 비해 강도가 약합니다.

보스(BOSS)는 하프 커플링과 동일한 방법이지만 분기가 되는 가지관에 보스(용접면이 경사진 형태)를 대고 용접하여 접속하는 방법입니다. 하프 커플링에 비해 강도가 강하기 때문에 내압이 높은 배관에 사용합니다.

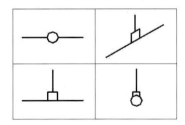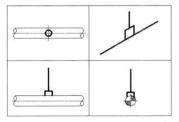

[하프 커플링과 보스의 도시]

(3) 스터브 인(STUB-IN)

스터브 인은 브랜치 커넥션(BRANCH CONNECTION)의 한 종류로 메인(RUN)이 되는 파이프에 구멍을 내서 가지 파이프를 직접 메인 파이프에 접속하는 분기 방식입니다. 주로 큰 사이즈의 파이프 분기에 이용되는 접속 방법입니다. 강도를 필요로 하는 경우는 보강판을 용접해서 강도를 높입니다.

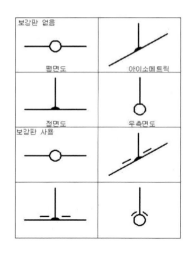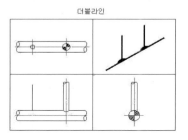

[브랜치 커넥션의 도시]

4.5 레듀셔(REDUCER)

(1) CONSENTRIC REDUCER의 경우는 양쪽 사이즈를 표기합니다.

(2) ECCENTRIC REDUCER의 경우는 양쪽 사이즈와 함께 'ECC'와 같이 타입을 표기하여 ECCENTRIC임을 알 수 있도록 합니다.

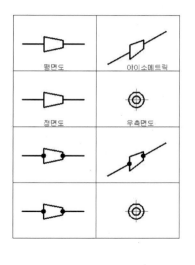

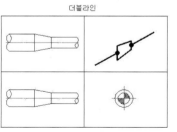

[동심 레듀셔의 도시]

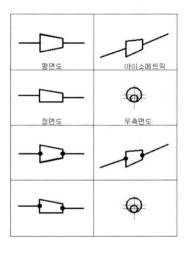

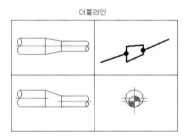

[편심 레듀셔의 도시]

4.6 캡(CAP)

파이프 말단에서 파이프를 막아주는 역할을 하는 피팅류입니다.

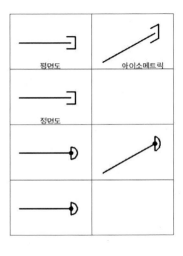

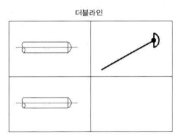

4.7 유니온(UNION), 풀 커플링(FULL COUPLING)

두 개의 파이프를 연결하는 유니온과 풀 커플링은 다음과 같이 표현합니다.

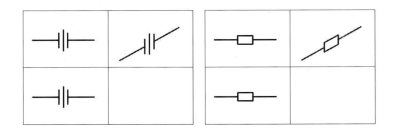

5 플랜지(FLANGE)

플랜지(FLANGE)는 파이프와 파이프의 접속, 파이프에 접속되는 밸브 및 온도계, 유량계와 같은 계기류 (INSTRUMENT) 및 기기류의 노즐과의 접속, 파이프 말단의 폐쇄 등에 사용되는 부품입니다.

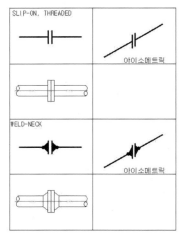

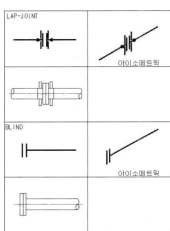

6 밸브류(VALVE)

배관 도면을 구성하는 데 있어 밸브(VALVE)는 빠지지 않는 요소입니다. 다양한 종류의 밸브가 있습니다. 접속 방법에 따라 다음과 같이 다양하게 표현합니다. 다음의 예는 게이트 밸브입니다.

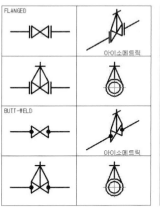
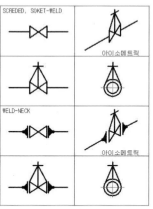

[게이트 밸브]

여러 가지 밸브의 표현 방법을 알아보겠습니다. 접속 방법은 앞의 게이트 밸브를 참조합니다.

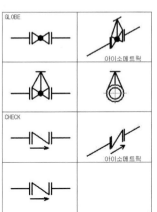
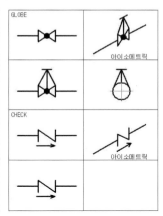

[글로브 밸브, 체크 밸브]

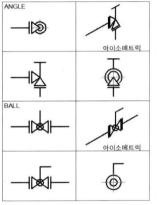
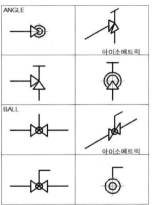

[앵글 밸브, 볼 밸브]

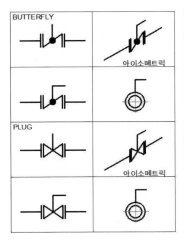

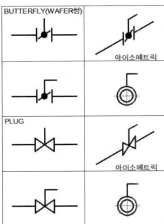

[버터플라이 밸브, 플러그 밸브]

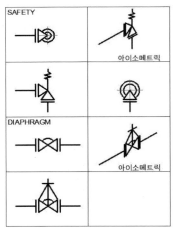

[안전 밸브, 다이아프램 밸브]

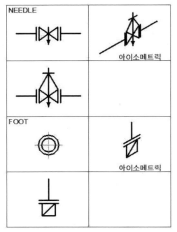

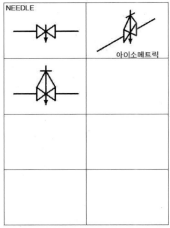

[니들 밸브, 풋 밸브]

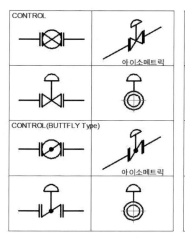
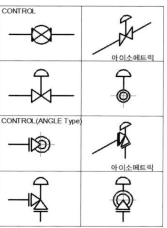

[컨트롤 밸브]

7 스트레이너(STRAINER), 스팀 트랩(STEAM TRAP), 익스팬션 조인트(EXPANSION JOINT)

이물질을 걸러내는 스트레이너, 응축수를 배출하는 스팀 트랩, 진동과 변위를 흡수하는 익스팬션 조인트 등의 도시 방법에 대해 알아보겠습니다.

7.1 스트레이너(STRAINER)

스트레이너(STRAINER)는 파이프 내부에 흐르는 유체에 포함된 이물질이나 쓰레기를 분리, 여과하기 위해 스크린이라 불리는 그물망 형상을 내장한 부품입니다. 물이나 기름, 가스, 공기, 증기 등 유체가 통과하는 파이프 내부에는 유체 중에 포함된 이물질이나 파이프의 부식, 가스켓 등의 박리 등에 의해 이물질이 혼입될 수 있습니다. 이들 이물질을 방치하면 파이프는 물론 밸브 및 각종 기기에 손상을 입혀 문제가 발생되고 수명이 단축됩니다. 이를 미연에 방지할 목적으로 스트레이너를 설치하여 파이프 내의 이물질 등을 걸러냅니다.

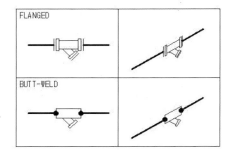
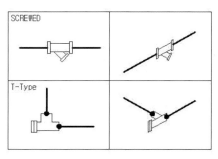

7.2 스팀 트랩(STEAM TRAP)

스팀 트랩(STEAM TRAP)은 증기 기기나 증기수송 배관에서 발생하는 드레인(응축수 또는 복수)을 자동으로 배출하고, 밸브가 닫혀있는 동안 생증기를 누출시키지 않기 위해 밸브 장치를 내장한 자동 밸브입니다. 증기 배관에서 일반적으로 사용하는 부품입니다.

7.3 익스팬션 조인트(EXPANSION JOINT)

익스팬션 조인트(EXPANSION JOINT)는 '신축 이음'으로 불리며 파이프 피팅류의 일종으로 파이프의 축 방향, 직각 방향, 꺾어지는 부분의 변위를 흡수하기 위한 목적으로 설치하는 부품의 일종입니다.

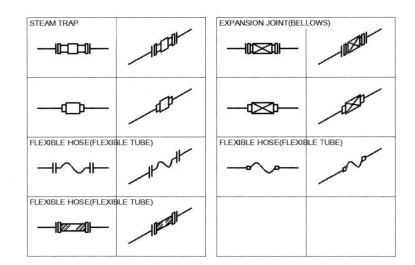

8 계장기호

파이프에 부착되는 유량계, 압력계, 온도계 등 계기류의 도시 방법에 대해 알아보겠습니다.

8.1 유량계(FLOWMETER)

파이프 내부 유체의 유량을 측정하는 계장기기입니다. 용도나 측정할 유체의 종류, 액체성상(점도, 부식성 등), 유로의 형상에 따라 다양한 유량계가 있습니다.

8.2 압력계(PRESSURE GAUGE)

압력(단위 면적에 걸리는 힘)을 측정하는 계장기기입니다.

8.3 온도계(THEMOMETER)

온도를 측정하는 계장기기를 총칭합니다만 넓은 의미에서는 공업용 및 가정용 온도계도 포함됩니다. 플랜트 분야에서는 주로 배관 내부의 유체온도를 측정합니다.

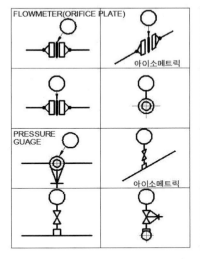
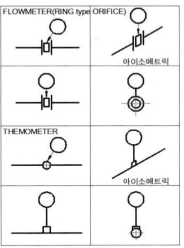

배관 도면에서 앞의 유량계 등 계기류의 표시는 도면에 표시된 계장도와 마찬가지로 다음과 같이 계장용 기호를 표기합니다. 다음은 압력계의 계장용 기호의 표시방법입니다.

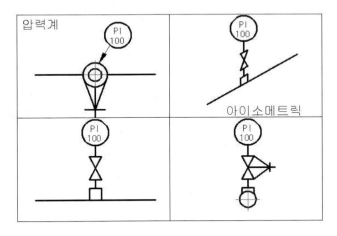

이때 유량계는 FI, FE, FG, 온도계는 TI, TW, 압력계는 PI, PT, 액면계는 LC, LG, 분석계는 AR 등으로 표기합니다.

9 파이프 서포트(PIPE SUPPORT)

파이프 서포트(PIPE SUPPORT)는 기기류의 접속부나 파이프 자체에 걸리는 힘을 완화시키거나 진동으로부터 보호하기 위해 적절한 위치나 방법에 의해 서포트를 설치하는 부품입니다. 다양한 표현 방법이 있습니다만 대표적인 서포트 방법을 알아보겠습니다.

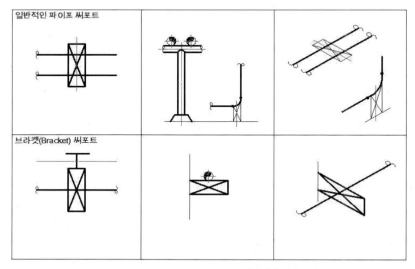

[일반적인 파이프 서포트와 브라켓 서포트]

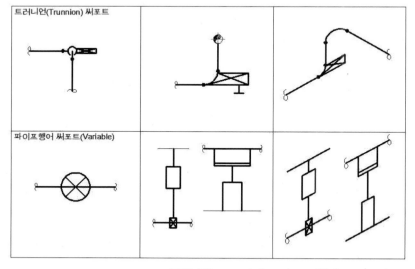

[트러니언(Trunnion) 서포트와 스프링행어(Variable) 서포트]

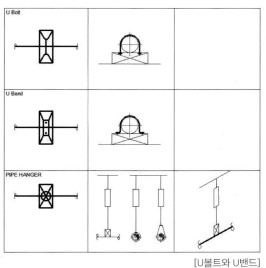

[U볼트와 U밴드]

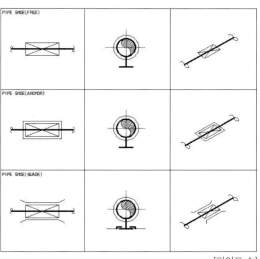

[파이프 슈]

파이프 슈는 스토퍼(축 방향의 움직임을 지지), 앵커(완전 고정), 가이드(축의 직각 방향의 움직임을 지지)의 구별을 다음 그림과 같이 표현하기도 합니다.

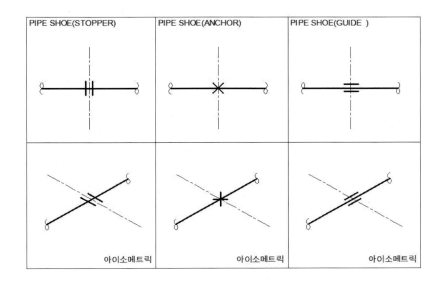

10 치수 및 문자

배관 도면에서 파이프의 길이나 장비의 폭과 같이 도면에서 눈으로 확인할 수 있는 크기를 기입하는 경우도 있지만 높이(Elevation), 구배(경사), 파이프 종류 등을 표기하는 경우도 많습니다. 이번에는 배관 도면에서 표기하는 치수 및 문자에 대해 알아보겠습니다.

10.1 높이의 표기

배관 도면에서 높이는 기준이 되는 하나의 기준선(Base Line)으로부터 표기합니다.

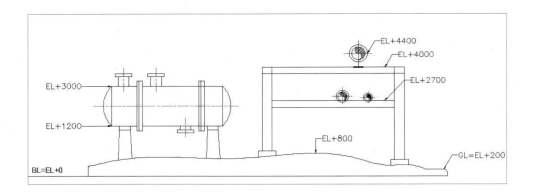

(1) EL(Elevation): 기준선으로부터 파이프의 중심 높이를 표시합니다.

(2) BOP(Bottom Of Pipe): 파이프의 아랫면의 높이를 표시합니다.

(3) TOP(Top Of Pipe): 파이프의 윗면의 높이를 표시합니다.

(4) TOB(Top Of Beam): 파이프 랙, 가교 등 빔의 윗면을 표시합니다.

(5) TOS(Top Of Support): 파이프 서포트 윗면의 높이를 표시합니다. 경우에 따라서는 'Top Of Structure'로
도 표현합니다.

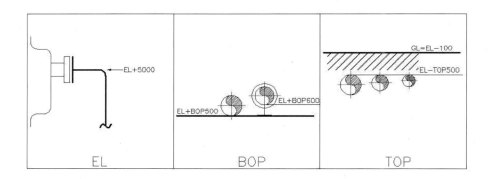

10.2 경사(구배)의 표기

파이프의 경사의 정도를 표기할 때는 파이프 선의 윗면에 맞춰 표기합니다. 삼각형은 높은 쪽에서 낮은 쪽으로
향하도록 표시합니다.

다음 그림의 위쪽은 경사의 각도를 직접 표기할 경우이고, 아래쪽은 양쪽 파이프의 고도(Elevation)를 표기할 경
우입니다.

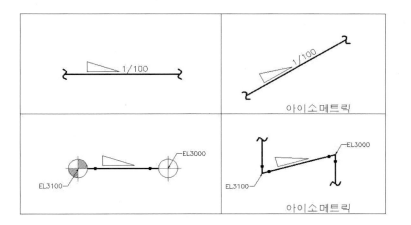

10.3 흐름 기호, 구분 기호

흐름 방향의 구분, 도면과 도면 사이의 연결, 관리 구역을 구분하는 방법에 대해 알아보겠습니다.

(1) 유체 흐름기호

파이프 내에 흐르는 유체의 흐름 방향을 화살표로 나타냅니다. 밸브나 계장기기 등에서 흐름 방향을 표시할 필요가 있을 경우는 배관부품의 그림 기호에 맞춰 화살표를 표시합니다. 아래의 예는 체크 밸브의 예입니다.

(2) 매치 라인(MATCH LINE)

대부분의 배관 도면은 여러 장으로 구성됩니다. 이때 하나의 파이프를 표현할 때, 도면과 도면을 이어서 작도합니다. 한 장의 도면과 연결된 다른 도면과의 접속경계를 나타내는 것이 매치 라인(MATCH LINE)입니다. 두꺼운 이점쇄선으로 표현하며, 선을 따라 문자로 'ML'과 접속하는 도면 번호를 기입합니다.

(3) 배터리 리밋(BATTERY LIMIT)

설비 또는 공사 범위의 경계(또는 관리 범위)를 나타내는 배터리 리밋은 굵은 이점쇄선으로 표현하며, 선을 따라 문자기호 'BL'을 표기합니다.

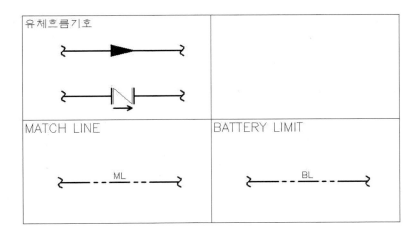

10.4 레듀셔의 문자 기호

도면에서 동심 레듀셔와 편심 레듀셔를 구분하여 표기할 경우는 동심 레듀셔는 Concentric을 줄여 'CONC'로 표기하고, 편심 레듀셔는 Eccentric을 줄여 'ECC'로 표기합니다.

또, 편심 레듀셔의 수평 부분의 위치를 명시할 필요가 있을 때는 아래쪽이 수평일 경우는 'BOF'(Bottom of Flat)를, 위쪽이 수평일 경우는 'TOF'(Top of Flat)를 편심 레듀셔 기호의 수평 쪽에 표기합니다. 치수와 함께 표기하기도 합니다.

동심 레듀셔	편심 레듀셔
CONC	ECC
Bottom of Flat	Top of Flat
BOF	TOF

10.5 클래스(SPEC.)의 변경

파이프의 클래스가 변경되는 경우, 그 경계에 가는 실선의 인출선으로 인출하여 표기합니다. 파이프 선에서 SPEC.이 변경되는 경우는 SPEC. BREAK 표시를 합니다. 라인상의 BREAK SYMBOL 좌우로 LINE CLASS(PDT NO.)를 명시합니다.

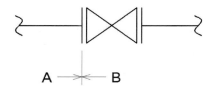

A ──✳── B

10.6 단면도의 표시

단면도는 도면에서 입면 부분을 방향별로 상세하게 설명할 필요가 있는 경우, 특정 부분을 절단하여 입면의 모양을 자세히 묘사하는 도면을 말합니다. 이때 절단 표시와 보는 방향을 표시해야 합니다. 다음과 같이 다양한 모양으로 표현합니다.

단면을 나타내는 기호는 A, B, C, …와 같이 알파벳 순으로 나타냅니다.

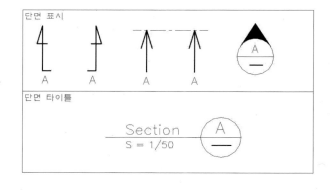

단면도는 도면의 빈공간에 작도하지만 가급적 도면의 하단에 나타내는 것이 좋습니다. 단면도에는 단면도를 인식할 수 있도록 타이틀을 작성합니다. 타이틀에는 단면의 이름과 기호, 척도를 표시하는 것이 원칙입니다.

입면도(Elevation Dwg.)의 표기 방법은 단면도의 표기법과 동일합니다. 단, '단면도(SECTION)' 대신 '입면도(ELEVATION)'임을 표기합니다.

10.7　상세도의 표시

선이 많아 복잡하여 도면의 설명이 어렵거나 특별히 설명해야 할 부위는 별도로 확대하여 표현합니다. 이때, 상세도를 나타내는 표기법은 다음과 같이 인출하는 방식으로 표현합니다. 기호는 일반적으로 1, 2, 3, 4, …와 같이 숫자로 표현하며 0은 사용하지 않습니다.

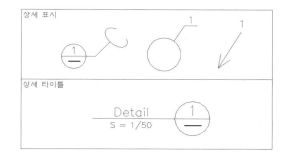

10.8　북쪽 방향 표시(NORTH MARK)

도면의 북쪽을 가리키는 화살 표시입니다. 평면도에서는 도면의 상단에 표시합니다. 아이소메트릭 도면에서 북쪽 방향 표시는 도면 좌측 상단에 PLANT NORTH 표시만 하며 동일한 프로젝트에서는 한 방향을 사용하고 바꿀 경우에는 설계 담당자들 간의 협의를 통해 바꿉니다.

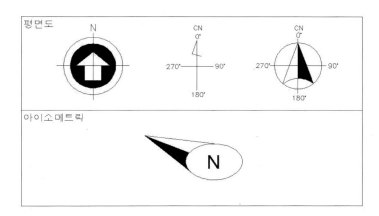

10.9　넘버 마크(No. MARK)

파이프 및 기기를 인식하기 위한 방법으로 문자로 표현합니다. LINE No. MARK 외에 아이소메트릭(ISO) 넘버, 스풀(SPOOL) 넘버, 아이템(ITEM) 넘버, 계장(INSTRUMENT) 넘버, 로드(LOAD) 넘버, 파이프 서포트(PIPE SUPPORT) 등 다양한 넘버 마크를 표기합니다.

(1) 라인 넘버 마크(LINE NO. MARK)

파이프 라인 넘버 마크는 문자 기호로 나타냅니다. 파이프 선 위나 지시선으로 인출하여 표시합니다. 다음 그림의 위쪽은 평면도와 단면도, 아이소메트릭 도면에서의 라인 넘버의 표기 방법으로 1) ~ 5)는 설계 주체에서 정한 규칙에 따라 문자를 작성합니다. 예를 들어, 1) PIPE SIZE, 2) MATERIAL CLASS, 3) UNIT, 4) SYSTEM, 5) LINE No.와 같은 형식으로 의미를 부여하여 작성합니다.

(2) 스풀 넘버(SPOOL No.)

스풀 도면의 경우도 정해진 규칙에 따라 스풀 넘버를 작성합니다. 아래 그림의 예를 들면, 1) Unit, 2) System, 3) Line No. 4) Spool No. 형식으로 작성합니다.

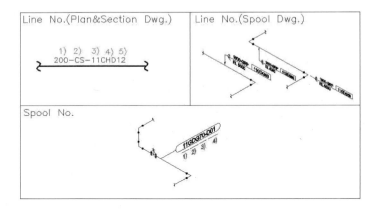

(3) 아이템(Item), 계장(Instrument), 로드 포인트(Load Point), 서포트(Support)

각 아이템에 대한 넘버링, 계장 기기, 로드 포인트 및 서포트에 대한 넘버는 다음과 같이 표현합니다.

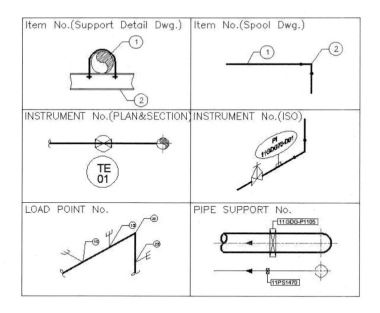

Part 3

AutoCAD
기능

이번 파트에서는 국내에서 가장 많이 사용되고 있는 도면 작성용 툴인 AutoCAD의 기능에 대해 알아봅니다.

주요 작도 및 편집 명령을 소개합니다. 명령의 설명과 조작 메시지 및 샘플 도면을 제시합니다.

Chapter 6

AutoCAD 기본 명령

배관 도면과 아이소메트릭 도면을 작성하기 위해 사용하는 CAD 소프트웨어인 AutoCAD의 2차원 기본 명령에 대해 알아봅니다.

1 AutoCAD 명령의 조작 흐름

어떤 소프트웨어든 조작 패턴(흐름)을 이해하는 것이 중요합니다. 조작 패턴을 잘 이해하면 보다 쉽게 익힐 수 있습니다. AutoCAD 명령의 흐름(패턴)을 살펴보겠습니다. AutoCAD 명령의 흐름은 모두 유사합니다. AutoCAD의 '원(CIRCLE)' 명령을 예로 메시지의 내용과 명령어 흐름을 이해하도록 합니다.

❶ **사용자:** 사용자(설계자)가 AutoCAD에 원을 작도하겠다는 명령을 내립니다.

{명령:} 상태에서 명령어 'CIRCLE' 또는 단축키 'C'를 입력하거나 '홈' 탭의 '그리기' 패널 또는 도구막대에서 을 클릭합니다.

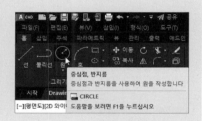

❷ **AutoCAD:** 그러면 AutoCAD는 원을 그리기 위해 중심점을 지정하든가, 다른 작도 방법을 위한 옵션을 선택하라고 메시지를 표시합니다.

{원에 대한 중심점 지정 또는 [3점(3P)/2점(2P)/Ttr – 접선 접선 반지름(T)]:}

```
CIRCLE 원에 대한 중심점 지정 또는 [3점(3P) 2점(2P) Ttr - 접선 접선 반지름(T)]:
```

❸ **사용자:** 여기에서는 2개의 점으로 원을 작도하는 것으로 가정하고 옵션 '2P'를 입력합니다.

'2P'

❹ **AutoCAD:** 그러면 AutoCAD는 첫 번째 점을 찍으라는 메시지를 표시합니다.

{원 지름의 첫 번째 끝점을 지정:}

❺ **사용자:** 사용자는 이에 대해 마우스로 좌표를 지정하든가, 키보드를 통해 좌표 값을 입력합니다.

마우스로 첫 번째 점을 지정하든가 좌표(예: '#150,50')를 입력합니다.

❻ **AutoCAD:** 첫 번째 점을 지정하면 AutoCAD는 두 번째 점을 지정하라는 메시지를 표시합니다.

{원 지름의 두 번째 끝점을 지정:}

❼ **사용자:** 사용자는 이에 대해 다시 두 번째 점을 지정합니다.

마우스로 두 번째 점을 지정하든가 좌표(예: '#150,150')를 입력합니다.

이렇게 한 결과 첫 번째 점(150,50)과 두 번째 점(150,150)을 지나는 원을 작도합니다.

AutoCAD 메시지 및 조작 방법

AutoCAD는 사용자(설계자)와 AutoCAD 사이의 대화로 이루어집니다. 사용자가 AutoCAD에 명령을 내리고 AutoCAD는 그 명령에 대해 필요한 좌표나 객체의 선택을 요구합니다. 다시 사용자는 AutoCAD의 요구에 따라 응답을 해나가는 방식입니다.

표시하는 메시지의 구성 및 의미에 대해 알아보겠습니다. AutoCAD를 학습하는 데 있어 중요한 개념이므로 다시 한번 정리하도록 하겠습니다.

❶ 명령어 'CIRCLE' 또는 단축키 'C'를 입력하거나 '홈' 탭의 '그리기' 패널 또는 도구막대에서 ◉을 클릭합니다.

❷ {원에 대한 중심점 지정 또는 [3점(3P)/2점(2P)/Ttr – 접선 접선 반지름(T)]:}라는 메시지가 표시됩니다.

→ '원에 대한 중심점 지정'은 중심점을 지정하라는 의미입니다. 따라서, 여기에서 좌표를 지정하면 원의 중심점이 됩니다.

→ [3점(3P)/2점(2P)/Ttr − 접선 접선 반지름(T)]와 같이 대괄호([ ]) 안에 슬래시(/)로 구분된 항목은 옵션을 나타냅니다. 선택 항목입니다. 원을 작도하는 데 있어서 여러 방법이 있는데 그 작도 방법을 선택하라는 것입니다. 선택하는 방법은 괄호 안의 문자를 입력하거나 마우스로 항목을 클릭합니다. 예를 들어, 두 점에 의한 원을 작도하고 싶다면 '2P'를 입력하거나 '2점(2P)'를 클릭합니다.

❸ 중심점을 지정하면 {원의 반지름 지정 또는 [지름(D)] 〈55.0000〉:}과 같은 메시지가 표시됩니다.

→ 이때 〈 〉 안의 숫자는 디폴트(기본) 값입니다. AutoCAD에서 설정된 값이나 사용자가 이전 작업에서 입력한 값입니다. 기본 값(디폴트 값)을 그대로 사용하려면 새롭게 지정할 필요가 없이 〈엔터〉 키 또는 〈스페이스 바〉를 누릅니다.

{원에 대한 중심점 지정 또는 [3점(3P)/2점(2P)/Ttr − 접선 접선 반지름(T)]:}

    지시 메시지   선택할 수 있는 옵션 항목

{원의 반지름 지정 또는 [지름(D)] 〈55.0000〉:}

               옵션   기본(디폴트)값

이처럼 AutoCAD의 명령은 사용자(설계자)와 AutoCAD 사이의 대화로 이루어집니다. 사용자가 AutoCAD에 명령을 내리고, AutoCAD는 그 명령에 대해 필요한 점이나 객체의 선택을 요구합니다. 사용자는 AutoCAD의 요구에 따라 응답을 해나가는 흐름입니다.

명령의 성격에 따라 필요로 하는 객체를 선택하거나 좌표를 요구하기도 하고 대화상자에서 항목을 선택하거나 값의 입력을 요구하는 경우가 있을 뿐입니다. AutoCAD로 도면을 작성하는 작업은 AutoCAD와 대화하면서 형상을 작도하는 작업의 반복입니다.

2 작도 환경의 설정

도형을 작성하기 위해서는 먼저 환경을 설정해야 합니다. 가장 기본적인 도면의 크기와 단위 설정에 대해 알아봅니다.

2.1 단위(UNITS) 설정

국가 또는 단체에 따라서 다른 단위를 사용하거나 표기 형식을 달리합니다. 이때 단위를 설정하는 기능이 단위(UNITS) 명령입니다. 단위(UNITS) 명령은 도면에서 사용할 길이의 단위, 자릿수를 설정하거나 각도의 표기법, 측정 기준을 설정하는 기능입니다.

01 명령어 'UNITS' 또는 'UN'을 입력합니다.

02 대화상자의 항목에 따라 길이, 삽입 축척, 조명, 각도의 단위를 지정합니다. 우리나라에서는 일반적으로 길이는 '십진법', 각도는 '십진 도수'를 사용합니다.

(1) 길이: 거리와 좌표의 표기를 위한 단위 유형 및 정밀도를 지정합니다.
　　① **유형(T):** 목록에서 단위 유형을 선택합니다.
　　② **정밀도(P):** 정도 즉, 소수점 이하 자릿수를 지정합니다.

(2) 각도: 각도 표기를 위한 유형 및 정밀도를 지정합니다.
　　① **유형(Y):** 목록에서 각도의 유형을 선택합니다.
　　② **정밀도(N):** 각도 표기의 정도 즉, 소수점 이하 자릿수를 지정합니다.
　　③ **시계 방향(C):** AutoCAD에서 각도는 반시계 방향으로 측정되는데 이 항목을 체크하면 시계 방향으로 측정
　　　합니다. 특별한 경우가 아니라면 이 값은 체크하지 않아야 합니다. 이 값을 바꾸면 작업 과정에서 혼동이
　　　일어날 수 있습니다.

(3) 삽입 축척: 삽입된 도면이나 블록의 측정 단위를 설정합니다. 이 옵션으로 지정된 단위와 다른 단위로 작성
　　된 블록 또는 도면은 삽입될 때 크기가 맞춰집니다.

(4) 조명: 조명의 조도단위를 지정하는 단위: 조명의 조도에 대한 측정 단위를 제어합니다.

(5) 방향(D): 각도의 기준 방향을 지정합니다. '기준 각도(B)'는 기준이 되는 0˚
　　의 위치를 지정합니다. 기본 값은 '동(E)' 즉, 3시 방향입니다. '기타(O)'는 임
　　의의 각도를 입력하여 기준으로 정하거나 두 점의 좌표를 찍어 기준 각도로
　　설정합니다. 특별한 경우가 아니라면 이 값은 변경하지 않습니다. 이 값을
　　바꾸면 작업과정에서 혼동이 일어날 수 있습니다.

2.2 도면 한계(LIMITS)

작업할 도면의 공간(영역)을 설정합니다. '도면 한계(LIMITS)' 명령은 왼쪽 아래의 점과 오른쪽 위의 점을 대각선으로 지정하여 도면의 범위를 지정하고 한계 검사를 제어합니다.

01 명령어 'LIMITS'를 입력합니다.

02 {모형 공간 한계 재설정: 왼쪽 아래 구석 지정 또는 [켜기(ON)/끄기(OFF)] ⟨0.0000,0.0000⟩:}에서 '0,0' 또는 ⟨엔터⟩ 키를 누릅니다. 즉, 왼쪽 아래 구석을 (0,0)으로 설정하는 것입니다.

03 {오른쪽 위 구석 지정 ⟨420.0000,297.0000⟩:}에서 '297, 210'(축척이 1:1이고, A4 용지의 경우)을 입력합니다. 화면에서 변화는 없지만 도면 범위가 A4용지(297×210) 크기로 설정되었습니다.

오른쪽 위(297, 210)

왼쪽 아래(0, 0)

참고 옵션 설명

{왼쪽 아래 구석 지정 또는 [켜기(ON)/끄기(OFF)] <0.0000,0.0000>:}

(1) **켜기(ON):** 한계 검사 기능을 켭니다. 도면의 경계를 넘어선 위치를 지정하거나 선택하면 '**외부 한계' 또는 '**Outside limits'라는 메시지를 표시하며 지정 또는 선택할 수 없도록 제한합니다. 즉, 지정한 범위 내에서만 도면을 작성할 수 있습니다.

(2) **끄기(OFF):** 한계 검사 기능을 끕니다. 도면의 경계를 넘어서더라도 좌표의 지정과 선택을 할 수 있습니다. 즉, 도면 한계(LIMITS) 명령으로 지정한 범위 밖에서도 도면을 작성할 수 있습니다.

TIP ── 도면 한계를 설정한 후에는 반드시 줌(ZOOM) 기능으로 도면 전체가 표시되도록 해야 합니다. 그렇게 하지 않으면 지정된 도면 범위와 현재 표시된 범위가 일치하지 않아 작도된 객체가 보이지 않을 수 있습니다. 즉, 객체를 작성했다 하더라도 현재 표시된 화면에는 나타나지 않을 수 있기 때문에 줌(ZOOM) 기능으로 도면 전체를 펼쳐주어야 합니다.

명령: ZOOM 또는

{윈도우 구석을 지정, 축척 비율 (nX 또는 nXP)을 입력, 또는 [전체(A)/중심(C)/동적(D)/범위(E)/이전(P)/축척(S)/윈도우(W)/객체(O)] <실시간>:}에서 'A'를 입력합니다.

축척과 용지 크기에 따른 도면 범위

작성된 설계 대상물을 용지의 크기에 맞추는 개념이 축척(스케일)입니다. 실제 크기로 작도된 객체를 사용자가 출력하고자 하는 용지에 맞추는 것이 스케일입니다. 예를 들어 A1 용지의 크기는 (841×594)입니다. 이 용지에 길이가 80,000(80m)인 크기의 건축물을 작성한다면 1/100의 스케일(축척)을 사용해야 합니다.

작성하고자 하는 객체는 CAD에서는 실제 치수로 작도하고 출력 시에 축척(스케일)만큼 줄여서 출력하게 됩니다. 따라서, 도면의 한계(범위)를 정할 때는 용지 크기에 스케일(축척) 값을 곱해서 나온 값으로 지정해야 합니다. 다음은 용지의 크기와 축척이 1/50일 경우와 1/100일 경우의 도면의 크기의 예입니다.

용지 명칭	용지 크기	1/50 도면 한계	1/100 도면 한계
A4	297×210	14850×10500	29700×21000
A3	420×297	21000×14850	42000×29700
A2	594×420	29700×21000	59400×42000
A1	841×594	42050×29700	84100×59400
A0	1189×841	59450×42050	118900×84100

2.3 도면 틀 작성(MVSETUP)

도면 축척과 용지의 폭과 높이를 입력하여 외곽 틀(직사각형)을 작성합니다. 축척과 용지 크기를 입력하면 용지 크기에 축척 배율을 곱해서 범위를 설정하고 테두리를 작성해주기 때문에 (스케일×용지 크기)의 계산을 하지 않고 테두리를 작성할 수 있어서 편리하게 사용할 수 있습니다.

'배치(Layout)'를 사용할 경우는 배치에 맞는 단일 배치 뷰포트를 작성하거나 배치에 여러 개의 배치 뷰포트를 작성할 수 있습니다. 아직 배치에 대해 다루지 않은 단계이므로 '도면 틀 작성'으로 이해하시기 바랍니다.

01 명령어 'MVSETUP'을 입력합니다.

02 {도면 공간을 사용 가능하게 합니까?[아니오(N)/예(Y)]〈Y〉:}에서 'N'을 입력합니다. 도면 공간(배치)의 사용 여부입니다. 도면 공간을 사용하려면 'Y'를 입력합니다. 아직까지 배치에 대해 학습하지 않았으므로 'N'을 입력합니다.

03 {단위 유형 입력[과학(S)/십진(D)/공학(E)/건축(A)/미터법(M)]:}에서 미터법인 'M'을 입력합니다. 사용할 단위를 지정합니다.

다음과 같이 'AutoCAD 문자 윈도우' 화면으로 바뀌면서 축척(스케일) 비율이 표시됩니다.

```
명령: <그리드 끄기>
명령: MVSETUP
초기화 중...
도면 공간을 사용가능하게 합니까? [아니오(N)/예(Y)] <Y>: n
단위 유형 입력 [공학(S)/십진(D)/엔지니어링(E)/건축(A)/미터법(M)]: m
미터 축척
============================
    (5000)  1:5000
    (2000)  1:2000
    (1000)  1:1000
    (500)   1:500
    (200)   1:200
    (100)   1:100
    (75)    1:75
    (50)    1:50
    (20)    1:20
    (10)    1:10
    (5)     1:5
    (1)     전체
```
`× ✕ ↰ -축척 비율 입력: |`

🔲 **04** {축척 비율 입력:} 이때 '50'(1:50의 경우)을 입력합니다.

🔲 **05** {용지 폭 입력:}에서 '297'(A4 용지의 경우의 폭)을 입력합니다.

🔲 **06** {용지 높이 입력:}에서 '210'(A4 용지의 경우의 높이)을 입력합니다.

다음과 같이 축척(1:50)과 용지 크기(A4 용지)가 설정되어 외곽 테두리가 작성됩니다. 여기에서는 (297×50) = 14850, (210×50) = 10500으로 계산되어 도면 한계(LIMITS)도 (14850,10500)으로 설정됩니다.

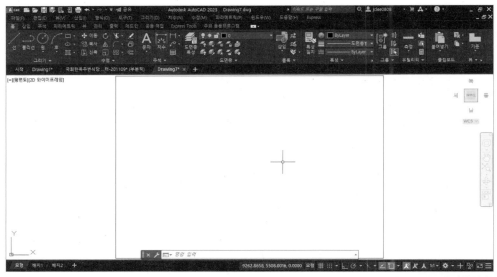

[MVSETUP의 실행 결과]

💧 **TIP** ── 특정 점의 좌표를 확인하려면 명령어 'ID'를 입력합니다.

{점 지정:}에서 도면 틀의 오른쪽 위 꼭지점을 지정합니다.

다음과 같이 좌표값을 표시합니다.

{X = 14850.0000   Y = 10500.0000   Z = 0.0000}

3 도면의 주소인 좌표

정확한 도면 작성을 위해 가장 기초적인 내용입니다. 향후 다양한 응용 도면의 작성과 3차원 도면의 작성에도 기초가 되는 내용이므로 반드시 이해하도록 합니다. 좌표는 도면에 있어서 주소 역할을 합니다. 정확한 도면을 작성하기 위해서는 좌표를 이해해야 합니다. AutoCAD의 좌표계와 좌표 지정 방법에 대해 학습하겠습니다.

데카르트 좌표는 세 개의 축(X, Y, Z축)을 가진 좌표계 공간에서 한 지점의 위치를 나타내는 좌표입니다. 좌표계는 크게 표준 좌표계(WCS)와 사용자 좌표계(UCS)로 나누어집니다. 표준 좌표계(World Coordinate System)는 원점(0,0)으로 항상 고정된 좌표계입니다. 2차원 뷰에서는 수평이 X축, 수직이 Y축으로 원점은 X축과 Y축의 교차점(0,0)입니다. 원점인 (0,0)은 변함이 없습니다. AutoCAD를 시작하여 새 도면을 설정하면 기본적으로 'WCS'이며 2차원 작업은 WCS만으로 작업합니다.

데카르트 좌표계는 다음과 같이 (X,Y,Z) 세 개의 축으로 이루어져 있습니다. 2차원 작업에서는 (X, Y) 두 개의 축만을 사용합니다.

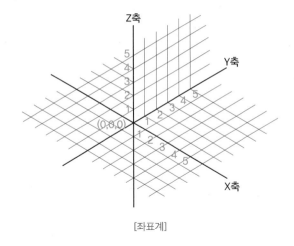

[좌표계]

좌표를 지정하는 방법에는 여러 방법이 있습니다만 여기에서는 대표적인 좌표 지정 방법 세 가지(절대좌표 지정, 상대좌표 지정, 상대 극좌표 지정)에 대해 학습하겠습니다.

3.1 절대좌표 지정

'절대좌표'는 단어 의미대로 절대적인 좌표 즉, 절대적으로 고정된 좌표입니다. X축과 Y축의 교차점인 원점 (0,0)을 기준으로 합니다. 지정하고자 하는 위치의 정확한 좌표 X 및 Y 값을 알 수 있는 경우에 절대좌표를 이용하여 지정합니다. 원점을 기준점으로 하여 '#X,Y,Z' 또는 'X,Y,Z' 형식으로 좌표의 위치를 표현하며 원점은 (0,0,0)으로 고정되어 있습니다. Z값을 생략하여 '#X, Y' 또는 'X,Y'만 입력하기도 합니다.

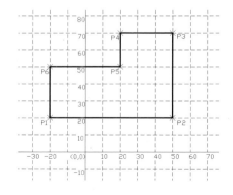

TIP ──→ 화면 하단의 그리기 도구에서 입력 모드가 '동적 입력(DYN) ⊞ ' 모드로 설정된 경우(ON)에는 좌표 값 앞에 반드시 '#'을 붙여 '#X,Y,Z'의 형식으로 입력해야 합니다. '#'을 붙이지 않으면 상대좌표 지정이 됩니다. 그러나 '동적 입력(DYN)' 이 꺼진 상태(OFF)에서는 '#' 기호를 붙이지 않고 'X,Y,Z' 형식으로 입력합니다.

다음은 절대좌표 (-20, 20)에서 시작한 도형입니다. 다음의 도형을 작도하기 위한 P1, P2, P3, P4, P5, P6의 절대좌표는 다음과 같습니다.

가로(X), 세로(Y) 방향의 좌표(모눈) 값을 그대로 읽으면 됩니다.

구 분	절대좌표	설명
P1	(-20,20)	X = -20, Y = 20
P2	(#50,20)	X = 50, Y = 20
P3	(#50,70)	X = 50, Y = 70
P4	(#20,70)	X = 20, Y = 70
P5	(#20,50)	X = 20, Y = 50
P6	(#-20,50)	X = -20, Y = 50
P1	(#-20,20)	시작 좌표인 (-20,20)으로 연결

참고 동적 입력(DYN)의 켜기(ON)와 끄기(OFF)

'동적 입력(DYN)'의 설정 상태를 확인하려면 화면 하단의 그리기 도구에 있는 동적 입력(DYN) ⊞ 버튼의 상태(ON/OFF 여부)를 체크합니다.

<ON인 경우>

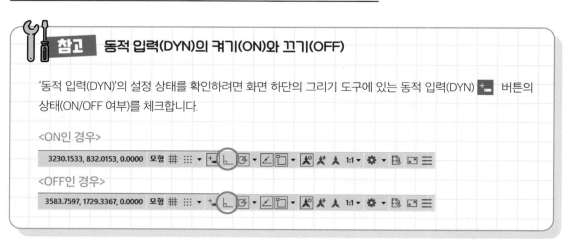

<OFF인 경우>

참고 절대 좌표를 확인하는 'ID'

특정한 점에 대한 좌표를 알고 싶을 때는 명령어 'ID'를 입력합니다.

{점 지정:}에서 확인하고자 하는 좌표를 지정합니다. 다음과 같이 (X, Y, Z) 값을 표시합니다.

{X = 50.0000   Y = 70.0000   Z = 0.0000}

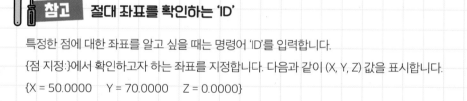

3.2 상대좌표 지정

상대좌표는 현재 점(또는 마지막으로 입력된 점)을 기준으로 X, Y, Z 방향으로 얼마만큼 떨어져 있는가(변위량)를 표현한 좌표입니다. 기준점(또는 현재 점)으로부터 변화량을 알 수 있는 경우에 상대좌표를 이용하여 지정합니다.

입력 형식은 앞에 '@' 기호를 붙이고 (X,Y,Z)의 변위 값을 입력합니다. 즉, '@X,Y,Z' 형식입니다. 상대좌표는 동일한 값이라도 기준 점(현재 점)이 어디냐에 따라 다른 좌표를 지정합니다. 예를 들어, 좌표를 '@30,40,0'으로 지정한 경우는 기준점이 (0,0,0)일 때는 '30,40,0'이지만 기준점이 (10,10,0)일 때는 '40,50,0'이 되어 기준점에 따라 전혀 다른 좌표를 지정합니다. 다음 그림은 절대좌표 (-20, 20)에서 시작한 도형으로 P1, P2, P3, P4, P5, P6의 상대좌표는 다음과 같습니다.

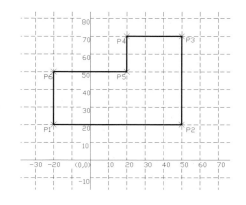

현재 위치로부터 X축과 Y축으로 얼마만큼 이동했는지를 계산합니다.

구분	상대좌표	설명
P1	(-20,20)	절대좌표(X = -20, Y = 20)
P2	(@70,0)	P1으로부터 X축으로 70, Y축으로 0
P3	(@0,50)	P2로부터 X축으로 0, Y축으로 50
P4	(@-30,0)	P3로부터 X축으로 -30, Y축으로 0
P5	(@0,-20)	P4로부터 X축으로 0, Y축으로 -20
P6	(@-40,0)	P5로부터 X축으로 -40, Y축으로 0
P1	(@0,-30)	P6로부터 X축으로 0, Y축으로 -30

3.3 상대 극좌표 지정

상대 극좌표는 각도와 거리로 좌표를 지정합니다. 현재 점(마지막으로 입력된 점)으로부터 지정한 방향(각도)으로 얼마의 거리에 있느냐(변위량)를 표현한 좌표입니다. 상대좌표와 마찬가지로 이전 점(현재 점)과 관련하여 각도와 거리를 알 수 있는 경우는 상대 극좌표를 사용합니다.

입력 형식은 앞에 '@'를 붙이고 '거리〈각도' 값을 입력합니다. 즉, '@거리〈각도'입니다. 상대 극좌표는 상대좌표와 마찬가지로 동일한 값을 지정했다 하더라도 기준 점(현재 점)이 어디냐에 따라 다른 위치를 지정하게 됩니다.

AutoCAD에서 각도의 표현은 기본적으로 3시 방향을 0˚로 하여 반시계 방향으로 진행합니다. 그래서 12시 방향은 90˚, 9시 방향은 180˚, 6시 방향은 270˚에 해당됩니다. '단위 지정(UNITS)' 명령으로 사용자가 기준 방향이나 방향을 바꿀 수도 있으나 기본적으로 바꾸지 않는 것이 좋습니다.

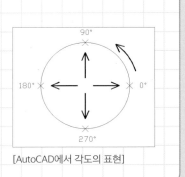

[AutoCAD에서 각도의 표현]

다음 그림은 절대좌표 (-20, 20)에서 시작한 도형으로 P1, P2, P3, P4, P5, P6의 상대 극좌표는 다음과 같습니다.

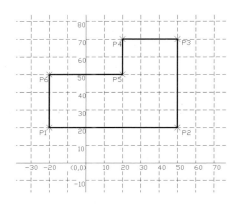

현재 위치로부터 어느 각도로 얼마만큼 이동했는지를 계산합니다.

구분	상대 극좌표	설명
P1	(-20,20)	절대좌표(X = -20, Y = 20)
P2	(@70<0)	P1으로부터 0도 방향으로 70만큼 이동
P3	(@50<90)	P2로부터 90도 방향으로 50만큼 이동
P4	(@30<180)	P3로부터 180도 방향으로 30만큼 이동
P5	(@20<270)	P4로부터 270도 방향으로 20만큼 이동
P6	(@40<180)	P5로부터 180도 방향으로 40만큼 이동
P1	(@30<270)	P6로부터 270도 방향으로 30만큼 이동

 **예제 실습**

앞에서 학습한 좌표 지정 방법으로 다음의 도면을 작도합니다.

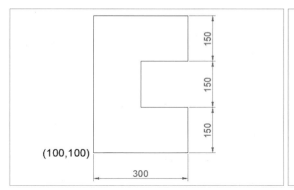

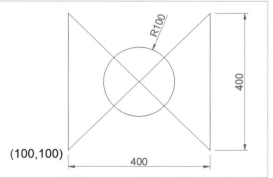

4 그리기 도구

그리기 도구는 도면의 작성 및 편집에 있어 편리한 환경을 제공합니다. 그리기 도구는 화면 하단의 상태영역 오른쪽에 있습니다.

3042.5618, 1121.6629, 0.0000　모형　⊞　⋮⋮⋮ ▾　⁺⌐　∟　⊘ ▾　∠　⊡ ▾　⚑　⚐　⚑　1:1 ▾　⚙ ▾　☰　⧉　⬚　☰

[그리기 도구]

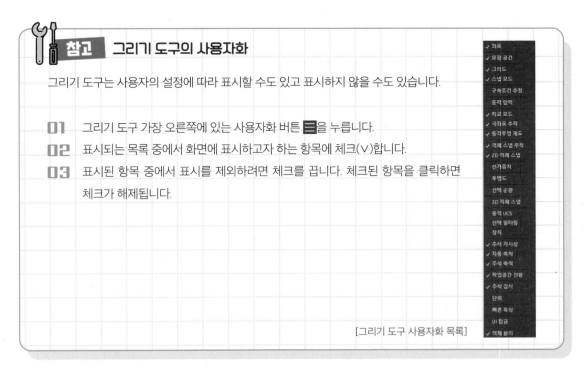

참고　그리기 도구의 사용자화

그리기 도구는 사용자의 설정에 따라 표시할 수도 있고 표시하지 않을 수도 있습니다.

01 그리기 도구 가장 오른쪽에 있는 사용자화 버튼 ☰을 누릅니다.

02 표시되는 목록 중에서 화면에 표시하고자 하는 항목에 체크(∨)합니다.

03 표시된 항목 중에서 표시를 제외하려면 체크를 끕니다. 체크된 항목을 클릭하면 체크가 해제됩니다.

[그리기 도구 사용자화 목록]

4.1 스냅(SNAP)과 그리드(GRID)

마우스의 이동 간격을 제어하는 스냅, 모눈의 간격과 표시를 제어하는 그리드를 이용하여 작도합니다.

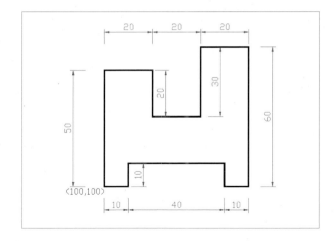

01 도면의 한계를 정하고 화면 전체를 펼칩니다. 명령어 'LIMITS'를 입력합니다.

{모형 공간 한계 재설정: 왼쪽 아래 구석 지정 또는 [켜기(ON)/끄기(OFF)] ⟨0.0000,0.0000⟩:}에서 '0,0' 또는 ⟨엔터⟩ 키를 누릅니다.

{오른쪽 위 구석 지정 ⟨297.0000,210.0000⟩:}에서 '420, 297'(축척이 1:1이고, A4 용지의 경우)을 입력합니다.

명령: ZOOM 또는

{윈도우 구석을 지정, 축척 비율 (nX 또는 nXP)을 입력, 또는
[전체(A)/중심(C)/동적(D)/범위(E)/이전(P)/축척(S)/윈도우(W)/객체(O)] ⟨실시간⟩:}에서 'A'를 입력합니다.

02 스냅 설정 기능으로 스냅과 그리드의 X, Y 간격을 설정합니다. 그리드와 스냅을 설정하기 위해 설정 대화상자를 엽니다. 그리기 도구에 있는 '스냅 ⊞' 왼쪽의 역삼각형(▼) 버튼을 클릭하면 다음과 같이 '스냅 설정...'이 나타납니다.

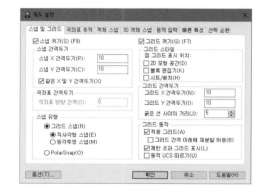

'스냅 설정'을 클릭하면 다음과 같은 대화상자가 표시됩니다. '스냅 켜기(S) (F9)'의 체크를 한 후 '스냅 X간격두기(P)', '스냅 Y간격두기(C)'를 각각 '10'으로 설정합니다.

'그리드 켜기(G)(F7)'의 체크를 한 후 '그리드 X간격 두기(N)', '그리드 Y간격 두기(I)'를 각각 '10'으로 설정합니다. [확인]을 클릭합니다. 그러면 화면에 모눈(그리드)이 표시됩니다.

참고 **그리드 표시를 점으로 하려면**

그리드(모눈) 표시를 선이 아닌 점으로 표시하고자 할 때는 '스냅 및 그리드' 설정 대화상자의 '그리드 스타일'에서 '2D 모형 공간'에 체크를 하면 점 그리드가 표시됩니다.

03 선(LINE) 명령을 실행합니다. 명령어 'LINE' 또는 단축키 'L'을 입력하거나 '홈' 탭의 '그리기' 패널 또는 '그리기' 도구막대에서 ▧를 클릭합니다.

{첫 번째 점 지정:}에서 '100, 100'을 입력합니다.

{다음 점 지정 또는 [명령 취소(U)]:}에서 0도 방향(3시 방향)으로 모눈의 한 칸(한 칸이 '10'이기 때문)만큼 진행하여 클릭합니다.

TIP —— 스냅 모드를 켜면 마우스의 움직임이 '10' 단위로 이동합니다.

{다음 점 지정 또는 [명령 취소(U)]:}에서 90도 방향(12시)으로 한 칸을 옮겨 클릭합니다. 다음과 같이 길이 '10'인 선이 작도됩니다.

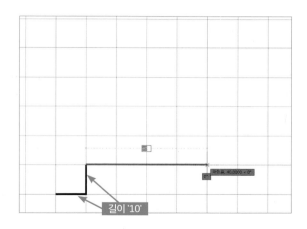

04 {다음 점 지정 또는 [닫기(C)/명령 취소(U)]:}에서 0도 방향(3시)으로 네 칸, 270도 방향(6시)으로 한 칸, 0도 방향(3시)으로 한 칸을 옮겨 클릭합니다.

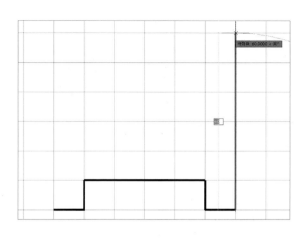

05   이와 같이 작도하고자 하는 길이만큼은 마우스를 움직이는 방법을 반복하여 다음과 같이 도형을 완성합니다.

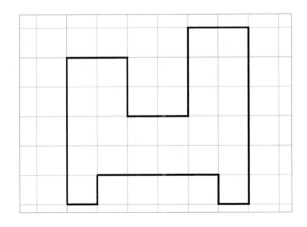

4.2 직교 모드를 이용한 작도

직교 모드는 마우스 포인터(커서)의 이동을 수평 또는 수직으로만 제한합니다. 직교 모드를 켠(ON) 상태에서 커서를 이동하면 고무줄(러버 밴드) 선이 수평축이나 수직축 중 커서에 가까운 쪽을 따라 이동합니다.

그리기 도구에서 '직교 ⌐'를 클릭하면 켜집니다. 다시 한번 클릭하면 꺼집니다. 기능 키 〈F8〉에 의해 켜거나 끌 수도 있습니다.

407.3824, 156.9715, 0.0000   모형 ⊞ ⠿ ▾ ⊹ ⌐ ⌖ ▾ ∠☐ ▾ ☲ 🏹 🏹 ↗ 1:1 ▾ ⚙ ▾ ◎ 🗎 ⬚ ☰

01   직교 모드를 켭니다. 그리기 도구에서 직교 모드(⌐)를 누르거나 〈F8〉 키를 눌러 직교 모드를 켭니다. '그리드'와 '스냅'을 끕니다.

02   선(LINE) 명령을 실행합니다. 명령어 'LINE' 또는 단축키 'L'을 입력하거나 '홈' 탭의 '그리기' 패널 또는 '그리기' 도구막대에서 ▨를 클릭합니다.
{첫 번째 점 지정:}에서 '100, 100'을 입력합니다.
{다음 점 지정 또는 [명령 취소(U)]:}에서 마우스 커서를 0도 방향(3시 방향)으로 맞추고 '10'을 입력합니다.
{다음 점 지정 또는 [명령 취소(U)]:}에서 90도 방향(12시)으로 맞추고 '10'을 입력합니다. 다음과 같이 길이 '10'인 선 두 개가 작도됩니다.

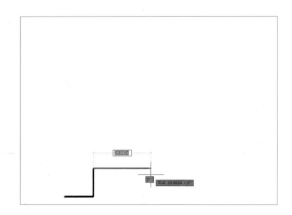

03   {다음 점 지정 또는 [닫기(C)/명령 취소(U)]:}에서 0도 방향(3시)으로 맞추고 '40'을, 270도 방향(6시)으로

'10', 0도 방향(3시)으로 맞추고 '10'을 입력합니다.

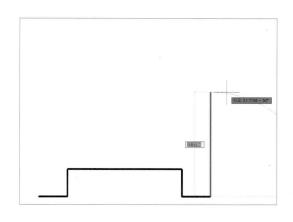

04 이와 같은 방법을 반복하여 다음과 같이 도형을
완성합니다.

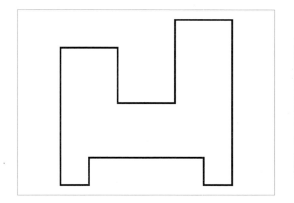

◊ **TIP** ── 직교 모드를 이용한 좌표 지정 방법은 각도와
길이의 입력에 의해 좌표를 지정하는 상대 극좌표 지정 방법입
니다. 방향(각도)을 설정하고 길이를 입력하면 선이 작도됩니다.

예제 실습

1. 다음과 같은 크기의 십자가 모양을 작성합니다.

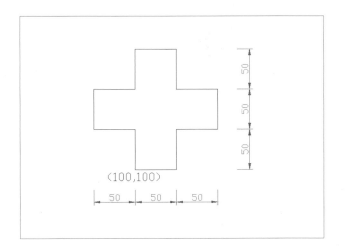

2. 다음의 도형(계단)을 A3 용지(420,297)에 축척 1:10으로 설정하여 도면 범위를 지정한 후 스냅 및 그리드, 직
교 모드를 이용하여 작도합니다.

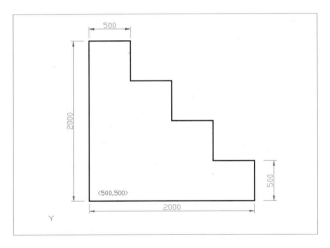

TIP ━━ 도면 한계(LIMITS) 또는 도면틀 작성(MVSETUP) 기능을 이용하여 도면 범위를 지정합니다. 오른쪽 위 좌표는 (4200,2970)이 됩니다. 도면 한계 명령을 실행한 후에는 반드시 줌(Zoom) '전체(A)'를 실행합니다.

4.3 극좌표 추적(POLAR)

직교 모드는 수직, 수평으로 제어하는 데 반해 극좌표 추적은 길이와 각도(방향)를 지정하여 특정 각도선상의 좌표를 지정할 수 있는 기능입니다. 좌표 지정 방법에서 학습한 극좌표(거리〈각도)를 추적하는 기능입니다. 이 기능을 이용하여 마름모꼴을 그립니다.

01 도면의 한계를 정하고 화면 전체를 펼칩니다. A3용지(420, 297)를 축척 10:1 크기로 설정합니다.

02 극좌표 추적의 각도를 설정합니다. 마우스를 '극좌표 추적하기 ⟳' 옆의 역삼각형(▼)에 맞추고 클릭하면 다음과 같은 메뉴가 나타납니다. 이때, 설정하고자 하는 각도가 목록(90, 60, 45, 30, 22.5, 18, 15, 10, 5도)에 있으면 해당 각도를 선택하여 클릭합니다. 여기에서는 45도를 선택합니다.

03 선(LINE) 명령을 실행합니다. 명령어 'LINE' 또는 단축키 'L'을 입력하거나 '홈' 탭의 '그리기' 패널 또는 '그리기' 도구막대에서 ▨를 클릭합니다.
{첫 번째 점 지정:}에서 시작 점 '1000,500'을 입력합니다.
{다음 점 지정 또는 [명령 취소(U)]:}에서 커서를 천천히 시계 방향으로 돌립니다. 커서를 돌리다가 설정한

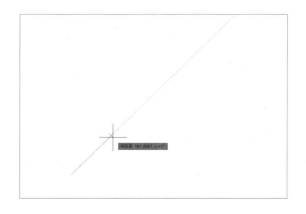

극좌표 각도(45도) 가까이에 접근하면 다음과 같이 추적선(점선으로 표시됨)과 툴팁이 표시됩니다. 이 툴팁에는 극좌표(각도와 길이)가 표시됩니다. 45도가 추적된 상태에서 길이 '500'을 입력합니다.

04 다음과 같이 45도 방향으로 길이가 '500'인 선이 작도됩니다.
{다음 점 지정 또는 [명령 취소(U)]:}에서 다시 135도 방향으로 커서를 이동하여 135도 추적선이 나타나면 '500'을 입력합니다.

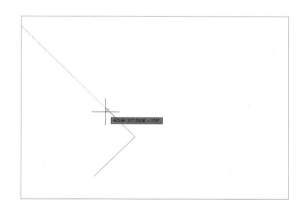

05 다음과 같이 135도 방향으로 길이가 '500'인 선이 작도됩니다.
{다음 점 지정 또는 [닫기(C)/명령 취소(U)]:}에서 마우스를 225도 방향으로 추적하여 길이 '500'을 입력합니다. 다음과 같이 작도됩니다.

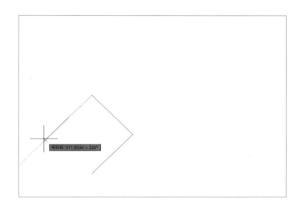

06 {다음 점 지정 또는 [닫기(C)/명령 취소(U)]:}에서 각도를 맞추고 '50'을 입력하거나 닫기 'C'를 입력합니다. 다음과 같이 도형이 닫히면서 마름모꼴이 완성됩니다.

TIP '직교 L' 모드와 '극좌표 추적 ⟨' '은 동시에 켤 수 없습니다. 극좌표 추적을 켜면 직교 모드는 꺼집니다. 반대로 직교 모드를 켜면 극좌표 추적은 꺼집니다.

4.4 객체스냅(OSNAP)과 스냅 참조(OTRACK)

객체스냅, 스냅 추적(참조) 기능을 이용하여 도형을 그리는 방법에 대해 알아보겠습니다.

(1) 객체스냅(OSNAP)이란?

객체스냅(OSNAP)은 객체의 특정한 점을 찾아주는 기능으로 도면 작업을 수행하는 데 있어서 반드시 필요한 기능입니다. 도면 작업을 하다 보면 원의 중심점을 찾거나 선의 끝점, 중간점을 찾아 선을 연결하거나 도형을 작도할 경우가 발생합니다. 이러한 점을 사람이 마우스를 이용하여 정확히 지정하기는 쉽지 않습니다. 시각적으로 정확한 것처럼 보이더라도 확대를 해보면 정확한 점을 지정할 수 없습니다. 객체스냅은 이럴 때 정확히 객체의 특정한 점을 찾아줍니다. 객체스냅을 이용하는 방법과 찾을 수 있는 스냅의 종류에 대해 알아보겠습니다.

(2) 객체스냅 기능 따라하기

객체의 특정한 좌표를 찾아주는 객체스냅(OSNAP)을 활용하여 도형을 작도해보겠습니다. 앞의 실습(극좌표 추적)에 이어서 실습하겠습니다.

01 그리기 도구에서 '객체스냅 ▣' 옆의 역삼각형(▼)에 맞추고 클릭합니다. 다음과 같이 객체스냅 목록이 나타나면 '끝점 ◪', '중간점 ◩', '교차점 ⊠', '중심점 ▣' '사분점 ⬙' '직교 ⊥'를 클릭합니다. 사용하고자 하는 객체스냅을 설정하는 작업입니다. 그리고 '객체스냅 ▣'을 켭니다(ON).

02 원(CIRCLE) 명령을 실행합니다. 명령어 'CIRCLE' 또는 단축키 'C'를 입력하거나 '홈' 탭의 '그리기' 패널 또는 '그리기' 도구막대에서 ◉를 클릭합니다.

{원에 대한 중심점 지정 또는 [3점(3P)/2점(2P)/Ttr - 접선 접선 반지름(T)]:}에서 두 점으로 원을 그리는 옵션 '2P'를 입력 또는 지정합니다.

{원 지름의 첫 번째 끝점 지정:}에서 다음과 같이 마름모꼴 끝에 가져가면 사각형 마크가 나타납니다. 이때 클릭합니다.

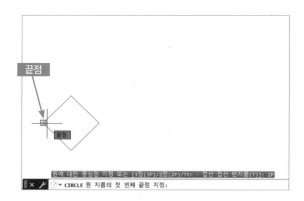

{원 지름의 두 번째 끝점을 지정:}에서 반대편 선의 끝점에 가져간 후 사각형 마크가 나타나면 클릭합니다. 다음과 같이 두 점을 지나는 원이 작도됩니다.

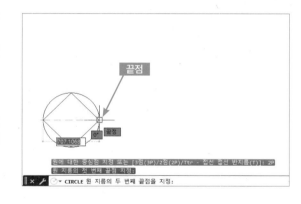

🌢 **TIP** 선의 끝점에 표시되는 사각형은 끝점을 찾아주는 객체스냅이며, 중간에 표시되는 삼각형 마크는 선의 중간점을 찾아주는 객체스냅입니다.

03 마름모꼴과 원을 복사합니다. 명령어 'COPY' 또는 단축키 'CO' 또는 'CP'를 입력하거나 '홈' 탭의 '수정' 패널 또는 '수정' 도구막대에서 █을 클릭합니다.

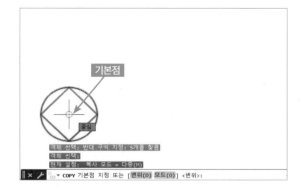

{객체 선택:}에서 원을 선택합니다. {1개를 찾음}
{객체 선택:}에서 선을 선택합니다. {1개를 찾음, 총 2개}
반복해서 마름모꼴의 선을 선택합니다. {1개를 찾음, 총 5개}
선택이 모두 끝났으면 {객체 선택:}에서 〈엔터〉 키 또는 〈스페이스 바〉를 누릅니다.
{현재 설정: 복사 모드 = 다중(M)}
{기본점 지정 또는 [변위(D)/모드(O)] 〈변위〉:}에서 객체스냅으로 원의 중심점을 지정합니다.

🌢 **TIP** 원의 중심점을 찾을 때는 마우스 커서를 원의 테두리로 가져가면 중심점에 초록색 원이 표시됩니다. 이때 클릭하면 정확한 원의 중심이 잡힙니다.

{두 번째 점 지정 또는 [배열(A)] 〈첫 번째 점을 변위로 사용〉:}에서 상대좌표 '@2000,0'을 입력합니다. 다음과 같이 원과 마름모꼴이 복사됩니다.

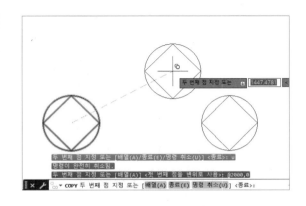

{두 번째 점 지정 또는 [배열(A)/종료(E)/명령 취소
(U)] 〈종료〉:}에서 '@1000,1000'을 입력합니다.
{두 번째 점 지정 또는 [배열(A)/종료(E)/명령 취소
(U)] 〈종료〉:}에서 〈엔터〉 키 또는 〈스페이스 바〉를
눌러 종료합니다. 다음과 같이 객체가 복사됩니다.

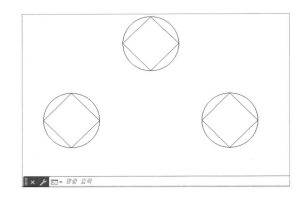

04 이번에는 원과 원의 접점을 잇는 선을 작도해
보겠습니다.

선(LINE) 명령을 실행합니다. 명령어 'LINE' 또는 단
축키 'L'을 입력하거나 '홈' 탭의 '그리기' 패널 또는
'그리기' 도구막대에서 ▨를 클릭합니다.

{첫 번째 점 지정:}에서 〈Shift〉 키를 누른 채로 마우스
오른쪽 버튼을 클릭합니다. 다음과 같이 객체스냅 바
로가기 메뉴가 나타납니다. 이때 '접점(G)'을 선택합
니다.

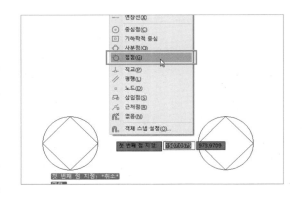

원 근처로 가져가면 다음과 같이 접점 마크가 표시됩
니다. 이때 클릭합니다.

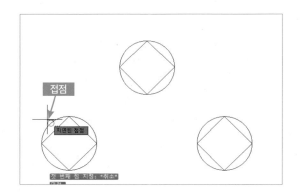

{다음 점 지정 또는 [명령 취소(U)]:}에서 동일한 방법으로 위쪽의 원의 접점을 지정합니다.
{다음 점 지정 또는 [닫기(C)/명령 취소(U)]:}에서 〈엔터〉 키 또는 〈스페이스 바〉를 눌러 종료합니다. 다음과 같이

접점과 접점을 연결하는 선이 작도됩니다.

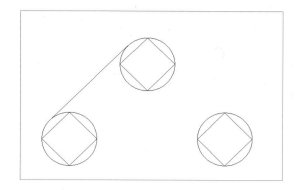

05 이와 같은 방법으로 다음과 같이 선을 연결합
니다.

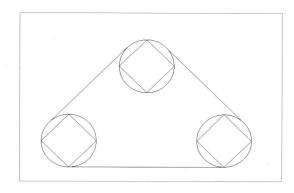

(3) 객체스냅 설정과 종류

객체스냅은 객체의 특정한 좌표(끝점, 중간점, 중심점, 사분점 등)를 찾아주는 기능입니다. 객체스냅의 설정 방
법과 종류, 사용 방법을 알아보겠습니다.

1) 객체스냅 설정 방법

① **그리기 도구에서 설정:** 앞의 실습에서와 같이 '객체스냅 ⬚' 옆의 역삼각형(▼)
을 클릭하여 찾고자 하는 스냅의 종류를 선택합니다.

② **설정 대화상자:** '객체스냅 ⬚' 옆의 역삼각형(▼)을 클릭하여
'객체스냅 설정'을 클릭합니다. 다음과 같은 대화상자가 나타납니
다. 대화상자에서 설정하고자 하는 스냅을 선택합니다.

③ **<Ctrl> 또는 <Shift>를 누른 채로 마우스 오른쪽 버튼:** 미리 설정되어 있지 않은 객체스냅을 사용할 때 유용합니다. 〈Ctrl〉 또는 〈Shift〉 키를 누른 채로 마우스 오른쪽 버튼을 누르면 다음과 같이 객체스냅 목록이 나타납니다. 목록에서 설정하고자 하는 스냅을 클릭합니다.

④ **키워드 입력:** 끝점인 경우 'end', 중간점은 'mid', 중심점은 'cen' 등 객체스냅 키워드를 직접 입력합니다. 입력이 번거롭기 때문에 그다지 사용하지 않습니다.

2) 객체스냅의 종류
객체스냅(OSNAP)은 다음과 같은 종류가 있습니다.

① **임시 추적점** : 한 점으로부터 지정한 방향으로 추적하여 추적선상에 위치한 점을 찾습니다.

② **시작점** : 지정한 기준점으로부터 얼마나 떨어진 위치의 점을 찾습니다. 예를 들어, 벽체의 끝점으로부터 1M 떨어진 점을 찾고자 할 때 유용합니다. 시작점 객체스냅을 켜면 {기준점:}을 물어보고 기준점을 지정하면 {{간격띄우기}}를 물어봅니다.

③ **끝** : 선이나 호의 끝점을 찾습니다.

④ **중간점** : 선이나 호의 중간점을 찾습니다.

⑤ **교차점** : 선과 선, 선과 호 등 객체가 교차하는 점을 찾습니다.

⑥ **가상 교차점** : 직접 교차하지는 않지만 가상으로 교차하는 점을 추적하여 찾습니다.

⑦ **연장선** : 선이나 호의 연장선상의 점을 찾습니다.

⑧ **중심점** : 원, 호, 타원 또는 타원형 호의 중심점을 찾습니다.

⑨ **사분점** : 원, 호, 타원의 가까운 사분점(0˚, 90˚, 180˚, 270˚)을 찾습니다. 마우스 커서의 위치에서 가까운 사분점을 찾습니다.

⑩ **접점** : 원, 호, 스플라인, 타원 또는 스플라인의 접점을 찾습니다.

⑪ **직교** : 호, 원, 타원, 타원형 호, 선, 다중선, 폴리선, 광선, 영역, 솔리드, 스플라인 또는 구성선에 수직으로 만나는 점을 찾습니다.

⑫ **평행** : 선, 폴리선, 광선 또는 구성선의 다른 선형 객체와 평행선상에 있는 한 점을 찾습니다.

⑬ **삽입점** 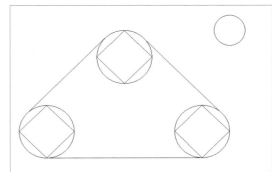 : 블록, 문자, 속성의 삽입 점을 찾습니다. 문자의 경우는 문자의 원점을 찾습니다.

⑭ **노드** □ : 점 객체, 치수 정의점 또는 치수 문자 원점을 찾습니다.

⑮ **근처점** : 호, 원, 타원, 타원형 호, 선, 여러 줄, 점, 폴리선, 광선, 스플라인 또는 구성선에서 커서와 가장 가까운 점을 찾습니다.

⑯ **기하학적 중심** □ : 닫힌 폴리선 및 스플라인의 무게 중심을 찾습니다. 예를 들어, 오각형의 중심을 찾아줍니다.

⑰ **스냅하지 않음** : 일반적으로 설정된 객체스냅을 사용하지 않고자 할 경우에는 현재 설정된 객체스냅을 무효화합니다.

(4) 스냅 추적(OTRACK)

스냅 추적(객체스냅 참조)은 객체스냅 점을 기준으로 정렬 경로를 따라 추적합니다. 획득한 점에는 작은 더하기(플러스) 기호 '+'가 표시되며 한 번에 최대 7개의 추적 점을 획득할 수 있습니다. 스냅 참조선은 객체스냅과 함께 동작합니다. 따라서 객체의 스냅 점에서 추적하려면 객체스냅이 켜져 있어야 합니다.

앞에서 작성한 도형에 이어서 실습하겠습니다. 다음과 같이 아래쪽의 마름모꼴 끝점과 위쪽의 마름모꼴 끝점이 만나는 위치에 반지름 '200'인 원을 작도하겠습니다.

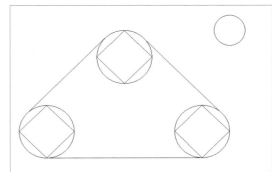

01 그리기 도구에서 스냅 참조선 ∠을 켭니다(ON).

02 원(CIRCLE) 명령을 실행합니다. 명령어 'CIRCLE' 또는 단축키 'C'를 입력하거나 '홈' 탭의 '그리기' 패널 또는 '그리기' 도구막대에서 █를 클릭합니다.

{원에 대한 중심점 지정 또는 [3점(3P)/2점(2P)/Ttr - 접선 접선 반지름(T)]:}에서 위쪽 마름모꼴 끝에 마우스를 가져간 후 오른쪽으로 이동합니다. 이때 마우스 버튼은 누르지 않습니다. 다음과 같이 수평 방향의 추적선이 나타납니다.

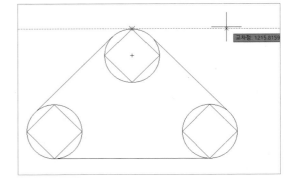

03 이번에는 마우스를 아래쪽 마름모꼴 끝점에 가져간 후 위쪽으로 이동합니다. 다음과 같이 수직 추적선이

나타납니다. 계속 위쪽으로 올리면 앞에서 추적한 수
평 추적선과 만나는 교차점에 x 마크가 표시됩니다.
이때 클릭합니다.

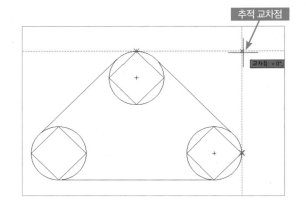

04 원의 반지름 지정 또는 [지름(D)] 〈25.0000〉:)에
서 반지름 '200'을 입력합니다. 다음과 같이 두 추적선
이 만나는 위치에 반지름 '200'인 원이 작도됩니다.
이와 같이 스냅 참조선은 객체스냅을 추적하여 참조
선(파선)을 표시합니다.

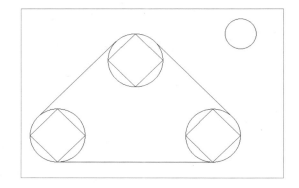

예제 실습

다음과 같은 도면을 작도합니다.

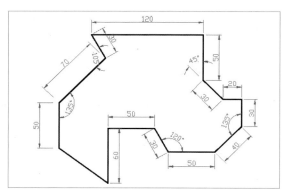

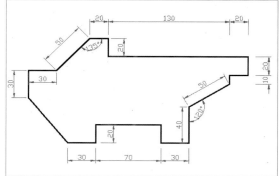

파선(점선)은 작도하지 않습니다. 객체스냅 추적을 이
용하여 가운데 사각형을 작도합니다.

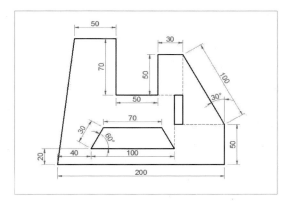

5 객체의 선택과 해제

복사와 이동, 삭제와 같은 편집(수정) 기능을 사용하기 위해서는 편집 대상 객체를 선택해야 합니다. AutoCAD
는 다양한 객체 선택 방법을 제공하고 있습니다. 편집 명령을 실행하면 {객체 선택:}이라는 메시지가 표시됩니다
다. 이때 객체를 선택하고 해제하는 방법입니다.

5.1 선택상자에 의한 개별 선택

선택상자(Pick Box)를 이용하여 객체를 하나씩 선택
하는 방법입니다.

먼저 편집 명령을 실행합니다. 여기에서는 복사
(COPY) 명령을 실행하겠습니다.

{객체 선택:}에서 원하는 객체를 선택합니다.

{1개를 찾음, 총 1}이라는 메시지와 함께 선택된 객체
가 하이라이트됩니다.

{객체 선택:}에서 원하는 객체를 선택합니다.

{1개를 찾음, 총 2}라는 메시지와 함께 선택된 객체가

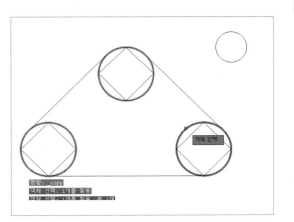

하이라이트됩니다. 이렇게 반복해서 하나씩 선택할 수 있습니다.

선택을 종료하려면 {객체 선택:}에서 〈엔터〉 키 또는 〈스페이스 바〉를 누릅니다.

◊ **TIP** ─── 선택 상자의 크기는 명령행에 'PICKBOX'를 입력하여 상자의 크기를 조정할 수 있습니다. 또는 옵션 대화상자
([응용 프로그램 메뉴]-[옵션])의 '선택' 탭에서 '확인란 크기(P)' 슬라이드 바를 이용하여 조정할 수 있습니다.

5.2 범위를 지정해 선택하는 윈도우(W)와 크로싱(C)

두 대각선 점을 지정하여 지정한 범위의 내부와 범위 경계선에 걸쳐 있는 객체를 선택하는 방법입니다.

(1) 범위 안의 객체만을 선택하는 윈도우(Window)

지정한 두 점이 만드는 사각형 범위 안에 완전히 포함된 객체만 선택합니다.

{객체 선택}에서 윈도우 선택을 하고자 할 때는 'W'를 입력합니다.

그러면 {첫 번째 구석을 지정:}이라는 메시지가 표시됩니다. 여기에서 다음과 같이 빈 공간의 한 점을 지정하고 {반대 구석 지정:}에서 선택하고자 하는 범위의 반대편 구석을 지정합니다. {2개를 찾음}이라는 메시지가 표시됩니다.

♦ **TIP** ── 'W' 키워드를 입력하지 않고 마우스로 빈 공간을 지정한 후 두 번째 점으로 오른쪽 방향의 한 점을 지정하면 윈도우(W) 기능을 수행합니다.

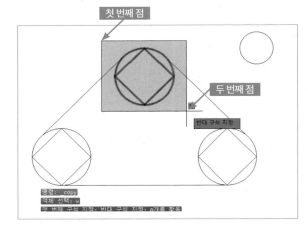

지정한 범위 안에 완전히 포함된 객체(마름모꼴과 원)만 선택됩니다. 경계에 걸친 객체는 선택되지 않습니다.

(2) 걸쳐 있는 객체까지 선택하는 크로싱(Crossing)

윈도우(W)와는 달리 사각형 범위 안의 객체는 물론 범위를 지정하는 경계에 걸쳐 있는 객체까지 선택됩니다.

{객체 선택}에서 크로싱의 첫 글자 'C'를 입력합니다.
{첫 번째 구석을 지정:}에서 빈 공간의 한 점을 지정하고
{반대 구석 지정:}에서 범위의 반대 구석을 지정합니다.
{3개를 찾음}이라는 메시지가 표시됩니다.

♦ **TIP** ── 'C' 키워드를 입력하지 않고 마우스로 빈 공간을 지정한 후, 두 번째 점으로 왼쪽 방향의 한 점을 지정하면 크로싱(C) 기능을 수행합니다.

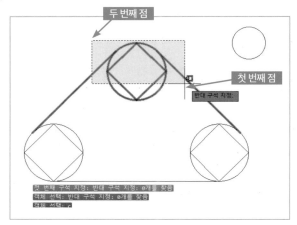

다음과 같이 지정한 범위 안에 완전히 포함된 객체와 경계선에 걸쳐 있는 객체(마름모꼴과 원, 두 개의 선)까지 선택됩니다.

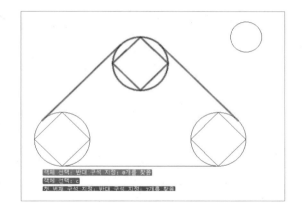

◊ **TIP** ── '윈도우(W)'와 '크로싱(C)'의 선택방법에 따라 선택범위를 표시하는 색상이 다릅니다. 즉, 윈도우(W)는 연파란색, 크로싱(C)은 연초록색으로 범위가 표시됩니다. 또하나 다른 점은 윈도우 선택은 실선으로 표시되고, 크로싱 선택은 점선으로 표시된다는 점입니다. 선택 색상은 사용자가 환경 설정을 통해 바꿀 수 있습니다.

5.3 다각형으로 지정하는 '윈도우 폴리곤(WP)'과 '크로싱 폴리곤(CP)'

'윈도우(W)'와 '크로싱(C)'은 두 점으로 만들어진 사각형의 범위 외에는 지정할 수 없었습니다. 그러나 '윈도우 폴리곤(WP)'과 '크로싱 폴리곤(CP)'은 지정하는 점의 수에 제한이 없어 다양하고 복잡한 다각형의 범위를 지정할 수 있습니다. '윈도우 폴리곤(WP)'은 다각형 안에 완전히 포함된 객체만 선택하고, '크로싱 폴리곤(CP)'은 완전히 포함된 객체와 걸쳐 있는 객체까지 선택됩니다.

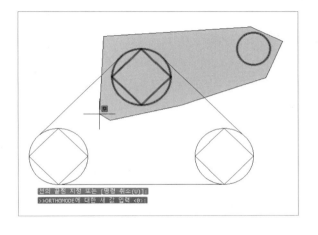

{객체 선택:}에서 'WP'를 입력한 후 범위의 각 점을 지정합니다. 다음과 같이 다각형으로 지정할 수 있습니다.

다음과 같이 다각형 안에 완전히 포함된 객체만 선택됩니다.

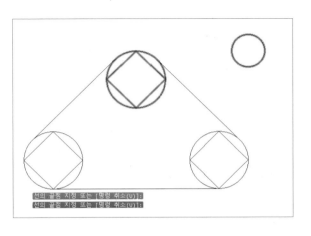

'크로싱 폴리곤(CP)'은 {객체 선택:}에서 'CP'를 입력한 후 선택하고자 하는 범위의 각 점을 지정합니다. 그러면 범위에 포함된 객체와 경계선에 걸쳐 있는 객체까지 선택됩니다.

5.4 전체 'ALL'과 제외 'R'

객체 전체를 선택하는 방법도 있으며 선택된 객체에서 제외시키는 방법도 있습니다.

(1) 전체를 선택하는 전체(ALL)

{객체 선택:}에서 'ALL'을 입력합니다. 다음과 같이 객체가 모두 선택됩니다.

 참고 단축키 및 아이콘에 의한 모든 객체 선택

객체를 모두 선택하려면 <Ctrl> 키를 누른 채 'A'를 누르면 모든 객체가 선택됩니다. 또는 '홈' 탭의 '유틸리티' 패널의 🔲 을 클릭하면 모든 객체가 선택됩니다.

(2) 선택된 객체를 제외시키는 제거(Remove)

제거(Remove)는 선택된 객체 집합(선택 세트)에서 제외시키는 기능입니다.

객체를 선택한 후 계속해서 선택을 기다리는 메시지 {객체 선택:}에서 선택된 선택 집합에서 제외시키려면 'R'을 입력합니다. 그러면 {객체 제거:}라는 메시지가 표시됩니다. 여기에서 제외하고자 하는 객체를 선택 상자 또는 범위로 지정하여 선택합니다.

◊ TIP {객체 제거:}에서 선택상자 외에 윈도우(W), 크로싱(C), 윈도우 폴리곤(WP), 크로싱 폴리곤(CP) 등 선택할 때와 같은 옵션을 이용하여 제거할 수 있습니다.

 참고 <Shift> 키를 이용하여 선택된 객체를 제거하는 방법

선택된 객체를 제거할 때는 'Remove' 옵션 외에 <Shift> 키를 누르면서 객체를 선택하면 선택군으로부터 제거됩니다.

5.5 울타리 'F'와 올가미 선택

마우스를 통해 울타리와 범위를 지정하는 올가미 선택에 대해 알아봅니다.

(1) 울타리 선택

울타리를 치는 것처럼 선을 그어 그 선에 걸친 객체를 선택하는 방법입니다.

{객체 선택:}에서 'F'를 입력합니다.

{첫 번째 울타리 점 지정:}에서 울타리의 시작점을 지정합니다.

{다음 울타리 점 지정 또는 [명령취소(U)]:}에서 울타리의 두 번째 점을 지정합니다.

{다음 울타리 점 지정 또는 [명령취소(U)]:}에서 차례로 지정합니다. 울타리 지정을 종료하려면 〈엔터〉키 또는 〈스페이스 바〉를 누릅니다.

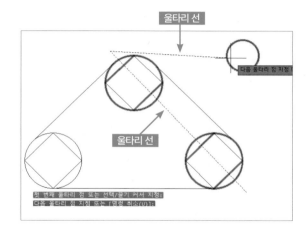

다음과 같이 울타리 선에 걸친 객체(7개)가 선택됩니다.

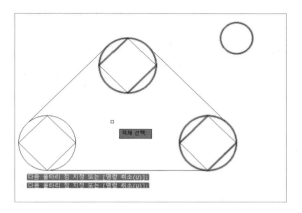

(2) 올가미 선택

지정하고자 하는 범위를 그물을 치듯 지정하여 객체를 선택합니다.

{객체 선택:}에서 임의의 한 점을 지정한 후 마우스 왼쪽 버튼을 누른 채로 왼쪽 방향으로 범위를 지정합니다.

{걸치기(C) 올가미 – 스페이스 바를 눌러 옵션 순환 6개를 찾음}

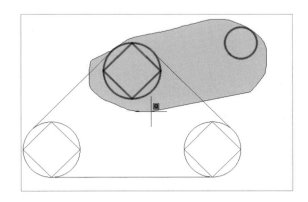

🔹 **TIP** ── 올가미 선택 중에 <스페이스 바>를 누르면 선택 옵션이 전환됩니다. 윈도우(W), 크로싱(C), 울타리(F) 옵션이 번갈아가며 순환됩니다.

오른쪽에서 왼쪽 방향으로 드래그하면 올가미 범위
의 경계선에 걸쳐 있는 객체까지 선택됩니다.

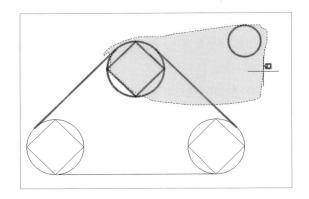

5.6 이전(P)과 최후(L)

객체를 한 번이라도 선택하여 작업을 한 후 다시 선택하려면 {객체 선택:}에서 'P'를 입력합니다. 예를 들어, 한 번 복사한 객체를 다시 선택해서 어떤 작업을 하고자 할 때 유용합니다.

도면에서 가장 마지막으로 생성된 객체를 선택하려면 {객체 선택:}에서 'L'을 입력합니다. 예를 들어, 원을 그린 후 작성된 원을 선택하여 어떤 작업을 하고자 할 때 'L'을 입력하면 마지막에 작도한 원이 선택됩니다.

5.7 기타 선택 옵션

많이 사용하는 옵션은 아니지만 AutoCAD에서 제공하는 몇 가지 옵션을 살펴보면,

① 오로지 하나만을 선택하고자 할 때는 'SI(Single)'

② 여러 개를 선택하고자 할 때는 'M(Multiple)'

③ 선택 세트에 추가하고자 할 때는 'A(Add)'

④ 그룹화한 객체를 선택할 때는 'G(Group)'

⑤ 3차원의 복합 솔리드나 정점, 모서리 및 3D 솔리드의 면의 일부인 원래 개별 형식을 선택할 수 있는 하위 객체 'SU'

⑥ 선택한 객체의 선택을 취소하고자 할 때는 취소 'U'

5.8 신속 선택(QSELECT)

보통 편집을 할 때 편집 명령(복사, 삭제, 이동, 회전 등)을 실행한 후 {객체 선택:}에서 객체를 선택하는 것이 일반적인 방법입니다. 그러나 객체를 조건(색상이나 형상의 크기 등)을 지정해 먼저 선택한 후 편집 명령으로 편집할 수 있습니다. '신속선택(QSELECT)'은 객체를 선택하는 방법 중 선택할 조건을 지정하여 객체를 선택하는 방법입니다.

명령: QSELECT	아이콘:

명령어 'QSELECT'를 입력하거나 '홈' 탭의 '유틸리티' 패널에서 🗔을 클릭합니다. 다음의 대화상자가 나타납니다. 대화상자에서 선택하고자 하는 조건을 지정합니다.

[신속 선택 대화상자]

(1) 적용 위치(Y): 적용 범위를 도면 전체로 할 것인지, 현재 선택된 객체로 한정할 것인지 선택합니다.

(2) 객체 유형(B): 객체의 종류(선분, 원, 호, 문자 또는 반경, 길이 등)를 선택합니다. '다중'은 모든 객체의 종류를 지정합니다.

(3) 특성(P): 객체의 특성이 나열되고 찾고자 하는 특성을 지정합니다. 선택된 객체에 따라 해당 객체의 특성이 나열됩니다. 여러 종류의 객체가 선택된 경우는 공통된 특성만 나열됩니다.

(4) 연산자(O): 특성에 대한 조건식을 지정합니다. 종류와 기능은 다음과 같습니다.

① = 같음   ② <> 같지 않음
③ > 보다 큼   ④ < 보다 작음

(5) 값(V): 특성의 종류에 따라 값을 입력하거나 목록 상자에서 선택합니다(예: 특성에서 '색상'을 선택했다면 색상의 종류가 나열되어 선택할 수 있고, 특성에서 '길이'를 선택했다면 길이 값을 입력합니다).

(6) 적용 방법: 적용 방법으로 새로운 선택 세트에 포함할 것인가, 제외할 것인가를 지정합니다.

(7) 현재 선택 세트에 추가(A): 신속 선택을 여러 번 사용해 선택 세트에 누적시킬 것인가를 지정합니다.

대화상자에서 '객체 유형(B)'을 '선', '특성(P)'을 '길이', '연산자(O)'를 '< 작음', '값(Y)'을 '700'으로 지정합니다. [확인] 버튼을 클릭하면 다음과 같이 길이가 '700'보다 작은 선이 모두 선택됩니다. 파란색 사각형(맞물림: 그립)으로 표시되는 부분이 선택된 객체입니다.

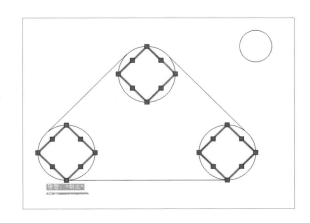

이렇게 선택된 객체를 이용하여 편집(복사, 이동, 삭제, 회전 등)을 수행합니다.

참고 그립(맞물림) 이란?

'그립(Grip)'이란 어떠한 명령도 실행하지 않은 시점에서 객체를 선택하면 선택된 객체에 표시되는 작은 사각형이나 삼각형을 말합니다. 즉, {명령:} 상태에서 객체를 선택하면 그립이 나타납니다. 우리말로 '맞물림'으로 표현합니다. 선택된 객체가 그립으로 표시된 후 편집 명령을 실행해 편집을 하거나 마우스로 끌고 가 이동 또는 늘리기를 할 수 있습니다.

5.9 유사 선택

하나의 객체를 선택한 후 이 객체와 유사한 객체를 선택합니다. 예를 들어, 원을 선택한 후 다른 모든 원을 선택할 수 있습니다. 색상, 블록 이름 등의 지정된 객체 특성을 기반으로 같은 유형의 유사 객체를 선택합니다.

명령: SELECTSIMILAR	바로가기 메뉴의 '유사 선택(T)'

01 원이 선택된 상태에서 마우스 오른쪽 버튼을 눌러 목록에서 '유사 선택(T)'을 선택합니다. 또는 명령어 'SELECTSIMILAR'를 입력합니다.

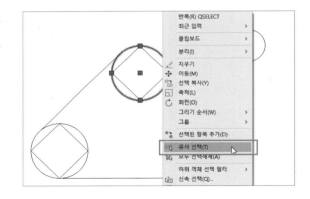

02 {객체 선택 또는 [설정(SE)]:}에서 〈엔터〉 키 또는 〈스페이스 바〉를 눌러 종료합니다. 다음과 같이 선택한 객체와 유사한 객체(원)가 모두 선택됩니다.

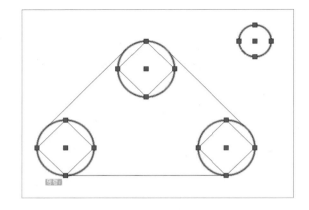

5.10 객체의 숨기기와 분리

객체를 보이거나 숨길 때 도면층(LAYER)의 켜기/끄기(ON/OFF)로 가능합니다. 또 하나의 방법은 객체의 분리 및 숨기기 기능입니다. 먼저 숨기고자 하는 객체를 선택한 후 마우스 오른쪽 버튼을 클릭합니다.

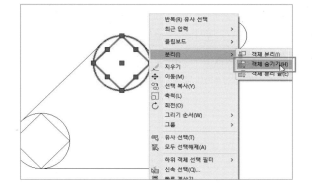

바로가기 메뉴에서 '분리(I)' – '객체 숨기기(H)'를 선택합니다. 다음과 같이 선택한 객체가 사라집니다.

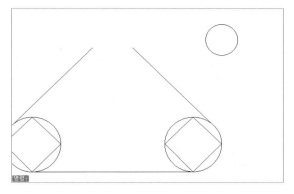

이번에는 객체를 분리해보겠습니다. 먼저, 분리할 객체를 선택한 후 마우스 오른쪽 버튼을 누릅니다. 바로가기 메뉴에서 '분리(I)' – '객체 분리(I)'를 선택합니다.

다음과 같이 선택한 객체만 남기고 모두 사라집니다.

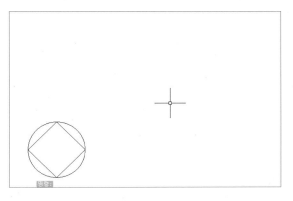

숨겨진 객체를 다시 표시하려면 바로가기 메뉴에서 '분리(I)' – '객체 분리 끝(E)'을 선택합니다. 그러면 숨겨진 객체가 다시 표시됩니다.

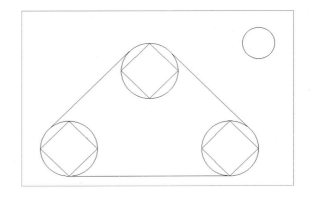

5.11 선택 순환(SELECTIONCYCLING)

복잡한 도면에서 중복된 객체를 편집(수정)하기 위해 선택을 해야 하는데 원하지 않은 객체가 선택될 수 있습니다. 특히 객체가 중복되어 작성되었거나 좁은 공간에 많은 객체가 작성되어 있을 경우가 그렇습니다. 중복된 객체를 선택하는 데 있어 손쉽게 선택할 수 있도록 '선택 순환(Selection Cycling)' 기능을 제공합니다.

> **참고** **선택 순환 아이콘이 보이지 않을 경우**
>
> 그리기 도구에 선택 순환 아이콘(🔲)이 표시되지 않았을 경우에는 상태 영역 가장 오른쪽에 있는 사용자화 버튼(☰)을 클릭합니다. 목록에서 '선택 순환'을 체크합니다.
>
> ✓ 객체 스냅 추적
> ✓ 2D 객체 스냅
> 선가중지
> 투명도
> ✓ 선택 순환
> 3D 객체 스냅
> 동적 UCS

(1) 선택 순환 알아보기

실습을 통해 선택 순환에 대해 알아봅니다.

01 도면을 중복되게 작성하거나 작성된 도면을 펼칩니다.

02 그리기 도구의 '선택 순환 🔲' 버튼을 클릭하여 선택 순환 기능을 켭니다(ON).

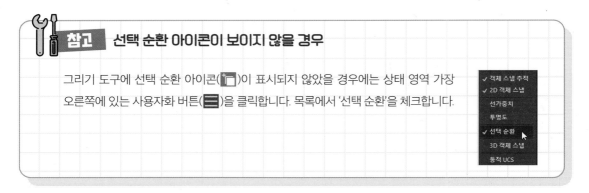

03 선이 중복되어 있거나 가까이 붙어있는 객체에 마우스 커서를 가져가서 클릭합니다. 선택 순환 대화상자가 나타납니다. 마우스를 움직이면 해당 객체가 하이라이트됩니다. 이때 선택하고자 하는 객체를 선택합니다.

이처럼 선택 순환은 여러 개의 객체가 있는 도면에서 선택을 용이하게 하기 위해 특성(객체 유형, 색상)을 표시하고 마우스로 선택할 수 있게 하는 기능입니다.

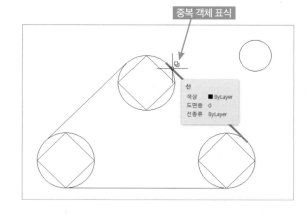

(2) 선택 순환 설정

그리기 도구의 '선택 순환 '에 마우스를 대고 오른쪽 버튼을 누릅니다. 메뉴에서 '선택 순환 설정…'을 클릭합니다.

다음과 같은 대화상자가 나타납니다.

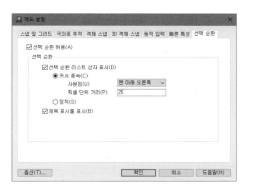

(1) 선택 순환 허용(A): 선택 순환 기능의 허용 여부를 지정합니다.

(2) 선택 순환 리스트 상자 표시(D): 선택 순환 리스트(목록) 상자의 표시를 제어합니다.

　① **커서 종속(C):** 커서를 기준으로 목록(리스트) 상자를 이동합니다.

　② **사분점(U):** 목록 상자를 배치할 커서 사분점을 지정합니다.

　③ **픽셀 단위 거리(P):** 커서와 목록 상자 사이의 거리를 지정합니다.

　④ **정적(S):** 목록 상자는 커서와 함께 이동하지 않으며 일정한 위치에 고정됩니다. 목록 상자 위치를 변경하려면 상자를 클릭하여 드래그합니다.

(3) 제목 표시줄 표시(B): 제목 표시줄의 표시 여부를 제어합니다.

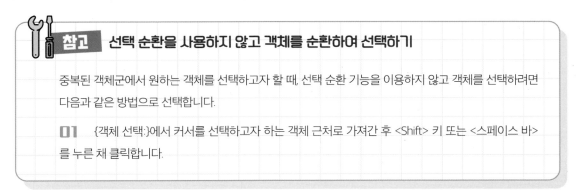

🔧 **참고** ┃ **선택 순환을 사용하지 않고 객체를 순환하여 선택하기**

중복된 객체군에서 원하는 객체를 선택하고자 할 때, 선택 순환 기능을 이용하지 않고 객체를 선택하려면 다음과 같은 방법으로 선택합니다.

01 {객체 선택:}에서 커서를 선택하고자 하는 객체 근처로 가져간 후 <Shift> 키 또는 <스페이스 바>를 누른 채 클릭합니다.

02	한 번 클릭할 때마다 커서 근처의 객체가 차례로 하이라이트(점선)됩니다.
03	원하는 객체가 하이라이트되면 <엔터> 키를 눌러 객체를 선택합니다.

5.12 선택 환경 설정

객체의 선택을 위한 환경을 설정합니다.
작도 영역에서 마우스 오른쪽 버튼을 누른 후 바
로가기 메뉴에서 '옵션(O)'을 누르거나 응용 프로
그램 메뉴를 눌러 하단의 [옵션]을 클릭합니다. 옵
션 대화상자에서 '선택' 탭을 클릭합니다.

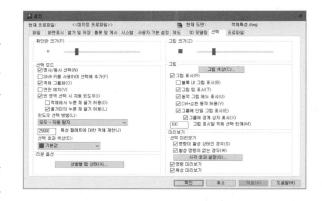

(1) 확인란 크기(P): 확인란(선택 상자)의 크기를
조절합니다. 선택 상자는 편집 명령에서 객체를
선택하기 위해 나타나는 사각형 상자를 말합니다. 너무 작게 설정하면 선택하는 데 불편하고, 너무 크게 설정하
면 범위가 커서 원하지 않는 객체를 선택할 수 있으므로 적당한 크기(중간에서 약간 앞쪽 값)로 설정해야 합니
다. 슬라이드 바를 움직여 조절합니다. 시스템 변수 'PICKBOX'에 저장됩니다.

(2) 선택 모드: 객체의 선택 방법을 지정하는데 이들 설정은 여러 방식으로 조합할 수 있습니다.

① **명사/동사 선택(N):** 객체를 선택한 다음 편집이나 조회 명령을 사용할 수 있도록 합니다. 체크를 하면, 객체를 먼저 선택
한 후 명령(복사, 이동, 배열, 회전, 지우기 등)을 실행할 수 있게 합니다. 예를 들어, 이 항목을 체크하지 않으면 원을 선택
한 후 〈Delete〉 키를 눌러도 지워지지 않습니다. 시스템 변수 'PICKFIRST' 값에 영향을 줍니다.

② **Shift 키를 사용하여 선택에 추가(S):** 체크를 하면 기존 선택된 객체에 새로운 객체를 추가할 때 〈Shift〉 키를 누르면서 선
택해야 합니다. 시스템 변수 'PICKADD' 값에 영향을 줍니다.

◊ **TIP** 객체를 선택했을 때 한 개를 선택하고 추가로 다른 객체를 선택하면 이전 선택된 객체가 선택에서 제외(실선
으로 바뀜)되어 가장 최근 선택한 객체 그룹만 선택된 경우는 이 항목이 체크되어 발생하는 현상입니다. 이때는 이 항목의 체크
를 없애든가, <Shift> 키를 누르면서 객체를 선택하면 복수의 객체를 선택할 수 있습니다. 기본적으로 이 항목은 체크를 하지
않는 것이 좋습니다.

③ **객체 그룹화(O):** 객체 선택 시 그룹화된 객체를 하나로 취급할 것인가에 대한 켜기/끄기를 제어합니다. 이 항목은 기본적
으로 체크합니다.

④ **연관 해치(V):** 해치된 객체에 대해 해치 무늬와 경계선을 하나로 취급할 것인가에 대한 켜기/끄기를 제어합니다.

⑤ **빈 영역 선택 시 자동 윈도우(I):** 객체 선택 메시지 {객체 선택:}이 표시되면 자동으로 선택 윈도우를 그립니다. 이 항목은 기본적으로 체크합니다.

⑥ **객체에서 누른 채 끌기 허용(D):** 이 옵션을 선택하면 한쪽 구석에서 클릭하고 마우스 버튼을 누른 채 반대 모서리로 끌고 가서 마우스에서 손을 놓아 선택 윈도우를 그립니다. 이 항목은 체크를 하지 않는 것이 좋습니다. 시스템 변수 'PICKADD' 값에 영향을 줍니다.

⑦ **올가미의 누른 채 끌기 허용(L):** 올가미 방법으로 객체를 선택할 때 드래그의 허용 여부를 설정합니다.

⑧ **윈도우 선택 방법:** 윈도우 창을 통해 선택하는 방법을 리스트에서 선택합니다.
- 클릭과 클릭: 두 번의 클릭으로 선택 범위를 설정합니다. 즉, 시작 위치의 클릭과 범위를 지정하는 두 번째 점 클릭으로 설정합니다.
- 클릭과 드래그: 윈도우 클릭과 드래그에 의해 선택을 지정합니다. 첫 번째 점을 클릭한 후 드래그하여 버튼을 놓으면 두 점 사이의 범위가 선택됩니다.
- 모두-자동 탐색: 상기의 두 가지 방법 모두를 적용합니다.

⑨ **특성 팔레트의 객체 제한(J):** 특성 팔레트에서 한 번에 변경할 수 있는 객체 수의 한계를 지정합니다.

⑩ **선택 효과 색상(E):** 선택 시 표시되는 색상을 설정합니다.

(3) 리본 옵션 : 리본 상황별 탭의 표시를 위한 객체 선택 설정을 지정할 수 있는 대화상자가 나타납니다.

(4) 그립 크기(Z): 그립(맞물림)의 크기를 조절합니다. 슬라이드 바를 움직여 조절합니다. 시스템 변수 'GRIPSIZE'의 값에 영향을 줍니다.

(5) 그립: 선택 객체에 대한 표식(GRIP)에 대한 환경을 설정합니다.

① **그립 색상(C):** 대화상자를 통해 그립의 색상을 설정합니다.

② **그립 표시(R):** 선택한 객체에서 그립의 표시를 조정합니다. 그립을 선택하고 바로 가기 메뉴를 사용하여 그립이 있는 객체를 편집할 수 있습니다. 도면에 그립을 표시하면 성능이 현저하게 떨어집니다. 성능을 최적화하려면 이 옵션을 선택하지 않아야 합니다.

③ **블록 내 그립 표시(B):** 블록 객체에 대한 그립의 표시 여부를 설정합니다.

④ **그립 팁 표시(T):** 그립 팁을 지원하는 사용자 객체의 그립 주변을 커서가 맴돌면 그립 특정 팁을 표시합니다.

⑤ **동적 그립 메뉴 표시(U):** 다기능 그립 위에 마우스를 놓을 때 동적 메뉴 표시를 조정합니다.

⑥ **Ctrl + 순환동작 허용(L):** 다기능 그립의 Ctrl+순환동작을 허용합니다.

⑦ **그룹에 단일 그립 표시(E):** 그룹 객체에 대해 단일 그립의 표시 여부를 설정합니다.

⑧ **그립 표시할 객체 선택 한계(M):** 지정한 수보다 많은 객체가 선택되면 그립 표시를 억제합니다. 유효한 범위는 1에서 32,767까지입니다. 기본 설정 값은 '100'입니다.

(6) 미리보기: 선택 상자(확인란) 커서를 객체 위로 움직였을 때 객체의 강조 표시 여부를 설정합니다. 명령이 기동되었을 때 강조 표시와 명령이 기동되지 않았을 때도 강조 표시 여부를 설정합니다.

① **선택 미리 보기:** 객체의 선택 여부를 미리 보고자 하는 옵션을 설정합니다.

② **시각 효과 설정(G):** 다음과 같은 대화상자를 통해 객체를 선택할 때 시각 효과를 설정합니다.

(7) 명령 미리 보기: 활성 명령의 결과를 미리 볼 수 있는지 여부를 설정합니다. 체크를 하면 명령의 실행 결과를 미리 볼 수 있습니다. 예를 들어, 모깎기를 할 때 두 번째 객체를 선택하면 모깎기될 모서리를 미리 보여줍니다.

(8) 특성 미리 보기: 특성을 조정하는 드롭다운 리스트 및 갤러리를 롤오버할 때 현재 선택된 객체에 대한 변경 사항을 미리 볼 수 있는지 여부를 설정합니다. 리본 및 특성 팔레트에서만 표시되며 다른 팔레트에서는 사용할 수 없습니다. 선을 선택한 후 특성 팔레트에서 색상을 바꾸려면 마우스의 위치에 따라 색상을 미리 볼 수 있습니다.

6 객체 특성

사람마다 성격이 다르고 캐릭터가 있듯이 객체에는 나름대로 특성(속성)이 있습니다. 선의 색상, 선 종류, 길이, 시작점과 끝점 등이 객체가 가진 특성입니다. 여기에서 어떤 객체든 공통적으로 가진 특성이 있습니다. 공통적으로 가진 특성에는 도면층(LAYER), 색상(COLOR), 선 종류(LINETYPE), 선 가중치(LINE WEIGHT), 투명도, 플롯 스타일 등이 있습니다. 객체 특성의 정의와 수정 방법에 대해 알아봅니다.

6.1 색상(COLOR)

객체가 지닌 가시적인 색상을 말합니다. AutoCAD 색상 색인(ACI)에 있는 255개의 색상, 트루 컬러, 색상표에서 선택할 수 있습니다.

명령: COLOR(단축키: COL)   아이콘:

---

01 원(CIRCLE) 명령과 선(LINE) 명령을 이용하여 다음과 같은 도형을 작성합니다.

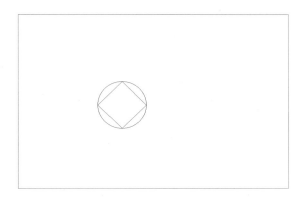

02 원을 선택한 후 '홈' 탭의 '특성' 패널의 색상 선택 리스트의 역삼각형(▼)을 누르면 색상 리스트가 표시됩니다. 색상 리스트에서 빨간색을 선택합니다. 다음과 같이 객체의 색상이 빨간색으로 바뀝니다. 색상이 바뀌었으면 〈ESC〉 키를 누릅니다.

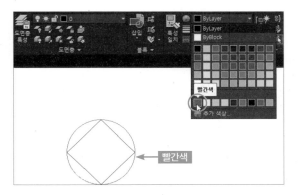

03 이번에는 객체가 선택되지 않은 상태에서 '홈' 탭의 '특성' 패널의 색상 리스트에서 파란색을 선택합니다. 파란색이 선택된 상태에서 다음과 같이 도형을 작도합니다. 도형이 설정된 색상(파란색)으로 작도됩니다.

6.2 도면층(LAYER)

도면층(LAYER)을 눈으로 나타나지 않지만 하나의 겹으로 이해하기 바랍니다. 한 장, 한 장의 투명한 트레이싱 용지로 이해하면 됩니다. 건물을 건설한다고 하면 구조, 건축도, 기계 설비, 소방 설비, 전기 설비 등 다양한 공사의 설계 도면을 필요로 합니다. 이 모든 공사 종류의 도면을 하나의 도면 영역에서 작성하고 읽는다는 것은 불가능에 가깝습니다. 표현한다고 해도 대단히 복잡하여 도면을 읽을 때도 오독의 우려가 높습니다. 따라서, 도면을 작성할 때 각 작업 또는 공정별로 분류해서 작성한다면 훨씬 효율적입니다. 즉, 해당 작업별로 별도의 스페이스(도면층)를 설정해서 작업하는 것이 효율적입니다. 작업별로 스페이스를 설정하는 것이 도면층(LAYER)입니다.

도면층은 도면을 작성하는 영역에 층을 만들어 명칭을 부여하고 속성을 부여해서 관리하는 것입니다. 설계자의 의도에 따라 분류하여 이름을 부여할 수 있습니다. 도면층은 필요에 따라 보이게 하거나 보이지 않게 할 수도 있고, 수정되지 않도록 잠글 수도 있습니다. 작업의 특성에 따라 색상, 선 종류, 선 가중치, 투명도 등을 설정하여 관리할 수 있습니다.

01 먼저 도면층을 만들겠습니다. 명령행에서 'LA' 또는 'LAYER'를 입력하거나 '홈' 탭의 '도면층' 패널에서 '도면층 특성 '을 클릭합니다. 다음과 같은 도면층 특성 관리자가 나타납니다.

02 '새 도면층 '을 클릭합니다. 이름에 '도면층1'이 나타나면 클릭하여 '건축'을 입력합니다. '건축'이라는 이름의 도면층을 만들었습니다. 색상 버튼을 눌러 빨간색을 설정합니다.

도면층 이름: 건축

03 다시 한번 '새 도면층 '을 클릭합니다. 이름에 '도면층1'이 나타나면 클릭하여 '설비'를 입력합니다. '설비'라는 이름의 도면층을 만들었습니다. 색상 버튼을 눌러 파란색을 설정합니다. 두 개의 도면층을 만들었습니다. 대화상자를 닫습니다.

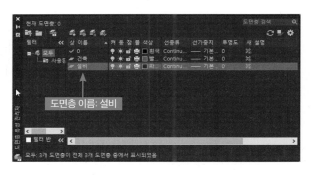

도면층 이름: 설비

04 객체를 선택한 후 '홈' 탭의 '도면층' 패널에서 도면층 이름 드롭다운 리스트(▼)를 클릭합니다. 리스트가 나타나면 '건축'을 클릭한 후 〈ESC〉 키를 누릅니다. 그러면 선택한 객체의 도면층이 '건축'으로 바뀝니다.

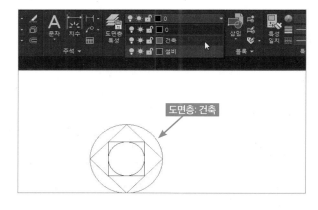

도면층: 건축

05 이번에는 도면층을 '설비'로 설정해놓고 객체를 작성하겠습니다. '홈' 탭의 '도면층' 패널에서 도면층 이름 드롭다운 리스트(▼)를 클릭합니다. 리스트가 나타나면 '설비'를 클릭한 후 〈ESC〉 키를 누릅니다. 원 명령과 선 명령으로 다음과 같은 도형을 작도합니다. 작도된 도형의 도면층은 '설비'입니다. 객체의 색상은 도면층에서 정의한 색상인 파란색입니다.

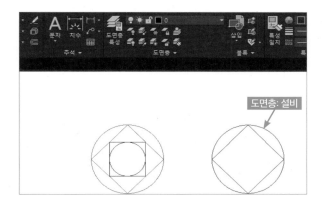

06 도면층을 끄고 켜보도록 하겠습니다. '홈' 탭의 '도면층' 패널에서 도면층 이름 드롭다운 리스트(▼)를 클릭한 후 건축 도면층에 있는 전등 마크를 클릭하여 끕니다(노란색에서 하늘색). 다음과 같이 '건축'으로 설정한 객체가 사라집니다.

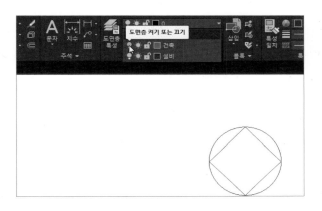

07 이번에는 '건축' 도면층은 켜고 '설비' 도면층은 끄겠습니다. '홈' 탭의 '도면층' 패널에서 도면층 이름 드롭다운 리스트(▼)를 클릭한 후 '건축' 도면층에 있는 전등 마크를 클릭하여 켭니다(노란색). '설비' 도면층에 있는 전등 마크를 클릭하여 끕니다(하늘색). 다음과 같이 '건축' 도면층 객체가 나타나고 '설비' 도면층 객체가 사라집니다.

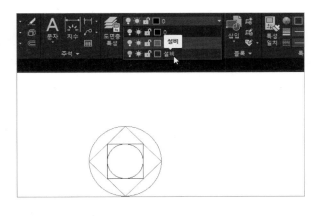

이처럼 도면층을 이용하여 다양한 작업을 할 수 있습니다. 도면층을 잠글 수도 있으며 동결할 수도 있습니다. 또, 도면층별로 색상을 지정하거나 선 종류를 지정하여 작도할 수도 있습니다.

참고 **도면층 설정 대화상자**

명령: LAYER(단축키: LA)	아이콘:

[도면층 특성 관리자 대화상자]

(1) 새 특성 필터 (Alt+P): 하나 이상
의 도면층 특성을 기준으로 도면층 필
터를 작성하여 도면층을 조건(필터링)
에 의해 선택합니다. 다음과 같은 대화
상자가 표시됩니다. 다음은 도면층 중
에서 색상이 '파란색'인 도면층만 필터
링한 것으로 '색상'이라는 필터 이름을
지정한 예입니다.

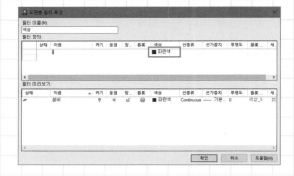

① **필터 이름(N):** 필터의 명칭을 사용자가 임의로 입력합니다.

② **필터 정의:** 이름, 켜기, 동결, 색상, 선 종류 등으로 필터의 조건을 설정합니다.

③ **필터 미리 보기:** 필터 정의에 의해 필터링된 도면층을 미리 볼 수 있습니다.

(2) 새 그룹 필터 (Alt+G): 새로운 도면층 필터 그룹을 작성합니다. 즉, 그룹을 먼저 만들고 그 그룹에
속하는 도면층을 정의합니다.

(3) 도면층 상태 관리자 (Alt+S): 도면층의 상태를 명명하여 저장할 수 있습니다. 도면의 저장된 도
면층 상태 목록을 표시하고 도면층 상태를 작성 및 삭제할 수 있으며 이름을 바꿀 수 있습니다. 이 상
태는 '내보내기(X)'를 통해 저장할 수 있으며 '가져오기(M)'를 통해 저장된 상태를 불러올 수 있습니다.

TIP → 도면층 이름은 의미를 부여해서 설정하는 것이 좋습니다.
- 도면층의 이름은 255자까지 사용할 수 있으나, 가능한 한 10자 이내에서 기억하기 쉽도록 의미를 부여해
서 만드는 것이 바람직합니다.

- 문자, 숫자, 특수 문자($, _ - 등)를 포함할 수 있습니다.
- 도면층 특성 관리자에서는 도면층이 알파벳 이름순으로 정렬됩니다.
- 가능하면 작업의 종류 및 객체의 종류에 따라 두문자(頭文字)를 분류해서 작성하면 관리하는 데 편리합니다.

(4) 켜기: 도면층을 켜거나(ON) 끕니다(OFF). 전등 위치에 마우스 포인터를 맞춘 후 클릭하면 켜기/끄기가 설정됩니다. 끄기가 되면 해당 도면층이 도면에서 사라지고 켜면 다시 표시됩니다.

(5) 동결: 도면층을 동결(Freeze)시키거나 해동(Thaw)합니다. 해당 도면층의 객체가 도면에서 사라지는 것은 켜기/끄기와 비슷하나 복잡한 도면에서 동결을 시키면 줌(ZOOM), 초점 이동(PAN), 화면 재생성(REGEN) 시에 시간을 대폭 줄일 수 있습니다. 동결(Freeze)은 연산에서 제외하기 때문에 보다 빠른 처리가 가능합니다.

(6) 잠금: 지정 도면층을 잠그고 풉니다. 잠겨진(Lock) 도면층은 편집이나 삭제 시 선택이 되지 않습니다. 이미 그려진 도면을 손상하지 않고 다른 작업을 하고자 할 때 유용하게 사용할 수 있습니다. 잠금 해제(Unlock)는 잠금(Lock)의 반대 개념으로 원상 복구합니다.

(7) 색상: 도면층의 색상을 지정합니다. 색상(COLOR) 명령에서 'BYLAYER'라는 색상을 지정하면 이 도면층 색상으로 작도됩니다. 예를 들어, 'A'라는 도면층의 색상을 초록색으로 지정한 후 색상을 'BYLAYER'로 설정하면 이후에 작도되는 모든 객체는 초록색으로 작도됩니다.

(8) 선 종류: 도면층의 선 종류를 지정합니다. 선 종류(LINETYPE) 명령에서 'BYLAYER'라는 선 종류를 지정하면 해당 도면층의 선 종류로 작도됩니다. 예를 들어, 'A'라는 도면층의 선 종류를 'CENTER'로 지정한 후 선 종류를 'BYLAYER'로 지정하면 앞으로 작도되는 모든 객체는 일점 쇄선(CENTER)으로 작도됩니다.

(9) 선 가중치: 도면층의 선 가중치를 지정합니다. '선 가중치(LWEIGHT)' 명령에서 'BYLAYER'라는 선 가중치를 지정하면 해당 도면층의 선 가중치로 작도됩니다.

(10) 투명도: 도면층의 투명도를 지정합니다.

(11) 플롯 스타일: 출력을 위한 스타일을 설정하여 각 도면층별로 이 출력 스타일을 지정하여 지정된 스타일로 출력할 수 있습니다.

(12) 플롯: 플롯의 유/무를 지정합니다. 도면층을 끄지 않고도 플롯을 끄면 화면에는 나타난 도면층이 도면에는 출력되지 않습니다.

(13) 필터 반전(I): 현재 필터링되지 않은 도면층만 표시합니다.

(14) 갱신  : 도면의 도면요소를 스캔하여 도면층 사용 정보를 갱신합니다.

(15) 설정 : 대화상자를 통해 새로운 도면층을 알릴 것인가와 도면층 필터 변경사항이 도면층 도구막대에 적용되는 경우 도면층 특성 재지정에 대한 배경 색상을 설정할 수 있습니다.

6.3 선 종류(LINETYPE)

도면을 쉽게 읽기 위한 수단의 하나로 선의 용도에 따라 선 종류(LT)를 다르게 표현합니다. 예를 들어, 외형선은 실선, 중심선을 일점쇄선, 보이지 않는 곳의 은선은 파선으로 작도합니다. AutoCAD에서 제공하는 선 종류와 설정 방법에 대해 알아보겠습니다.

01 명령행에서 'LT' 또는 'LINETYPE'을 입력하거나 '홈' 탭의 '특성' 패널의 선 종류 선택 리스트에서 '기타'를 클릭합니다.

02 선 종류 관리자 대화상자에서 [로드(L)]를 클릭하여 〈Shift〉 키를 누른 채로 'CENER'와 'HIDDEN2'를 선택한 후 [확인]을 클릭합니다.

다음과 같이 'CENTER'와 'HIDDEN2'가 로드된 것을 확인할 수 있습니다. 로드된 것을 확인한 후 [확인]을 누릅니다.

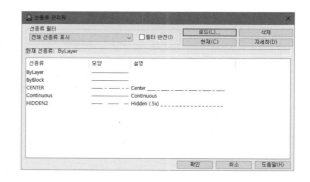

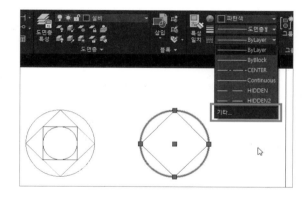

03 선 종류를 바꾸고자 하는 객체(원)를 선택한 후 '홈' 탭의 '특성' 패널의 선 종류 선택 리스트에서 'HIDDEN2'를 선택합니다.

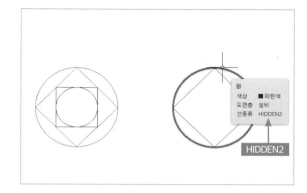

선택한 객체의 선 종류가 HIDDEN2로 바뀌었음에도 화면상에서는 별다른 변화를 알아볼 수 없습니다. 이는 선 종류 축척이 현재 화면의 축척과 맞지 않기 때문입니다.

◊ **TIP**——— 선 종류를 미리 설정해놓고 도형을 작도하면 설정된 선 종류로 작도됩니다.

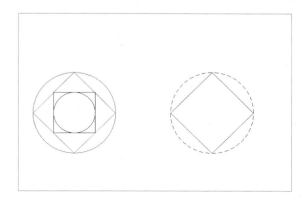

04 명령행에서 'LTS'를 입력합니다.
{새 선종류 축척 비율 입력 〈1.0000〉:}에서 '10'을 입력합니다. 다음과 같이 파선이 선명하게 나타납니다.

🔧 **참고** **선 종류 축척(LTSCALE)**

선 종류를 'CENTER' 또는 'HIDDEN'으로 변경했는데도 화면에 실선으로 표시되는 경우가 있습니다. 이는 선 종류 축척이 현재 도면의 크기와 맞지 않기 때문입니다. 이때 선 종류 축척(LTSCALE)을 조정합니다. 선 종류 관리자 대화상자에서 축척을 조정할 수도 있고 '특성(PROPERTIES)' 명령으로 조정할 수 있습니다. 또 다른 방법은 선 종류 축척 시스템 변수인 'LTSCALE' 값을 직접 수정합니다.

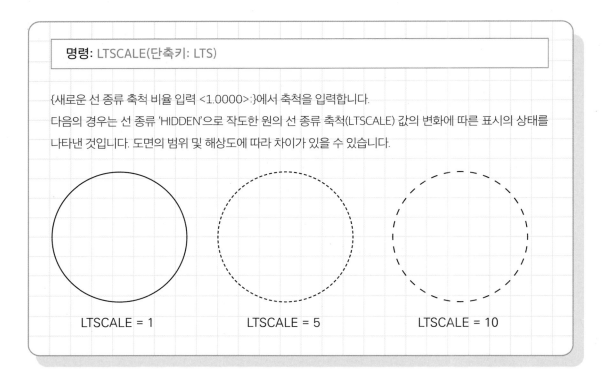

명령: LTSCALE(단축키: LTS)

{새로운 선 종류 축척 비율 입력 <1.0000>:}에서 축척을 입력합니다.
다음의 경우는 선 종류 'HIDDEN'으로 작도한 원의 선 종류 축척(LTSCALE) 값의 변화에 따른 표시의 상태를
나타낸 것입니다. 도면의 범위 및 해상도에 따라 차이가 있을 수 있습니다.

LTSCALE = 1   LTSCALE = 5   LTSCALE = 10

6.4 선 가중치(LINEWEIGHT)

선 종류와 마찬가지로 도면의 해독을 용이하게 하기 위한 수단으로 선의 용도에 따라 굵기(너비)를 다르게 표현
합니다. 예를 들어, 중심선이나 치수선, 치수 보조선은 가늘게, 외형선은 중간 정도의 굵기, 강조를 위한 선은 굵
게 표현합니다.

명령: LWEIGHT(단축키: LW)

01 화면 하단의 상태 영역의 가장 오른쪽에 있는 '사용자화' 아이콘을 클릭하여 '선 가중
치'를 체크합니다. 그러면 그리기 도구에 '선 가중치 ▤' 아이콘이 나타납니다.

02 선 가중치를 바꾸고자 하는 객체를 선택한 후 선 가중치 리스트에서 0.30mm를 선택한 후 〈ESC〉 키를 누릅니다. 선택한 선이 두꺼운 선으로 표시됩니다.

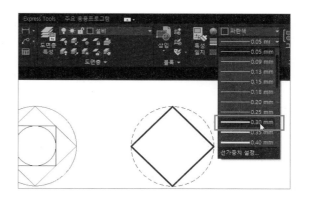

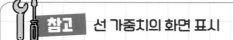 ── 선 가중치를 미리 설정해놓고 도형을 작도하면 설정된 선 가중치로 작도됩니다.

🔧 참고 │ 선 가중치의 화면 표시

선 가중치를 굵게 설정해서 객체를 작도해도 화면에서는 변화가 없는 경우가 있습니다. 이는 선 가중치 표시를 제한했기 때문입니다. 선 가중치에 따라 실제 굵기를 화면에서 표시하려면 하단의 상태 영역의 그리기 도구막대에서 '선 가중치 ☰' 버튼을 켜야(ON) 합니다. 한 번 누를 때마다 켜기와 끄기(ON/OFF)를 제어합니다. 그리기 도구에 선 가중치 아이콘 ☰ 이 보이지 않으면 '사용자화 ☰'를 눌러 '선 가중치'를 체크합니다.
다음의 오른쪽 그림과 같이 '선 가중치(LWT)'를 켠(ON) 경우 지정한 선의 굵기로 화면에 표시합니다.

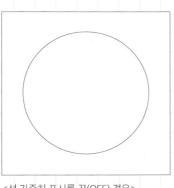

<선 가중치 표시를 끈(OFF) 경우>

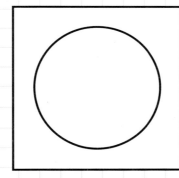

<선 가중치 표시를 켠(ON) 경우>

6.5 객체 투명도(TPY: TRANSPARENCY)

도면에서 객체의 강약을 표현하고자 할 때 투명도에 의해서 조정할 수 있습니다. '투명도 표시/숨기기'는 설정된 투명도를 적용할 것인지 여부를 지정합니다.
다음의 왼쪽 원은 투명도를 '70'으로 설정한 객체이고, 오른쪽 원은 투명도가 '0'인 객체입니다.

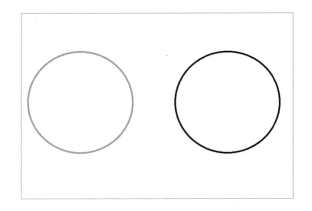

투명도는 객체를 선택한 후 '홈' 탭의 '특성' 패널에 있는 투명도 슬라이드 바를 움직여 '70'으로 설정합니다. 또는 오른쪽의 숫자를 직접 입력합니다. 투명도 설정이 끝났으면 〈ESC〉 키를 누릅니다.

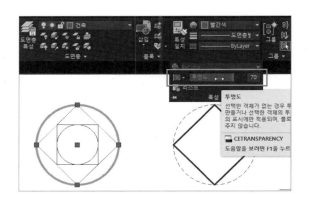

투명도를 설정하는 값은 다음과 같습니다.

ByLayer	도면층에서 설정한 투명도 값에 의해 결정됩니다.
ByBlock	블록에 정의된 투명도 값에 따라 결정됩니다.
0	완전 불투명(투명하지 않음)
1-90	백분율로 정의된 투명도 값

6.6 객체 특성 조작(PROPERTIES, DDMODIFY)

특성 팔레트를 통해 객체가 가진 특성 정보를 표시하고 사용자가 특성을 수정할 수 있습니다. 실제 도면 작업에서 자주 활용하는 기능입니다.

명령: PROPERTIES, DDMODIFY(단축키: CH,MO,PR,PROPS)   아이콘: ▤

또는 객체를 더블클릭하거나 마우스 오른쪽 버튼을 눌러 바로가기 메뉴에서 '특성(S)'을 클릭합니다.

특성 팔레트에는 선택된 객체의 특성 정보가 표시됩니다. 특성 팔레트는 객체를 선택하지 않았을 경우, 하나만 선택한 경우와 하나 이상의 객체를 선택한 경우에 따라 각각 표시되는 항목이 다릅니다.

① **선택된 객체가 없는 경우:** 어떠한 객체도 선택하지 않은 상태에서 '특성' 명령을 실행하면 현재 도면에 설정된 색상, 도면층, 선 종류 등 특성 정보가 표시됩니다.

② **특정 객체 하나만 선택된 경우:** 선택된 객체의 종류(예: 선, 원, 폴리선 등)와 공통 특성(도면층, 색상, 선 종류 등) 및 형상 특성(선의 경우 시작점, 끝점 좌표 등, 원의 경우 중심점, 반지름 등)이 표시됩니다. 다음의 경우는 원이 선택된 상태에서의 특성 팔레트입니다. 색상, 도면층, 선 종류와 같은 공통 특성과 원의 중심점 좌표, 반지름, 지름 등 형상 정보를 표시하고 있습니다.

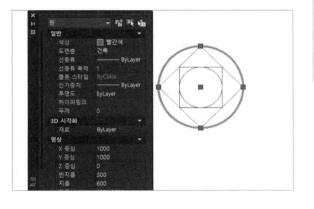

③ **객체가 두 개 이상 선택된 경우:** 선택된 객체들이 가진 공통 특성만 표시합니다. 공통 특성이 동일한 경우에는 해당 특성을 표시하지만 다양한 경우에는 '*다양함*'으로 표시합니다. 다음의 예에서는 원과 선을 선택했는데 색상이 서로 다르기 때문에 '색상' 값이 *다양함*으로 표시됩니다. 도면층은 선택한 객체가 모두 '건축'이기 때문에 '건축'으로 표시합니다.

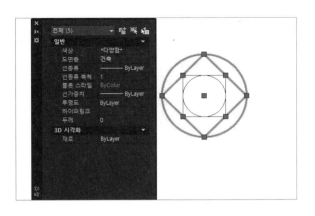

(1) **객체 유형**: 선택한 객체의 유형(선, 원, 폴리선 등)을 표시합니다. 객체의 종류가 하나 이상인 경우(예: 원과 선을 선택한 경우)는 선택한 객체의 수량을 표시합니다.

(2) **'PICKADD' 시스템 변수 값 전환**: 'PICKADD' 시스템 변수를 켜기(1) 및 끄기(0)로 전환합니다. 'PICKADD'를 켜면 개별적으로 또는 윈도우별로 선택된 각 객체가 현재 선택 세트에 추가되고, 'PICKADD'를 끄면 현재 선택 세트가 선택한 객체로 대치됩니다.

(3) **객체 선택**: 작도 영역에서 객체 선택 방법을 사용하여 원하는 객체를 선택합니다. '객체 선택 방법'을 참조합니다.

(4) **신속 선택**: 신속 선택 대화상자를 통해 객체 선택 조건을 부여(필터링)하여 객체를 선택합니다. '객체 선택 방법'을 참조합니다.

(5) **일반 특성 표시 창**: 객체의 공통적인 특성(도면층, 색상, 선 종류 등)을 표시하고 조정할 수 있습니다.

(6) **3D 시각화 특성 표시 창**: 시각화 관련 항목을 표시하고 조정합니다.

(7) **형상 특성 표시 창**: 각 객체(선, 원, 폴리선 등)에 따른 형상 정보를 표시하고 조정할 수 있습니다. 예를 들어, 선의 경우는 시작점, 끝점, 길이, 각도 등 선의 형상이 가지는 특성을 표시합니다.

(8) **플롯 스타일 특성 표시 창**: 플롯 스타일의 정보를 표시하고 설정할 수 있습니다.

(9) **뷰 특성 표시 창**: 뷰와 관련된 항목을 표시하고 조정할 수 있습니다.

(10) **기타 특성 표시 창**: 주석 축척, UCS 아이콘의 표시 여부, UCS 이름, 뷰 스타일 등을 표시하고 조정할 수 있습니다.

6.7 객체 특성 변경하기

01 특성을 바꾸고자 하는 객체(예: 원)를 선택한 후 █를 클릭하거나 'PR'을 입력합니다.

TIP — '특성(PROPERTIES)' 명령을 실행한 후 객체를 선택해도 됩니다.

02 특성 팔레트에서 수정하고자 하는 특성 항목의 값을 수정합니다. '색상'을 '파란색', 선 종류를 'HIDDEN'으로 지정합니다. 다음 그림과 같이 색상과 선 종류가 수정됩니다. 수정을 마치려면 〈ESC〉 키를 누릅니다.

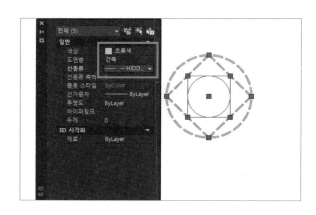

6.8 빠른 특성

화면 하단의 그리기 도구에 '빠른 특성 ▦'이 켜져
있는 상태에서 객체를 클릭하면 '빠른 특성 패널'
이 나타납니다. 이 패널을 통해 특성 정보를 얻을
수 있고 쉽게 수정할 수 있습니다. 빠른 특성 패널
에는 자주 사용되는 특성이 객체 유형 또는 객체
세트별로 나열됩니다.

그리기 도구의 '빠른 특성 ▦'이 켜져 있는 상태에
서 원을 선택합니다. 다음과 같이 빠른 특성 패널
이 나타납니다. 이때 바꾸고자 하는 특성을 수정합니다.

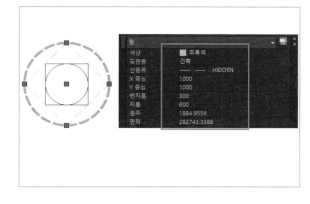

💧 **TIP** — '빠른 특성 ▦'이 켜져 있으면 객체를 선택할 때마다 특성 팔레트가 뜨기 때문에 번거로울 수 있습니다. 작도
와 모델링을 할 때는 꺼두는 것이 좋습니다.

빠른 특성의 환경을 설정하려면 그리기 도구의 빠른 특성 아이콘에 마우스를 대고 오
른쪽 버튼을 눌러 '빠른 특성 설정'을 클릭합니다.

다음과 같은 제도 설정 대화상자의 '빠른 특성' 탭에서 환경
을 설정합니다.

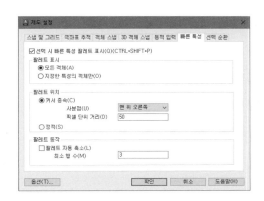

6.9 특성 일치(MATCHPROP)

객체의 특성(도면층, 색상, 선 종류 등)을 일치시킵니다.

명령: MATCHPROP(단축키: MA)	아이콘: 🖳

다음과 같이 파선으로 구성된 원과 마름모꼴을 작도
합니다.
{원본 객체를 선택하십시오:}에서 원본 객체(바깥쪽
파선의 원)를 선택합니다.
{현재 활성 설정: 색상 도면층 선종류 선축척 선가중
치 투명도 두께 플롯 스타일 치수 문자 해치 폴리선
뷰포트 테이블 재료 다중 지시선 중심 객체}

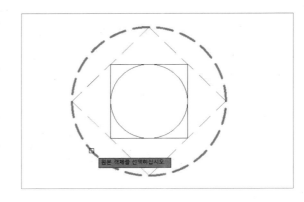

{대상 객체를 선택 또는 [설정(S)]:}에서 안쪽의 원을
선택합니다.

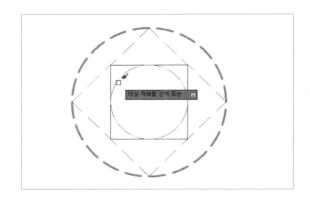

{대상 객체를 선택 또는 [설정(S)]:}에서 〈엔터〉 키 또
는 〈스페이스 바〉를 눌러 종료합니다.
다음과 같이 원본 객체의 특성(도면층, 색상, 선 종
류)을 복사하여 안쪽 객체와 일치시킵니다.

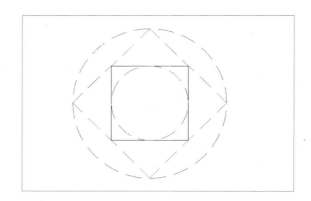

Chapter 7

작성 및 편집 명령

도형을 작성하고 수정하는 방법에 대해 알아보겠습니다. 이 과정을 마치면 2차원 도면을 작성할 수 있습니다.

1 선(LINE)

두 점을 잇는 선을 작도합니다.

명령: LINE(단축키: L)	아이콘:

{첫 번째 점 지정:}에서 선의 시작점을 지정합니다.

{다음 점 지정 또는 [명령 취소(U)]:}에서 선의 두 번째 점을 지정합니다.

{다음 점 지정 또는 [명령 취소(U)]:}에서 다음 점을 지정합니다.

{다음 점 지정 또는 [닫기(C)/명령 취소(U)]:}에서 다음 점을 지정합니다.

{다음 점 지정 또는 [닫기(C)/명령 취소(U)]:}에서 〈엔터〉 키 또는 〈스페이스 바〉를 눌러 종료합니다.

참고 [옵션 설명] {다음 점 지정 또는 [닫기(C)/명령 취소(U)]:}

(1) **닫기(C):** 'C'를 입력하면 최초 시작점에 연결하여 닫힌 도형(폐쇄 공간)을 작성합니다.

(2) **명령 취소(U):** 지정한 좌표를 한 단계 이전 좌표로 되돌립니다. 좌표 지정이 잘못되어 수정하고자 할 경우 'U' 옵션을 사용하여 취소합니다. 반복해서 'U'를 입력하면 최초로 지정한 점까지 되돌아갑니다.

(3) 선분 명령을 종료한 후 종료한 지점(좌표)을 다시 지정하려면 〈엔터〉 키 또는 〈스페이스 바〉를 누르면 됩니다.

2 직사각형(RECTANG)

두 점을 지정하여 직사각형을 작도합니다. 선의 형태는 폴리선입니다.

명령: RECTANG(단축키: REC)	메뉴 아이콘: ⬜

{첫 번째 구석점 지정 또는 [모따기(C)/고도(E)/모깎기(F)/두께(T)/폭(W)]:}에서 시작점을 지정합니다.
{다른 구석점 지정 또는 [영역(A)/치수(D)/회전(R)]:}에서 반대편 꼭지점을 지정합니다.

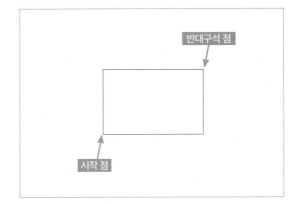

참고 [옵션 설명] {첫 번째 구석점 지정 또는 [모따기(C)/고도(E)/모깎기(F)/두께(T)/폭(W)]:}

(1) 모따기(C): 각 모서리가 모따기된 직사각형을 작도합니다.

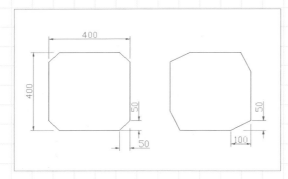

왼쪽은 모서리의 첫 번째, 두 번째 거리가 '50'인 사각형이고, 오른쪽은 모서리의 첫 번째 거리가 '100', 두 번째 거리가 '50'인 사각형입니다.

(2) 고도(E): 바닥에서의 높이를 나타내는 고도를 지정하여 사각형을 작도합니다.

(3) 모깎기(F): 각 모서리가 모깎기(라운딩)된 직사각형을 작도합니다.

(4) 두께(T): 3차원의 값인 두께(Z축 방향)를 입력하여 작도합니다.

(5) 폭(W): 선의 너비를 지정하여 작도합니다.

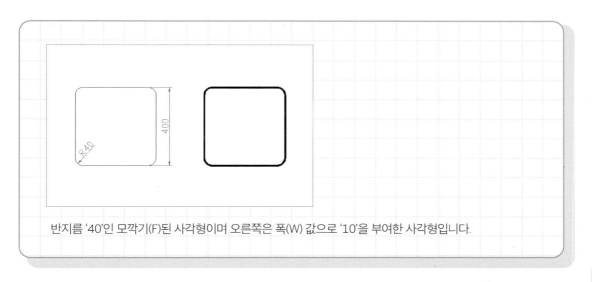

반지름 '40'인 모깍기(F)된 사각형이며 오른쪽은 폭(W) 값으로 '10'을 부여한 사각형입니다.

TIP ── 직사각형과 같이 연결된 하나의 객체인 폴리선 형태의 객체를 낱개의 선이나 호로 분해하려면 '분해 (EXPLODE)' 명령으로 분해합니다.

3 다각형(POLYGON)

다각형을 작도합니다. 3각형부터 1024각형까지 작도할 수 있습니다. 작도된 선은 폴리선의 성격을 갖습니다.

명령: POLYGON(단축키: POL)	메뉴 아이콘:

{면의 수 입력 〈4〉:}에서 다각형 면의 수(예: 5)를 입력합니다.

{다각형의 중심을 지정 또는 [모서리(E)]:}에서 중심점을 지정합니다.

{옵션을 입력 [원에 내접(I)/원에 외접(C)] 〈I〉:}에서 내접(I)인지 외접(O)인지 지정합니다.

{원의 반지름 지정:}에서 다각형의 반지름을 지정합니다.

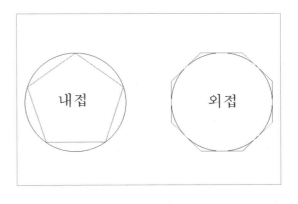

참고 **[옵션 설명] {다각형의 중심을 지정 또는 [모서리(E)]:}**

모서리(E): 한쪽 모서리를 지정하여 다각형을 작도합니다.

{폴리곤의 중심을 지정 또는 [모서리(E)]:}에서 옵션 'E'를 입력

{모서리의 첫 번째 끝점 지정:}에서 모서리의 첫 번째 점을 지정

{모서리의 두 번째 끝점 지정:}에서 모서리의 두 번째 점을 지정(예: @500<0)

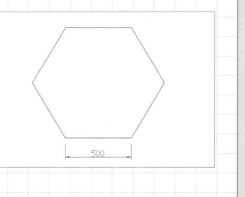

4 폴리선(PLINE)

폴리선을 작도합니다. 폴리선은 단일 객체로 만들어진 연결된 선과 호입니다. 직선과 호를 조합할 수도 있고 선의 폭을 지정할 수도 있습니다. 폴리선은 여러 객체가 결합되어 하나의 객체로 인식되기 때문에 선이나 호를 하나씩 조작하기 위해서는 '분해(EXPLODE) ' 명령을 이용하여 분해해야 합니다. 분해를 하게 되면 폴리선이 가지고 있는 특성(예: 폭)이 사라집니다.

명령: PLINE(단축키: PL)   아이콘 버튼:

다음의 폴리선을 작도합니다.

{시작점 지정:}에서 시작점을 지정합니다.

{현재의 선 폭은 0.00임 다음점 지정 또는 [호(A)/반복(H)/길이(L)/명령 취소(U)/폭(W)]:}에서 0도 방향으로 맞추고 '22'를 입력합니다.

{다음점 지정 또는 [호(A)/닫기(C)/반폭(H)/길이(L)/명령 취소(U)/폭(W)]: }에서 옵션 'A'를 입력합니다.

{호의 끝점 지정 또는 [각도(A)/중심(CE)/닫기(CL)/방

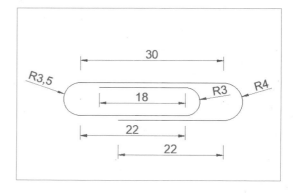

향(D)/반폭(H)/선(L)/반지름(R)/두번째 점(S)/명령 취소(U)/폭(W)]:}에서 90도 방향을 맞추고 '4'를 입력합니다.

{호의 끝점 지정 또는 각도(A)/중심(CE)/닫기(CL)/방향(D)/반폭(H)/선(L)/반지름(R)/두번째 점(S)/명령 취소(U)/폭(W)]:}에서 'L'을 입력합니다.

{다음점 지정 또는 [호(A)/닫기(C)/반폭(H)/길이(L)/명령 취소(U)/폭(W)]:}에서 180도 방향을 맞추고 '30'을 입력합니다.

이와 같은 방법으로 차례로 좌표를 반복해서 지정합니다.

폴리선은 다음과 같이 두께를 가질 수 있으며 시작점의 두께와 끝점의 두께가 다른 테이퍼를 작도할 수 있습니다. 호와 선이 연결된 하나의 객체를 작성할 수 있습니다. 또, 폴리선 편집 기능을 이용하여 스플라인 곡선이나 맞춤 곡선을 작성할 수 있습니다.

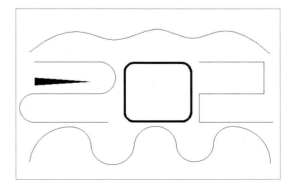

 연결된 하나의 객체인 폴리선을 낱개의 선이나 호로 분해하려면 '분해(EXPLODE)' 명령으로 분해합니다.

소(U)/폭(W)]:}

① **각도(A):** 호를 작도하기 위한 내부 각을 지정합니다. 기본적으로 양수를 입력하면 반시계 방향으로 작도되며, 음수를 입력하면 시계 방향으로 작도됩니다.

② **중심(CE):** 호의 중심점을 지정합니다. 선택 시 '닫기(CL)'와 구분하기 위하여 'CE' 두 개의 문자를 입력하므로 유의해야 합니다.

③ **닫기(CL):** 선분 모드의 '닫기(C)' 옵션과 비슷하지만 직선 대신 호로 닫히게 됩니다. 선택 시 '중심(CE)'과 구분하기 위해 'CL' 두 개의 문자를 입력하므로 유의해야 합니다.

④ **방향(D):** 호의 분명한 시작 방향을 명시하여 호를 작도합니다.

{호의 시작점에 대해 접선 방향을 지정:} (호가 작도될 방향을 입력합니다)

{호의 끝점 지정:} (호가 작도될 끝점을 입력합니다)

⑤ **선(L):** 선을 작도하기 위한 모드로 전환합니다.

⑥ **반지름(R):** 호의 반경을 지정할 수 있게 합니다.

{호의 반지름 지정:} (호의 반경)

{호의 끝점 지정 또는 [각도(A)]:} (원의 내부 각 또는 끝점 지시)

⑦ **두 번째 점(S):** 세 점을 지나는 호를 그릴 수 있도록 합니다.

{호 위의 두번째 점 지정:} (두 번째 점)

{호의 끝점 지정:} (세 번째 점)

참고 폴리선 성격을 지닌 객체

폴리선 성격을 지닌 객체를 작성하는 명령은 이번에 학습한 '폴리선(PLINE)' 외에 '직사각형(RECTANG)', '다각형(POLYGON)', '도넛(DONUT)', '영역(BOUNDARY)', '경계 작성(BPOLY)' 명령이 있습니다. 이 명령으로 작성된 객체는 최적화된 폴리선인 'LWPOLYLINE'이라는 객체 유형을 갖습니다.

---

5 폴리선 편집(PEDIT)

폴리선의 특성을 변경하거나 직선을 곡선화하거나 반대로 곡선을 직선으로 변환합니다. 또, 선이나 호 객체를 폴리선으로 변환하기도 합니다.

명령: PEDIT(단축키: PE)	아이콘:

앞에서 작도한 클립 객체를 편집합니다.

폴리선 편집(PEDIT) 명령을 실행합니다. 명령어 'PEDIT' 또는 'PE'를 입력하거나 '홈' 탭의 '수정' 패널 또는 '수정Ⅱ' 도구막대에서 █을 클릭합니다.

{폴리선 선택 또는 [다중(M)]:}에서 클립을 선택합니다.

{옵션 입력 [닫기(C)/결합(J)/폭(W)/정점 편집(E)/맞춤 (F)/스플라인(S)/비곡선화(D)/선종류생성(L)/반전(R)/ 명령 취소(U)]:}에서 'W'를 입력합니다.

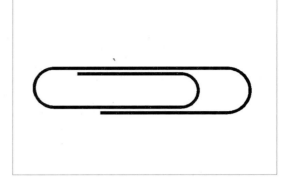

{전체 세그먼트에 대한 새 폭 지정:}에서 폭 '0.5'를 입력합니다. 다음과 같이 선의 폭이 수정됩니다.

{옵션 입력 [닫기(C)/결합(J)/폭(W)/정점 편집(E)/맞춤 (F)/스플라인(S)/비곡선화(D)/선종류생성(L)/반전(R)/ 명령 취소(U)]:}에서 'S'를 입력합니다. 폴리선이 스플라인으로 바뀝니다.

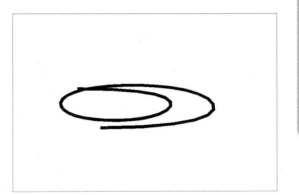

{옵션 입력 [닫기(C)/결합(J)/폭(W)/정점 편집(E)/맞춤 (F)/스플라인(S)/비곡선화(D)/선종류생성(L)/반전(R)/ 명령 취소(U)]:}에서 'D'를 입력합니다. 다음과 같이 직선으로 바뀝니다.

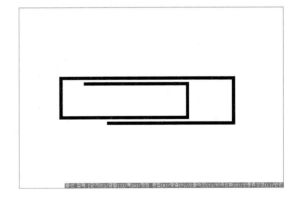

{옵션 입력 [닫기(C)/결합(J)/폭(W)/정점 편집(E)/맞춤(F)/스플라인(S)/비곡선화(D)/선종류생성(L)/반전(R)/명령 취소(U)]:} 에서 〈엔터〉 키 또는 〈스페이스 바〉를 눌러 폴리선 편집을 종료합니다.

폴리선 편집(PEDIT) 명령에는 많은 옵션이 있습니다. 하나의 옵션을 선택하면 그 옵션에 해당하는 하위 옵션이 있습니다.

(1) 폴리선 편집 옵션(PEDIT)
{옵션 입력 [닫기(C)/결합(J)/폭(W)/정점 편집(E)/맞춤(F)/스플라인(S)/비곡선화(D)/선종류생성(L)/반전(R)/명령 취소(U)]:}

① **닫기(C)**: 열린 폴리선을 닫아 폐쇄 공간을 만듭니다.
② **결합(J)**: 폴리선, 선분, 호 등을 하나의 폴리선으로 연결합니다. 단, 열려있는 객체만 가능합니다. 폴리선이 아닌 객체를 폴리선으로 변환합니다.
③ **폭(W)**: 폴리선의 폭을 변경합니다.
④ **정점 편집(E)**: 폴리선의 정점을 편집(이동, 추가, 삭제)합니다.
⑤ **맞춤(F)**: 폴리선의 모든 정점에 대해 매끄러운 곡선으로 바꿉니다.
⑥ **스플라인(S)**: 각 면에 접한 호를 만들어 스플라인 곡선으로 바꿉니다.
⑦ **비곡선화(D)**: 곡선화된 폴리선을 본래의 직선으로 되돌립니다.
⑧ **선 종류 생성(L)**: 폴리선의 정점 둘레에서 선 종류의 패턴을 설정합니다.
⑨ **반전(R)**: 폴리선의 정점 순서를 반전합니다. 문자가 포함되어 있으며 선 종류를 사용하는 객체의 방향을 반전하려면 이 옵션을 사용합니다. 예를 들어, 폴리선의 작성 방향에 따라 선 종류의 문자가 거꾸로 표시되는 경우도 있습니다.
⑩ **명령 취소(U)**: 가장 최근의 편집 작업을 취소합니다. 계속해서 취소해 나가면 처음의 상태까지 되돌릴 수 있습니다.

(2) 폴리선 정점 편집(PEDIT/Edit vertex)
{정점 편집 옵션 입력 [다음(N)/이전(P)/끊기(B)/삽입(I)/이동(M)/재생성(R)/직선화(S)/접선(T)/폭(W)/종료(X)] <N>:}

'정점 편집(E)'을 선택하면 AutoCAD는 첫 번째 정점의 위치에 'X'를 표시합니다. 이때 'N' 옵션과 'P' 옵션을 사용하여 편집 위치를 지정합니다.

① **다음(N)**: 편집 위치를 다음 정점으로 옮깁니다.
② **이전(P)**: 편집 위치를 이전 위치로 되돌립니다.

③ **끊기(B)**: 폴리선의 두 점 사이를 절단합니다.

④ **삽입(I)**: 폴리선에 새로운 정점을 삽입합니다.

⑤ **이동(M)**: 현재의 정점을 이동시킵니다.

⑥ **재생성(R)**: 폴리선을 재생성합니다.

⑦ **직선화(S)**: 두 정점 사이를 일직선으로 만듭니다.

⑧ **접선(T)**: 현재의 정점에 탄젠트 방향을 부가합니다. 이것은 곡선의 조절을 위해 사용합니다.

⑨ **폭(W)**: 두 정점 간의 시작과 끝 폭을 설정합니다.

⑩ **종료(X)**: 정점 편집(E) 옵션을 빠져나가 'PEDIT'의 선택 옵션으로 돌아갑니다.

6 원(CIRCLE)

다양한 옵션을 이용하여 원을 작도합니다.

명령: CIRCLE(단축키: C)	아이콘:

01 먼저 직사각형(RECTANGLE) 기능을 이용하여 한 변의 길이가 '100'인 정사각형을 작도합니다.

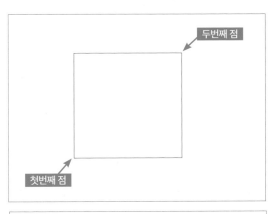

02 두 점을 지나는 원을 작도해보겠습니다. 명령어 'CIRCLE' 또는 단축키 'C'를 입력하거나 '홈' 탭의 '그리기' 패널 또는 도구막대에서 를 클릭합니다.

{원에 대한 중심점 지정 또는 [3점(3P)/2점(2P)/Ttr - 접선 접선 반지름(T)]:}에서 '2P'를 지정합니다.

{원 지름의 첫 번째 끝점을 지정:}에서 첫 번째 점을 지정합니다.

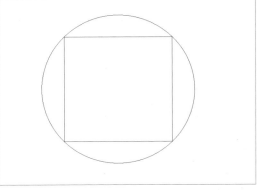

{원 지름의 두 번째 끝점을 지정:}에서 두 번째 점을 지정합니다.

다음과 같이 두 점을 지나는 원이 작도됩니다.

03 이번에는 접선과 접선을 지나면서 지정한 반지름 '30'인 원을 작도하겠습니다.

원 기능을 재실행하려면 〈엔터〉 키 또는 〈스페이스 바〉를 누릅니다.

{원에 대한 중심점 지정 또는 [3점(3P)/2점(2P)/Ttr - 접선 접선 반지름(T)]:}에서 'T'를 입력합니다.

{원의 첫 번째 접점에 대한 객체위의 점 지정:}에서 다음과 같이 수직선 근처에 가져가면 접선 마크가 표시됩니다. 이때 클릭합니다.

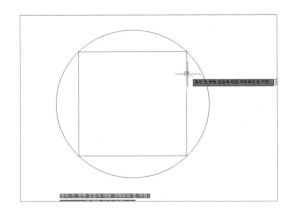

{원의 두 번째 접점에 대한 객체위의 점 지정:}에서 사각형 위쪽 수평선에 대고 클릭합니다.

{원의 반지름 지정 〈141.4214〉:}에서 반지름 '30'을 입력합니다.

다음과 같이 두 접선을 지나는 반지름이 '30'인 원이 작도됩니다.

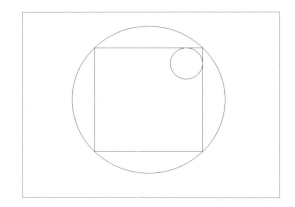

🔧 **참고** **[옵션 설명] {원에 대한 중심점 지정 또는 [3점(3P)/2점(2P)/Ttr -**
접선 접선 반지름(T)]:}

(1) **3P:** 세 점을 지나는 원을 작도합니다.

{원에 대한 중심점 지정 또는 [3점(3P)/2점(2P)/Ttr - 접선 접선 반지름(T)]:}에서 '3P'를 입력

{원 위의 첫 번째 점 지정:}에서 첫 번째 점(P1) 지정

{원 위의 두 번째 점 지정:}에서 두 번째 점(P2) 지정

{원 위의 세 번째 점 지정:}에서 세 번째 점(P3) 지정

(2) **2P:** 지정한 두 점을 지름으로 하는 원을 작도합니다.

(3) **접선, 접선, 반지름(T):** 두 객체의 접선과 반지름을 지정하여 원을 작도합니다.

7 호(ARC)

원의 일부분인 호를 작도합니다. 옵션을 이용하여 다양한 방법으로 호를 작도할 수 있습니다.

명령: ARC(단축키: A)   **아이콘:** 🖊

---

01 문을 작성하겠습니다. 다음과 같은 크기의 선을
작도합니다.

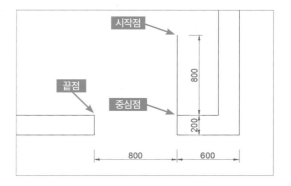

02 호(ARC) 명령을 실행합니다.

{호의 시작점 또는 [중심(C)] 지정:}에서 호의 시작점을
지정합니다.

{호의 두 번째 점 또는 [중심(C)/끝(E)] 지정:}에서 중심
옵션 'C'를 입력합니다.

{호의 중심점 지정:}에서 호의 중심점을 지정합니다.

{호의 끝점 지정(Ctrl 키를 누른 상태에서 방향 전환) 또
는 [각도(A)/현의 길이(L)]:}에서 호의 끝점을 지정합니다.
다음과 같이 문이 완성됩니다.

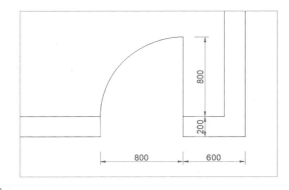

💧 **TIP** ── 기본적으로 반시계 방향으로 작도하지만 <Ctrl> 키를 누르면 시계 방향으로 작도합니다.

🔧 **참고** **[옵션 설명] {중심점 지정 또는 [각도(A)/방향(D)/반지름(R)]:}**

(1) 방향(D): 지정한 시작점과 끝점에서 지정된 방향으로 호 접선을 작도합니다.

{호의 시작점 또는 [중심(C)] 지정:}에서 시작점을 지정합니다.

{호의 두 번째 점 또는 [중심(C)/끝(E)] 지정:}에서 'E'를 지정합니다.

{호의 끝점 지정:}에서 호의 끝점을 지정합니다.

{호의 중심점 지정(Ctrl 키를 누른 상태에서 방향 전환) 또는 [각도(A)/방향(D)/반지름(R)]:}에서 방향 옵션
인 'D'를 지정합니다.

{호의 시작점에 대한 접선 방향 지정(Ctrl 키를 누른 상태에서 방향 전환):}에서 방향을 지정합니다.

(2) **반지름(R):** 시작점과 끝점을 기준으로 주어진 반지름의 호를 작도합니다.

(3) **현의 길이(L):** 현의 길이를 지정합니다. 시작점 및 중심점이 있고 현의 길이를 알거나 일정한 현의 길이로 호를 작도하고자 할 때 유용합니다.

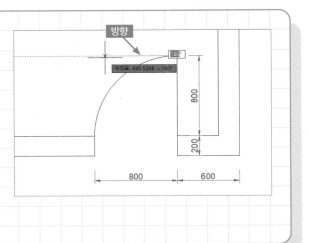

참고 **호 옵션 컨트롤(아이콘)**

호를 그릴 때는 다양한 옵션을 이용하여 작도할 수 있습니다. 시작점→끝점→중심점으로 지정하는 방법도 있고 중심점→시작점→끝점으로 지정하는 방법도 있습니다. 호를 그리고자 하는 객체의 조건을 고려하여 사용하기 편리한 옵션을 선택합니다.

호(ARC) 명령을 실행한 후 옵션 키워드를 선택해서 그릴 수도 있지만 컨트롤(아이콘)을 지정해 옵션 문자를 입력하지 않고 진행할 수도 있습니다. 이 컨트롤은 리본의 '그리기' 패널의 '호' 컨트롤을 보면 작은 역삼각형이 보입니다. 이것을 '플라이아웃'이라고 합니다. 이 플라이아웃을 누르면 호를 작도하는 다양한 방법의 컨트롤(아이콘)이 나타납니다.

옵션 컨트롤을 선택하게 되면 옵션 키워드를 입력하지 않아도 호를 작도할 수 있습니다.

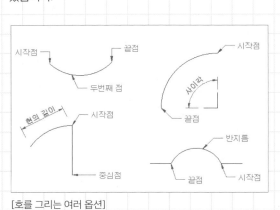

[호를 그리는 여러 옵션]

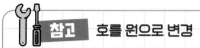

참고 호를 원으로 변경

원의 일부인 호를 완전한 형태의 원으로 만들려면 '결합(JOIN)' 명령을 이용해 원으로 바꿀 수 있습니다. 자세한 내용은 '결합(JOIN)' 명령을 참조합니다.

8 복사(COPY)

선택한 객체를 복사합니다.

명령: COPY(단축키: CO, CP) 아이콘:

{객체 선택:}에서 범위를 지정하여 복사할 객체를 선택합니다. {4개를 찾음}

{객체 선택:}에서 〈엔터〉 키 또는 〈스페이스 바〉로 선택을 종료합니다.

{현재 설정: 복사 모드 = 다중(M)}

{기본점 지정 또는 [변위(D)/모드(O)] 〈변위〉:}에서 원의 중심점을 지정합니다.

{두 번째 점 지정 또는 [배열(A)] 〈첫 번째 점을 변위로 사용〉:}에서 옵션 'A'를 지정합니다.

{배열할 항목 수 입력:}에서 배열 수 '5'를 입력합니다.

{두 번째 점 지정 또는 [맞춤(F)]:}에서 '@60〈0'을 입력합니다.

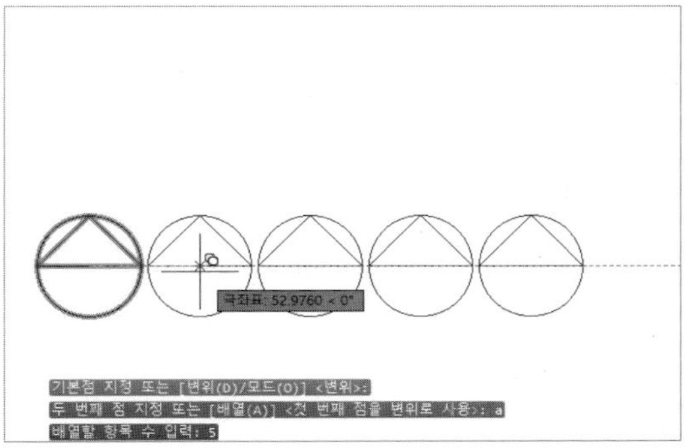

TIP 여기에서 '맞춤(F)' 옵션은 지정한 거리 내에서 일정한 간격(등간격)으로 배치합니다.

{두 번째 점 지정 또는 [배열(A)/종료(E)/명령 취소(U)] 〈종료〉:}에서 〈엔터〉 키 또는 〈스페이스 바〉로 종료합니다.

다음과 같이 5개가 복사되어 배열됩니다.

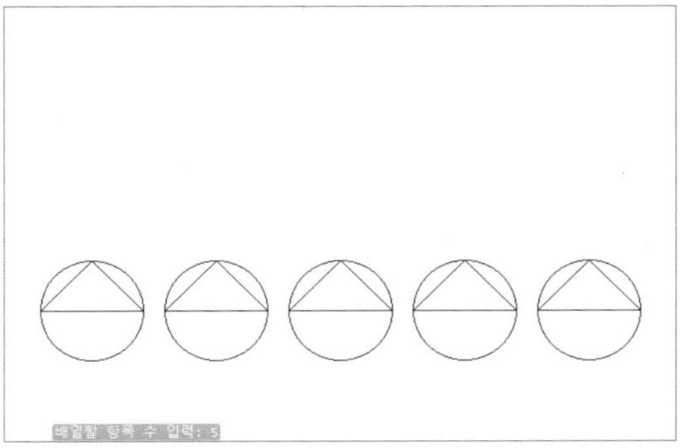

[옵션 설명] {기본점 지정 또는 [변위(D)/모드(O)] <변위>:}

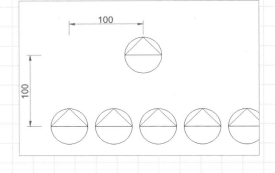

(1) **변위(D):** 좌표를 사용하여 상대 거리 및 방향을 지정합니다. 지정한 두 점은 복사한 객체를 배치할 위치의 원본으로부터의 거리 및 방향을 나타내는 벡터를 지정합니다.
{기본점 지정 또는 [변위(D)/모드(O)] <변위>:}에서 'D'를 입력합니다.
{변위 지정 <0.0000, 0.0000, 0.0000>:}에서 '@100,100'을 입력합니다.
기본점으로부터 '100,100' 떨어진 위치에 복사됩니다.

(2) **모드(O):** 복사를 하나만 할 것인지, 반복해서 복사할 것인지 지정합니다.
{복사 모드 옵션 입력 [단일(S)/다중(M)] <다중(M)>:}

컷베이스(CUTBASE)

2023 버전에 추가된 기능으로 선택한 객체를 지정된 기준점과 함께 클립보드에 복사하고 원본 도면에서 해당 객체를 제거합니다. 예를 들어, <Ctrl> + 'C' 기능으로 객체를 복사하고자 할 때, 기준점을 지정하여 선택한 객체를 제거하고 그 기준점으로 <Ctrl> + 'V'를 이용하여 정확한 위치에 배치할 수 있습니다.
'CUTBASE' 명령을 실행합니다.
{기준점 지정:}에서 기준점을 지정합니다.

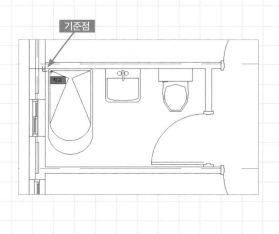

{객체 선택:}에서 클립보드로 복사할 객체를 선택합니다.

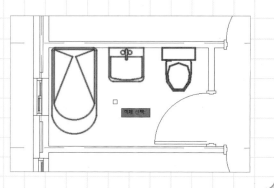

{객체 선택:}에서 <엔터> 키 또는 <스페이스 바>를 누르면 다음과 같이 클립보드로 복사되면서 원본 객체가 사라집니다.

붙여넣기를 하기 위해 <Ctrl> + 'V'를 누릅니다.
{삽입점 지정:}에서 삽입점을 지정합니다. 다음과 같이 지정한 위치에 정확히 붙여넣기가 되는 것을 확인할 수 있습니다.

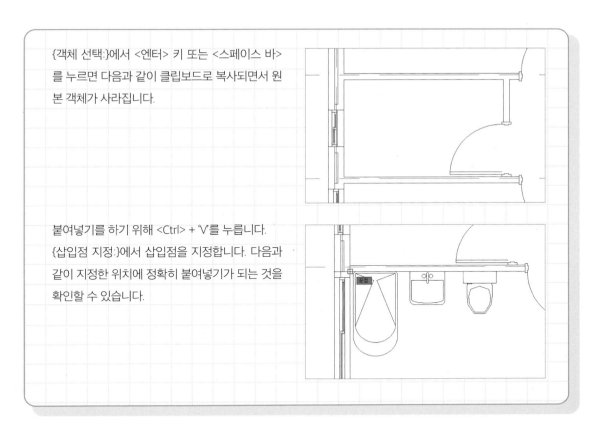

9 간격 띄우기(OFFSET)

선택한 객체를 지정한 간격만큼 띄워서 복사합니다.

명령: OFFSET(단축키: O)　　　　　**아이콘:**

폴리선(PLINE) 명령으로 다음과 같은 트랙 모양을 작도합니다.
{간격띄우기 거리 지정 또는 [통과점(T)/지우기(E)/도면층(L)] <통과점>:}에서 띄울 거리(간격: 600)를 지정합니다.
{간격띄우기할 객체 선택 또는 [종료(E)/명령 취소(U)] <종료>:}에서 띄울 객체(트랙)를 선택합니다.

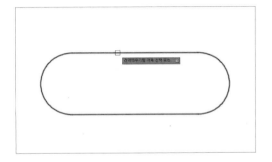

{간격띄우기할 면의 점 지정 또는 [종료(E)/다중(M)/명령 취소(U)] 〈종료〉:}에서 띄울 방향(바깥쪽)을 지정합니다. 다음과 같이 객체 선택과 점 지정을 반복해서 조작할 수 있습니다.

{간격띄우기할 객체 선택 또는 [종료(E)/명령 취소(U)] 〈종료〉:}에서 바깥쪽 객체를 선택합니다.

{간격띄우기할 면의 점 지정 또는 [종료(E)/다중(M)/명령 취소(U)] 〈종료〉:}에서 바깥쪽 방향을 지정합니다.

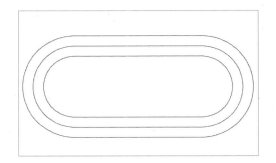

 참고 **기존 객체의 간격만큼 지정할 때**

이미 작도된 도형의 간격(그림의 A)만큼 띄우고자 할 때는 다음과 같이

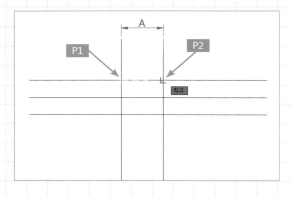

{간격띄우기 거리 지정 또는 [통과점(T)/지우기(E)/도면층(L)] 〈통과점〉:}에서 시작 점(P1)을 지정합니다.

{두 번째 점을 지정:}에서 두 번째 점(P2)을 지정합니다.

그러면 두 점(P1과 P2)을 측정하여 거리를 설정합니다.

{간격띄우기할 객체 선택 또는 [종료(E)/명령 취소(U)] 〈종료〉:}에서 띄울 객체를 선택합니다.

{간격띄우기할 면의 점 지정 또는 [종료(E)/다중(M)/명령 취소(U)] 〈종료〉:} 방향을 지정합니다.

참고 **옵션 설명**

(1) {간격띄우기 거리 지정 또는 [통과점(T)/지우기(E)/도면층(L)] 〈통과점〉:}

① **통과점(T):** 간격을 지정하는 대신 통과할 점을 지정하여 선택한 객체를 지정한 점으로 평행 복사합니다. 즉, 지정한 통과점이 간격 띄울 객체가 복사되는 위치입니다.

② **지우기(E):** 간격 띄우기를 한 후 원본 객체를 지웁니다. {원본 객체를 간격 띄우기 한 후 지우시겠습니까? [예(Y)/아니오(N)]<N>:}에서 'Y'를 지정하면 원본 객체가 지워집니다.

③ **도면층(L):** 간격 띄우기 객체를 현재 도면층으로 할 것인지, 원본 객체의 도면층을 따를 것인지 결정합니다. {간격 띄우기 객체의 도면층 옵션 입력 [현재(C)/원본(S)] <원본>:}에서 결정합니다. '원본'은 원래 객체가 가지고 있는 도면층을 그대로 복사하는 것이고, '현재'는 현재의 도면층으로 설정하여 복사하는 것입니다.

(2) {간격띄우기할 면의 점 지정 또는 [종료(E)/다중(M)/명령 취소(U)] <종료>:}
① **종료(E):** 간격 띄우기를 종료합니다.
② **다중(M):** 선택한 객체를 여러 개 반복해서 간격을 띄우고자 할 때 지정합니다.
③ **명령 취소(U):** 직전의 간격 띄우기를 취소합니다.

10 자르기(TRIM)

선택한 객체를 지정한 모서리의 경계로 자릅니다. 옵션 설명은 연장(EXTEND) 명령에서 설명합니다.

> **명령:** TRIM(단축키: TR)　　　　　　　　　　**아이콘:** ✂

01 다각형 명령으로 육각형을 작도하고 원과 선 명령으로 다음과 같은 도형을 작도합니다.

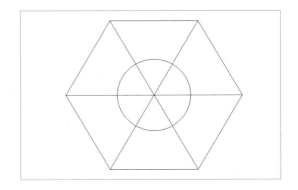

02 자르기(TRIM) 명령을 실행합니다.
{현재 설정: 투영=UCS, 모서리=없음, 모드=빠른 작업}
{자를 객체를 선택하거나 Shift 키를 누른 채로 선택하여 확장 또는 [절단 모서리(T)/걸치기(C)/모드(O)/프로젝트(P)/지우기(R)]:}에서 마우스 왼쪽 버튼을 누른 채로 자르고자 하는 객체를 지나가도록 지정합니다.

{자를 객체를 선택하거나 Shift 키를 누른 채로 선택
하여 확장 또는 [절단 모서리(T)/걸치기(C)/모드(O)/
프로젝트(P)/지우기(R)/명령취소(U)]:}에서 〈엔터〉 키
또는 〈스페이스 바〉를 눌러 종료합니다.

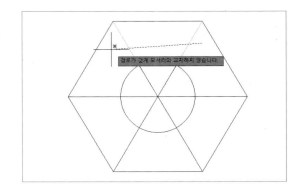

다음과 같이 선택한 객체(선)가 잘립니다. 선택한 객
체와 만나는 경계선(원)을 기준으로 객체를 자릅니다.

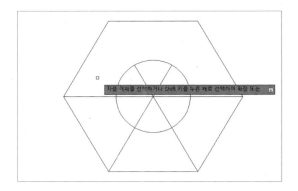

🌢 **TIP** ── 시스템 변수 'TRIMEXTENDMODE'에 의해 빠른 작업 모드를 ON/OFF합니다.
{TRIMEXTENDMODE에 대한 새 값 입력 〈1〉:}에서 '0'을 입력한 후 자르기(TRIM)를 실행하면 빠른 작업 모드가 해제되어 절
단 모서리를 선택하는 메시지가 표시됩니다. 또는 '절단 모서리(T)' 옵션을 지정합니다.

03 이번에는 모드를 바꾸어 실행해보겠습니다.
{명령:}에서 'TRIMEXTENDMODE'를 입력합니다.
{TRIMEXTENDMODE에 대한 새 값 입력 〈1〉:}에서 '0'을 입력합니다.

04 자르기(TRIM) 명령을 실행합니다.
{절단 모서리 선택...}
{객체 선택 또는 [모드(O)] 〈모두 선택〉:}에서 원을 선
택합니다.
{객체 선택:}에서 〈엔터〉 키를 눌러 선택을 종료합니다.

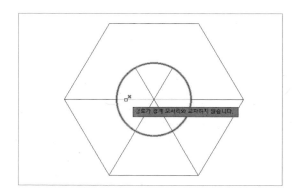

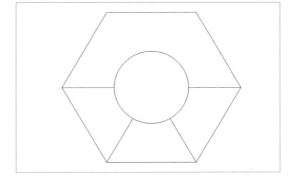

{자를 객체를 선택하거나 Shift 키를 누른 채로 선택하여 확장 또는 [절단 모서리(T)/울타리(F)/걸치기(C)/모드(O)/프로젝트(P)/모서리(E)/지우기(R)]:}에서 원 안쪽의 객체를 선택합니다.

{[절단 모서리(T)/울타리(F)/걸치기(C)/모드(O)/프로젝트(P)/모서리(E)/지우기(R)/명령취소(U)]:}에서 객체를 차례로 선택합니다.

{자를 객체를 선택하거나 Shift 키를 누른 채로 선택하여 확장 또는 [절단 모서리(T)/울타리(F)/걸치기(C)/모드(O)/프로젝트(P)/모서리(E)/지우기(R)/명령취소(U)]:}에서 〈엔터〉 키 또는 〈스페이스 바〉를 눌러 종료합니다.

다음과 같이 선택한 경계선(원)을 기준으로 선택한 선이 잘라집니다.

{명령:}에서 시스템 변수 'TRIMEXTENDMODE'를 입력합니다.

{TRIMEXTENDMODE에 대한 새 값 입력 〈1〉:}에서 원래의 값인 '1'을 입력합니다.

참고 자르기와 연장에서의 〈Shift〉 키

자르기와 연장 명령은 밀접한 관계가 있습니다. 자르기(TRIM) 명령 중에 〈Shift〉 키를 누르면서 객체를 선택하면 연장(EXTEND) 기능을 수행합니다.

---

11 연장(EXTEND)

선택한 모서리의 경계까지 연장합니다.

명령: EXTEND(단축키: EX)   **아이콘:** ⇥|

---

01   앞의 실습에 이어서 실습하겠습니다. 연장(EXTEND) 명령을 실행합니다.

{현재 설정: 투영=UCS, 모서리=없음, 모드=빠른 작업}

{연장할 객체 선택 또는 Shift 키를 누른 채 선택하여 자르기 또는 [경계 모서리(B)/걸치기(C)/모드(O)/프로젝트(P)]:}에서 원을 선택합니다.

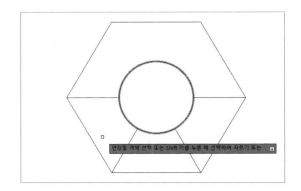

{연장할 객체 선택 또는 Shift 키를 누른 채 선택하여 자르기 또는 [경계 모서리(B)/걸치기(C)/모드(O)/프로젝트(P)/명령취소(U)]:}에서 연장한 선을 선택합니다.
{연장할 객체 선택 또는 Shift 키를 누른 채 선택하여 자르기 또는 [경계 모서리(B)/울타리(F)/걸치기(C)/모드(O)/프로젝트(P)/모서리(E)/명령취소(U)]:}에서 반복해서 선을 선택합니다.

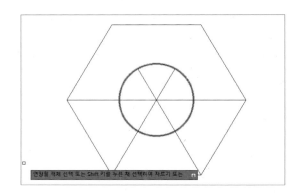

{연장할 객체 선택 또는 Shift 키를 누른 채 선택하여 자르기 또는 [경계 모서리(B)/울타리(F)/걸치기(C)/모드(O)/프로젝트(P)/모서리(E)/명령취소(U)]:}에서 〈엔터〉 키 또는 〈스페이스 바〉를 눌러 종료합니다.

다음과 같이 선택된 선이 원(경계선)까지 연장됩니다.

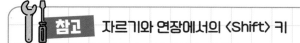 **TIP** ─── 시스템 변수 'TRIMEXTENDMODE'에 의해 빠른 작업 모드를 ON/OFF합니다.
{TRIMEXTENDMODE에 대한 새 값 입력 <1>:}에서 '1'을 입력한 후 연장(EXTEND)을 실행하면 빠른 작업 모드가 되어 연장 모서리를 선택하는 메시지가 표시되지 않습니다.

🔧 **참고** **자르기와 연장에서의 〈Shift〉 키**

연장(EXTEND) 명령 중에는 <Shift> 키를 누르면서 객체를 선택하면 자르기(TRIM) 기능을 수행합니다.

참고 옵션 설명

(1) {연장할 객체 선택 또는 Shift 키를 누른 채 선택하여 자르기 또는 [경계 모서리(B)/걸치기(C)/모드(O)/프로젝트(P)]:}

① **경계 모서리(B):** 경계 모서리 선택을 지정합니다.

② **걸치기(C):** 객체를 선택할 때 경계선을 포함한 크로싱 선택을 합니다.

③ **모드(O):** 빠른 작업(Q)을 할 것인지, 표준 작업(S)을 할 것인지 선택합니다. 시스템 변수 'TRIMEXTENDMODE'를 설정합니다.

④ **프로젝트(P):** 객체를 자르거나 연장할 때 사용하는 투영 방법을 지정합니다. 3차원 공간에서만 교차하는 객체를 자르는 [없음(N)], 현재 UCS의 XY 평면에 투영을 지정하여 3차원 공간에서 교차하지 않는 객체를 자르는 [UCS(U)], 현재 뷰 방향을 따라 투영하도록 지정하는 [뷰(V)]입니다. [뷰(V)]는 현재 뷰의 경계와 교차하는 객체를 자릅니다.

(2) {자를 객체 선택 또는 Shift 키를 누른 채 선택하여 연장 또는 [경계 모서리(B)/울타리(F)/걸치기(C)/프로젝트(P)/모서리(E)/지우기(R)/명령취소(U)]:}

① **경계 모서리(B):** 경계 모서리 선택을 지정합니다.

② **울타리(F):** 객체 선택 방법의 울타리(F) 선택 기능으로 울타리 선에 교차하는 모든 객체를 선택합니다.

③ **걸치기(C):** 객체 선택 방법의 크로싱(C) 선택 기능으로 두 점의 범위를 지정하여 걸치거나 포함된 객체를 선택합니다.

④ **프로젝트(P):** 객체를 자르거나 연장할 때 사용하는 투영 방법을 지정합니다.

⑤ **모서리(E):** 자르기와 연장은 기본적으로 경계선을 기준으로 자르거나 연장합니다. 그러나 '모서리(E)' 옵션을 이용하여 모서리를 지정하면 실제 경계선과 교차하지 않더라도 연장선상에 있으면 자르기가 가능합니다. 교차하는 객체만을 자르려면 '연장 안 함(N)'으로 설정합니다.

'모서리(E)' 옵션에서 '연장 안 함(N)'으로 설정해놓으면 경계선이 교차하지 않기 때문에 자르기나 연장이 되지 않습니다. 그러나 '연장(E)'으로 설정하면 위의 그림과 같이 경계선이 교차되지 않더라도 경계선의 연장선상에서 연장이나 자르기를 합니다.

⑥ **지우기(R):** 자르기에만 있는 옵션으로 선택한 객체를 지웁니다. 이 옵션은 자르기 명령을 종료하지 않고 객체를 삭제할 때 편리한 방법입니다.

⑦ **명령 취소(U):** 자르거나 연장을 실행한 후 이전 단계로 되돌립니다.

12 대칭(MIRROR)

기준면(두 점으로 만드는 기준선)을 기준으로 대칭되는 객체를 작성합니다. 상·하 또는 좌·우 대칭인 객체를 작성할 때 유용하게 쓰입니다.

명령: MIRROR(단축키: MI)	아이콘:

{객체 선택:}에서 대칭 복사할 객체를 선택합니다.

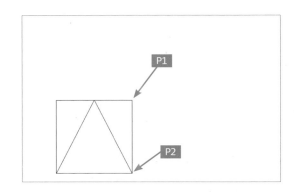

{대칭선의 첫 번째 점 지정:}에서 대칭선의 첫 번째 점 (P1)을 지정합니다.
{대칭선의 두 번째 점 지정:}에서 대칭선의 두 번째 점 (P2)을 지정합니다.
{원본 객체를 지우시겠습니까? [예(Y)/아니오(N)] 〈N〉:}에서 'N'을 입력하거나 〈엔터〉 키 또는 〈스페이스 바〉를 눌러 디폴트 값(N)을 채용합니다. 다음 그림과 같이 양쪽 대칭점을 기준으로 대칭 복사됩니다.

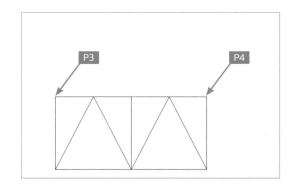

〈엔터〉 키 또는 〈스페이스 바〉를 눌러 대칭(MIRROR) 명령을 재실행합니다.
{객체 선택:}에서 앞에서 대칭 복사한 객체를 모두 선택합니다.
{대칭선의 첫 번째 점 지정:}에서 대칭선의 첫 번째 점 (P3)을 지정합니다.
{대칭선의 두 번째 점 지정:}에서 대칭선의 두 번째 점 (P4)을 지정합니다.

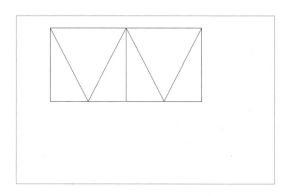

{원본 객체를 지우시겠습니까? [예(Y)/아니오(N)] 〈N〉:}에서 'Y'를 입력합니다.

다음과 같이 선택된 객체(원본 객체)를 지우고 대칭으로 복사합니다.

13 회전(ROTATE)

선택한 객체를 특정한 점을 기준으로 하여 지정된 각도로 회전시키는 명령입니다. 옵션을 사용하여 원본을 복사하여 회전도 가능합니다.

명령: ROTATE(단축키: RO)   아이콘:

{현재 UCS에서 양의 각도: 측정 방향=시계 반대 방향
기준 방향=0}
{객체 선택:}에서 회전할 객체를 선택합니다.
{기준점 지정:}에서 기준점을 지정합니다.

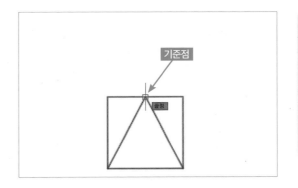

{회전 각도 지정 또는 [복사(C)/참조(R)] 〈0〉:}에서 각도(180도)를 입력합니다. 다음 그림과 같이 지정한 각도(180도)로 회전합니다.

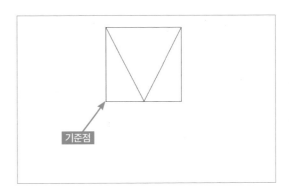

〈엔터〉 키 또는 〈스페이스 바〉를 눌러 회전(ROTATE)
명령을 재실행합니다.
{객체 선택:}에서 회전할 객체를 선택합니다.
{기준점 지정:}에서 기준점을 지정합니다.
{회전 각도 지정 또는 [복사(C)/참조(R)] 〈0〉:}에서 복사
옵션 'C'를 입력합니다.

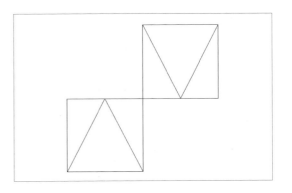

{회전 각도 지정 또는 [복사(C)/참조(R)] 〈0〉:}에서 각도(180도)를 입력합니다. 다음 그림과 같이 지정한 기준점을 기준으로 각도(180도)로 회전하는데 원본 객체는 그대로 두고 복사본을 회전합니다.

옵션 설명

(1) **참조(R):** 지정된 참조 각도로부터 새로운 절대 각도까지 객체를 회전합니다.

{참조 각도를 지정 <0>:}에서 참조 각도를 입력합니다.

{새 각도 지정 또는 [점(P)] <90>:}에서 각도를 입력하면 참조 각도가 새 각도로 회전합니다. 참조 각도로 '30'을 입력한 후 새 각도를 '90'으로 입력하면 '30'도인 객체가 '90'도로 회전됩니다.

14 배열(ARRAY)

선택된 객체를 직사각형, 원형 방향으로 일정한 간격을 두어 배열(배치)합니다. 또, 선택한 경로를 따라 배열합니다.

명령: ARRAY(단축키: AR)　　　　　　**아이콘:** ▦ ▨ ▨

14.1　직사각형 배열(ARRAYRECT)

선택한 객체를 주어진 조건(간격과 수량)에 의해 직사각형(가로, 세로) 방향으로 배열합니다.

먼저, 배열하고자 하는 객체를 하나 작성해둡니다.
명령어 'ARRAY' 또는 'AR'을 입력하여 옵션 '직사각형(R)'을 선택하거나 '홈' 탭의 '수정' 패널 또는 '수정' 도구 막대에서 ▦을 클릭합니다.
{객체 선택:}에서 배열하고자 하는 객체를 선택합니다.
상단의 '배열' 탭에서 배열 조건(열과 행의 수와 간격)을 입력한 후 '배열 닫기'를 클릭합니다. 다음은 객체 열의 수를 '4', 간격을 '400', 행의 수를 '3', 간격을 '300'으로 지정한 경우 직사각형 배열된 결과입니다.

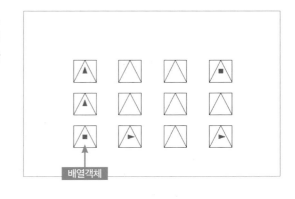

TIP — '연관'은 배열된 객체를 하나로 묶을 것인지, 묶지 않을 것인지 지정하는 조건입니다. '연관'으로 그룹화된 객체 중 하나를 지우려면 '분해(EXPLODE)' 명령으로 분해한 후 지워야 합니다.

배열객체

14.2 원형 배열(ARRAYPOLAR)

선택한 객체를 주어진 조건(각도 또는 수량)에 의해 원형으로 배열합니다.

명령어 'ARRAY' 또는 'AR'을 입력하여 옵션 '원형(PO)'을 선택하거나 '홈' 탭의 '수정' 패널 또는 '수정' 도구막대에서 🔿🔿을 클릭합니다.

{객체 선택:}에서 배열하고자 하는 객체를 선택합니다.

{배열의 중심점 지정 또는 [기준점(B)/회전축(A)]:}에서 원형 배열의 중심을 지정합니다.

상단의 '배열' 탭에서 배열 조건(항목 수, 배열 각도 등)을 지정한 후 '배열 닫기'를 클릭합니다. 다음은 선택한 객체를 항목의 수를 '10'개, 채우기 각도를 '360'으로 지정하여 원형 배열한 결과입니다.

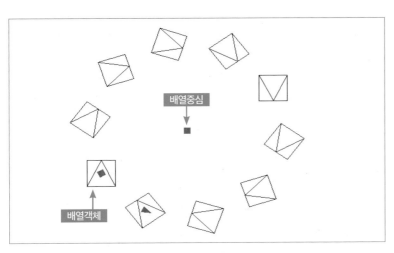

배열중심

배열객체

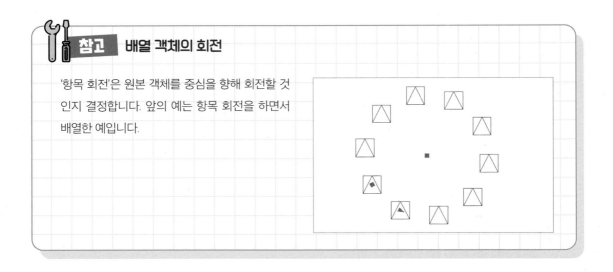

'항목 회전'은 원본 객체를 중심을 향해 회전할 것
인지 결정합니다. 앞의 예는 항목 회전을 하면서
배열한 예입니다.

14.3 경로 배열(ARRAYPATH)

선택한 객체가 경로를 따라 배열합니다.

먼저, 배열하고자 하는 객체와 경로를 작성해둡니다.

명령어 'ARRAY' 또는 'AR'을 입력하여 옵션 '경로(PA)'를 선택하거나 '홈' 탭의 '수정' 패널 또는 '수정' 도구막
대에서 █을 클릭합니다.

{객체 선택:}에서 배열하고자 하는 객체를 선택합니다.

{경로 곡선 선택:}에서 경로에 해당되는 곡선을 선택합니다.

상단의 '배열' 탭에서 배열 조건(항목 수, 행의 수와 간격 등)을 입력한 후 '배열 닫기'를 클릭합니다. 다음은 '항
목' 수를 '40', 'n등분할'로 설정하여 경로를 따라 배열된 예입니다.

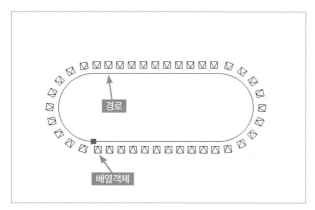

경로

배열객체

14.4 배열의 편집 및 옵션

배열된 객체를 선택하면 배열 작성 때와 마찬가지로 탭 메뉴에 편집 메뉴를 제공합니다. 또는 '배열 편집 (ARRAYEDIT) 〰' 명령으로 편집합니다.

(1) 직사각형 배열

직사각형으로 배열된 객체를 선택하면 다음과 같은 배열 편집을 위한 탭 메뉴가 나타납니다.

탭 메뉴는 현재 설정된 직사각형 배열 조건을 표시하고 있습니다.

① **'열' 패널:** 열의 수, 항목 사이의 간격, 전체 열의 길이를 지정합니다.

② **'행' 패널:** 행의 수, 행 사이의 간격, 전체 행의 길이를 지정합니다.

③ **'수준' 패널:** Z 방향의 레벨의 수와 간격을 지정합니다.

④ **'특성' 패널:** '연관'을 켜면 배열된 객체를 그룹화합니다. '기준점'은 배열의 기준점을 재지정합니다.

⑤ **'옵션' 패널:** 원본 객체를 편집할 수 있고 배열 항목을 바꿀 수 있으며 배열을 재설정할 수 있습니다.

(2) 원형 배열

원형 배열된 객체를 선택하면 다음과 같은 원형 배열 편집을 위한 탭 메뉴가 나타납니다.

① **'항목' 패널:** 항목의 수, 항목 사이의 각도, 채울 각도를 지정합니다.

② **'행' 패널:** 행의 수, 행 사이의 간격, 전체 행의 길이를 지정합니다.

③ **'수준' 패널:** Z 방향의 레벨의 수와 간격, 길이를 지정합니다.

④ **'특성' 패널:** 기준점을 재지정할 수 있고, 항목의 회전 여부와 방향을 지정합니다.

⑤ **'옵션' 패널:** 이 패널은 편집 시에만 나타납니다. 원본을 편집할 수 있고, 항목을 다른 객체로 대치할 수 있으며 배열을 재설정할 수 있습니다.

(3) 경로 배열

경로를 따라 배열된 객체를 선택하면 다음과 같은 경로 배열 편집을 위한 탭 메뉴가 나타납니다.

① **'항목' 패널**: 항목의 수, 항목 사이의 간격, 전체 길이를 지정합니다.

② **'행' 패널**: 행의 수, 행 사이의 간격, 전체 행의 길이를 지정합니다.

③ **'수준' 패널**: Z 방향의 레벨의 수와 간격, 길이를 지정합니다.

④ **'특성' 패널**: 기준점의 재지정, 등분할 또는 길이 분할 여부를 지정할 수 있으며 항목의 정렬과 Z축 방향의 설정을 켜거나 끌 수 있습니다. 항목 정렬은 배열 시 배열되는 객체의 방향이 경로의 방향을 따를 것인지를 지정합니다.

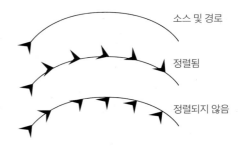

⑤ **'옵션' 패널**: 이 패널을 편집 시에만 나타나는 패널입니다. 원본을 편집할 수 있고, 항목을 다른 객체로 대치할 수 있으며 배열을 재설정할 수 있습니다.

예제 실습

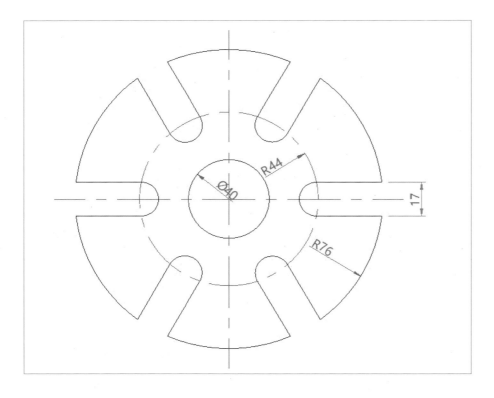

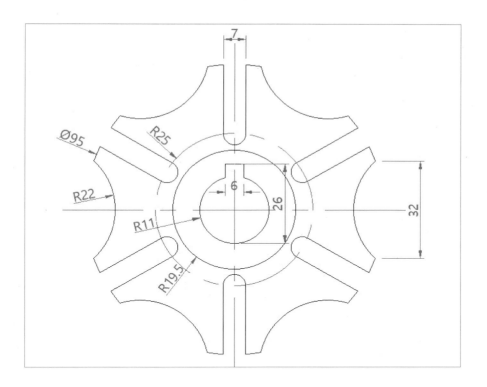

15 모깎기(FILLET)

모서리를 부드럽게(둥글게) 깎아냅니다. 지정된 반지름을 가진 호 형태로 두 객체를 연결합니다.

명령: FILLET(단축키: F) 　　　　　　　　　　　　　　　　　　　아이콘: ⬛

실습을 위해 다음과 같이 작도합니다.

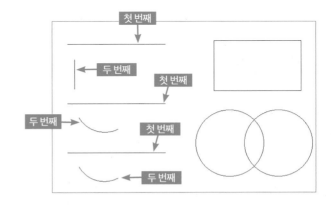

{첫 번째 객체 선택 또는 [명령취소(U)/폴리선(P)/반지름(R)/자르기(T)/다중(M)]:}에서 반지름 값을 조정하기 위해 'R'을 입력합니다.

{모깎기 반지름 지정 〈50.0000〉:}에서 반지름 값(예: 200)을 입력합니다.

{첫 번째 객체 선택 또는 [명령취소(U)/폴리선(P)/반지름(R)/자르기(T)/다중(M)]:}에서 첫 번째 객체를 선택합니다.

{두 번째 객체 선택 또는 Shift 키를 누른 채 선택하여 구석 적용 또는 [반지름(R)]:}에서 두 번째 객체를 선택합니다. 다음 그림과 같이 선택한 두 객체의 모서리가 모깎기됩니다. 선과 호를 선택한 경우 어느 쪽을 선택하느냐에 의해 다음과 같이 모깎기 형상이 다릅니다.

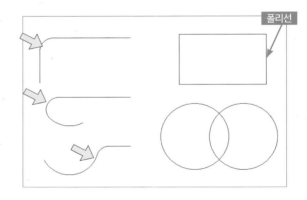

〈엔터〉 키 또는 〈스페이스 바〉를 눌러 모깎기 명령을 다시 실행합니다.

{첫 번째 객체 선택 또는 [명령취소(U)/폴리선(P)/반지름(R)/자르기(T)/다중(M)]:}에서 폴리선 옵션 'P'를 입력합니다.

{2D 폴리선 선택:}에서 폴리선 형식인 직사각형을 선택합니다.

{4 선은(는) 모깎기됨}이라는 메시지와 함께 폴리선의 각 모서리가 지정한 반지름으로 모깎기됩니다.

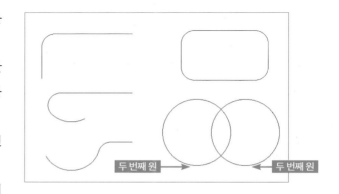

〈엔터〉 키 또는 〈스페이스 바〉를 눌러 모깎기 명령을 다시 실행합니다.

{첫 번째 객체 선택 또는 [명령취소(U)/폴리선(P)/반지름(R)/자르기(T)/다중(M)]:}에서 첫 번째 원을 선택합니다.

{두 번째 객체 선택 또는 Shift 키를 누른 채 선택하여 구석 적용 또는 [반지름(R)]:}에서 두 번째 원을 선택합니다. 다음과 같이 선택한 원의 접선을 지정한 반지름으로 연결합니다.

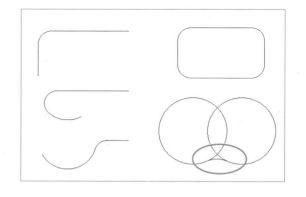

TIP {두 번째 객체 선택 또는 Shift 키를 누른 채 선택하여 구석 적용 또는 [반지름(R)]:}에서 <Shift> 키를 누르면서 두 번째 객체를 선택하면 왼쪽 그림과 같은 반지름 값이 '0'인 모깎기가 됩니다.

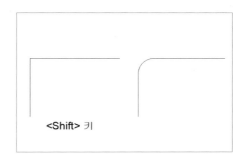

<Shift> 키

> ## 참고
>
> [옵션 설명] {첫 번째 객체 선택 또는 [명령취소(U)/폴리선(P)/반지름(R)/자르기(T)/다중(M)]:}
>
> (1) **명령취소(U)**: 이전 동작을 취소합니다.
> (2) **폴리선(P)**: 2D 또는 3D 폴리선의 교차하는 폴리선 세그먼트는 폴리선의 각 정점에서 모깎기됩니다.
> (3) **자르기(T)**: 선택한 모서리를 모깎기 선 끝점까지 자르기할지 여부를 조정합니다.
>   {자르기 모드 옵션 입력 [자르기(T)/자르지 않기(N)] <자르기>: }에서 'N'을 선택하면 기존의 모서리가 잘라지지 않고 모깎기됩니다. 기본 값은 '자르기(T)'입니다.
> (4) **다중(M)**: 모깎기 명령은 한 모서리를 모깎기하면 명령이 종료됩니다. 그러나 '다중(M)' 옵션을 선택하면 계속해서 모깎기를 할 수 있습니다.

16 모따기(CHAMFER)

모따기 명령은 선이나 폴리선으로 구성된 모서리를 양쪽 면으로부터 지정한 간격을 따냅니다. 비스듬한 선으로 두 객체를 연결합니다. 단, 호나 원은 해당되지 않습니다.

명령: CHAMFER(단축키: CHA)   아이콘:

---

01 {첫 번째 선 선택 또는 [명령취소(U)/폴리선(P)/거리(D)/각도(A)/자르기(T)/메서드(E)/다중(M)]:}에서 거리 옵션 'D'를 입력합니다.
{첫 번째 모따기 거리 지정 〈0.0000〉:}에서 '100'을 입력합니다.
{두 번째 모따기 거리 지정 〈100.0000〉:}에서 〈엔터〉키 또는 〈스페이스 바〉를 누릅니다.

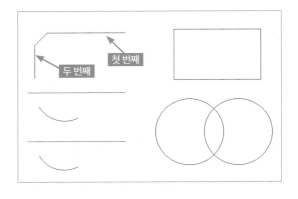

{첫 번째 선 선택 또는 [명령취소(U)/폴리선(P)/거리(D)/각도(A)/자르기(T)/메서드(E)/다중(M)]:}에서 첫 번째 선을 선택합니다.

{두 번째 선 선택 또는 Shift 키를 누른 채 선택하여 구석 적용 또는 [거리(D)/각도(A)/메서드(M)]:}에서 두 번째 선을 선택합니다. 다음 그림과 같이 두 선의 모서리가 지정된 거리만큼 모따기됩니다.

02 〈엔터〉 키 또는 〈스페이스 바〉를 눌러 모따기 명령을 다시 실행합니다.

{(TRIM 모드) 현재 모따기 거리1 = 100.0000, 거리2 = 100.0000}

{첫 번째 선 선택 또는 [명령취소(U)/폴리선(P)/거리(D)/각도(A)/자르기(T)/메서드(E)/다중(M)]:}에서 폴리선 옵션 'P'를 입력합니다.

{2D 폴리선 선택 또는 [거리(D)/각도(A)/메서드(M)]:}에서 폴리선을 선택합니다.

{4 선은(는) 모따기됨}이라는 메시지와 함께 다음 그림과 같이 모따기됩니다.

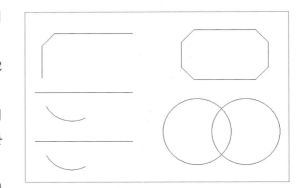

🌢 **TIP** ── {두 번째 선 선택 또는 Shift 키를 누른 채 선택하여 구석 적용 또는 [거리(D)/각도(A)/메서드(M)]:}에서 객체를 선택하면 모따기 거리만큼 모따기가 되지만 <Shift> 키를 누르면서 객체를 선택하면 모따기 거리 값이 무시되고 수직으로 연결합니다.

참고 **[옵션 설명] {첫 번째 선 선택 또는 [명령취소(U)/폴리선(P)/거리(D)/각도(A)/자르기(T)/메서드(E)/다중(M)]:}**

(1) **명령취소(U)**: 이전 동작을 취소합니다.

(2) **폴리선(P)**: 2D 또는 3D 폴리선의 교차하는 폴리선 세그먼트는 폴리선의 각 정점에서 모따기됩니다.

(3) **각도(A)**: 첫 번째 선에 대한 모따기 거리와 두 번째 선에 대한 각도를 사용하여 모따기 거리를 설정합니다.

(4) **자르기(T)**: 선택한 모서리를 모따기 선 끝점까지 자르기할지 여부를 조정합니다.

{자르기 모드 옵션 입력 [자르기(T)/자르지 않기(N)] <자르기>: }에서 'N'을 선택하면 기존의 모서리가 잘라지지 않고 모따기됩니다. 기본 값은 '자르기(T)'입니다.

(5) **메서드(E)**: 모따기할 때 두 거리를 사용할지 또는 한 거리와 한 각도를 사용할지 지정합니다. {자르기 방법 입력 [거리(D)/각도(A)] <거리>:}에서 선택합니다.

(6) **다중(M)**: 모따기 명령은 한 모서리를 모따기하면 명령이 종료됩니다. 그러나 '다중(M)' 옵션을 선택하면 계속해서 모따기를 할 수 있습니다.

17 축척(SCALE)

줌(ZOOM) 명령은 실제 객체의 크기가 바뀌는 것이 아니라 가까이서 보느냐, 멀리서 보느냐에 의해 크기가 다릅니다. 축척(SCALE) 명령은 객체의 크기를 키우거나 줄이는 명령입니다.

명령: SCALE(단축키: SC)　　　　　　　　　　　　**아이콘 버튼:** ⬚

{객체 선택:}에서 대상 객체를 선택합니다.
{기준점 지정:}에서 기준점을 지정합니다.

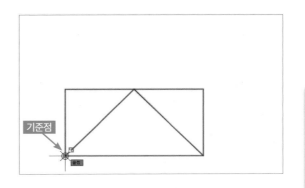

{축척 비율 지정 또는 [복사(C)/참조(R)] ⟨1.0000⟩:}에서 축척 비율(1.5)을 입력합니다. 다음과 같이 지정한 비율만큼 확대(또는 축소)됩니다.

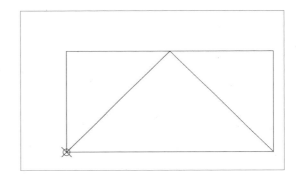

🔧 참고 ｜ 분수의 표현

정수 또는 '0.5'와 같이 실수 값으로 정확히 값이 계산되는 경우는 숫자를 그대로 입력합니다. 그러나, '1/3' 배와 같이 나머지가 남는 배율의 경우는 분수식 표현을 그대로 사용하면 됩니다. 예를 들어, {축척 비율 지정 또는 [복사(C)/참조(R)] <1.0000>:}에서 '1/3' 또는 '3/4' 등 분수 표현식을 그대로 입력합니다.

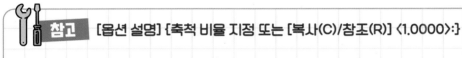

(1) 복사(C): 원본 객체를 그대로 두고 비율을 바꾸면서 새로운 객체를 작성하는 방법입니다.

(2) 참조(R): 선택한 객체를 참조 길이와 지정한 새로운 길이를 기준으로 확대 또는 축소합니다.

TIP ── 여기에서 거리 값을 직접 수치로 입력할 수 있지만 두 점을 지정하면 두 점 사이의 거리를 계산에서 값으로 받아들입니다.

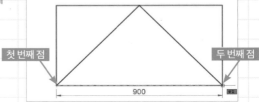

{새 길이 지정 또는 [점(P)] <1.0000>:}에서 새로운 길이 값 '600'을 입력합니다.

TIP ── {새 길이 지정 또는 [점(P)] <1.0000>:}에서도 숫자를 입력하지 않고 마우스 커서로 두 점을 지정할 수도 있습니다.

다음 그림과 같이 한 변의 길이가 '900' → '600' 크기의 비율로 크기가 바뀝니다.

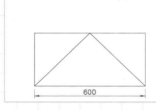

18 신축(STRETCH)

객체의 일부분을 늘리거나 줄입니다. 연결 상태를 그대로 유지하면서 이동할 때 유용하게 쓰입니다.

명령: STRETCH(단축키: S)	**아이콘:**

{걸침 윈도우 또는 걸침 다각형만큼 신축할 객체 선택...}

{객체 선택:}에서 신축하고자 하는 객체를 선택합니다. 이때, 늘리고자 하는 객체를 '크로싱(C)' 방법으로 걸치도록 선택합니다.

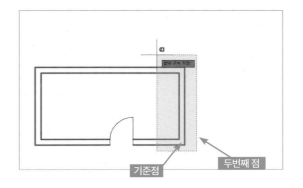

{기준점 지정 또는 [변위(D)] 〈변위〉:} 늘리고자 하는 객체의 기준점을 지정합니다.
{두 번째 점 지정 또는 〈첫 번째 점을 변위로 사용〉:} 늘리고자 하는 객체의 두 번째 점을 지정합니다.

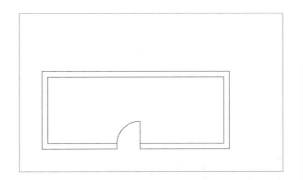

참고 ⚒ 신축 명령에서의 선택

신축 명령을 실행하면 {걸침 윈도우 또는 걸침 다각형만큼 신축할 객체 선택...}이라는 메시지가 표시됩니다. 이는 반드시 객체가 걸치도록 선택하라는 뜻입니다. 즉, 객체 선택 방법 중 '크로싱(C)' 또는 '크로싱 폴리곤(CP)'으로 선택해야 합니다. '윈도우(W)' 방법으로 선택하게 되면 신축이 아니라 이동(MOVE)됩니다.

신축 기능을 이용하면 연결 상태를 유지하면서 객체를 이동할 수 있습니다.
{객체 선택:}에서 이동하고자 하는 객체가 완전히 감싸지도록 범위를 감싸 선택합니다. '크로싱(C)' 방법으로 걸치도록 선택합니다.

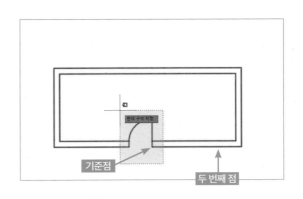

{기준점 지정 또는 [변위(D)] 〈변위〉:} 기준점을 지정합니다.

{두 번째 점 지정 또는 〈첫 번째 점을 변위로 사용〉:} 늘리고자 하는 객체의 두 번째 점을 지정합니다. 다음과 같이 문의 위치가 기준점에서 두 번째 점으로 이동합니다.

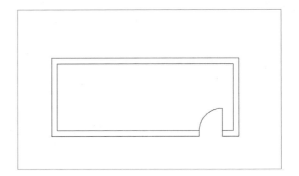

 [옵션 설명] {기준점 지정 또는 [변위(D)] 〈변위〉:}

(1) **변위(D):** 선택된 객체의 위치에서 변위 값(이동할 상대 거리)을 지정해 이동합니다. 즉, 현재 위치에서 이동할 거리를 상대 좌표(X, Y, Z)로 지정합니다.

19 길이 조정(LENGTHEN)

길이가 있는 객체(선, 호)의 길이를 조정하여 한 방향으로만 길거나 짧게 만들거나 일정한 비율로 키우거나 줄일 수 있도록 합니다.

명령: LENGTHEN(단축키: LEN)   메뉴 아이콘:

{객체 선택 또는 [증분(DE)/퍼센트(P)/합계(T)/동적 (DY)]:}에서 동적 옵션 'DY'를 입력합니다.

{변경할 객체 선택 또는 [명령 취소(U)]:}에서 호를 선택합니다. 그러면 다음 그림과 같이 호에 고무줄(러버밴드)처럼 조절할 수 있는 상태가 됩니다. 이때 조정하고자 하는 위치를 지정합니다.

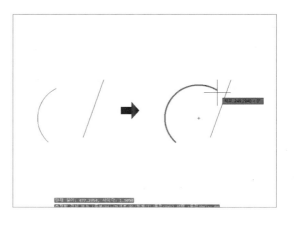

〈엔터〉 키 또는 〈스페이스 바〉를 눌러 길이 조정 명령을 재실행합니다.

{객체 선택 또는 [증분(DE)/퍼센트(P)/합계(T)/동적(DY)]:}에서 '퍼센트' 옵션 'P'를 입력합니다.

{퍼센트 길이 입력 〈100.0000〉:}에서 '150'을 입력합니다.

{변경할 객체 선택 또는 [명령 취소(U)]:}에서 선 객체를 선택합니다.

{변경할 객체 선택 또는 [명령 취소(U)]:}에서 〈엔터〉 키 또는 〈스페이스 바〉로 객체 선택을 종료합니다. 객체의 길이가 기존 크기의 '150%' 크기로 조정됩니다.

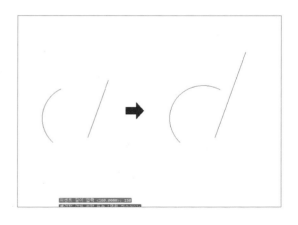

참고 [옵션 설명] {객체 선택 또는 [증분(DE)/퍼센트(P)/합계(T)/동적(DY)]:}

(1) **합계(T):** 객체의 전체 길이가 지정된 길이만큼 조정됩니다.
(2) **증분(DE):** 지정된 증분 값만큼 객체의 길이를 변경합니다. 입력한 값만큼 객체의 길이가 늘어나거나 줄어듭니다.

 예제 실습

다음과 같이 의자가 배치된 테이블을 작도합니다.

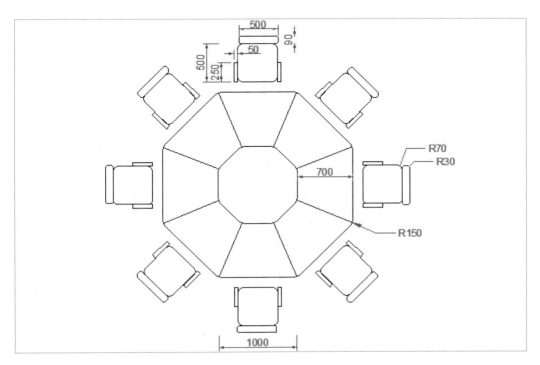

20 문자 작성 및 편집

도면에는 표제란, 범례, 치수 및 주석 등 많은 문자를 기입하게 됩니다. 이번에는 문자의 글꼴 지정 및 효과를 부여하는 문자 스타일, 문자를 작성하는 방법에 대해 알아보겠습니다.

20.1 문자 스타일(STYLE)

문자의 스타일을 설정합니다. 글꼴(폰트), 높이, 주석 축척 여부 및 효과를 설정합니다.

명령: STYLE(단축키: ST)   아이콘:

(1) 스타일(S): 문자 스타일 명칭이 나열되고 사용하고자 하는 스타일 이름을 지정합니다. 문자의 길이는 최대 255자까지 가능하며 문자, 숫자, 특수 문자($,_,- 등)를 사용할 수 있습니다. AutoCAD를 시작하면 'STANDARD'가 기본 스타일로 자동 설정합니다. 스타일 명칭 앞에 있는 ▲ 마크는 치수 스타일이 주석임을 나타냅니다.

(2) 스타일 목록 필터: 스타일 목록에 모든 스타일이 표시될지 또는 사용 중인 스타일만 표시될지 여부를 지정합니다.

(3) 미리 보기: 설정한 문자를 미리 보여 줍니다.

(4) 글꼴: 스타일에 해당하는 글꼴(폰트) 파일을 지정합니다. AutoCAD에서 글꼴은 자체 컴파일된 셰이프 파일(SHX)과 트루타입(TTF) 글꼴을 사용할 수 있습니다.
  ① **글꼴 이름(F):** 현재 사용 가능한 글꼴이 표시됩니다. 목록 상자의 버튼을 눌러 선택합니다.
  ② **글꼴 스타일(Y):** '큰 글꼴 사용(U)'을 체크하면 각 글꼴에 큰 글꼴을 선택할 수 있습니다. 여기에서 사용하고자 하는 큰 글꼴을 지정합니다.

(5) **크기**: 문자의 크기(높이)를 지정합니다.

   ① **주석(I)**: 문자가 주석임을 지정합니다.

   ② **높이(T)**: 문자의 높이를 지정합니다. 여기에서 높이를 지정하면 '단일 행 문자(TEXT)'나 치수 문자의 높이가 고정됩니다.

💧 ***TIP*** ──── '단일 행 문자(TEXT)'나 치수 기입에서 치수 문자의 높이를 유동적으로 하려면 치수 스타일에서 글꼴 높이 값을 '0'으로 설정해야 합니다. 높이 값을 지정해 놓으면 해당 도면에서는 고정된 문자 높이로 작성됩니다.

(6) **효과(Effects)**: 문자 기입을 위한 각종 옵션을 선택합니다.

   ① **거꾸로(E)**: 문자가 뒤집혀 쓰입니다.

   ② **반대로(K)**: 문자를 뒤부터 반대로 씁니다.

   ③ **수직(V)**: 문자를 세로로 씁니다.

   ④ **폭 비율(W)**: 문자의 가로, 세로의 비율을 지정합니다. 예를 들어 '2'를 입력하면 가로 방향의 크기가 세로 방향 크기의 2배로 기입됩니다.

   ⑤ **기울기 각도(O)**: 문자의 기울기를 지정합니다.

(7) **현재로 설정(C)**: 선택한 스타일을 현재 스타일로 설정합니다.

(8) **새로 만들기(N)**: 새로운 스타일을 작성합니다.

(9) **삭제(D)**: 기존 스타일을 삭제합니다.

20.2 단일 행 문자(TEXT)

단일 행에 문자를 작성합니다. 직사각형 안의 정중앙에 기입하겠습니다. 작성한 문자의 외관은 문자 스타일에서 설정한 환경(글꼴, 높이, 효과 등)에 따릅니다.

명령: TEXT(단축키: DT)	아이콘: 🅰

{문자의 시작점 지정 또는 [자리맞추기(J)/스타일(S)]:}에서 'J'를 입력합니다.

{옵션 입력 [왼쪽(L)/중심(C)/오른쪽(R)/정렬(A)/중간(M)/맞춤(F)/맨위왼쪽(TL)/맨위중심(TC)/맨위오른쪽(TR)/중간왼쪽(ML)/중간중심(MC)/중간오른쪽(MR)/맨아래왼쪽(BL)/맨아래중심(BC)/맨아래오른쪽(BR)]:}에서 중간중심 'MC'를 입력합니다.

{문자의 중간점 지정:}에서 직사각형의 중간점을 지정합니다.

{높이 지정 〈2.5000〉:}에서 문자의 높이를 지정합니다.

{문자의 회전 각도 지정 〈0.000〉:}에서 〈엔터〉 키 또는 '0'을 입력합니다.

문자 'AutoCAD'를 입력한 후 〈엔터〉 키를 누르면 다음 행으로 넘어갑니다. 다시 〈엔터〉 키를 누르면 종료됩니다. 다음과 같이 사각형의 중앙(Middle Center)에 문자가 작성됩니다.

AutoCAD

참고 [옵션 설명] {문자의 시작점 지정 또는 [자리맞추기(J)/스타일(S)]:}

(1) **자리 맞추기(J)**: 문자의 위치를 조정합니다. 여러 줄 문자의 자리 맞추기와 동일합니다.

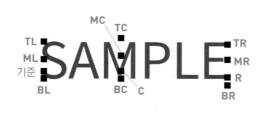

① **정렬(Align)**: 두 점 사이에 문자를 정렬합니다.

② **맞춤(Fit)**: 두 점 사이에 문자를 정렬하고 높이를 지정합니다.

③ **중심(Center)**: 지정한 점을 중심으로 문자를 수평 중심에 정렬합니다.

④ **중간(Middle)**: 지정한 점을 기준으로 문자를 중앙으로 조절하여 정렬합니다.

⑤ **오른쪽(Right)**: 지정한 점을 기준으로 문자를 오른쪽에 정렬합니다.

⑥ **TL(Top Left)**: 문자의 상단 좌측을 기준으로 정렬합니다.

⑦ **TC(Top Center)**: 문자의 상단 중앙을 기준으로 정렬합니다.

⑧ **TR(Top Right)**: 문자의 상단 우측을 기준으로 정렬합니다.

⑨ **ML(Middle Left)**: 문자의 중앙 좌측을 기준으로 정렬합니다.

⑩ **MC(Middle Center)**: 문자의 수평, 수직 중심점을 기준으로 정렬합니다.

⑪ **MR(Middle Right)**: 문자의 중앙 우측을 기준으로 정렬합니다.

⑫ **BL(Bottom Left)**: 문자의 하단 좌측을 기준으로 정렬합니다.

⑬ **BC(Bottom Center)**: 문자의 하단 중앙을 기준으로 정렬합니다.

⑭ **BR(Bottom Right)**: 문자의 하단 우측을 기준으로 정렬합니다.

(2) **스타일(S)**: 글꼴을 지정하는 스타일을 지정합니다. 스타일은 '문자 스타일(STYLE)' 명령에서 작성한 스타일 이름을 지정합니다.

참고 **특수 문자의 입력**

'여러 줄 문자(MTEXT)'의 경우는 특수 문자를 선택하는 기능이 있으나 '단일행 문자(TEXT)'에서 특수 문자를 기입하기 위해서는 다음과 같이 특수 문자를 제어하는 제어문자인 이중 퍼센트 부호(%%)와 함께 특수 문자 정보를 입력해야 합니다.

제어 문자	유니코드 문자열	결과
%%d	₩U+00B0	각도 기호(°)
%%p	₩U+00B1	공차 기호(±)
%%c	₩U+2205	지름 기호(ø)
%%u		밑줄 글자
%%o		윗줄 글자
%%%		% 기호

다음의 문자 기호를 삽입하려면 확장된 문자 형식 도구막대에서 기호를 클릭하거나 해당 유니코드 문자열을 입력합니다. 문자 기호 및 유니코드 문자열로 삽입됩니다.

이름	기호	유니코드 문자열
거의 같음	≈	₩U+2248
각도	∠	₩U+2220
경계선	ℬ	₩U+E100
중심선	℄	₩U+2104
증분	Δ	₩U+0394
전기 위상	φ	₩U+0278
흐름선	℉	₩U+E101
항등	≡	₩U+2261
시작 길이	☞	₩U+E200
기준선	M	₩U+E102
같지 않음	≠	₩U+2260
옴	Ω	₩U+2126
오메가	Ω	₩U+03A9
판/특성 선	ℓ	₩U+214A
제곱	2	₩U+00B2
세제곱	3	₩U+00B3

20.3 여러 줄 문자(MTEXT)

여러 줄 문자는 워드프로세서처럼 문자를 작성하고 편집하는 문자 편집기 기능입니다. 서식을 설정할 수 있고 편집할 수 있습니다.

명령: MTEXT(단축키: MT,T)	**아이콘:**

{현재 문자 스타일: "표제란" 문자 높이: 40 주석: 예}

{첫 번째 구석 지정:}에서 작성하고자 하는 문자 범위의 첫 번째 점을 지정합니다.

{반대 구석 지정 또는 [높이(H)/자리맞추기(J)/선 간격두기(L)/회전(R)/스타일(S)/폭(W)/열(C)]:}에서 작성할 문자 범위의 반대 구석을 지정합니다. 서식을 지정한 후 문자를 작성합니다.

작성이 끝나면 '문서 편집기 닫기'를 클릭합니다. 작성된 문자를 클릭하면 그립이 나타납니다. 이때 그립을 조작하여 이동 및 단의 너비를 조정할 수 있습니다.

🌢 **TIP** ── 외부의 파일(한글, 엑셀)에 작성된 문장을 복사(Ctrl + C)하여 붙여넣기(Ctrl + V)도 가능하며, 작성된 문자는 AutoCAD에서 정의된 글꼴로 작성됩니다.

20.4 호 문자(ARCTEXT)

호를 따라 문자를 작성합니다. 이 기능은 Express Tool 메뉴에서 제공하고 있습니다.

명령: ARCTEXT

{Select an Arc or an ArcAlignedText:}에서 호를
선택합니다.

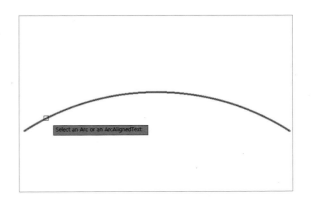

호를 선택하면 다음과 같은 대화상자가 나타납니다.
'Text'에 문자를 입력하고 'Properties'에 문자의 속성(높이,
호로부터 간격 띄우기 등)을 입력합니다.

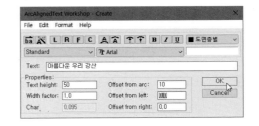

다음과 같이 호를 따라 문자가 작성됩니다.

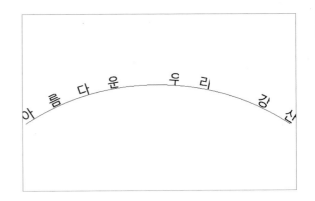

20.5 문자 편집(DDEDIT)

작성된 문자의 내용과 특성을 편집합니다. 다양한 문자 편집 방법을 제공합니다.

(1) 작성된 문자의 더블클릭

작성된 문자를 더블클릭하면 문자를 수정할 수 있는 모드가 됩니다. 단일 행 문자는 문자의 내용만 수정할 수 있
고, 여러 줄 문자는 '문자 편집기' 탭이 나타나 문자의 환경(글꼴, 높이, 자리 맞추기, 효과 등)을 편집할 수 있습
니다.

(2) 특성(PROPERTIES) 또는 빠른 특성(QP) 기능

특성(PROPERTIES) 기능 또는 그리기 도구의 '빠른 특성(QP)' 기능으로 문자의 내용뿐 아니라 문자의 특성도 수정할 수 있습니다.

문자를 선택한 후 단축키 'PR'을 입력하면 다음과 같이 문자 특성 팔레트가 표시됩니다. 특성 팔레트에서 색상, 도면층을 비롯하여 문자의 내용, 스타일, 높이, 자리 맞추기 등을 수정할 수 있습니다.

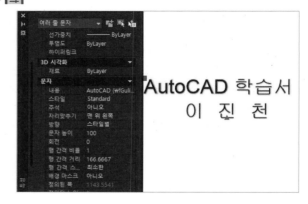

(3) 문자 편집(TEXTEDIT, DDEDIT) 기능

문자 편집 기능인 'TEXTEDIT' 또는 'DDEDIT'를 실행하여 문자를 수정합니다.

{주석 객체 선택 또는 [명령 취소(U)/모드(M)]:}에서 문자를 선택합니다.

문자를 선택하면 다음과 같이 문자를 수정할 수 있는 모드로 바뀝니다. 문자의 내용만 바꿀 수 있습니다. 치수 문자도 해당됩니다.

(4) 그립을 이용한 문자의 위치 및 범위 조정

작성된 문자를 클릭하면 그립이 나타납니다. 이때 그립을 이용하여 문자의 위치 및 단락의 범위를 조정할 수 있습니다. 앞의 '여러 줄 문자'를 참고합니다.

(5) 문자의 크기를 조정하는 축척(SCALETEXT)

객체의 위치를 변경하지 않고 동시에 하나 이상의 문자 객체, 속성, 속성 정의 또는 삽입점의 축척을 변경할 수 있습니다.

명령: SCALETEXT	메뉴 아이콘: [A]

(6) 문자의 위치를 조정하는 자리 맞추기(JUSTIFYTEXT)

문자를 이동하지 않고 문자의 삽입점을 재정의합니다. 문자의 자리 맞추기(정렬)를 할 때 유용합니다.

명령: JUSTIFYTEXT	메뉴 아이콘: [A]

TIP ── Express Tool 탭 메뉴의 'Text' 패널에는 다양한 문자 작성 및 편집 기능을 제공하고 있습니다. 소문자를 대문자로 변환, 문자를 MTEXT로 변환, 문자 회전, 문자 맞춤, 문자 테두리 작성 등을 제공하고 있습니다.

예제 실습

다음과 같은 도면 작성 양식을 작성합니다. A4용지의 척도가 1/10인 용지를 설정합니다. 테두리는 용지로부터 10mm(1cm)를 띄운 테두리를 만듭니다. 테두리는 축척을 고려하여 띄어야 합니다. 1/10 도면에서는 100mm를 띄어야 합니다.

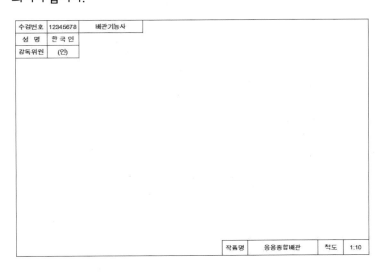

1. LIMITS 또는 MVSETUP 명령으로 용지 범위(A4용지, 1/10)를 설정합니다.

2. OFFSET 명령으로 10mm 안쪽으로 간격을 띄웁니다.

3. ERASE 명령으로 바깥쪽 직사각형을 지웁니다.

4. EXPLODE 명령으로 테두리를 분해합니다.

5. OFFSET 명령으로 다음의 크기로 간격을 띄운 후, TRIM 명령으로 자릅니다.

6. TEXT 또는 MTEXT 명령으로 문자를 작성합니다. 문자 높이는 4mm입니다.

   이때 문자의 높이는 도면의 척도를 고려해야 합니다. 예를 들어, 1/10 도면은 40mm로 설정합니다. 문자 높이 = (축척 값 x 출력하고자 하는 문자 높이)

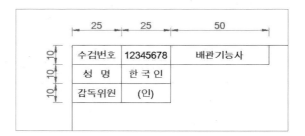

앞에서와 같은 방법으로 왼쪽 상단의 인적 사항 표를 작성합니다. 문자 높이는 3.5mm입니다.

21 타원(ELLIPSE)

타원은 동일한 길이의 축으로 이루어진 원과 달리 두 개의 축으로 이루어진 원입니다. 타원과 타원 호를 작성할 수 있습니다.

명령: ELLIPSE(단축키: EL)   메뉴 아이콘:

{타원의 축 끝점 지정 또는 [호(A)/중심(C)]:}에서 임의의 좌표를 지정합니다.

{축의 다른 끝점 지정:} 에서 상대극좌표 '@500<0'을 입력합니다.

{다른 축으로 거리를 지정 또는 [회전(R)]:}에서 '250'을 입력합니다.

{타원의 축 끝점 지정 또는 [호(A)/중심(C)]:}에서 호 옵션 'A'를 입력합니다.

{타원 호의 축 끝점 지정 또는 [중심(C)]:}에서 호의 끝점을 지정합니다.

{축의 다른 끝점 지정:}에서 호의 반대편 끝점을 지정합니다.

{다른 축으로 거리를 지정 또는 [회전(R)]:}에서 다른 축의 거리를 지정합니다.

{시작점 지정 또는 [매개변수(P)]:}에서 타원 호의 시작점을 지정합니다.

{끝각도를 지정 또는 [매개변수(P)/사이각(I)]:}에서 타
원 호의 끝 각도를 지정합니다.

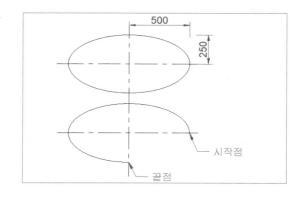

참고 옵션 설명

{타원의 축 끝점 지정 또는 [호(A)/중심(C)]:}
(1) 호(A): 타원 호를 작도합니다.
(2) 중심(C): 중심점을 기준으로 타원을 작도합니다. 이 옵션을 선택하면 {타원의 중심 지정:}, {축의 끝점 지
정:}, {다른 축으로 거리를 지정 또는 [회전(R)]:}의 순서로 지정합니다.

{다른 축으로 거리를 지정 또는 [회전(R)]:}
(1) 회전(R): 첫 번째 축을 기준으로 원을 회전시켜 타원의 긴 축과 짧은 축의 비율을 정의합니다. 값이 클수
록(0에서 89.4도 사이의 값) 긴 축에 대한 짧은 축의 비율이 커집니다. '0'을 입력하면 원이 작도됩니다.
{장축 주위로 회전 지정:}에서 각도를 입력합니다. 각도에 따라 원의 기울기가 달라져 타원의 모양이 결
정됩니다.

22 도넛(DONUT)

도넛 형태의 도형을 작도합니다.

명령: DONUT(단축키: DO)	메뉴 아이콘:

{도넛의 내부 지름 지정 〈0.5000〉:}에서 내부 지름 '0'을 지정합니다.
{도넛의 외부 지름 지정 〈1.0000〉:}에서 외부 지름 '100'을 입력합니다.
{도넛의 중심 지정 또는 〈종료〉:}라는 도넛을 작도하고자 하는 위치를 반복해서 지정합니다.
〈엔터〉 키 또는 〈스페이스 바〉를 눌러 도넛 명령을 재실행합니다.
{도넛의 내부 지름 지정 〈0.000〉:}에서 내부 지름 '50'을 입력합니다.

{도넛의 외부 지름 지정 〈1.0000〉:}에서 외부 지름 '100'을 입력합니다.

{도넛의 중심 지정 또는 〈종료〉:}라는 도넛을 작도하고자 하는 위치를 반복해서 지정합니다.

다음과 같이 안쪽 지름이 '0'인 채워진 도넛과 안쪽 지름이 '50'인 도넛이 작도됩니다.

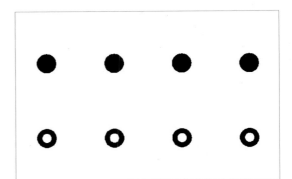

🔧 **참고** 　**도넛의 채움**

도넛을 비롯해 해치, 굵은 폴리선 등은 2차원 솔리드 형태입니다. 즉, 채워진 형태의 객체입니다. 이 채워진 객체의 채우기를 조정하는 명령이 '채우기(FILL)' 명령입니다.

{명령:}에서 'FILL'을 입력합니다.

{모드 입력 [켜기(ON)/끄기(OFF)] 〈켜기〉:}에서 'OFF'를 입력합니다.

이 상태에서는 화면에서의 변화는 없습니다. 이때 다음과 같이 실행합니다.

{명령:}에서 'REGEN'을 입력합니다.

{모형 재생성 중.}이라는 메시지를 표시하면서 다음과 같이 표시됩니다.

💧 **TIP** ──▶ 'REGEN' 명령은 도면 전체를 재생성하는 기능으로 현재 뷰포트에서 모든 객체의 화면 좌표를 다시 계산합니다. 또한 최적의 화면 표시 및 객체 선택 성능을 위해 도면 데이터베이스를 다시 색인화하는 기능입니다. 따라서 '채우기(FILL)' 모드를 끈 후에 도면을 재생성하면 현재의 모드를 반영하여 표시합니다.

23 나선(HELIX)

2D 또는 3D 스프링을 작도합니다. 즉, 회전하면서 휘감아 올라가는 나선을 작도합니다.

명령: HELIX	메뉴 아이콘: 🌀

{회전 수 = 3.0000　　비틀기=CCW}

{기준 중심점 지정:}에서 나선의 중심점을 지정합니다.

{기준 반지름 지정 또는 [지름(D)] ⟨1.0000⟩:}에서 내
부의 기준 반지름 '70'을 입력합니다.

{상단 반지름 지정 또는 [지름(D)] ⟨70.0000⟩:}에서 상
단의 반지름 '250'을 입력합니다.

{나선 높이 지정 또는 [축 끝점(A)/회전(T)/회전 높이
(H)/비틀기(W)] ⟨1.0000⟩:}에서 나선의 높이 '500'을
입력합니다. 다음 그림과 같이 나선이 작도됩니다.

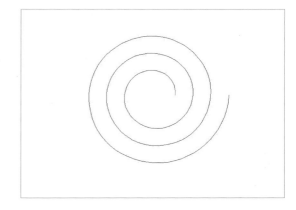

🔧 **참고** **[옵션 설명] {나선 높이 지정 또는 [축 끝점(A)/회전(T)/회전 높이(H)/**
비틀기(W)] ⟨10.0000⟩:}

(1) **축 끝점(A):** 나선 축의 끝점 위치를 지정하는 것으로 나선의 길이 및 방향을 결정합니다. 축 끝점은 3D
공간의 어느 위치에나 올 수 있습니다.

(2) **회전(T):** 나선의 회전(선회) 수를 지정합니다. 기본 값은 3이고, 최대 500을 초과할 수 없습니다.

(3) **회전 높이(H):** 나선 안에서 하나의 완전한 회전의 높이를 지정합니다. 나선의 회전 수를 지정하면 회전
높이는 지정할 수 없습니다.

(4) **비틀기(W):** 나선을 시계 방향(CW)으로 그릴지 또는 시계 반대 방향(CCW)으로 그릴지 지정합니다. 기
본값은 반시계 방향(CCW)입니다.

---

24 구름형 리비전(REVCLOUD)

도면을 검토하여 특정 부분에 코멘트를 붙일 경우 구름형 수정 기호를 사용합니다. 구름형 리비전은 사각형, 원
형, 프리핸드 등 다양한 형태의 수정 기호를 작도합니다. 객체 유형이 '구름형 리비전'으로 작도됩니다.

명령: REVCLOUD(단축키: REV)   **아이콘:** ■ ■ ■

24.1 직사각형 구름형 리비전 그리기

두 점을 지정하여 구름형 리비전(수정 기호)을 작도합니다.

{최소 호 길이: 50.0000 최대 호 길이: 50.0000 스타일: 일반}

{첫 번째 구석점 지정 또는 [호 길이(A)/객체(O)/직사각형(R)/폴리곤(P)/프리핸드(F)/스타일(S) /수정(M)] ⟨객체
(O)⟩:}에서 호 길이 옵션 'A'를 입력합니다.

{최소 호 길이 지정 〈50.0000〉:}에서 호의 길이(예: 300)를 지정합니다.

{최대 호 길이 지정 〈500.0000〉:}에서 호의 길이(예: 300)를 지정합니다.

{첫 번째 구석점 지정 또는 [호 길이(A)/객체(O)/직사각형(R)/폴리곤(P)/프리핸드(F)/스타일(S) /수정(M)] 〈객체(O)〉:} 첫 번째 점을 지정합니다.

{반대 구석 지정:}에서 반대편 구석 점을 지정합니다. 구름 모양의 리비전 기호가 작도됩니다.

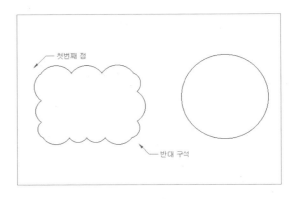

24.2 선택한 객체를 구름형 리비전으로 바꾸기

이미 작성된 닫힌 객체(원, 사각형, 폴리선 등)를 선택하여 구름형 수정기호로 변환합니다. 먼저, 구름형 수정기호로 바꾸고자 하는 위치에 객체(예: 원)를 작성합니다.

{최소 호 길이: 500.0 최대 호 길이: 500.0 스타일: 일반 유형: 직사각형

첫 번째 구석점 지정 또는 [호 길이(A)/객체(O)/직사각형(R)/폴리곤(P)/프리핸드(F)/스타일(S)/수정(M)] 〈객체(O)〉:}에서 객체 옵션 'O'를 입력한 후 〈엔터〉 키를 누릅니다.

{객체 선택:}에서 구름형 수정기호로 바꾸고자 하는 객체(원)를 선택합니다.

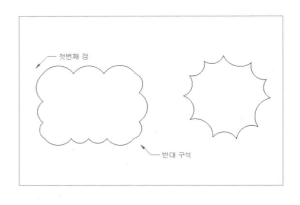

{방향 반전 [예(Y)/아니오(N)] 〈아니오(N)〉:}에서 'Y'를 입력합니다.

{구름형 리비전을 완료했습니다.}라는 메시지를 표시하면서 다음과 같이 원이 구름형 리비전으로 바뀝니다.

> **참고** [옵션 설명] {첫 번째 구석점 지정 또는 [호 길이(A)/객체(O)/직사각형(R)/폴리곤(P)/프리핸드(F)/스타일(S)/수정(M)] 〈객체(O)〉:}
>
> (1) **호 길이(A):** 구름 모양의 호의 길이를 지정합니다. 'REVCLOUDPROPERTIES' 명령으로 호 길이를 바꿀 수 있습니다.
> (2) **객체(O):** 닫힌 객체를 선택하여 구름형 수정기호로 변환합니다.
> (3) **직사각형(R):** 두 점을 지정하여 직사각형의 구름형 수정기호를 작성합니다.

(4) **폴리곤(P)**: 구름형 리비전의 정점으로 세 개 이상 점에 의해 정의된 다각형 리비전 구름을 작성합니다. 메뉴에서 별도의 아이콘 ▨을 제공합니다.

(5) **프리핸드(F)**: 마우스를 이용하여 스케치하듯 그려나가는 구름형 수정기호를 작도합니다. 메뉴에서 별도의 아이콘 ▨을 제공합니다.

(6) **스타일(S)**: 구름형 수정 기호의 유형으로서 '일반(N)'과 장식 모양인 '컬리그라피(C)' 중에서 선택합니다.

(7) **수정(M)**: 기존 구름형 리비전에서 측면을 추가하거나 제거합니다.

{방향 반전 [예(Y)/아니오(N)] <아니오(N)>:}

기호의 반전 여부를 결정합니다. '예(Y)'를 입력하면 호의 모양이 반전되어 바깥쪽을 향한 호가 작도됩니다.

25 스플라인(SPLINE)과 스플라인 편집(SPLINEDIT)

스플라인은 지정된 점(제어점)을 지나거나 근처를 지나는 부드러운 곡선(NURBS 곡선)을 만듭니다. 곡선이 점과 일치하는 정도(곡선의 완만도)를 조정하여 다양한 곡선을 작도할 수 있습니다. 스플라인은 3D 모델링용으로 NURBS 표면을 작성하는 데 필수 도구입니다.

25.1 스플라인(SPLINE)

부드러운 곡선인 스플라인을 작도합니다.

명령: SPLINE(단축키: SPL)	아이콘: ▨ ▨

(1) 맞춤(Fit) 스플라인

선(LINE) 또는 폴리선(PLINE) 기능으로 다음과 같이 작도해놓습니다.

{현재 설정: 메서드=맞춤 매듭=현}

{첫 번째 점 지정 또는 [메서드(M)/매듭(K)/객체(O)]:}
첫 번째 점을 지정합니다.

{다음 점 입력 또는 [시작 접촉부(T)/공차(L)]:} 다음 점을 지정합니다.

{다음 점 입력 또는 [끝 접촉부(T)/공차(L)/명령 취소(U)/닫기(C)]:}

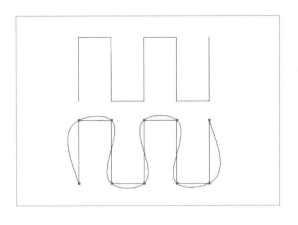

차례로 점을 지정해 나가면 다음과 같이 스플라인(아래쪽 곡선)이 작도됩니다.

(2) 정점 조정(Control Vertices) 스플라인

스플라인(정점 조정) 명령을 실행합니다. '홈' 탭의 '그리기' 패널 또는 '그리기' 도구막대에서 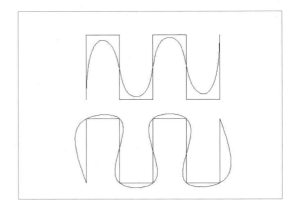을 클릭합니다.

💧 **TIP** ── 명령어 'SPLINE' 또는 'SPL'로 스플라인 명령을 실행한 경우는 '매서드(M)' 옵션을 사용하여 '정점 조정(CV)'을 선택합니다.
{첫 번째 점 지정 또는 [메서드(M)/매듭(K)/객체(O)]:}에서 'M'을 입력합니다.
{스플라인 작성 메서드 입력 [맞춤(F)/CV(C)] <CV>:}에서 'C'를 입력합니다.

{현재 설정: 메서드=CV 각도=3}
{첫 번째 점 지정 또는 [메서드(M)/각도(D)/객체(O)]:}
시작 점을 지정합니다.
{다음 점 입력:}에서 다음 점을 지정합니다.
{다음 점 입력 또는 [닫기(C)/명령 취소(U)]:}
차례로 점을 지정해가며 스플라인을 작도합니다. 다음 그림의 위쪽이 정점 조정 스플라인입니다.

🔧 **참고** **[옵션 설명] {첫 번째 점 지정 또는 [메서드(M)/매듭(K)/객체(O)]:}**

(1) **메서드(M):** 스플라인이 형식을 '맞춤(F)'으로 할 것인가 '정점 조정(CV)'으로 할 것인가를 선택합니다. 이는 3D NURBS 표면을 작성할 때 사용할 도형을 작성하는 경우에 많이 사용됩니다.

(2) **매듭(K):** 곡선이 맞춤점을 통과할 때 해당 곡선의 모양에 영향을 주는 매듭 매개변수를 지정합니다.
{매듭 매개변수화 입력 [현(C)/제곱근(S)/균일(U)] <현>:}
① **현(C):** 곡선에서의 편집점 위치를 나타내는 십진 값으로 편집점의 번호를 매깁니다.
② **제곱근(S):** 연속되는 매듭 사이의 현 길이 제곱근을 기준으로 편집점의 번호를 매깁니다.
③ **균일(U):** 연속하는 정수를 사용하여 편집점의 번호를 매깁니다.

(3) **객체(O):** 사각형 또는 정육면체의 2D 또는 3D 스플라인 맞춤 폴리선을 그에 상응하는 스플라인으로 변환합니다. 예를 들어, 2D 또는 3D 폴리선을 폴리선 편집 명령으로 스플라인으로 변환하면 객체 종류는 '2D 폴리선'입니다. 이를 '2D 스플라인' 객체로 변환합니다.

* 맞춤 스플라인인 경우

{다음 점 입력 또는 [끝 접촉부(T)/공차(L)/명령 취소(U)/닫기(C)]:}

(1) 시작 접촉부(T), 끝 접촉부(T): 시작과 끝 부분을 접선 방향을 기준으로 스플라인을 작성합니다. 다음의 아래 그림은 끝 접촉부를 0도 방향으로 맞출 경우 작도되는 스플라인의 모양입니다. 끝 부분이 0도 방향을 향합니다.

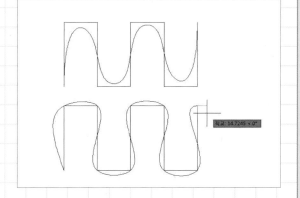

(2) 공차(L): 스플라인 곡선의 허용 한계를 지정합니다. 공차를 0(영)으로 설정하면 스플라인 곡선은 지정한 점을 통과합니다. 0(영)보다 큰 공차를 입력하면 스플라인 곡선이 지정된 공차 내에서 점을 통과할 수 있습니다.

(3) 명령 취소(U): 마지막으로 지정한 점을 취소합니다.

(4) 닫기(C): 처음 시작점으로 연결하여 폐쇄 공간을 만듭니다.

* 정점조정(CV) 스플라인인 경우

{첫 번째 점 지정 또는 [메서드(M)/각도(D)/객체(O)]:}

(1) 각도(D): 각 범위에서 얻을 수 있는 최대 휘어지는 수를 설정합니다. 각도는 1~3 범위입니다. 조정 정점 수는 각도 수보다 하나 더 많으므로 각도 3의 스플라인에는 4개의 조정 정점이 있습니다.

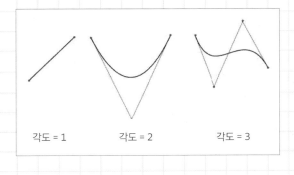

25.2 스플라인 편집(SPLINEDIT)

스플라인을 편집합니다. 스플라인의 각 정점의 이동, 정밀도를 높이기 위해 정점을 추가하거나 그 반대로 삭제가 가능합니다. 스플라인의 방향을 바꿀 수도 있으며 공차를 낮춰 각 정점에 근접하게 할 수도 있습니다. 또 스플라인을 폴리선으로 변환할 수도 있습니다.

명령: SPLINEDIT(단축키: SPE)   아이콘: 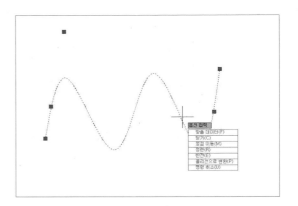

바로가기 메뉴: 스플라인을 선택한 후 마우스 오른쪽 버튼으로 클릭하여 '스플라인 편집'을 클릭합니다.

{스플라인 선택:}에서 작성된 스플라인을 선택합니다. 스플라인을 선택하면 다음 그림과 같이 각 정점에 그립(맞물림)이 표시됩니다.

{옵션 입력 [닫기(C)/결합(J)/맞춤 데이터(F)/정점 편집(E)/폴리선으로 변환(P)/반전(R)/명령 취소(U)/종료(X)] 〈종료〉:} 편집하고자 하는 옵션 항목을 선택하여 편집합니다.

참고 옵션 설명

옵션을 선택하면 해당 옵션에 해당하는 서브 옵션도 있습니다.

{옵션 입력 [닫기(C)/결합(J)/맞춤 데이터(F)/정점 편집(E)/폴리선으로 변환(P)/반전(R)/명령 취소(U)/종료(X)] <종료>:}

(1) **닫기(C):** 열려있는 스플라인을 닫습니다.

(2) **결합(J):** 선택한 스플라인을 일치하는 끝점에서 다른 스플라인, 선, 폴리선 및 호와 결합하여 더 큰 스플라인을 형성합니다.

(3) **맞춤 데이터(Fit Data):** 다음과 같은 옵션을 사용하여 맞춤 데이터를 편집합니다.

{[추가(A)/닫기(C)/삭제(D)/이동(M)/소거(P)/접선(T)/공차(L)/나가기(X)]<나가기>:}

① **추가(A):** 지정된 위치에 정점을 추가합니다.

② **닫기(C):** 열려있는 스플라인을 끝점의 접선(Tangent) 방향으로 닫아줍니다.

③ **삭제(D):** 맞춤점(정점)을 삭제하여 양쪽의 점을 잇습니다.

④ **이동(M):** 기존 정점의 위치를 이동합니다.

⑤ **소거(P):** 도면 데이터베이스에서 스플라인의 맞춤 데이터를 제거합니다. 이 옵션을 실행한 후에는 '맞춤 데이터(F)' 옵션이 표시되지 않습니다.

⑥ **접선(T):** 스플라인의 시작점과 끝점의 접선을 재지정합니다.

⑦ **공차(L):** 공차를 설정합니다. 공차가 낮을수록 각 정점에 가까운 곡선이 됩니다.

⑧ **나가기(X):** '맞춤 데이터(F)' 옵션을 종료합니다.

(4) 정점 편집(E): 다음의 옵션으로 정점을 편집합니다.

{정점 편집 옵션 입력 [추가(A)/삭제(D)/순서 올리기(E)/이동(M)/가중치(W)/종료(X)] <종료>:}

(5) 폴리선으로 변환(P): 스플라인 객체를 폴리선(PLINE) 객체로 변환합니다.

(6) 반전(R): 정점의 방향을 반전합니다.

(7) 명령 취소(R): 직전에 실행한 기능을 취소합니다.

(8) 종료(X): 스플라인 편집(SPLINEDIT) 명령을 종료합니다.

예제 실습

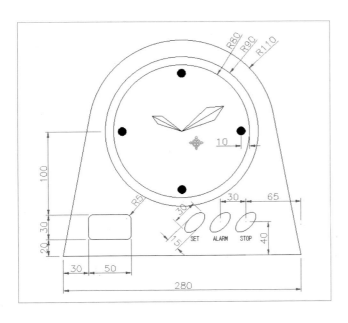

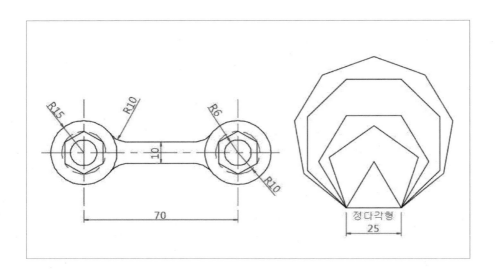

26 끊기(BREAK)

객체를 한 점에서 끊거나 지정한 두 점 사이에 간격을 두어 끊는 기능입니다. 단, 블록(BLOCK), 여러 줄 (MLINE), 치수(DIMENSION), 영역(REGION)은 끊을 수 없습니다.

명령: BREAK(단축키: BR)	아이콘:

폴리선으로 작도된 직사각형을 이용하여 실습하겠습니다.

{객체 선택:}에서 끊고자 하는 첫 번째 점을 지정합니다.

{두 번째 끊기점을 지정 또는 [첫 번째 점(F)]:}에서 끊고자 하는 두 번째 점을 지정합니다. 다음과 같이 지정한 두 점 사이가 끊어집니다.

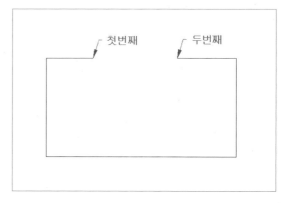

참고 **[옵션 설명] {두 번째 끊기점을 지정 또는 [첫 번째 점(F)]:}**

(1) 첫 번째 점(F): {객체 선택:}에서 선택한 점을 사용하지 않고 사용자가 새로운 첫 번째 점을 재지정합니다.

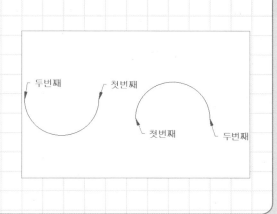

참고 끊기의 방향

선의 경우는 지정한 두 점 사이를 끊지만 원이나 호는 각도의 측정 방향으로 끊어지게 됩니다. 따라서 원의 경우는 끊고자 하는 점을 지정할 때 각도를 고려해서 지정해야 합니다.

왼쪽 원은 0도 위치의 사분점을 먼저 지정하고 180도 위치의 사분점을 나중에 지정한 경우입니다. 오른쪽 원은 180도 위치의 사분점을 먼저 지정하고 0도 위치의 사분점을 나중에 지정한 경우입니다.

27 점에서 끊기(BREAKATPOINT)

지정한 점에서 객체를 끊습니다. 즉, 객체를 지정한 점에서 나눕니다.

명령: BREAKATPOINT	아이콘:

{객체 선택:}에서 끊기할 객체를 선택합니다.

{끊기점 지정:}에서 끊을 위치를 지정합니다.

다음과 같이 지정한 위치에서 객체가 끊어진 것을 확인할 수 있습니다.

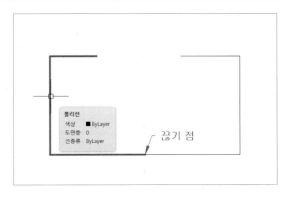

참고 끊기(BREAK) 명령에서 분할

분할은 '점에서 끊기 '를 이용하거나 다음과 같이 실행하면 한 점에서 객체가 끊어집니다.

{객체 선택:}에서 분할하고자 하는 객체를 선택합니다.

{두 번째 끊기점을 지정 또는 [첫 번째 점(F)]:}에서 'F'를 입력합니다.

{첫 번째 끊기점 지정:}에서 분할하고자 하는 점을 지정합니다.

{두 번째 끊기점을 지정:}에서 '@'를 입력합니다.

이렇게 실행하면 점에서 끊기와 동일한 기능을 수행합니다.

28 결합(JOIN)

두 개 이상의 객체를 하나로 결합하거나 호 및 타원형 호로부터 완벽히 닫힌 원이나 타원으로 결합할 수 있습니다.

명령: JOIN (단축키: J)	아이콘:

{한 번에 결합할 원본 객체 또는 여러 객체 선택:}에서
선의 위쪽 객체(원본 객체)를 선택합니다. {1개를 찾음}
{결합할 객체 선택:}에서 오른쪽 선 객체를 선택합니
다. {1개를 찾음, 총2개}
{결합할 객체 선택:}에서 〈엔터〉 키 또는 〈스페이스 바
〉를 눌러 종료합니다.
{2개 선이 1개 선으로 결합되었습니다.}라는 메시지가
표시되면서 객체가 결합됩니다.

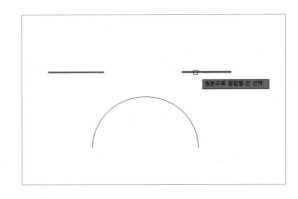

💧 **TIP** ── 선분이 동일선상에 있지 않을 경우는 결합되지 않습니다.

다음은 호를 하나의 닫힌 원으로 결합하겠습니다.
〈엔터〉 키 또는 〈스페이스 바〉를 눌러 결합 명령을 재
실행합니다.
{한 번에 결합할 원본 객체 또는 여러 객체 선택:}에서
호를 선택합니다.
{결합할 객체 선택:}에서 〈엔터〉 키 또는 〈스페이스 바
〉를 누릅니다.

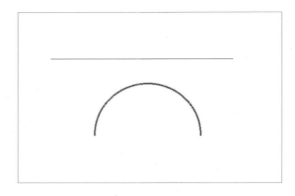

{원본으로 결합할 호 선택 또는 [닫기(L)]:}에서 닫기
옵션 'L'을 입력합니다.
{호가 원으로 변환되었습니다.}라는 메시지와 함께 다
음 그림과 같이 호가 원으로 변환됩니다.

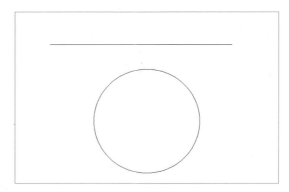

참고 **결합할 수 없는 객체**

선택한 객체와 객체가 결합될 수 없는 경우는 {0 개의 선이 원본으로 결합됨, 1개 객체가 작업에서 버려짐}
이라는 메시지를 표시하며 결합되지 않습니다. 결합할 수 없는 객체는 복합 객체인 폴리선(PLINE), 블록
(BLOCK), 여러 줄(MLINE), 치수(DIMENSION), 영역(REGION)입니다. 또, 선이나 호의 경우는 동일한 선상에
있지 않은 경우, 나선이나 스플라인은 인접해 있지 않은 경우에는 결합되지 않습니다.

29 곡선 혼합(BLEND)

열려 있는 두 점을 부드러운 곡선(스플라인)으로 연결합니다.

명령: BLEND	아이콘:

{연속성 = 접선}
{첫 번째 객체 선택 또는 [연속성(CON)]:}에서 연결하
고자 하는 첫 번째 객체를 선택합니다.
{두 번째 객체 선택:}에서 연결하고자 하는 두 번째 객
체를 선택합니다.

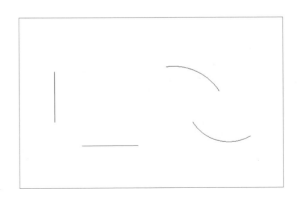

다음과 같이 선택한 두 객체의 끝점이 스플라인으로
연결됩니다.

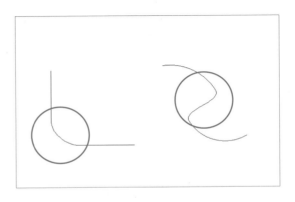

30 정렬(ALIGN)

객체를 2D 및 3D에서 정렬 점을 기준으로 다른 객체와 정렬합니다.

명령: ALIGN(단축키: AL)   아이콘:

{객체 선택:}에서 정렬하고자 하는 객체(사각형)를 선택합니다.

{첫 번째 근원점 지정:}에서 첫 번째 근원점을 지정합니다.

{첫 번째 대상점 지정:}에서 첫 번째 대상점(삼각형 꼭짓점)을 지정합니다.

{두 번째 근원점 지정:}에서 두 번째 근원점을 지정합니다.

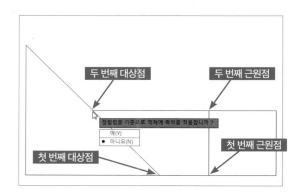

{두 번째 대상점 지정:}에서 두 번째 대상점(삼각형 중간점)을 지정합니다.

{세 번째 근원점 지정 또는 〈계속〉:}에서 〈엔터〉 키 또는 〈스페이스 바〉를 누릅니다.

{정렬점을 기준으로 객체에 축척을 적용합니까? [예(Y)/아니오(N)] 〈N〉:}에서 'N'를 지정합니다. 다음 그림과 같이 대상점에 정렬됩니다.

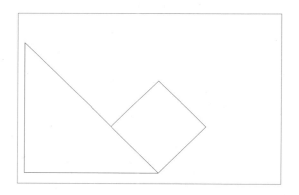

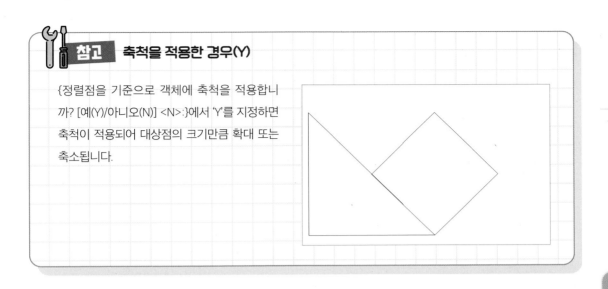

참고 **축척을 적용한 경우(Y)**

{정렬점을 기준으로 객체에 축척을 적용합니까? [예(Y)/아니오(N)] <N>:}에서 'Y'를 지정하면 축척이 적용되어 대상점의 크기만큼 확대 또는 축소됩니다.

31 점 스타일(PTYPE)

점의 모양을 정의합니다.

명령: PTYPE, DDPTYPE   **아이콘:**

명령어 'PTYPE' 또는 'DDPTYPE'을 입력하거나 '점 스타일 □'을 클릭합니다. 다음과 같이 점 스타일 대화상자가 나타납니다. 표시하고자 하는 점 스타일(모양)을 선택한 후 [확인]을 클릭합니다.

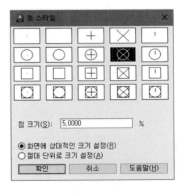

(1) **점 스타일 미리보기:** 점의 모양을 나열된 이미지에서 선택합니다.
(2) **점 크기(S):** 화면에 대한 백분율을 입력합니다.
(3) **화면에 상대적인 크기 설정(R):** 점 표시 크기를 화면 크기에 대한 백분율(상대적인 크기)로 설정합니다. 줌 확대 또는 줌 축소를 해도 점 표시가 변경되지 않습니다.
(4) **절대 단위로 크기 설정(A):** 점 표시 크기를 점 크기에서 지정한 실제 단위로 설정합니다. 점은 줌 확대 또는 줌 축소에 따라 더 크게 또는 작게 표시됩니다.

32 점(POINT)

지정한 위치에 점을 찍습니다.

명령: POINT(단축키: PO)   아이콘:

{현재 점 모드: PDMODE=35 PDSIZE=0.0000}

{점 지정:}에서 객체스냅 '중심점' 을 이용하여 호
의 중심을 지정합니다.

{점 지정:}에서 ⟨ESC⟩ 키를 눌러 종료합니다.

다음 그림과 같이 호의 중심에 점이 찍힙니다.

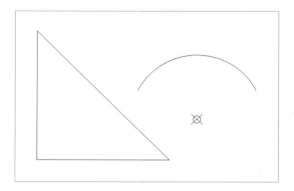

33 등분할(DIVIDE)

선택한 객체를 지정한 수만큼 분할합니다. 분할 위치에는 점 또는 지정한 블록이 표시됩니다.

명령: DIVIDE(단축키: DIV)   아이콘: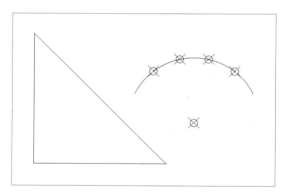

{등분할 객체 선택:}에서 호를 선택합니다.

{세그먼트의 개수 입력 또는 [블록(B)]:}에서 분할할
수 '5'를 입력합니다. 다음 그림과 같이 선택한 객체
(호)가 5등분되어 표시됩니다. 분할 위치에는 '점 유형
(DDPTYPE)'에서 정의한 점의 형상이 표시됩니다.

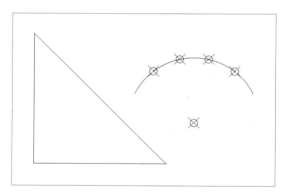

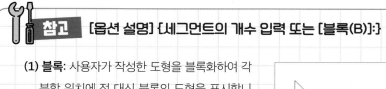

참고 [옵션 설명] {세그먼트의 개수 입력 또는 [블록(B)]:}

(1) **블록**: 사용자가 작성한 도형을 블록화하여 각
분할 위치에 점 대신 블록의 도형을 표시합니
다. 다음은 별 모양의 블록을 작성하여 등분할
한 예입니다.

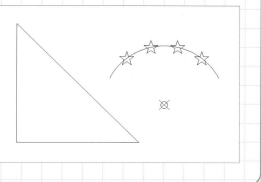

34 길이 분할(MEASURE)

선택한 객체를 지정한 길이로 분할합니다. 분할 위치에는 점 또는 블록이 표시됩니다.

명령: MEASURE(단축키: ME)   아이콘:

{길이분할 객체 선택:}에서 분할할 객체를 선택합니다.

{세그먼트의 길이 지정 또는 [블록(B)]:}에서 분할 길이 '300'을 입력합니다. 다음 그림과 같이 길이 '300' 단위로
점을 표시합니다.

TIP ── 길이 분할의 경우 선택한 객체 위치로부터
지정한 길이를 측정하여 표시합니다. 따라서, 측정하고 남은
마지막 부분은 그대로 남겨 둡니다. 원의 경우는 각도의 측정
방향(반시계 방향)으로 측정하여 점을 표시합니다.

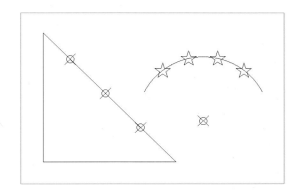

35 경계(BOUNDARY)

닫힌 영역 내에서 점을 지정하여 영역 객체 또는 폴리선을 작성합니다. 다른 객체와 겹친 공간을 채우려면 경계(BOUMDARY) 기능으로 사전에 경계를 만들어놓으면 편합니다. 복잡한 공간을 하나의 폐쇄 경계로 작성합니다.

명령: BOUNDARY(단축키: BO)	아이콘:

다음과 같은 도형(원과 원주에 작은 원이 배열된 상태)이 있다고 가정하겠습니다.

경계 명령을 실행하면 다음의 경계 작성 대화상자가 나타납니다.

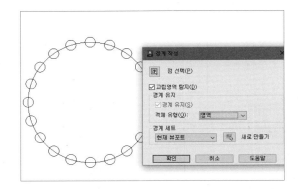

(1) **점 선택(P):** 지정된 점을 기준으로 닫힌 영역을 구성하는 기존 객체로부터 경계를 결정합니다.

(2) **고립영역 탐지(D):** 지정한 영역의 내부에 고립영역이 있는 경우 탐지할지를 지정합니다.

(3) **경계 유지:** 경계의 유지 여부와 만들어진 경계를 어떤 객체 유형(영역 또는 폴리선)으로 작성할 것인지 선택합니다.

(4) **경계 세트:** 경계를 탐색할 때 '현재 뷰포트' 전체에서 탐색할 것인지, 새로운 객체 세트 내에서 탐색할 것인지 지정합니다.

경계 작성 대화상자의 '객체 유형(O)' 목록에서 '영역'을 선택하고, '점 선택(P)' 아이콘을 클릭합니다.

{내부 점 선택:}에서 경계를 작성하고자 하는 공간의 한 점을 지정합니다.

{내부 고립영역 분석 중...}

{내부 점 선택:}에서 〈엔터〉 키 또는 〈스페이스 바〉를 눌러 종료합니다.

{1 루프이(가) 추출됨.} {1 영역이(가) 작성됨.}

{경계 1 영역을(를) 작성함}

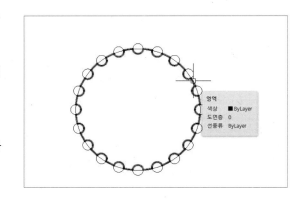

객체에 마우스를 가져가면 다음 그림과 같이 '영역' 객체가 작성된 것을 확인할 수 있습니다.

이처럼 '경계(BOUNDARY)' 명령은 선택한 객체의 내부의 경계선을 하나의 영역으로 묶어주는 폴리선 또는 영역 객체를 작성합니다.

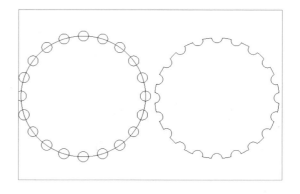

36 영역(REGION)

영역은 질량의 중심 등과 같은 물리적 특성이 있는 2차원의 닫힌 영역을 만듭니다. 기존 영역을 결합하여 영역을 계산할 수 있습니다.

명령: REGION(단축키: REG) 아이콘:

 참고 **영역의 용도**

설계 작업에서 영역 명령 자체로 특정 기능을 수행하는 것이 아니라 다음과 같이 다른 명령을 활용하기 위한 보조 도구로 이용됩니다.

(1) 해치나 그러데이션을 위한 폐쇄 공간을 작성합니다.
(2) '영역/질량 특성(MASSPROP)' 명령을 사용할 때 기준이 되는 공간을 작성합니다.
(3) 도형의 중심과 같이 설계 정보를 추출할 수 있습니다.

명령어 'REGION' 또는 'REG'를 입력하거나 '홈' 탭의 '그리기' 패널에서 을 클릭합니다.
{객체 선택:}에서 다음 그림과 같이 크로싱 선택 방법으로 별 객체를 선택합니다.
{객체 선택:}에서 지정하고 〈엔터〉 키 또는 〈스페이스바〉를 누르면 종료됩니다.
{2 루프이(가) 추출됨.} {2 영역이(가) 작성됨.}

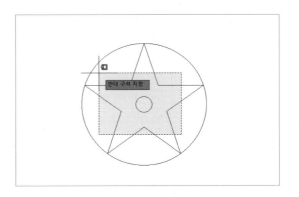

작성된 객체에 마우스 커서를 가져가면 다음과 같이 '영역'이 작성된 것을 알 수 있습니다. 원과 별 각각 영역으로 작성됩니다.

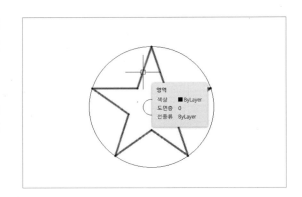

 '질량 특성(MASSPROP) ' 기능을 이용하여 영역 객체를 선택하면 영역의 면적, 둘레 길이, 관성 모멘트 등 다양한 특성 값을 얻을 수 있습니다.

37 해치(HATCH)

콘크리트의 표현, 인테리어 설계에서 가구 재질의 표현, 기계 설계의 단면의 표현 등은 일정한 패턴의 무늬로 표현합니다. 해치는 특정 경계 범위를 일정한 패턴(해치 패턴)이나 선의 조합으로 채우는 것을 말합니다. 해치에 대해 학습합니다.

명령: BHATCH(단축키: BH,H)   **아이콘:** ▦

다음과 같은 도면에서 해치를 하겠습니다.

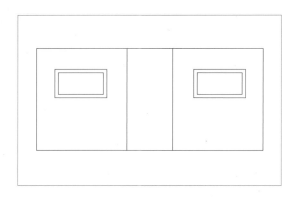

해치(BHATCH)를 실행하면 리본 메뉴에 '해치 작성' 탭이 나타납니다.

'패턴'에서 무늬를 'GRAVEL', 해치 축척을 '15'로 설정합니다.

{내부 점 선택 또는 [객체 선택(S)/명령 취소(U)/설정 (T)]:}에서 해치하고자 하는 내부의 한 점을 지정합니다. 해치 미리보기가 나타납니다. 원하는 이미지 패턴

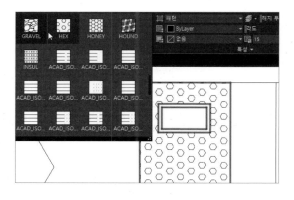

이면 '닫기 해치 작성'을 클릭하여 해치를 종료합니다. 다음(오른쪽)과 같이 'GRAVEL' 패턴이 채워집니다.

이와 같은 방법으로 다음과 같이 해치를 작성합니다.

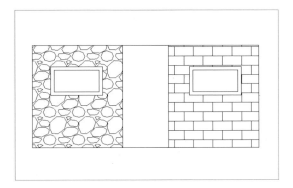

 해치 작성 탭 설명

해치(BHATCH)를 실행하면 리본 메뉴에 '해치 작성' 탭이 나타납니다.

(1) 경계 패널: 해치할 경계를 지정합니다.

① **선택 점**: {내부 점 선택 또는 [객체 선택(S)/객체 제거(B)]:} 메시지에서 점을 지정하면 점을 기준으로 폐쇄된 영역을 탐색합니다.

② **객체 선택**: 원이나 폐쇄된 폴리선 등의 객체를 선택하여 영역을 지정합니다.

③ **제거**: 선택된 해치 영역을 제거합니다.

④ **재작성**: 선택된 해치 또는 채우기를 중심으로 폴리선 또는 영역이 작성되며 연관, 비연관을 선택할 수 있습니다.

⑤ **경계 객체 표시**: 선택한 연관 해치 객체의 경계를 형성하는 객체를 선택합니다. 표시된 그립을 사용하여 해치 경계를 수정합니다. 이 옵션은 해치를 편집할 때만 사용할 수 있습니다.

⑥ **경계 객체 유지**: 경계를 유지할지 여부를 설정합니다. 경계를 유지한다고 했을 때 객체의 종류(폴리선, 영역)를 지정합니다.

⑦ 경계를 정의할 때 분석되는 객체 세트를 정의합니다. '현재 뷰포트 사용'은 현재 뷰포트 범위 내의 모든 객체에서 경계 세트를 정의합니다. 새 경계 세트 선택을 사용하여 선택한 객체에서 경계 세트를 정의합니다.

(2) **패턴 패널:** 미리 정의 및 사용자 패턴 모두에 대한 미리보기 이미지를 표시하고 선택합니다. 패턴 패널의 스크롤 버튼(역삼각형)을 클릭하면 해치 패턴의 명칭과 미리보기 이미지를 보여줍니다. 사용하고자 하는 패턴(무늬)을 선택합니다.

(3) **특성 패널:** 해치의 특성(패턴, 색상, 배경색, 투명도 등)을 정의합니다.
① **패턴:** 작성할 항목(솔리드 채우기, 그러데이션 채우기, 미리 정의된 해치 패턴 또는 사용자 정의 해치 패턴)을 지정합니다. 미리 정의된 패턴은 프로그램과 함께 제공되는 acad.pat 또는 acadiso.pat 파일에 저장됩니다. 사용자 정의된 패턴은 도면의 현재 선 종류를 기준으로 합니다. 사용자 패턴은 검색 경로에 추가한 모든 사용자 *.PAT 파일에 정의된 패턴입니다.
② **해치 색상:** 해치 패턴의 색상을 지정합니다.
③ **배경 색상:** 해치 영역의 배경 색상을 지정합니다.
④ **투명도:** 새 해치 또는 채우기에 대해 투명도 레벨을 설정하여 현재 객체 투명도를 지정합니다. 현재 객체 투명도 설정을 사용하려면 현재 사용을 선택합니다.
⑤ **해치 각도:** 선택한 패턴의 각도를 지정합니다(시스템 변수 HPANG에 저장).
⑥ **해치 패턴 축척:** 선택되거나 정의한 패턴의 스케일(축척)을 지정합니다.
⑦ **해치 도면층 재지정:** 지정한 도면층에 새 해치 객체를 지정하여 현재 도면층을 재지정합니다. 현재 도면층을 사용하려면 현재 사용을 선택합니다.
⑧ **도면 공간의 상대적:** 배치(Layout) 공간 사용 시, 도면(배치) 공간 단위를 기준으로 해치 패턴을 축척합니다. 그러면 사용자의 배치에 적절한 축척으로 해치 패턴을 표시할 수 있습니다.
⑨ **이중:** 사용자 정의 패턴의 경우 원래 선에 90도 각도로 두 번째 선 세트를 그려 교차 해치를 작성합니다. 이 옵션은 해치 유형이 사용자 정의로 설정되어 있을 때만 사용할 수 있습니다.
⑩ **ISO 펜 폭:** 선택된 펜 폭으로 ISO 관련 패턴의 척도를 지정합니다. 해치 패턴에서 'ISO' 해치 패턴이 선택되어야 켜집니다.

(4) **원점 패널:** 해치를 할 때, 원점으로 해치 시작점을 움직여야 할 경우가 발생합니다. 예를 들어, 벽돌 패턴을 작성하였을 경우 해치된 영역의 왼쪽 하단 구석에서 완전한 벽돌 모양으로 시작하고자 할 때입니다.

(5) **옵션 패널:** 연관 경계 여부, 주석 축척 등 옵션을 설정합니다.
① **연관(A):** 해치 또는 채우기가 연관인지 비연관인지를 설정합니다. 연관된 해치 또는 채우기는 해당 경계를 수정할 때 함께 수정됩니다. '신축(STRETCH)' 명령을 실행해보면 연관된 해치는 같이 신축되고, 비연관된 해치는 신축되지 않습니다.
② **주석 축척:** 해치에 주석 축척의 적용 여부를 지정합니다.
③ **특성 일치**
　– 현재 원점 사용: 해치 원점을 제외하고 선택한 해치 객체의 특성을 사용해 특성을 설정합니다.

– 원본 해치 원점 사용: 해치 원점을 포함하여 선택한 해치 객체의 특성을 사용해 해치의 특성을 설정합니다.

④ **차이 공차**: 객체가 해치 경계로 사용될 때 무시할 수 있는 차이의 최대 크기를 설정합니다. 기본값 0(영)은 객체가 차이 없이 영역을 닫아야 함을 지정합니다. 슬라이드를 이동하거나 0에서 5000까지의 값을 도면 단위로 입력하여 객체가 해치 경계로 사용되는 경우 무시할 수 있는 간격의 최대 크기를 설정합니다. 지정한 값 이하의 차이는 무시되고 경계는 닫힌 것으로 간주됩니다.

⑤ **개별 해치 작성**: 여러 개의 개별 경계를 지정할 경우, 단일 해치로 할 것인지 복수 개로 할 것인지 설정합니다.

⑥ **외부 고립 영역 탐지**: 중첩된 도형의 영역 탐지 유형을 선택합니다.

– 일반 고립영역 탐지(Normal): 바깥 영역으로부터 시작하여 홀수 번째 영역이 해치되고, 짝수 번째 영역은 해치되지 않습니다.

– 외부 고립영역 탐지(Outer): 외부 경계로부터 안쪽을 해치하거나 채웁니다. 이 옵션은 지정된 영역만 해치하거나 채우고 내부 고립영역은 그대로 둡니다.

– 고립영역 탐지 무시(Ignore): 해치 내부의 경계선은 무시되고 모두 해치됩니다.

– 고립영역 탐지 안 함: 고립영역의 탐지를 하지 않습니다.

⑦ **그리기 순서**: 해치 또는 채우기에 그리기 순서를 설정합니다. 해치 또는 채우기는 다른 모든 객체의 앞, 뒤 및 해치 경계의 앞, 뒤에 배치할 수 있습니다.

(6) 해치 작성 닫기: 해치를 종료하고 '해치 작성' 탭을 닫습니다. <엔터> 키 또는 <ESC> 키를 눌러 닫을 수도 있습니다.

38 그러데이션(GRADIENT)

객체에서 반사하는 광원의 모양과 같이 특정 색상의 조합으로 색조의 농도를 점차적으로 바꾸는 그러데이션에 대해 학습하겠습니다.

명령: GRADIENT(단축키: GD)　　　　　　　　　　　　　　　아이콘:

명령을 실행하면 다음과 같이 상단의 리본이 다음과 같이 바뀝니다.

'패턴'을 'GR_CYLIN', 해치 색상1을 '하늘색', 해치 색상2를 '노란색'으로 설정합니다.

{내부 점 선택 또는 [객체 선택(S)/명령 취소(U)/설정(T)]:}에서 입히고자 하는 공간 내부의 한 점을 지정합니다.

개요

배관 도면 작성을 위한 기초지식

AutoCAD 기능

배관 도면 작성

플랜트 배관 도면 작성

3차원 배관 모델링

패턴의 미리보기 기능을 이용하여 입히고자 하는 그러데이션인지 확인한 후 '닫기 해치 작성'를 클릭하여 그러데이션을 종료합니다.

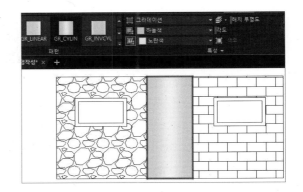

그러데이션도 해치와 마찬가지로 연관된 그러데이션은 경계를 움직이면 그러데이션 패턴도 경계를 따라 이동됩니다.

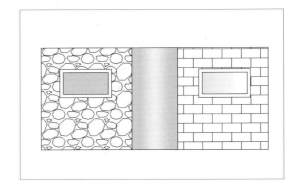

 예제 실습

다음의 도면층과 색상으로 플랜지를 작도합니다.

구분	도면층	색상
외형선	FLG	검정/흰색
중심선	CEN	빨간색
해치	HAT	파란색

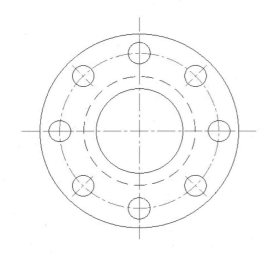

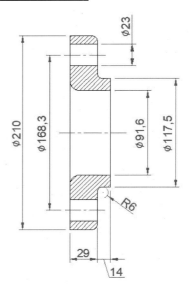

39 객체 가리기(WIPEOUT)

아래에 있는 객체를 현재 배경 색상으로 가리는 다각형 영역을 작성합니다. 영역은 가리기 프레임에 의해 경계가 표시됩니다.

명령: WIPEOUT   아이콘:

{첫 번째 점 지정 또는 [프레임(F)/폴리선(P)] 〈폴리선(P)〉:}에서 가리고자 하는 범위의 첫 번째 점을 지정합니다.

{다음 점 지정:}에서 범위의 두 번째 점을 지정합니다.

{다음 점 지정 또는 [명령 취소(U)]:}에서 범위의 세 번째 점을 지정합니다.

{다음 점 지정 또는 [닫기(C)/명령 취소(U)]:}에서 〈엔터〉 키 또는 〈스페이스 바〉를 눌러 종료합니다. 다음 그림과 같이 지정한 범위에 있는 기존 객체가 가려집니다.

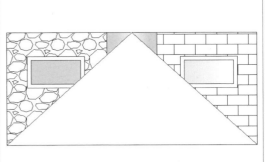

가려진 객체를 되살리고자 할 때는 '지우기(ERASE)' 명령으로 가리기 객체를 제거하면 가려지기 이전 상태로 되돌아옵니다.

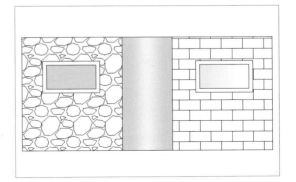

참고 [옵션 설명] {첫 번째 점 지정 또는 [프레임(F)/폴리선(P)] 〈폴리선(P)〉:}

(1) 프레임(F): 가리기 객체의 모서리를 표시할지 숨길지를 제어합니다.

{모드 입력 [켜기(ON)/끄기(OFF)] 〈ON〉:}에서 'OFF'를 입력하면 가리기 범위의 프레임(테두리선)이 사라집니다.

(2) 폴리선(P): 폴리선을 선택하여 폴리선의 범위에 있는 객체를 가립니다.

{닫힌 폴리선 선택:}에서 폴리선을 선택합니다.

{폴리선을 지우시겠습니까? [예(Y)/아니오(N)] 〈아니오(N)〉:}에서 폴리선의 삭제 여부를 지정합니다.

40 분해(EXPLODE)

블록(BLOCK) 객체는 여러 객체가 모여 만드는 하나의 객체 그룹(집합)입니다. 폴리선(POLYLINE)도 여러 세그먼트가 연결된 객체의 집합입니다. 이러한 복합 객체를 개별적으로 편집하기 위해서는 객체와 객체 사이에 분리가 필요합니다. 분해(EXPLODE) 명령은 복합 객체를 낱개로 분해합니다.

명령: EXPLODE(단축키: X)   아이콘:

{객체 선택:}에서 분해하고자 하는 객체를 선택합니다.
폴리선(PLINE)인 다각형을 분해하면 다음과 같이 분해되어 선(LINE)으로 바뀝니다.

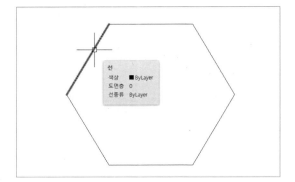

○ **TIP** ──● 단위 객체(선, 호 등)와 같이 분해될 수 없는 객체를 선택하게 되면 {1은(는) 분해될 수 없습니다.}라는 메시지가 표시됩니다.

🔧 참고 │ 객체 종류별 분해 객체

객체의 종류에 따라 구성된 객체가 다르기 때문에 분해되는 결과 객체도 다릅니다. 각 객체별 분해 내용을 알아보겠습니다.

(1) 2D 폴리선 및 선 가중치: 연관된 모든 너비 또는 접선 정보를 무시하고 선 및 호로 분해합니다.

(2) 3D 폴리선 및 3D 솔리선: 선 객체 또는 평편한 면을 여러 영역으로 분해합니다.

(3) 블록: 하나의 그룹 단계를 한 번에 제거합니다. 블록이 폴리선 또는 내포된 블록을 포함하고 있는 경우 분해하면 폴리선 또는 내포된 블록으로 분해됩니다. 다시 이 폴리선 또는 내포된 블록을 분해하려면 다시 한번 분해 명령으로 분해해야 합니다. X, Y, Z의 비율이 일정하지 않은 블록의 경우는 엉뚱한 모양으로 분해될 수 있으며, 분해될 수 없는 객체는 익명 블록으로 분해됩니다.

(4) 원 및 호: 균일하지 않은 원이나 호는 타원형 원이나 호로 분해됩니다.

(5) 치수: 치수의 경우는 개별 객체(선, 솔리드, 여러 줄 문자 등)로 분해됩니다.

(6) 여러 줄 문자: 개별 문자로 분해됩니다.

(7) 여러 줄: 선 및 호로 분해됩니다.

(8) 폴리면 메쉬: 하나의 정점이 있는 메쉬는 하나의 점 객체로 분해합니다. 두 개의 정점이 있는 메쉬는 하나의 선으로 세 개의 정점이 있는 메쉬는 3D 면으로 분해됩니다.

(9) 영역: 선, 호 또는 스플라인으로 분해됩니다.

41 그립(GRIP)을 이용한 편집

특정 명령을 실행하지 않고 객체를 선택하면 작은 사각형으로 채워진 그립(Grip)이 나타납니다. 선 객체에는 양쪽 끝점과 중심, 원 객체는 중심과 사분점, 폴리선은 각 정점, 문자는 문자 작성 기준점, 블록은 삽입점에 그립이 나타납니다. 이 그립을 이용하여 위치를 이동하거나 크기를 줄이거나 늘릴 수 있습니다.

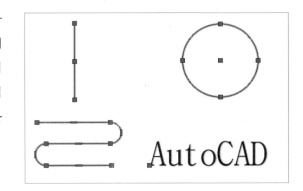

먼저 선을 이용하여 편집해보겠습니다. 선을 선택한 후 한쪽 끝점을 클릭한 후 마우스를 움직여봅니다.
{** 신축 **}
{신축점 지정 또는 [기준점(B)/복사(C)/명령 취소(U)/종료(X)]:} 다음과 같은 메시지가 나타납니다.
마우스를 원하는 위치에 가져가서 클릭하면 선의 크기가 조정됩니다.

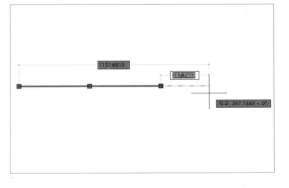

이번에는 선의 중간점의 그립에 대고 클릭한 후 이동해봅니다. 다음과 같이 가상선이 나타납니다. 원하는 위치에서 클릭하면 선이 이동됩니다.

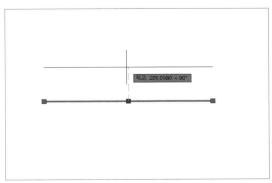

TIP ── 그립을 해제하려면 <ESC> 키를 누릅니다.

직사각형의 경우는 하나의 정점(꼭지점)을 움직여 형태를 바꿀 수 있습니다.

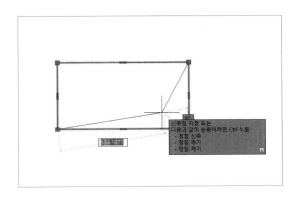

한 모서리(변)의 가운데 그립을 클릭하여 이동하면 모
서리와 연관된 정점과 모서리가 함께 움직여 편집할
수 있습니다.

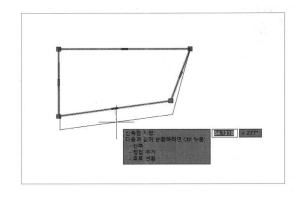

이번에는 그립을 이용하여 복사(COPY)를 해보겠습
니다. 원을 선택한 후 원의 사분점 중 하나를 선택합
니다.

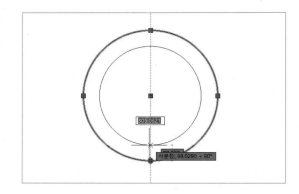

{** 신축 **} {신축점 지정 또는 [기준점(B)/복사(C)/
명령 취소(U)/종료(X)]:}에서 복사 옵션 'C'를 입력
합니다.
{** 신축선 (다중) **} {신축점 지정 또는 [기준점(B)/
복사(C)/명령 취소(U)/종료(X)]:}에서 위치를 지정합
니다.
{** 신축선 (다중) **} {신축점 지정 또는 [기준점(B)/
복사(C)/명령 취소(U)/종료(X)]:}에서 위치를 지정합
니다.

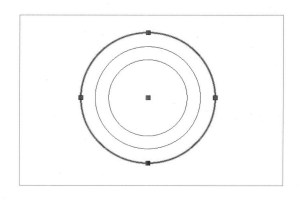

{신축점 지정 또는 [기준점(B)/복사(C)/명령 취소(U)/종료(X)]:}에서 〈ESC〉 키를 눌러 종료합니다. 다음과 같이
원이 복사되어 크기가 다른 원을 작성할 수 있습니다.

💧 **TIP** —— 객체의 크기를 동일한 크기로 복사하려면 원의 중심점 그립을 선택한 후 {신축점 지정 또는 [기준점(B)/복사
(C)/명령 취소(U)/종료(X)]:}에서 복사 옵션 'C'를 입력하여 복사 위치를 지정해야 합니다.

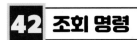

42 조회 명령

작성된 객체를 토대로 거리와 면적을 측정하고 객체의 작성 시간 및 상태를 파악하는 등 객체와 도면의 정보를 조회하는 명령에 대해 알아보겠습니다.

42.1 거리(DIST)

현재 설정된 단위로 두 점 사이의 거리와 각도를 표시합니다.

> **명령:** DIST(단축키: DI) 또는 MEASUREGEOM **메뉴 아이콘:**

지정한 점 사이의 실제 3D 거리를 측정하여 표시합니다. XY 평면에서의 각도는 현재 X 축을 기준으로 합니다. XY 평면으로부터의 각도는 현재 XY 평면을 기준으로 합니다. Z 좌표 값이 생략된 경우는 첫 번째 점 또는 두 번째 점의 현재 고도를 사용합니다.

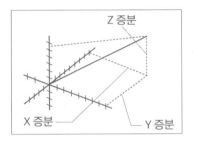

명령어 'DIST' 또는 'DI'를 입력하거나 '홈' 탭의 '유틸리티' 패널 또는 '조회' 도구막대에서 을 클릭합니다.

{첫 번째 점 지정:}에서 첫 번째 점을 지정합니다.

{두 번째 점 또는 [다중 점(M)] 지정:}에서 두 번째 점을 지정합니다.

다음과 같이 두 점에 대한 거리 및 각도, 증분에 정보를 표시합니다.

{거리 = 15600, XY 평면에서의 각도 = 90.00, XY 평면으로부터의 각도 = 0.00}

{X증분 = 0, Y증분 = 15600, Z증분 = 0}

> **TIP** — {두 번째 점 또는 [다중 점(M)] 지정:}에서 옵션 '다중 점(M)'을 선택하여 점을 계속해서 지정하면 앞의 거리와 측정한 거리를 합산하여 표시합니다. 즉, 새로 찍은 점 사이의 거리를 측정하여 앞에서 측정한 거리와 합산하여 표시합니다.

 참고 **3차원의 거리 측정**

3D에서 거리를 측정할 경우, '거리(DIST)' 명령을 사용할 때는 모형 공간으로 전환하는 것이 좋습니다. 배치 공간에서는 도면 공간에서의 거리를 측정하기 때문입니다.

42.2 면적(AREA)

선택한 객체 또는 정의된 영역의 면적과 둘레를 계산하여 표시합니다. 면적의 추가 및 빼기도 가능합니다.

명령: AREA(단축키: AA)	메뉴 아이콘:

명령어 'AREA' 또는 'AA'를 입력하거나 '홈' 탭의 '유틸리티' 패널에서 을 클릭합니다.

{첫 번째 구석점 지정 또는 [객체(O)/면적 빼기(S)]:}에서 첫 번째 구석 점을 지정합니다.

{다음 점 또는 [호(A)/길이(L)/명령 취소(U)] 지정}에서 두 번째 점을 지정합니다.

{다음 점 또는 [호(A)/길이(L)/명령 취소(U)]: 지정}에서 세 번째 점을 지정합니다.

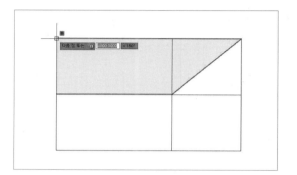

{다음 점 또는 [호(A)/길이(L)/명령 취소(U)/합계(T)] 지정 〈합계〉:}에서 네 번째 점을 지정합니다.

{다음 점 또는 [호(A)/길이(L)/명령 취소(U)/합계(T)] 지정 〈합계〉:}에서 〈엔터〉 키 또는 〈스페이스 바〉를 누릅니다. 그러면 다음과 같이 지정한 점의 면적과 둘레를 표시합니다.

영역 = 4062500.0000, 둘레 = 9702.5624

> 🔧 **참고** **[옵션 설명] {첫 번째 구석점 지정 또는 [객체(O)/면적 빼기(S)]:}**
>
> **(1) 객체(O)**: 선택한 객체의 면적과 둘레를 측정합니다.
> **(2) 면적 빼기(S)**: 전체 면적에서 면적과 둘레를 뺍니다.

42.3 영역/질량 특성(MASSPROP)

영역 또는 솔리드의 질량 특성을 계산합니다. 문자 윈도우에 질량 특성을 표시한 다음, 텍스트 파일에 작성할지 여부를 묻습니다.

명령: MASSPROP	메뉴 아이콘: 🗔

경계 명령으로 영역을 만들겠습니다. 명령어 'BO'를 입력하거나 '홈' 탭의 '그리기' 패널에서 ▓을 클릭합니다. 경계 작성 대화상자에서 '점 선택'을 클릭한 후

{내부 점 선택:}에서 영역을 만들고자 하는 공간의 한
점을 지정합니다.

{가시적인 모든 것 선택 중...}

{선택된 데이터 분석 중...}

{내부 고립영역 분석 중...}

{내부 점 선택:}에서 〈엔터〉 키를 누릅니다.

{경계 1 폴리선을(를) 작성함}이란 메시지와 함께 영역
이 작성됩니다.

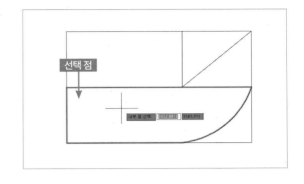

'영역(REGION)' 명령으로 영역을 작성합니다. 명령
어 'REGION'을 입력하거나 '홈' 탭의 '그리기' 패널
또는 '그리기' 도구막대에서 ⬤을 클릭합니다.

{객체 선택:}에서 직전에 작성한 경계 폴리선을 선택
합니다. {1개를 찾음}

{객체 선택:}에서 〈엔터〉 키 또는 〈스페이스 바〉를 눌
러 선택을 종료합니다.

{1 루프이(가) 추출됨.} {1 영역이(가) 작성됨}

다음 그림과 같이 경계 폴리선이 영역 객체로 바뀝니다.

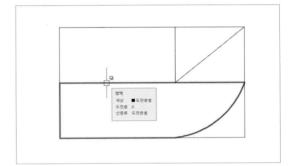

영역/질량 특성 명령을 실행합니다. 명령어 'MASSPR
OP'를 입력하거나 '조회' 도구막대에서 🖼을 클릭합
니다.

{객체 선택:}에서 직전에 작성된 영역 객체를 선택합니
다. {1개를 찾음}

{객체 선택:}에서 〈엔터〉 키 또는 〈스페이스 바〉를 눌러
선택을 종료합니다. 다음 그림과 같이 영역 정보가 표
시됩니다.

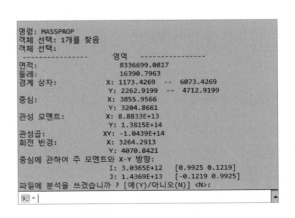

42.4 리스트(LIST)

선택된 객체에 대한 데이터베이스 정보를 문자 윈도우에 표시합니다.

| 명령: LIST(단축키: LI, LS) | 메뉴 아이콘: |

명령어 'LI' 또는 'LS'를 입력하거나 '홈'
탭의 '특성' 패널 또는 '조회' 도구막대에
서 을 클릭합니다.
{객체 선택:}에서 객체를 선택합니다.
다음 그림과 같이 선택한 객체의 정보가
윈도우 창에 표시됩니다.

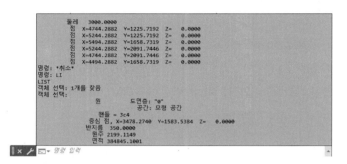

참고 | 리스트의 표시 정보

문자 윈도우는 객체 유형, 도면층, 객체가 모형 공간에 있는지 도면 공간에 있는지 여부, 현재 사용자 좌표계
(UCS)를 기준으로 한 X, Y, Z 위치(호의 경우 중심점)를 표시합니다.

각 객체의 형상 정보를 표시합니다. 호의 경우는 중심점 좌표, 반지름, 시작 각도, 끝 각도, 호의 길이를 표시
합니다. 문자의 경우는 도면층, 공간, 스타일, 주석 문자의 여부, 글꼴, 시작점, 높이, 문자 내용, 회전 각도, 폭
비율, 기울기 등을 표시합니다.

특성 항목이 'BYLAYER'로 설정되어 있지 않을 경우 색상, 선 종류 및 선 가중치 정보를 표시합니다. 객체 두
께가 0이 아닐 경우 객체 두께가 표시됩니다. 돌출 방향이 현재 UCS의 Z축(0,0,1)과 다를 경우 UCS 좌표로
도 돌출 방향의 정보를 표시합니다.

핸들은 해당 객체를 인식하는 고유 번호로 한 도면 내에서 유일한 번호입니다.

42.5 ID 점(ID)

지정한 위치의 좌표를 표시합니다.

| 명령: ID | 메뉴 아이콘: |

명령어 'ID'를 입력하거나 '홈' 탭의 '유틸리티' 패널 또는 '조회' 도구막대에서 을 클릭합니다.
{점 지정:}에서 점을 지정합니다.

다음과 같이 지정한 점의 좌표를 표시합니다.

{점 지정: X = 23500   Y = 15150   Z = 0}

42.6 시간(TIME)

도면의 날짜 및 시간 통계를 표시합니다.

명령: TIME	**아이콘:** 🕐

명령어 'TIME'을 입력합니다. 시간 명
령을 실행하면 다음과 같이 시간 정보
를 표시합니다.

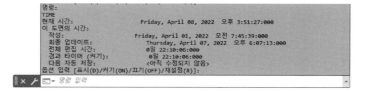

 참고 **[옵션 설명] {옵션 입력 [표시(D)/켜기(ON)/끄기(OFF)/재설정(R)]:}**

(1) **표시(D):** 업데이트된 시간과 함께 화면 표시를 반복합니다.

(2) **켜기(ON)/끄기(OFF):** 사용자 경과 타이머가 꺼진 경우는 켜고, 켜진 경우는 끕니다.

(3) **재설정(R):** 사용자 경과 타이머를 '0 일 00:00:00.000'으로 다시 설정합니다.

참고 **시간 정보 내용**

표시되는 시간 정보는 다음과 같습니다.

(1) **현재 시간:** 현재 날짜와 시간을 24시간 표시법을 이용해 가장 가까운 밀리초까지 표시합니다.

(2) **작성일:** 현재 도면이 작성된 날짜와 시간을 표시합니다.

(3) **최종 업데이트:** 현재 도면의 가장 최근 업데이트된 날짜와 시간을 표시합니다. 이 날짜와 시간은 초기에
는 도면 작성 시간이며, 도면 파일이 새롭게 저장될 때마다 시간이 수정됩니다.

(4) **전체 편집 시간:** 현재 도면을 편집하는 데 걸리는 시간을 표시합니다. 이 타이머는 프로그램에 의해 업
데이트되며 다시 설정하거나 중지할 수 없습니다. 도면을 저장하지 않고 편집 세션을 종료하면 편집 세
션에 사용된 시간이 누적 편집 시간에 추가되지 않습니다.

(5) **경과 타이머:** 프로그램이 실행 중인 동안 다른 타이머로 작동합니다. 언제든지 켜고 끄거나 다시 설정할
수 있습니다.

(6) **다음 자동 저장:** 다음 자동 저장 때까지 남은 시간을 나타냅니다. 'OPTIONS' 또는 'SAVETIME' 시스템 변
수를 사용하여 시간 간격을 설정할 수 있습니다.

43 블록의 활용

블록(BLOCK)은 특정 객체를 구성하기 위해 결합된 하나 이상의 객체 집합입니다. 블록(BLOCK) 기능을 이용하여 자주 사용하는 심볼이나 도면을 별도의 이름으로 저장하여 삽입할 수 있습니다. 블록의 작성 및 삽입, 수량 산출 기능에 대해 알아보겠습니다.

43.1 내부 블록 작성(BLOCK, BMAKE)

현재 작업 중에 있는 도면의 일부 또는 전체를 선택하여 새로운 블록(복합 도형)을 생성합니다. 현재의 도면 내부에서 새로운 블록을 작성합니다.

명령: BLOCK, BMAKE (단축키: B) **아이콘**:

---

01 먼저 블록으로 작성할 기호나 도면을 작도합니다. 다음의 너트를 블록으로 작성하겠습니다.

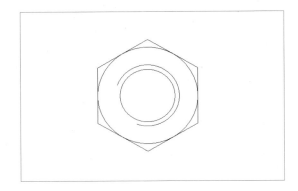

02 블록 작성 명령을 실행합니다. 명령어 'BLOCK' 또는 'B'를 입력하거나 '삽입' 탭의 '블록 정의' 패널 또는 도구막대에서 아이콘 을 클릭합니다. 다음과 같은 블록 정의 대화상자가 나타납니다.

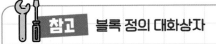

참고 **블록 정의 대화상자**

(1) **이름(A)**: 블록의 명칭(이름)을 입력 또는 선택합니다. 이름은 최대 영숫자 255자(한글은 127자)까지이며 문자, 숫자, 공백을 포함할 수 있습니다.

(2) **기준점**: 블록의 기준점을 지정합니다. ' 🔲선택점(K)'을 클릭하여 도면 영역에서 점을 직접 선택할 수도 있고 X, Y, Z의 좌표 값을 직접 입력할 수도 있습니다.

(3) **객체**: 블록으로 만들고자 하는 객체를 선택합니다.
' 🔲 객체 선택(T)'을 클릭하여 객체를 선택합니다.
  ① **유지(R)**: 블록으로 작성하기 위한 객체를 작성 당시의 상태를 유지합니다.
  ② **블록으로 변환(C)**: 선택된 객체를 블록으로 변환합니다.
  ③ **삭제(D)**: 블록 작성을 위해 선택된 객체를 도면에서 삭제합니다.

(4) **동작**: 블록 작성을 위한 주석 여부, 축척 등의 환경을 설정합니다.
  ① **주석(A)**: 블록이 주석임을 정의합니다. 주석으로 정의하면 주석 축척에 의해 크기를 바꿀 수 있습니다.
  ② **균일하게 축척(S)**: 블록 참조 시 축척을 균일하게 할지 여부를 설정합니다.
  ③ **분해 허용(P)**: 분해를 허용할지 여부를 설정합니다.

(5) **설정**: 블록의 단위 및 하이퍼링크를 지정합니다.
  ① **블록 단위(U)**: 블록의 단위를 지정합니다.
  ② **하이퍼링크(L)**: 하이퍼링크를 삽입합니다. 하이퍼링크 삽입을 위한 대화상자가 열립니다.

(6) **설명(E)**: 주석(설명문)을 기입합니다.

(7) **블록 편집기에서 열기(O)**: 블록의 동적 블록을 위한 블록 편집기를 엽니다.

03 '이름(A)'에 'Nut'를 입력합니다. '기준점'의 아이콘 ' 🔲선택점(K)'을 클릭한 후 기준점을 지정합니다. 삽입 기준점을 지정하면 다시 블록 정의 대화상자로 돌아갑니다. 대화상자에서 객체의 ' 🔲객체 선택(T)'을 클릭합니다. 작도 영역에서 {객체 선택:}이 표시되면 범위를 지정해 블록으로 만들고자 하는 객체(너트)의 범위를 지정합니다.

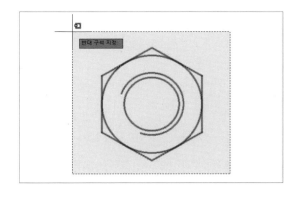

04 객체를 선택하고 {객체 선택:}에서 〈엔터〉 키 또는 〈스페이스 바〉를 누르면 다시 블록 정의 대화상자로 돌아옵니다. 이때 [확인]을 클릭하면 'Nut'라는 블록이 작성됩니다.

다음 그림과 같이 마우스 커서를 객체 근처에 가져가면 객체(너트) 전체가 하이라이트되어 하나의 블록으로 작성되었음을 알 수 있습니다. '블록 참조'라는 객체 이름을 알 수 있습니다.

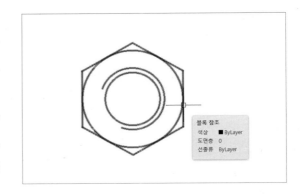

43.2 블록을 배치하는 삽입(INSERT)

명명된 블록 또는 도면을 현재 도면에 호출하여 배치합니다. 저장된 도면(*.dwg)도 하나의 블록과 같이 도면 내에 삽입할 수 있습니다.

명령: INSERT(단축키: I)	아이콘:

01 블록(예: 너트)을 삽입하겠습니다. 명령어 'INSERT' 또는 'I'를 입력하거나 '삽입' 탭의 '블록' 패널 또는 도구막대에서 블록 작성 아이콘 을 클릭합니다. 다음과 같은 블록 팔레트가 나타납니다.

참고 **삽입 팔레트**

(1) **이미지와 블록 이름:** 팔레트에 현재 도면에 정의된 블록의 이미지와 이름이 표시됩니다. 삽입하고자 하는 블록을 드래그하여 배치할 수 있습니다.

(2) **삽입점:** 블록이 도면에 삽입될 때의 위치입니다. 체크하면 드래그하여 화면에서 삽입 위치를 직접 지정할 수도 있고, 체크를 끄면 좌표(X,Y,Z) 값을 지정할 수도 있습니다.

(3) 축척: 블록의 X(Y)축의 크기를 결정하기 위한 배율을 나타냅니다. 팔레트에서 좌표 값을 지정할 수도 있고, 체크하여 화면에서 삽입 축척을 직접 지정할 수도 있습니다. '단일 축척'을 선택하면 X, Y, Z가 동일한 스케일로 하나의 항목(X)만 값을 입력하면 됩니다. 블록을 대칭으로 삽입하고자 할 때는 '-1'을 입력합니다.

(4) 회전: 삽입하고자 하는 블록의 회전 각도를 지정합니다. 팔레트에서 각도를 지정할 수도 있고, 작도 화면에서 삽입 각도를 직접 지정할 수도 있습니다.

(5) 배치 반복: 체크를 하면 블록의 삽입(배치)을 반복 지정할 수 있습니다.

(6) 분해: 블록 객체를 분해하여 삽입합니다.

02 목록에서 삽입하고자 하는 블록(Nut)을 선택하여 드래그하여 배치하고자 하는 위치에서 놓습니다. 다음 그림과 같이 블록(Nut)이 삽입됩니다.
블록의 크기나 각도 또는 위치를 자유롭게 지정할 수 있습니다. 블록의 크기는 '축척' 값을 지정하고, 각도는 '회전'에서 지정하며 위치는 '삽입점'에서 지정할 수 있습니다.

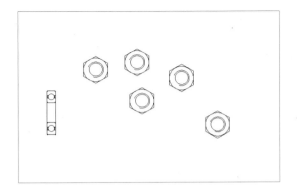

03 '단일 축척'으로 지정한 후 배율을 '2'로 설정합니다. 너트를 드래그하여 배치합니다. 다음과 같이 2배 확대된 크기의 너트가 배치됩니다.

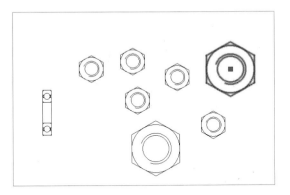

🔷 **_TIP_** ── 블록의 삽입(INSERT) 방법으로 팔레트를 이용하지 않고 '삽입' 탭 '블록' 패널에서 삽입의 드롭다운 리스트를 클릭하면 다음과 같이 현재 도면에 등록된 블록 리스트가 나타납니다. 원하는 블록을 드래그하여 배치합니다.

43.3 외부 블록 작성(WBLOCK)

선택한 객체 또는 블록을 외부의 도면 파일로 저장합니다. 저장되는 파일 확장자는 도면과 동일한 *.dwg입니다.

명령: WBLOCK (단축키: W)	아이콘: 

명령어 'WBLOCK' 또는 'W'를 입력하거나 '삽입' 탭의 '블록 정의' 패널 또는 도구막대에서 블록 쓰기 아이콘을 클릭합니다. 다음과 같은 블록 쓰기 대화상자가 나타납니다.

조작 방법은 '블록 작성(BLOCK, BMAKE)'과 동일합니다. 단, 외부 파일로 저장하기 때문에 '대상 파일 이름 및 경로(F)'를 지정해야 합니다. 도면으로 삽입하는 방법은 '삽입(INSERT)' 명령으로 삽입합니다.

43.4 기준점 설정(BASE)

도면의 기준점을 변경합니다. 외부 도면 작성(WBLOCK) 기능을 이용하여 도면을 통째로 저장하면 기준점이 (0,0,0)이 됩니다. 또, 저장된 도면을 삽입(INSERT) 기능으로 삽입하면 (0,0,0)이 기준점이 되어 삽입됩니다. 이때, 기준점을 사용자가 지정할 수 있습니다. 이 기능은 도면을 블록으로 사용할 때 유용한 기능입니다.

명령: BASE	아이콘:

명령어 'BASE'를 입력하거나 '홈' 탭의 '블록' 패널에서 기준점 설정 아이콘을 클릭합니다.

{기준점 입력 〈0.0000,0.0000,0.0000〉}에서 기준점을 지정합니다.
이렇게 별도의 기준점을 지정해놓고 저장합니다.
이 도면은 삽입(INSERT) 기능으로 삽입하면 새롭게 지정된 기준점이 삽입점이 됩니다.

43.5 블록 수량산출(COUNT)

선택한 범위 내에서 수량을 산출하고자 하는 블록을 지정하여 블록의 수량을 산출합니다.

명령: COUNT	**아이콘**: 🔳

명령어 'COUNT'를 입력합니다.

{개수 영역의 첫 번째 구석점 지정 또는 [현재 영역
(C)/전체 모형 공간(E)/객체(O)/폴리곤(P)] 〈현재 영
역(C)〉:}에서 산출하고자 하는 범위의 첫 번째 점을 지
정합니다.

{반대 구석 지정:}에서 반대편 구석을 지정합니다.

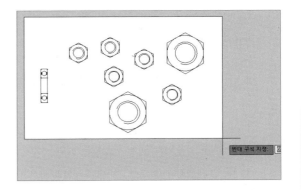

{대상 객체 선택 또는 [모든 블록 나열(L)] 〈모든 블록
나열〉:}에서 산출하고자 하는 블록을 선택합니다. {1
개를 찾음}

{대상 객체 선택 또는 [모든 블록 나열(L)] 〈모든 블록
나열〉:}에서 〈엔터〉 키 또는 〈스페이스 바〉를 눌러 종
료합니다.

{Nut ...... 7}

다음과 같이 산출된 블록이 하이라이트되면서 상단에
도구막대가 나타납니다.

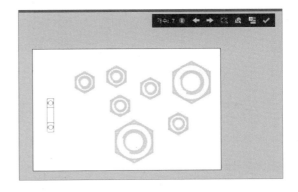

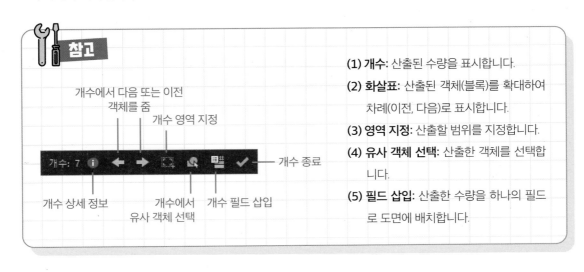

(1) **개수**: 산출된 수량을 표시합니다.

(2) **화살표**: 산출된 객체(블록)를 확대하여
차례(이전, 다음)로 표시합니다.

(3) **영역 지정**: 산출할 범위를 지정합니다.

(4) **유사 객체 선택**: 산출한 객체를 선택합
니다.

(5) **필드 삽입**: 산출한 수량을 하나의 필드
로 도면에 배치합니다.

43.6 개수 팔레트(COUNTLIST)

블록의 수량이 계산된 블록을 보고 관리할 수 있는 '개수 팔레트'를 표시합니다.

명령: COUNTLIST	아이콘:

명령어 'COUNTLIST'를 입력하거나 '뷰' 탭의 '팔레트' 패널에서 아이콘 을 클릭합니다.
다음과 같이 삽입된 블록 이름과 수량(개수)이 표시됩니다.

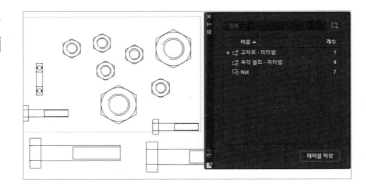

블록을 추가하면 개수 팔레트의 블록 이름과 수량이 추가됩니다.

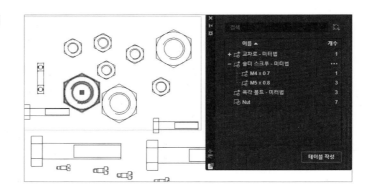

개수 팔레트에는 블록 이름과 각 블록의 수량이 표시됩니다. 개수가 활성화되어 있는 동안 개수 팔레트에는 오류 보고서(있는 경우)를 포함한 수량의 상세 정보가 표시됩니다. 보고서에는 겹치는 객체, 분해된 객체 또는 이름이 바뀐 객체와 같은 개수 오류가 나열됩니다. 개수 오류를 클릭하여 줌 확대하고 객체를 확인합니다.

◑ TIP ── 외부 참조 또는 도면(배치) 공간의 객체는 수량 계산에서 필터링을 통해 제외됩니다.

하단의 [테이블 작성]을 클릭하면 다음과 같이 테이블을 작성할 표(리스트)를 선택할 수 있는 트리가 나타납니다. 이때 표로 작성하고자 하는 항목을 선택합니다.

[삽입] 버튼을 클릭하면 표가 나타나고 삽입 위치를 지정하면 다음과 같이 표가 작성됩니다.

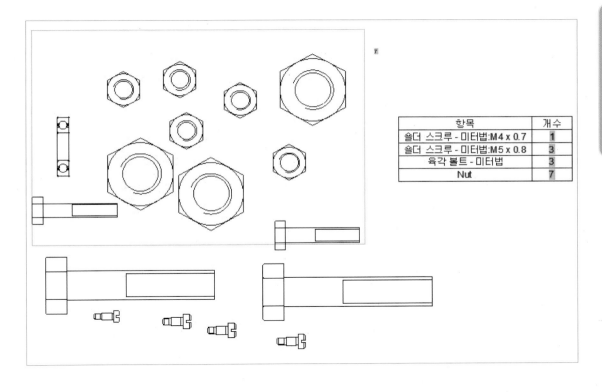

Chapter 8

치수 기입

도면은 부품의 제작이나 건설을 위한 설계 결과물입니다. 도면은 여러 기호나 형상, 문자로 설계자의 의도를 설명합니다. 치수 기입은 도면을 설명하기 위해 사용하는 방법의 하나입니다. 치수 기입과 지시선에 대해 학습합니다.

1 치수 일반 사항

치수 기입에 앞서 치수 기입 방법 및 보조 기호, 치수 기입 용어에 대해 알아봅니다. 또, 치수를 기입하기 위한 스타일을 설정하는 방법에 대해 학습합니다.

1.1 치수 표현 및 보조 기호

치수는 읽는 사람이 읽기 쉽게 기입하는 것이 좋습니다. 이를 위해 기본적으로 다음과 같이 기입합니다.

① 치수선과 치수 보조선은 가는 선으로 그립니다. 원본 객체의 선 굵기보다 가늘게 표시되어야 합니다.

② 치수 보조선은 외형선으로부터 1.5mm 정도 띄웁니다. 단, 중심선으로부터 끌어낼 때는 간격을 띄우지 않습니다.

③ 치수 보조선은 치수선을 지나 1~3mm 정도 더 긋습니다.

④ 치수 문자의 크기는 2.5~6mm정도인데 축척이나 도면의 크기에 따라 차이는 있으며 일반적으로 3mm 내외를 많이 씁니다.

⑤ 치수 문자는 치수선으로부터 1mm 정도 띄워서 기입합니다.

⑥ 치수선과 치수선의 간격은 10mm 정도 간격을 일정하게 유지합니다.

치수를 기입할 때는 기호를 이용하여 전달합니다. 같은 숫자라도 기호에 따라 지름이 되기도 하고 반지름이 되기도 합니다. 일반적으로 사용하는 치수 기호는 다음과 같습니다.

기호	설명	기호	설명
Ø	지름(Diameter)	SØ	구의 지름(Spherical Diameter)
R	반지름(Radius)	SR	구의 반지름(Spherical Radius)
T	두께(Thickness)	□	정사각형 변의 길이(Square)
C	45도 모따기(Chamfer)	⌒	호의 길이(Arc length)
( )	참고 치수(Reference)		

1.2 바람직한 치수 기입 방법

가장 좋은 도면은 설계자보다는 다른 사람이 읽기 쉽도록 작도한 도면입니다. 도면을 읽기 쉽게 하기 위한 중요한 작업이 치수기입입니다. 아무리 잘 작도된 도면이라 하더라도 치수기입에서 오류가 생기면 치명적일 수 있습니다. 예를 들어, 치수에 숫자 '0'을 하나 더 넣거나 빠트림으로 인해 엄청난 결과를 초래할 수 있습니다. 따라서 치수기입은 다른 어떤 작업보다도 신중해야 합니다. 치수기입 시 바람직한 방법에 대해 알아보겠습니다.

(1) 전체적인 균형에 맞는 크기를 설정합니다.

도면에서 치수는 도면을 설명하는 보조 역할을 합니다. 도면에서 표현하고자 하는 사물에 비해 치수문자나 화살표가 너무 크면 전체적인 균형이 맞지 않고 도면을 해독하기도 어렵습니다. 특히 치수선, 치수 보조선, 화살표나 중심선 등이 너무 두드러지지 않도록 가는 선이나 옅은 색상으로 표현해야 합니다. 도면에서 치수를 표기할 때는 너무 작아 읽기 어렵거나 너무 커서 균형을 깨트리지 않도록 설정해야 합니다.

(2) 도면의 대표적인 도형에 집중적으로 기입합니다.

도면은 한쪽 면만으로는 표현할 수 없습니다. 같은 객체라도 평면도, 정면도, 측면도 등 다양한 방향 또는 도면을 작도하게 됩니다. 이럴 때 객체를 가장 잘 표현할 수 있는 위치에 집중적으로 치수를 기입하는 것이 좋습니다.

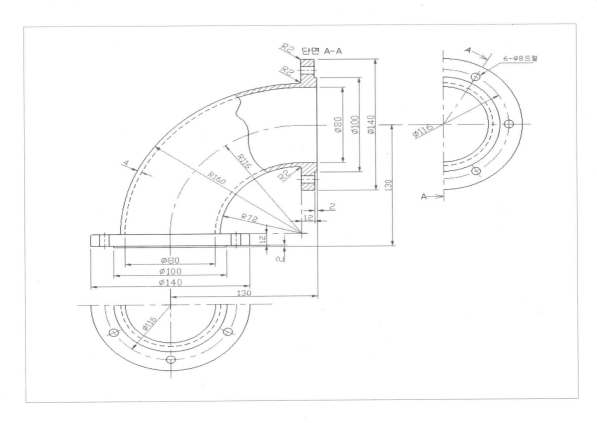

(3) 원점은 정확히 지정해야 합니다.

치수기입을 위해 대상 객체의 원점을 지정하게 되는데, 이때 정확한 위치를 지정해야 합니다. 그 점 자체가 치수의 값이 되기 때문입니다. 되도록이면 객체스냅 기능 등을 이용하여 정확히 지정하도록 해야 합니다.

(4) 동일한 치수를 중복해서 기입하지 않습니다.

동일한 치수이거나 다른 치수가 기입되어 있어 쉽게 알 수 있는 치수는 기입하지 않는 것이 도면이 간결하여 읽기 쉬운 도면이 됩니다. 되도록이면 중복되는 치수는 기입하지 않는 것이 좋습니다. 중복되는 치수라 하더라도 도면의 해독의 편의를 위해 기입할 필요가 있을 때는 중복해서 기입할 수 있습니다.

(5) 치수선은 일정한 간격으로 일직선상에 정렬합니다.

치수를 반복적으로 기입할 경우에는 치수선을 일직선상에 일정한 간격으로 기입하는 것이 읽기가 쉽습니다. 중간에 다른 객체가 지나가거나 치수문자가 있는 등 부득이한 경우를 제외하고는 일정한 간격으로 일직선상에 정렬되도록 기입합니다.

(6) 치수문자와 객체, 치수선, 치수 보조선 등이 겹치지 않도록 해야 합니다.

간격이 좁거나 복잡한 도면의 경우에 치수문자가 다른 객체(선, 치수선, 치수 보조선, 다른 치수문자 등)와 겹칠 수 있습니다. 이렇게 되면 문자를 읽을 때 혼동을 일으킬 수 있습니다. 이럴 때는 중복되지 않도록 빈 공간으로 끌어내어 표기하든가, 문자 위치를 읽기 쉬운 위치로 이동하여 표기합니다.

(7) 치수는 가능한 한 치수 보조선을 이용해 기입합니다.

불가피한 경우를 제외하고는 도면의 외형선이나 중심선을 치수선으로 사용하지 않도록 해야 합니다. 치수는 가능한 한 치수 보조선을 이용해 기입하는 것을 원칙으로 합니다.

(8) 계산이 필요하지 않도록 기입합니다.

현장에서 도면 치수를 확인할 때, 다른 치수와 치수를 계산해서 확인한다면 바람직한 도면이 아닙니다. 따라서, 도면을 읽는 사람이 계산을 하지 않고도 바로 해독이 가능하도록 표기해야 합니다.

2 치수 관련 용어 및 기호

치수 기입에는 치수를 이해하기 위해 약속된 규약으로 많은 기호와 표식 방법을 사용합니다. 치수 기입에 사용되는 용어와 기호에 대해 알아보겠습니다.

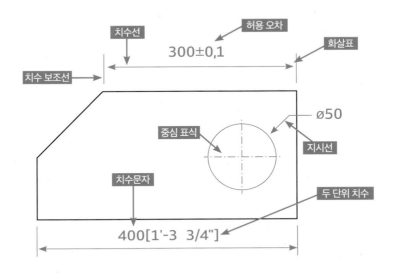

2.1 치수선(Dimension Line)

길이나 각도를 표기하기 위해 측정하는 방향으로 평행하게 그은 선으로 한쪽 또는 양쪽에 화살표를 가진 선분입니다.

치수 보조선 사이의 간격이 좁은 경우는 바깥쪽에 작도할 수도 있습니다. 일반적으로 치수를 기입할 때는 양쪽 화살표의 치수선을 표기하고 사이에 치수를 기입하지만 설정에 따라서 한쪽 방향으로만 표기할 수도 있고 치수선을 표시하지 않을 수도 있습니다.

2.2 치수 보조선(Extension Line)

치수선의 시작과 끝을 표시하는 보조선입니다. 치수선이 대상 도형의 바깥쪽에 표시되는 경우 치수선의 양끝에 직각으로 그려지는 선입니다. 설정에 따라서는 치수 보조선을 한쪽에만 표시할 수도 있으며, 양쪽 모두를 표기하지 않을 수도 있습니다.

2.3 화살표(Arrows)

치수선 양끝 또는 지시선의 끝에 표시하는 화살 기호를 말합니다. 국가, 단체, 업계, 회사에 따라 사용되는 기호를 달리 합니다. AutoCAD는 다양한 기호를 제공하고 있으며 필요에 따라 사용자가 정의하여 사용할 수 있습니다.

2.4 치수 문자(Dimension Text)

거리, 각도, 반경 등 실제 치수 또는 설명을 나타내는 문자를 말합니다.

2.5 중심 표식(Center Mark)

원이나 호의 중심을 표시하는 마크를 말합니다.

십자선(+)이나 선으로 표시할 수 있으며 설정에 따라서는 표시를 하지 않을 수도 있습니다.

2.6 지시선(Leader)

'인출선'이라고도 하며 치수를 기입할 공간이 부족하여 치수 기입이 어려울 때 끌어내는 선입니다. 예를 들어, 원이나 호의 치수를 기입할 때 너무 작아 치수 문자가 들어갈 수 없을 때 지시선으로 끌고 나와 치수 문자를 기입합니다.

2.7 허용 오차(Tolerances)

제품을 가공할 때 기준 치수로부터 허용할 수 있는 상한값과 하한값(플러스/마이너스)으로 치수와 함께 기입합니다.

흔히 분산식 허용오차라고 합니다. 플러스와 마이너스의 오차량을 서로 다르게 기입하는 것도 가능합니다. 플러스와 마이너스 오차량을 같게 하면 '±' 기호를 표시해주며 그렇지 않으면 해당 부호가 따로 표시됩니다.

2.8 두 단위 치수(Alternate Units)

치수를 두 가지 측정 단위로 동시에 기입하는 것을 말합니다. 예를 들어, 십진 값과 인치 값을 동시에 기입하는 방법입니다.

3 치수 스타일(DIMSTYLE)

치수 기입의 첫 단계는 치수 유형(스타일)을 설정하는 작업입니다. 치수 기입을 위해 치수선, 치수 보조선, 화살표의 형상과 문자의 높이, 색상 등 속성을 설정합니다.

명령: DDIM 또는 DIMSTYLE(단축키: D, DST)	아이콘:

또는 '치수' 패널의 오른쪽 끝에 있는 ⬎ 을 클릭합니다.

3.1 치수 스타일 관리자

치수 스타일을 신규로 작성, 기존 스타일의 수정 및 재지정, 치수 스타일과 치수 스타일을 비교합니다.

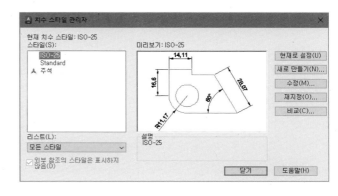

① **스타일(S):** 현재 도면에 작성된 치수 스타일 목록이 표시됩니다. 이 목록에서 작업하고자 하는 치수 스타일을 선택합니다. 스타일 이름 앞에 ⚠️ 마크가 있는 치수 스타일은 주석 스타일을 의미합니다.

② **미리 보기:** 선택한 스타일의 설정 상태를 이미지로 표시합니다.

③ **리스트(L):** '스타일(S)'에 표시되는 스타일의 조건을 선택(필터링)합니다.

④ **설명:** 스타일에 대한 설명이 표시됩니다.

⑤ **현재로 설정(U):** 목록에서 선택한 스타일을 현재 스타일로 지정합니다.

⑥ **새로 만들기(N):** 새 치수 스타일 작성 대화상자가 표시되면서 새로운 치수 스타일을 작성합니다.

⑦ **수정(M):** 목록에서 선택한 기존의 치수 스타일을 수정합니다.

⑧ **재지정(O):** 특정 값을 재설정하여 그 값을 기존 치수 스타일에 적용합니다.

⑨ **비교(C):** 비교 대상 치수 스타일을 지정하여 각 항목별 설정 값을 표시합니다.

[새로 만들기(N)] 또는 [수정(M)]을 지정하면 다음의 대화상자가 표시됩니다.

3.2 '선' 탭

치수선, 치수 보조선과 관련된 환경을 설정합니다.

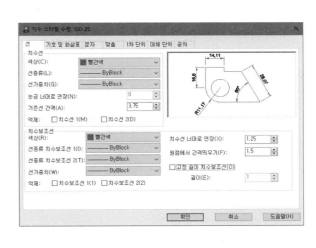

(1) 치수선: 치수선의 환경을 설정합니다.

① **색상(C):** 치수선의 색상을 지정합니다(시스템 변수 DIMCLRD=BYBLOCK).

② **선 종류(L):** 치수선의 선 종류를 지정합니다(시스템 변수 없음).

③ **선 가중치(G):** 치수선의 선 가중치를 지정합니다(시스템 변수 DIMLWD).

④ **눈금 너머로 연장(N):** 화살표 모양으로 '건축 눈금' 또는 '기울기'를 선택했을 때 치수선이 치수 보조선을 벗어나는 길이를 지정합니다(시스템 변수 DIMDLE=0).

⑤ **기준선 간격(A):** 기준선 치수를 기입할 때 치수선 사이의 간격을 지정합니다(시스템 변수 DIMDLI=0.375).

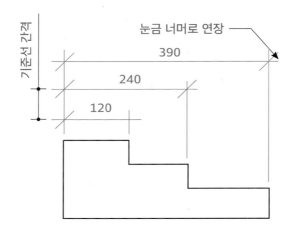

⑥ **억제:** 치수선의 억제를 지정합니다. '치수선 1'을 체크하면 첫 번째 지시한 쪽의 치수선이 표시되지 않습니다. 기본적으로 양쪽 모두 표시됩니다.

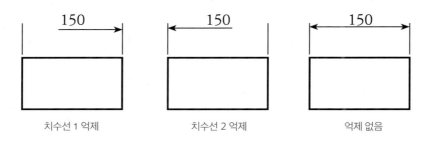

(2) **치수 보조선:** 치수 보조선의 환경을 설정합니다.

① **색상(R):** 치수 보조선의 색상을 지정합니다.

② **선 종류 치수 보조선1(I):** 첫 번째 치수 보조선의 선 종류를 설정합니다.

③ **선 종류 치수 보조선2(T):** 두 번째 치수 보조선의 선 종류를 설정합니다.

④ **선 가중치(W):** 치수 보조선의 선 가중치를 지정합니다(시스템 변수 DIMLWE).

⑤ **치수선 너머로 연장(X):** 치수 보조선이 치수선 밖으로 연장되는 거리를 지정합니다(시스템 변수 DIMEXE = 0.18).

⑥ **원점에서 간격 띄우기(F):** 측정 대상 객체에서 치수 보조선이 떨어지는 거리를 지정합니다(시스템 변수 DIMEXO = 0.0625).

[치수선 너머로 연장과 원점에서 간격 띄우기]

⑦ **억제:** 치수 보조선의 억제를 제어합니다. 체크 상자에 체크를 하면 치수 보조선이 표시되지 않습니다. 기본은 양쪽 모두 표시됩니다.

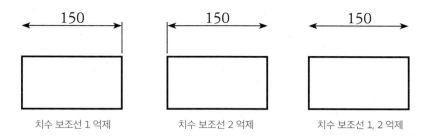

| 치수 보조선 1 억제 | 치수 보조선 2 억제 | 치수 보조선 1, 2 억제 |

⑧ **고정 길이 치수 보조선:** 치수 보조선의 길이를 지정한 길이로 고정하고자 할 때 체크합니다.

3.3 '기호 및 화살표' 탭

화살촉, 화살표, 중심표식과 호, 반지름과 관련된 환경을 설정합니다.

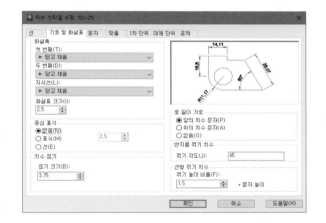

(1) 화살촉: 화살표의 모양과 크기를 설정합니다.

① **첫 번째(T):** 첫 번째 화살표 모양을 목록 상자에서 선택합니다. 필요에 따라 사용자가 만들어서 정의할 수도 있습니다.

② **두 번째(D):** 두 번째 화살표 모양을 목록 상자에서 선택합니다. 필요에 따라 사용자가 만들어서 정의할 수도 있습니다.

③ **지시선(L):** 지시선의 화살촉 모양을 목록 상자에서 선택합니다.

④ **화살표 크기(I):** 화살표의 크기를 지정합니다.

(2) 중심 표식: 원이나 호의 중심 기호의 모양과 크기를 설정합니다.

① **없음(N):** 중심 표식을 하지 않습니다(시스템 변수 DIMCEN = 0).

② **표식(M):** 중심 위치만 (+) 모양으로 표시합니다.

③ **선(E):** 중심 표식을 원 또는 호의 위치까지 선으로 표시합니다.

④ **크기:** 중심 표식의 크기를 지정합니다.

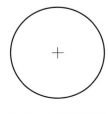

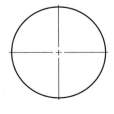

중심 표식이 '표식'인 경우   중심 표식이 '선'인 경우

(3) 치수 끊기: 치수 끊기의 간격 폭을 설정합니다. '끊기 크기(B)'에서 끊기의 폭을 설정합니다.

(4) 호 길이 기호: 호 길이 치수의 원호 기호 표시를 설정합니다

① **앞의 치수 문자(P):** 호 길이 기호를 치수 문자 앞에 배치합니다.

② **위의 치수 문자(A):** 호 길이 기호를 치수 문자 위에 배치합니다.

③ **없음(O):** 호 길이 기호를 표시하지 않습니다.

(5) 반지름 꺾기 치수: 반지름 치수의 꺾기(지그재그) '각도(J)'를 설정합니다.

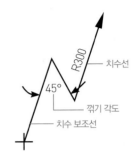

(6) 선형 꺾기 치수: 선형 치수의 꺾기(지그재그)의 '꺾기 높이 비율(F)'을 설정합니다.

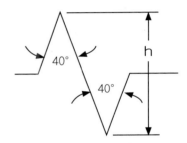

3.4 '문자' 탭

치수 문자의 스타일, 크기, 위치 등 치수 문자와 관련된 환경을 설정합니다.

(1) 문자 모양: 치수 문자의 스타일과 색상 등 문자의 모양과 관련된 환경을 설정합니다.

① **문자 스타일(Y):** 치수 문자의 스타일(STYLE)을 지정합니다. 자세한 내용은 '문자 스타일(STYLE)' 명령을 참조합니다.

② **문자 색상(C):** 치수 문자의 색상을 지정합니다.

③ **채우기 색상(L):** 치수의 문자 배경 색상을 설정합니다. 색상 목록 맨 아래에서 '색상 선택..'을 클릭하면 색상 선택 팔레트가 표시됩니다. 색상 이름 또는 번호를 입력할 수도 있습니다.

④ **문자 높이(T):** 치수 문자의 높이를 지정합니다.

⑤ **분수 높이 축척(H):** 1차 단위 탭에서 단위 형식을 분수로 지정했을 경우 분수 높이의 척도를 지정합니다.

⑥ **문자 주위에 프레임 그리기(F):** 치수 문자 주위에 사각형의 프레임을 작도합니다.

(2) 문자 배치: 치수 문자의 배치 환경을 설정합니다.

① **수직(V):** 수직 방향의 치수 문자 배치 방법을 지정합니다.

② **수평(Z):** 수평 방향의 치수 문자 배치 방법을 지정합니다.

ⓐ 중심: 치수를 치수선 중앙에 기입합니다.

ⓑ 치수 보조선 1에: 치수를 첫 번째 치수 보조선 쪽에 기입합니다.

ⓒ 치수 보조선 2에: 치수를 두 번째 치수 보조선 쪽에 기입합니다.

ⓓ 치수 보조선 1너머: 치수를 첫 번째 치수 보조선 위에 기입합니다.

ⓔ 치수 보조선 2너머: 치수를 두 번째 치수 보조선 위에 기입합니다.

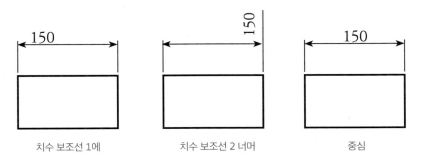

③ **뷰 방향(D):** 치수 문자를 보는 방향을 조정합니다. 문자를 '왼쪽에서 오른쪽으로 읽는 방법'과 '오른쪽에서 왼쪽으로 읽는 방법'이 있습니다.

④ **치수선에서 간격 띄우기(O):** 치수 문자가 치수선 사이에 기입될 때 치수선과 문자의 간격을 나타내며, 치수선 위에 치수 문자를 기입할 때는 치수선과 문자가 떨어지는 간격을 나타냅니다.

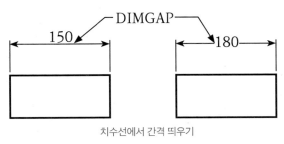

(3) 문자 정렬(A): 치수 문자의 방향을 설정합니다.

① 수평: 치수 문자를 항상 수평으로 정렬합니다.

② 치수선에 정렬: 치수 문자를 치수선과 수평이 되도록 정렬합니다.

③ ISO 표준: 치수 문자가 치수 보조선 안에 있으면 치수선과 수평이 되도록 정렬하고, 치수 보조선 밖에 있으면 수평으로 정렬합니다.

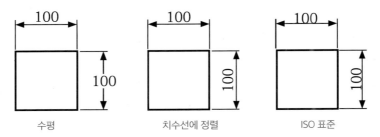

| 수평 | 치수선에 정렬 | ISO 표준 |

3.5 '맞춤' 탭

문자와 화살표, 치수선의 배치를 정의하거나 치수 기입 축척 등을 설정합니다.

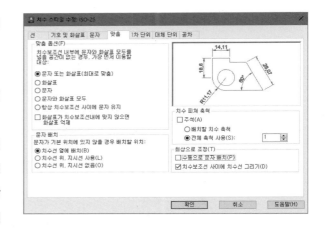

(1) 맞춤 옵션(F): 치수 문자와 화살표의 위치를 지정합니다.

① 문자 또는 화살표(최대로 맞춤): 치수 보조선 사이의 간격이 충분하면 치수와 화살표를 치수 보조선 안에 표시하고, 치수만 여유 공간이 있으면 치수만 보조선 사이에 표시하고 화살표와 치수선은 보조선 밖에 표시합니다. 치수와 화살표 모두 여유 공간이 없으면 모두 치수 보조선 밖에 표시합니다.

② 화살표: 치수 보조선 바깥쪽으로 먼저 화살촉을 이동한 다음 문자를 이동합니다. 치수 보조선 사이의 간격이 충분하면 치수와 화살표를 치수 보조선 안에 표시하고, 화살촉에 대해서만 충분한 공간을 사용할 수 있는 경우, 화살촉은 치수 보조선 사이에 배치하고 문자는 치수 보조선 외부에 배치합니다.

③ 문자: 치수 보조선 바깥쪽으로 먼저 문자를 이동한 다음 화살촉을 이동합니다. 치수 보조선 사이의 간격이 충분하면 치수와 화살표를 치수 보조선 안에 표시하고, 문자에 대해서만 충분한 공간을 사용할 수 있는 경우, 문자는 치수 보조선 사이에 배치하고 화살촉은 치수 보조선 외부에 배치합니다.

④ 문자와 화살표 모두: 문자와 화살촉에 공간이 부족할 경우 치수 보조선 바깥쪽으로 모두 이동합니다. 치수 보조선 사이의 간격이 충분하면 치수 문자와 화살표를 치수 보조선 안에 표시하고, 그렇지 않으면 보조선 밖에 표시합니다.

⑤ **항상 보조선 사이에 문자 유지:** 항상 치수 보조선 사이에 치수 문자를 기입합니다.

⑥ **화살표가 치수 보조선 내에 맞지 않으면 화살표 억제:** 치수 보조선 사이의 공간이 충분치 않으면 화살표를 표시하지 않습니다.

(2) **문자 배치:** 치수 문자가 기준 위치에 있지 않을 경우 위치를 지정합니다.

① **치수선 옆에 배치(B):** 치수 문자를 이동할 때마다 치수선도 이동합니다.

② **치수선 위, 지시선 사용(L):** 문자를 이동할 때 치수선이 이동하지 않습니다. 문자가 치수선으로부터 멀리 떨어져 있을 경우 문자와 치수선을 연결하는 지시선을 작성합니다. 문자가 치수선에 너무 가까이 있으면 지시선은 생략됩니다.

③ **치수선 위, 지시선 없음(O):** 문자를 이동할 때 치수선이 이동하지 않습니다. 치수선으로부터 멀리 떨어진 문자가 지시선을 사용하여 치수선에 연결되지 않습니다.

(3) **치수 피쳐 축척:** 치수 스타일의 전체적인 척도와 도면 공간 치수의 척도를 설정합니다.

① **주석(A):** 치수 스타일이 주석임을 설정합니다.

② **배치할 치수 축척(도면 공간):** 모형 공간(Model space)과 도면 공간(Paper space) 사이의 축척을 기준으로 축척 비율을 결정합니다.

③ **전체 축척 사용(S):** 해당 치수 스타일의 전체적인 축척을 지정합니다. 치수 스타일의 환경을 설정할 때, 처음에 이 값으로 전체적인 축척을 지정한 다음 각 세부 항목의 축척을 조정합니다.

> **참고 치수 스타일 전체 크기 지정**
>
> 화살촉, 문자, 보조선의 길이와 같이 치수 기입을 위한 각 항목의 크기를 하나씩 지정하는 것은 번거로운 일입니다. 가장 간편한 방법은 '전체 축척 사용(S)'에 기본 축척 값을 부여하면 됩니다. 예를 들어, '전체 축척'을 '50'으로 입력하면 '문자 높이'가 '2.5'인 경우는 '50×2.5'가 되어 기입되는 치수 문자는 '125'가 됩니다. 이런 방법으로 치수 기입을 위한 각 항목을 하나씩 지정하기보다는 '전체 축척 사용(S)'을 먼저 지정한 후 수정하고자 하는 항목만 수정하면 됩니다.

(4) **최상으로 조정(T):** 문자 및 치수선의 환경을 설정합니다.

① **수동으로 문자 배치(P):** 문자 배치의 수평 자리 맞추기 지정을 무시하고 치수선 위치 프롬프트에서 사용자가 지정한 위치에 치수 문자를 기입합니다.

② **항상 보조선 사이에 치수선 그리기(D):** 화살촉이 측정된 점 바깥쪽에 배치되는 경우에도 측정된 점 사이에 치수선을 작도합니다.

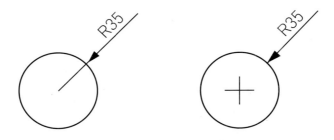

'항상 보조선 사이에 치수선이 그려진 경우(D)'에 체크된 경우와 그렇지 않은 경우

3.6 '1차 단위' 탭

치수 단위의 형식과 정밀도를 설정하고 치수 문자의 머리말과 꼬리말 등의 환경을 설정합니다.

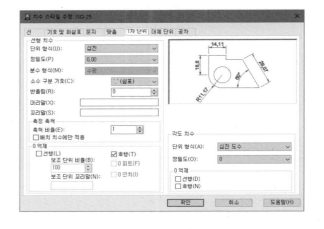

(1) 선형 치수: 선형 치수에 대한 환경을 설정합니다.

① **단위 형식(U):** 각도를 제외한 일반적인 치수 기입의 단위를 지정합니다. 단위 형식에는 과학, 십진, 엔지니어링, 건축, 분수가 있습니다.

② **정밀도(P):** 소수점 이하 자릿수를 제어합니다.

③ **분수 형식(M):** 단위 형식을 분수로 선택했을 때 분수의 표시 형식으로 '수평'과 '대각선'이 있습니다.

④ **소수 구분 기호(C):** 소수점 구분자의 형식을 지정합니다. 마침표(.), 쉼표(,), 공백이 있습니다.

⑤ **반올림(R):** 반올림하고자 하는 단위를 지정합니다.

⑥ **머리말(X):** 항상 치수 문자 앞에 기입하는 문자를 입력합니다(예: Ø100).

⑦ **꼬리말(S):** 항상 치수 문자 뒤에 기입하는 문자를 입력합니다(예: 100mm).

⑧ **측정 축척:** 객체의 길이를 측정 시 축척을 설정합니다.

ⓐ 축척 비율(E): 치수를 기입하기 위해 측정할 때의 축척을 지정합니다. 예를 들어, '10'을 설정해놓으면 '실제 길이×10'의 값으로 표기됩니다.

ⓑ 배치 치수에만 적용: 배치(Paper space)에만 적용합니다.

⑨ **0 억제:** 표시하는 치수의 0을 제어합니다.

ⓐ 선행(L): 소수점 앞에 오는 0을 표시하지 않습니다.

ⓑ 후행(T): 소수점 뒤에 오는 0을 표시하지 않습니다.

ⓒ 0 피트(F): 거리가 1피트보다 적을 때 피트와 인치 치수의 피트 위치를 억제합니다. 예를 들어, 0´–6 1/2 ˝ 은 6 1/2 ˝ 이 됩니다.

(d) 0 인치(I): 거리가 피트의 정수일 때 피트와 인치 치수의 인치 위치를 억제합니다. 예를 들어, 1′−0 ˝ 은 1′이 됩니다.

(2) 각도 치수: 각도 치수에 대한 환경을 설정합니다.

① 단위 형식(A): 각도를 기입할 때 각도의 표현 형식을 선택합니다. 각도 형식에는 십진 도수(Degrees), 도/분/초 (Degrees/Minutes/Seconds), 그라디안(gradians), 라디안(Radians)이 있습니다.

② 정밀도(O): 소수점 이하 자릿수를 제어합니다.

③ 0 억제: 표시하는 치수의 0을 제어합니다. 선형 치수 참조.

4 스마트 치수(DIM)

치수를 기입할 객체 위에 마우스를 놓으면 기입할 적합한 치수 유형의 미리보기를 자동으로 표시합니다. 치수 기입할 객체, 선 또는 점을 선택하고 치수를 기입할 도면 영역의 아무 곳이나 클릭합니다. 지원되는 치수 유형 범위에는 수직, 수평, 정렬 및 회전된 선형 치수부터 각도 치수, 반지름, 지름, 꺾기 반지름 및 호 길이 치수, 기준 선 및 연속 치수가 있습니다.

명령: DIM	아이콘:

명령어 'DIM'을 입력하거나 '주석' 탭의 '치수' 패널에서 을 클릭합니다.

{객체 선택 또는 첫 번째 치수 보조선 원점 지정 또는 [각도(A)/기준선(B)/계속(C)/세로좌표(O)/정렬(G)/분산 (D)/도면층(L)/명령 취소(U)]:}에서 치수를 기입할 객체(호) 근처로 마우스 커서를 가져갑니다. 흐릿하게 치수가 나타납니다.

{반지름을 지정할 호 선택 또는 [지름(D)/꺾기(J)/호 길이(L)/각도(A)]:}에서 클릭합니다.

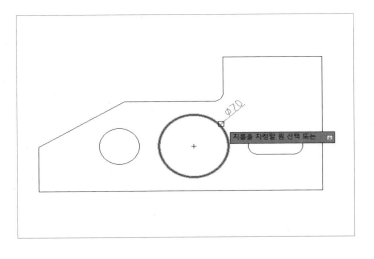

{반지름 치수 위치 지정 또는 [지름(D)/각도(A)/여러 줄 문자(M)/문자(T)/문자 각도(N)/명령 취소(U)]:}에서 클릭한 후 치수의 위치를 지정합니다.
다음과 같이 지정한 위치에 치수가 기입됩니다.

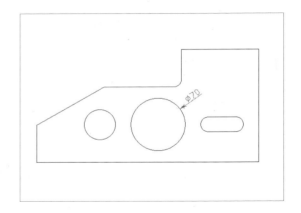

선을 선택하면 다음과 같이 선형 치수가 기입됩니다.

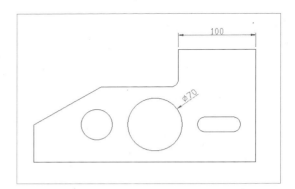

참고 **[옵션 설명] {객체 선택 또는 첫 번째 치수 보조선 원점 지정 또는 [각도(A)/기준선(B)/계속(C)/세로좌표(O)/정렬(G)/분산(D)/도면층(L)/명령 취소(U)]:}**

(1) **각도(A):** 세 점 사이의 각도 또는 두 선 사이의 각도를 표시하는 각도 치수를 작성합니다. '각도 치수' 참조.

(2) **기준선(B):** 이전 또는 선택된 치수의 첫 번째 치수 보조선에서 선형, 각도 또는 세로 좌표 치수를 작성합니다. '기준선 치수' 참조.

(3) **계속(C):** 선택된 치수의 두 번째 치수 보조선에서 선형, 각도 또는 세로좌표 치수를 작성합니다. '계속 치수' 참조.

(4) **세로좌표(O):** 세로좌표 치수를 작성합니다. '세로좌표' 참조.

(5) **정렬(G):** 여러 개의 평행, 동심 또는 동일한 데이터 치수를 선택된 기준 치수에 정렬합니다.

(6) **분산(D):** 선택되어 분리된 선형 또는 세로좌표 치수 그룹을 분산하는 방법을 지정합니다.

(7) **도면층(L):** 지정된 도면층에 새 치수를 지정하여 현재 도면층을 재지정합니다. 현재 도면층을 사용하려면 현재 사용 또는 "."을 입력합니다.

(8) **명령 취소(U):** 마지막 치수 작업을 취소하고 이전으로 되돌립니다.

5 선형 치수(DIMLINEAR)

수평 또는 수직 방향의 치수를 기입합니다.

> 명령: DIMLINEAR(단축키: DLI)　　　　　　　　　　　　아이콘: ▬

명령어 'DLI'를 입력하거나 '주석' 탭의 '치수' 패널 또는 '치수' 도구막대에서 ▬을 클릭합니다.

{첫 번째 치수 보조선 원점 지정 또는 〈객체 선택〉:}에서 첫 번째 점을 지정합니다.

{두 번째 치수 보조선 원점 지정:}에서 두 번째 점을 지정합니다.

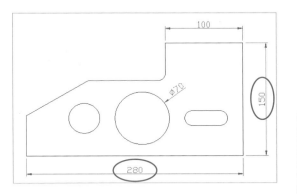

{치수선의 위치 지정 또는 [여러 줄 문자(M)/문자(T)/각도(A)/수평(H)/수직(V)/회전(R)]:}에서

치수선의 위치를 지정합니다. 다음과 같이 수평 또는 수직 치수가 기입됩니다.

참고 **[옵션 설명] {치수선의 위치 지정 또는 [여러 줄 문자(M)/문자(T)/각도(A)/수평(H)/수직(V)/회전(R)]:}**

(1) **여러 줄 문자(M):** 치수 문자를 편집할 수 있는 여러 줄 문자 편집기를 표시합니다.

(2) **문자(T):** 치수 문자를 편집할 수 있는 단일 행 문자 입력 상태가 됩니다.

💧 **TIP** ── [측정된 문자를 수정하려면]

선형 치수를 기입하면 두 점을 지정하여 측정된 거리를 표기하지만 사용자가 이 측정된 거리를 임의로 수정하려면 '여러 줄 문자(M)' 또는 '문자(T)' 옵션을 선택하여 기입합니다.

{치수선의 위치 지정 또는 [여러 줄 문자(M)/문자(T)/각도(A)/수평(H)/수직(V)/회전(R)]:}에서 문자 옵션 'T'를 입력합니다.

{새로운 치수 문자를 입력 <100.62>:}에서 표기하고자 하는 문자 '100'을 입력합니다.

{치수선의 위치 지정 또는 [여러 줄 문자(M)/문자(T)/각도(A)/수평(H)/수직(V)/회전(R)]:}에서 표기할 위치를 지정합니다.

(3) **각도(A):** 치수 문자의 각도를 변경합니다.

(4) **수평(H):** 수평 선형 치수를 작성합니다.

(5) **수직(V):** 수직 선형 치수를 작성합니다.

(6) **회전(R):** 회전된 선형 치수를 작성합니다.

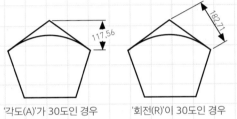

'각도(A)'가 30도인 경우　　　'회전(R)'이 30도인 경우

6 정렬 치수(DIMALIGNED)

수평 또는 수직 방향이 아닌 비스듬한 면의 길이나 지정한 두 점의 거리를 직접 표현하고자 할 때는 정렬 치수를 이용하여 기입합니다.

> **명령:** DIMALIGNED(단축키: DAL)　　　　　　　　　　아이콘:

명령어 'DAL'을 입력하거나 '주석' 탭의 '치수' 패널 또는 '치수' 도구막대에서 ◤을 클릭합니다.

{첫 번째 치수 보조선 원점 지정 또는 〈객체 선택〉:}에서 첫 번째 점을 지정합니다.

{두 번째 치수 보조선 원점 지정:}에서 두 번째 점을 지정합니다.

{치수선의 위치 지정 또는 [여러 줄 문자(M)/문자(T)/각도(A)]:}에서 치수선의 위치를 지정합니다. 다음과 같이 정렬 치수가 기입됩니다.

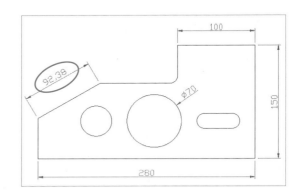

7 반지름 치수(DIMRADIUS)

선택한 원 또는 호의 반지름 치수를 측정하여 기입합니다.

7.1 반지름(DIMRADIUS)

반지름 치수를 기입합니다.

> **명령:** DIMRADIUS(단축키: DRA)　　　　　　　　　　아이콘:

명령어 'DRA'을 입력하거나 '주석' 탭의 '치수' 패널 또는 '치수' 도구막대에서 ◤을 클릭합니다.

{호 또는 원 선택:}에서 원이나 호를 선택합니다.

{치수선의 위치 지정 또는 [여러 줄 문자(M)/문자(T)/각도(A)]:}에서 반지름 치수를 기입할 위치를 지정합니다.

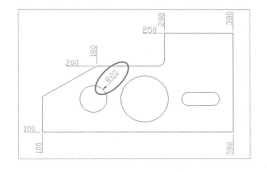

●TIP —— {치수선의 위치 지정…}에서 원이나 호의 안쪽을 지정하면 안쪽에 기입되고, 바깥쪽을 지정하면 바깥쪽에 기입됩니다.

7.2 꺾어진 반지름(DIMJOGGED)

꺾어진 형태의 인출선(지시선)으로 선택한 원 또는 호의 반지름 치수를 기입합니다.

| 명령: DIMJOGGED(단축키: JOG, DJO) | 아이콘: 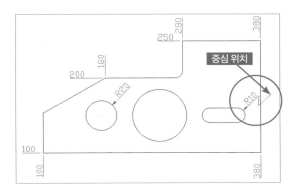 |

명령어 'JOG' 또는 'DJO'를 입력하거나 '주석' 탭의 '치수' 패널 또는 '치수' 도구막대에서 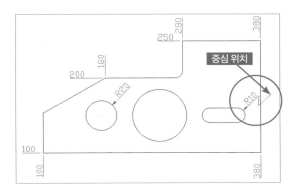을 클릭합니다.
{호 또는 원 선택:}에서 원이나 호를 선택합니다.
{중심 위치 재지정 지정:}에서 인출선의 끝 부분이 될 중심 위치를 지정합니다.
{치수선의 위치 지정 또는 [여러 줄 문자(M)/문자(T)/각도(A)]:}에서 치수선의 위치를 지정합니다.
{꺾기 위치 지정:}에서 치수선이 꺾어지는 위치를 지정합니다. 다음과 같이 꺾어진 반지름이 기입됩니다.

참고 **중심선, 치수선, 꺾기 위치**

꺾어진 반지름 명령을 실행하면 중심선 위치 재지정, 치수선의 위치, 꺾기 위치를 묻습니다. 각 메시지가 의미하는 좌표는 다음과 같습니다.

(1) 중심 위치 재지정: 꺾기 반지름 치수에 새 중심점을 적용합니다. 이 중심점은 호 또는 원의 실제 중심점을 대신합니다. 즉, 원 및 호의 고정된 중심점이 아닌 새로운 중심점을 지정할 수 있습니다.

(2) 치수선의 위치: 치수선의 각도 및 치수 문자의 위치를 결정하는 위치입니다.

(3) 꺾기 위치: 인출선이 꺾어지는 위치입니다.

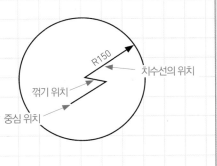

8 지름 치수(DIMDIAMETER)

선택한 원 또는 호의 지름을 측정하여 기입합니다.

명령: DIMDIAMETER(단축키: DDI)	아이콘:

명령어 'DDI'를 입력하거나 '주석' 탭의 '치수' 패널 또는 '치수' 도구막대에서 █을 클릭합니다.
{호 또는 원 선택:}에서 원 또는 호를 선택합니다.
{치수선의 위치 지정 또는 [여러 줄 문자(M)/문자(T)/각도(A)]:}에서 치수선의 위치를 지정합니다.

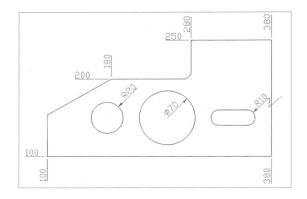

9 각도(DIMANGULAR)

두 선 또는 세 점 사이의 각도를 측정하여 각도를 기입합니다.

명령: DIMANGULAR(단축키: DAN)	아이콘: █

명령어 'DAN'을 입력하거나 '주석' 탭의 '치수' 패널 또는 '치수' 도구막대에서 █을 클릭합니다.
{호, 원, 선을 선택하거나 〈정점 지정〉:}에서 측정하고자 하는 각도의 첫 번째 선을 선택합니다.
{두 번째 선 선택:}에서 측정하고자 하는 각도의 두 번째 선을 선택합니다.
{치수 호 선의 위치 지정 또는 [여러 줄 문자(M)/문자(T)/각도(A)/사분점(Q)]:}에서 치수선의 위치를 지정합니다. 두 변 사이의 각도가 기입됩니다.

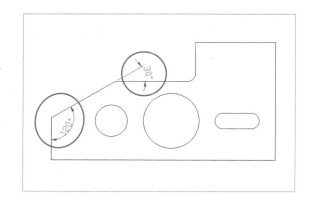

TIP 호를 선택하여 호의 시작점과 끝점의 사이각을 표기할 수 있습니다.

10 기준선 치수(DIMBASELINE)와 연속 치수(DIMCONTINUE)

기준선을 기준으로 연속으로 치수를 기입하거나 이전 치수 보조선으로부터 연속으로 치수를 기입합니다.

10.1 기준선 치수(DIMBASELINE)

이전 치수 또는 선택된 치수의 기준선으로부터 선형 치수, 각도 치수 또는 세로 좌표 치수를 차례로 기입합니다.

> **명령:** DIMBASELINE(단축키: DBA)　　　　　　　　　　　아이콘: 🔲

먼저 '선형 치수(DIMLINEAR) 🔲' 명령으로 기준
이 되는 선형 치수를 기입합니다.

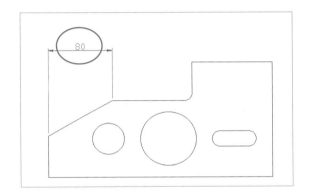

기준선 치수를 실행합니다. 명령어 'DBA'를 입력하거나 '주석' 탭의 '치수' 패널 또는 '치수' 도구막대에서 🔲을 클릭합니다.

{두 번째 치수 보조선 원점 지정 또는 [명령 취소(U)/
선택(S)] 〈선택(S)〉:}에서 첫 번째 끝점을 지정합니
다.

{두 번째 치수 보조선 원점 지정 또는 [명령 취소(U)/
선택(S)] 〈선택(S)〉:}에서 두 번째 끝점을 지정합니
다. 차례로 치수를 기입할 위치를 지정합니다.

{두 번째 치수 보조선 원점 지정 또는 [명령 취소(U)/
선택(S)] 〈선택(S)〉:}에서 〈엔터〉 키 또는 〈스페이스
바〉를 눌러 종료합니다.

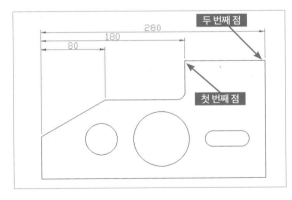

{기준 치수 선택;}에서 〈엔터〉 키 또는 〈스페이스 바〉를 눌러 종료합니다. 다음과 같이 기준선으로부터 차례로
거리를 측정하여 기입합니다.

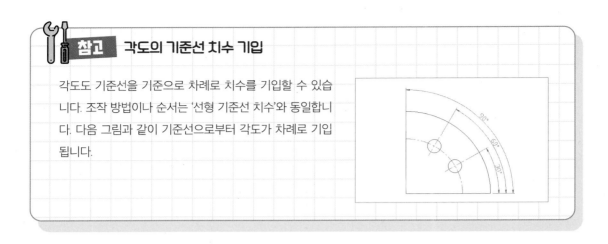

참고 **각도의 기준선 치수 기입**

각도도 기준선을 기준으로 차례로 치수를 기입할 수 있습니다. 조작 방법이나 순서는 '선형 기준선 치수'와 동일합니다. 다음 그림과 같이 기준선으로부터 각도가 차례로 기입됩니다.

10.2 연속 치수(DIMCONTINUE)

이전 치수 또는 선택된 치수의 두 번째 치수 보조선으로부터 선형 치수, 각도 치수 또는 세로 좌표 치수를 작성합니다.

명령: DIMCONTINUE(단축키: DCO)	아이콘:

기준이 되는 선형 치수를 작성한 후, 연속 치수 명령을 실행합니다. 명령어 'DCO'를 입력하거나 '주석' 탭의 '치수' 패널 또는 '치수' 도구막대에서 ▇를 클릭합니다.
{두 번째 치수 보조선 원점 지정 또는 [명령 취소(U)/선택(S)] 〈선택(S)〉:)〉:}에서 첫 번째 끝점을 지정합니다.
{두 번째 치수 보조선 원점 지정 또는 [명령 취소(U)/선택(S)] 〈선택(S)〉:)〉:}에서 두 번째 끝점을 지정합니다. 차례로 치수를 기입할 위치를 지정합니다.
{세 번째 치수 보조선 원점 지정 또는 [명령 취소(U)/선택(S)] 〈선택(S)〉:}에서 〈엔터〉 키 또는 〈스페이스 바〉를 눌러 종료합니다.
{연속된 치수 선택: }에서 〈엔터〉 키 또는 〈스페이스 바〉를 눌러 종료합니다. 다음 그림과 같이 앞의 치수 보조선에 이어서 차례로 연속 치수를 기입합니다.

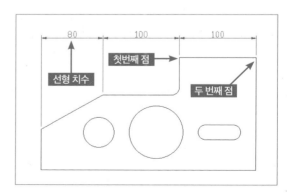

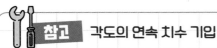

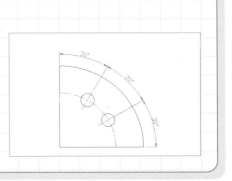

11 신속 치수(QDIM)

선택한 객체의 치수를 신속하게 작성하거나 편집합니다. 이 명령은 일련의 기준선 치수 또는 연속 치수를 작성
하거나 일련의 원과 호에 치수를 기입하는 데 유용합니다.

명령: QDIM	아이콘:

명령어 'QDIM'을 입력하거나 '주석' 탭의 '치수' 패널
또는 '치수' 도구막대에서 을 클릭합니다.
{치수 기입할 형상 선택:}에서 신속 치수를 기입할 객
체 범위의 첫 번째 점을 지정합니다. {반대 구석 지정:}
에서 다음 그림과 같이 반대편 구석을 지정합니다.

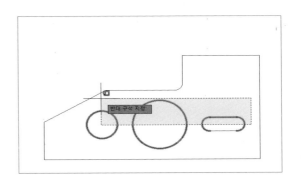

{치수 기입할 형상 선택:}에서 〈엔터〉 키 또는 〈스페이
스 바〉를 눌러 선택을 종료합니다.
{치수선의 위치 지정 또는 [연속(C)/다중(S)/기준선
(B)/세로좌표(O)/반지름(R)/지름(D)/데이텀 점(P)/편
집(E)/설정(T)] 〈연속(C)〉:}에서 치수선의 위치를 지정
하면 다음 그림과 같이 연속 치수가 기입됩니다.

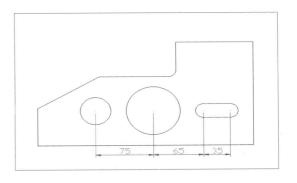

⟨엔터⟩ 키 또는 ⟨스페이스 바⟩를 눌러 신속 치수를 재
실행합니다.

{치수 기입할 형상 선택:}에서 지정할 범위의 첫 번째
점을 지정합니다. {반대 구석 지정:}에서 범위의 반대
구석을 지정합니다. 앞에서 작성한 연속 치수가 선택
되도록 선택합니다.

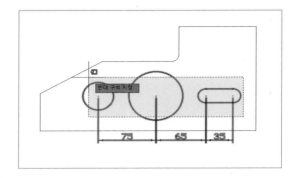

{치수 기입할 형상 선택:}에서 ⟨엔터⟩ 키 또는 ⟨스페이
스 바⟩를 눌러 선택을 종료합니다.

{치수선의 위치 지정 또는 [연속(C)/다중(S)/기준선
(B)/세로좌표(O)/반지름(R)/지름(D)/데이텀 점(P)/편
집(E)/설정(T)] ⟨연속(C)⟩:}에서 기준선 옵션 'B'를 입
력하거나 마우스 오른쪽 버튼을 눌러 바로가기 메뉴
를 펼쳐 '기준선(B)'을 선택합니다.

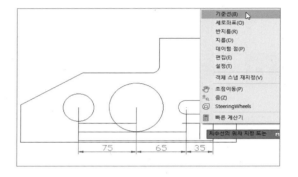

{치수선의 위치 지정 또는 [연속(C)/다중(S)/기준선(B)/세로좌표(O)/반지름(R)/지름(D)/데이텀 점(P)/편집(E)/
설정(T)] ⟨기준선(B)⟩:}에서 치수선의 위치를 지정합니다. 다음 그림과 같이 기준선 치수가 기입됩니다.

◉ TIP ── 신속 치수 기입 이전에 어떤 치수(연속 치
수, 기준선 치수)를 기입했느냐에 의해 기본(디폴트) 치수 기
입 양식이 정해집니다. 즉, 이전에 연속치수를 기입하고 신속
치수를 실행하면 연속치수가 디폴트가 됩니다. 변경하고자
할 때는 옵션 키워드(기준선: B, 연속: C)를 이용합니다.

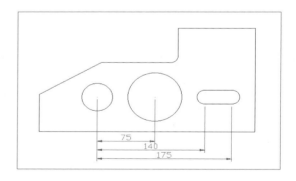

12 중심 표식(CENTERMARK)과 중심선(CENTERLINE)

원의 중심 표식과 중심선을 표시합니다.

12.1 중심 표식(CENTERMARK)

원 및 호의 중심 표식 또는 중심선을 작성합니다.

명령: CENTERMARK(단축키: DCE)	아이콘: ⊕

명령어 'DIMCENTER', 'CENTERMARK' 또는 'DCE'를 입력하거나 '주석' 탭의 '중심선' 패널 또는 '치수' 도구
막대에서 ⊕를 클릭합니다.

{호 또는 원 선택:}에서 원을 선택합니다. 다음 그림과 같이 원 중심에 중심 표식(+ 마크)이 표시됩니다.

💧 **TIP** ── 중심 표식은 치수 스타일 기능으로 설정할
수 있습니다. '기호 및 화살표' 탭을 클릭합니다. '중심 표식'에
서 '없음(N)', '표식(M)', '선(E)' 중에서 선택합니다.
왼쪽 원은 '표식(M)'으로 설정한 경우이고, 오른쪽 원은 '선
(E)'으로 설정한 경우입니다.

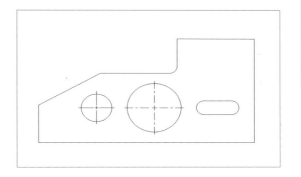

12.2 중심선(CENTERLINE)

선택한 선이나 폴리선의 중심선을 작성합니다.

명령: CENTERLINE	아이콘: ☰

명령어 'CENTERLINE'를 입력하거나 '주석' 탭의 '중
심선' 패널에서 를 클릭합니다.

{첫 번째 선 선택:}에서 첫 번째 선을 선택합니다.

{두 번째 선 선택:}에서 두 번째 선을 선택합니다. 다음
그림과 같이 선택한 두 선의 중간에 중심선을 작도합
니다.

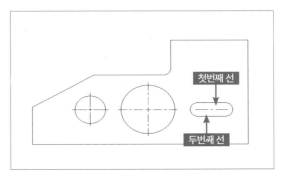

13 공간 조정(DIMSPACE)

선형 치수(기준선 치수, 연속 치수 포함) 또는 각도 치수 사이의 간격을 조정합니다.

명령: DIMSPACE   **아이콘:**

다음과 같이 치수선 사이의 간격이 좁아 치수 문자가
치수선과 겹친 기준선 치수가 작성되어 있다고 가정
하겠습니다.

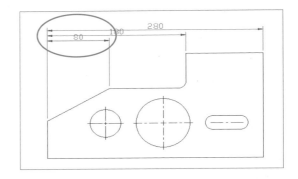

명령어 'DIMSPACE'를 입력하거나 '주석' 탭의 '치수' 패널 또는 '치수' 도구막대에서 을 클릭합니다.
{기본 치수 선택:}에서 기준선 치수의 가장 안쪽 치수(80)를 선택합니다.
{간격을 둘 치수 선택:}에서 두 번째 기준선 치수(치수 문자: 180)를 선택합니다.
{간격을 둘 치수 선택:}에서 순서대로 선택한 후 〈엔터〉 키 또는 〈스페이스 바〉를 눌러 선택을 종료합니다.
{값 또는 [자동(A)] 입력 〈자동(A)〉:}에서 'A'를 입력합니다.

💧 **TIP** ── 직접 숫자를 입력하여 간격을 지정할 수도 있습니다.

선택한 두 개의 치수선의 간격이 조정됩니다.
동일한 방법으로 두 번째와 세 번째 치수선 사이를 조
정합니다.

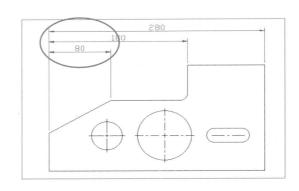

14 치수 편집(DIMEDIT)

치수를 작성한 후에는 기존 문자를 회전하거나 새 문자로 대치할 수 있습니다. 치수 편집은 작성된 치수 객체에서 치수 문자 및 치수 보조선을 수정합니다.

> **명령:** DIMEDIT(단축키: DED) 아이콘:

명령어 'DED'를 입력하거나 '치수' 도구막대에서 을 클릭합니다.

{치수 편집의 유형 입력 [처음(H)/신규(N)/회전(R)/기울기(O)] 〈처음(H)〉:}에서 기울기 'O'를 입력합니다.

{치수 문자에 대한 각도를 지정:}에서 각도 '80'을 입력합니다.

{객체 선택:}에서 기울이고자 하는 객체를 차례로 선택합니다.

{객체 선택:}에서 〈엔터〉 키 또는 〈스페이스 바〉를 눌러 종료합니다.

선택한 치수 보조선이 80도 각도로 기웁니다.

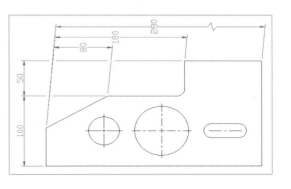

〈엔터〉 키 또는 〈스페이스 바〉로 치수 편집 명령을 재실행합니다.

{치수 편집의 유형 입력 [처음(H)/신규(N)/회전(R)/기울기(O)] 〈처음(H)〉:}에서 회전 옵션 'R'을 입력합니다.

{객체 선택:}에서 회전하고자 하는 치수를 차례로 선택합니다.

{객체 선택:}에서 〈엔터〉 키 또는 〈스페이스 바〉를 눌러 선택을 종료합니다.

{기울기 각도 입력 (없는 경우 ENTER 키):}에서 각도 '90'을 입력합니다.

다음과 같이 선택한 치수 문자가 90도의 각도로 기울어집니다.

15 치수 문자 편집(DIMTEDIT)

치수 문자의 위치를 이동하거나 각도를 변경합니다.

명령: DIMTEDIT	아이콘:

명령어 'DIMTEDIT'를 입력하거나 '주석' 탭의 '치수' 패널 또는 '치수' 도구막대에서 를 클릭합니다.
{치수 선택:}에서 편집하고자 하는 치수 문자를 선택합니다.
{치수 문자에 대한 새로운 위치 또는 다음을 지정 [왼쪽(L)/오른쪽(R)/중심(C)/처음(H)/각도(A)]:}에서 왼쪽 옵션 'L'을 입력합니다. 다음 그림과 같이 선택한 치수 문자가 치수선 왼쪽으로 이동합니다.

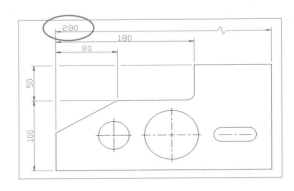

> **참고**
>
> **[옵션 설명] {치수 문자에 대한 새로운 위치 또는 다음을 지정 [왼쪽(L)/오른쪽(R)/중심(C)/처음(H)/각도(A)]:}**
>
> (1) **오른쪽(R):** 치수선의 오른쪽에 배치합니다.
> (2) **중심(C):** 치수선의 중간에 배치합니다.
> (3) **처음(H):** 처음 기입한 위치로 되돌립니다.
> (4) **각도(A):** 치수 문자의 각도를 변환합니다.
>
> '주석' 탭의 '치수' 패널의 '왼쪽 자리 맞추기 ', '가운데 자리 맞추기 ', '오른쪽 자리 맞추기 '는 치수 문자의 자리를 맞추는 기능입니다.

16 치수 특성

작성된 치수의 문자 및 조건을 수정하려면 '특성(PROPERTIES)' 명령을 이용합니다.
수정하고자 하는 치수를 선택한 후 특성 명령을 실행합니다. 특성 팔레트의 '선 및 화살표'에서 편집하고자 하는 값을 수정합니다.

치수 문자만을 수정하려면 '문자 편집(DDEDIT, TEXTEDIT)' 기능을 이용하여 수정합니다.

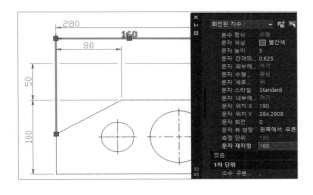

17 다중 지시선 스타일(MLEADERSTYLE)

다중 지시선의 연결선, 화살촉, 컨텐츠 등 다중 지시선의 스타일을 작성하거나 수정합니다.

명령: MLEADERSTYLE(단축키: MLS)   아이콘:

'주석' 탭 '지시선' 패널의 오른쪽 끝에 있는 ⬂ 을 클릭합니다.
다음과 같은 '다중 지시선 스타일 관리자' 대화상자가 나타납니다.

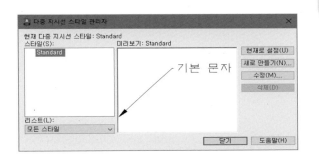

(1) **스타일(S):** 현재 도면에 작성된 다중 지시선 스타일 목록이 표시됩니다. 이 목록에서 작업하

고자 하는 스타일을 선택합니다. 스타일 이름 앞에 ▲ 마크가 있는 스타일은 주석 스타일을 의미합니다.

(2) **미리보기:** 선택한 스타일의 설정 상태를 이미지로 표시합니다.

(3) **리스트(L):** '스타일(S)'에 표시되는 스타일의 조건을 선택(필터링)합니다.

(4) **현재로 설정(U):** 목록에서 선택한 다중 지시선의 스타일을 현재 스타일로 설정합니다.

(5) **새로 만들기(N):** 다음과 같은 대화상자가 표시되면서 새로운 치수 스타일을 작성합니다.

(6) **수정(M):** 선택한 스타일을 수정합니다.

(7) **삭제(D):** 선택한 스타일을 지웁니다.

[새로 만들기(N)] 또는 [수정(M)]을 클릭하면 다음의 대화상자가 나타납니다.

(1) '지시선 형식' 탭

지시선의 형식을 설정합니다.

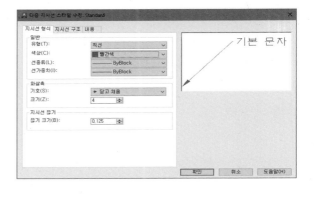

(1) 일반: 다중 지시선의 유형, 색상, 선 종류 등 일반적인 형태를 설정합니다.

① **유형(T)**: '직선', '스플라인' 또는 '지시선 없음' 중에서 유형을 선택합니다.

② **색상(C)**: 지시선의 색상을 설정합니다.

③ **선 종류(L)**: 지시선의 선 종류를 설정합니다.

④ **선 가중치(I)**: 지시선의 선 가중치를 설정합니다.

(2) 화살촉: 다중 지시선 화살촉의 모양을 설정합니다.

① **기호(S)**: 다중 지시선의 화살촉 기호(모양)를 설정합니다.

② **크기(Z)**: 다중 지시선의 화살촉 크기를 설정합니다.

(3) 지시선 끊기: 치수 끊기를 다중 지시선에 추가할 때 크기를 '끊기 크기(B)'의 값으로 설정합니다.

(2) '지시선 구조' 탭

지시선의 구조를 설정합니다.

(1) 구속 조건: 다중 지시선의 구속 조건을 제어합니다.

① **최대 지시선 점 수(M)**: 지시선을 작도할 때, 지시할 수 있는 최대 점의 수를 설정합니다.

② **첫 번째 세그먼트 각도(F)**: 지시선의 첫 번째 점 각도를 설정합니다.

③ **두 번째 세그먼트 각도(S)**: 다중 지시선 연결선의 두 번째 점 각도를 설정합니다.

(2) 연결선 설정: 다중 지시선의 연결선과 관련된 환경을 설정합니다.

① **자동 연결선 포함(A)**: 수평 연결선을 다중 지시선 컨텐츠에 부착합니다.

② **연결선 거리 설정(D)**: 다중 지시선 연결선의 고정 거리를 설정합니다.

(3) 축척: 다중 지시선의 축척을 제어합니다.

① **주석**: 다중 지시선이 주석이 되도록 설정합니다. 주석으로 설정하면 다음의 두 개 항목은 꺼집니다.

② **다중 지시선을 배치에 맞게 축척(L)**: 모형 공간 및 도면 공간 뷰포트의 축척에 기반하여 다중 지시선의 축척 비율을 결정합니다.

③ **축척 지정(E)**: 직접 축척 값을 입력하여 설정합니다.

(3) '내용' 탭

지시선의 내용을 설정합니다.

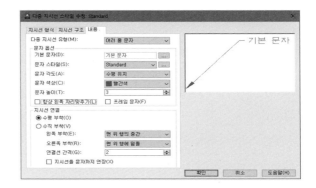

(1) 다중 지시선 유형(M): 다중 지시선의 유형을 '여러 줄 문자', '블록', '없음' 중에서 선택합니다. 이 선택에 의해 문자 표시 모양과 문자의 내용이 달라집니다.

'블록'을 선택하면 다음과 같은 대화상자가 나타납니다. 대화상자에서 블록의 모양, 부착 위치, 색상, 축척을 지정합니다.

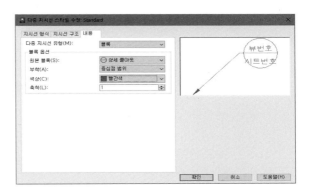

(2) 문자 옵션: 다중 지시선의 문자와 관련된 환경을 제어합니다.

① **기본 문자(D)**: 다중 지시선 내용에 대한 기본적으로 표기될 문자를 설정합니다. 실행을 하면 문자 편집기가 나타나 문자를 작성할 수 있습니다.

② **문자 스타일(S)**: 문자의 스타일(글꼴)을 설정합니다.

③ **문자 각도(A)**: 문자의 각도를 설정합니다.

④ **문자 색상(C)**: 문자의 색상을 설정합니다.

⑤ **문자 높이(T)**: 문자의 높이를 설정합니다.

⑥ **항상 왼쪽 자리 맞추기(L)**: 다중 지시선 문자가 항상 왼쪽으로 정렬합니다.

⑦ **프레임 문자(F)**: 다중 지시선 문자를 상자로 감쌉니다.

(3) 지시선 연결: 다중 지시선의 지시선 연결과 관련된 환경을 설정합니다.

① **왼쪽 부착**: 문자가 지시선의 왼쪽에 있는 경우, 다중 지시선 문자에 연결선 부착 위치를 설정합니다.

② **오른쪽 부착**: 문자가 지시선의 오른쪽에 있는 경우, 다중 지시선 문자에 연결선 부착위치를 설정합니다.

③ **연결선 간격(G)**: 연결선과 다중 지시선 문자 사이의 거리를 설정합니다.

④ **지시선을 문자까지 연장(X)**: 연결선을 여러 줄 문자 상자의 모서리가 아니라 지시선이 부착된 문자 행 모서리 끝까지 연장합니다. 여러 줄 문자 상자의 길이는 경계 상자의 길이가 아니라 문자의 가장 긴 행의 길이에 의해 결정됩니다.

18 다중 지시선(MLEADER)

다중 지시선을 작성합니다.

명령: MLEADER(단축키: MLD)　　　　　　　　**아이콘**:

다중 지시선 작성에 앞서 '다중 지시선 스타일 (MLEADERSTYLE)' 기능으로 '내용' 탭에서 '다중 지시선 유형'을 '블록'으로 선택한 후 '원본 블록'을 '원'으로 설정합니다.

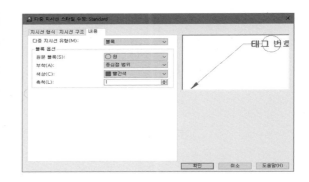

명령어 'MLEADER' 또는 'MLD'를 입력하거나 '주석' 탭의 '지시선' 패널 또는 '다중 지시선' 도구막대에서 을 클릭합니다.

{지시선 화살촉 위치 지정 또는 [문자(T) 사전 입력/지시선 연결선 먼저(L)/컨텐츠 먼저(C)/옵션(O)] 〈컨텐츠 먼저〉:}에서 화살촉의 위치를 지정합니다.

{지시선 연결선 위치 지정:}에서 지시선 연결선의 위치(인출 위치)를 지정합니다.

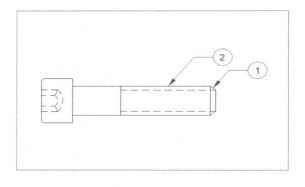

{속성값 입력} {태그 번호 입력 〈태그 번호〉:}에서 태그 번호(1)를 입력합니다.

반복해서 작성하면 다음 그림과 같이 지시선이 작성됩니다.

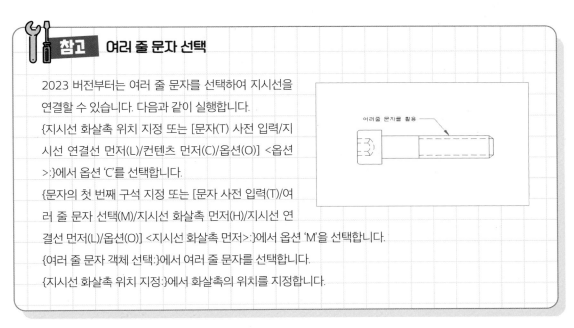

TIP — '다중 지시선 스타일(MLEADERSTYLE)'의 '내용' 탭의 '다중 지시선의 유형(M)'에 의해 모양과 입력 항목이 달라집니다. '블록'을 선택한 경우는 '상세콜아웃'을 선택하면 '뷰 번호' 및 '시트 번호'를 요구합니다. '원'을 선택하면 '태그 번호'만을 요구합니다.

참고 여러 줄 문자 선택

2023 버전부터는 여러 줄 문자를 선택하여 지시선을 연결할 수 있습니다. 다음과 같이 실행합니다.

{지시선 화살촉 위치 지정 또는 [문자(T) 사전 입력/지시선 연결선 먼저(L)/컨텐츠 먼저(C)/옵션(O)] <옵션>:}에서 옵션 'C'를 선택합니다.

{문자의 첫 번째 구석 지정 또는 [문자 사전 입력(T)/여러 줄 문자 선택(M)/지시선 화살촉 먼저(H)/지시선 연결선 먼저(L)/옵션(O)] <지시선 화살촉 먼저>:}에서 옵션 'M'을 선택합니다.

{여러 줄 문자 객체 선택:}에서 여러 줄 문자를 선택합니다.

{지시선 화살촉 위치 지정:}에서 화살촉의 위치를 지정합니다.

예제 실습

다음의 도면을 작성하고 치수를 기입합니다.

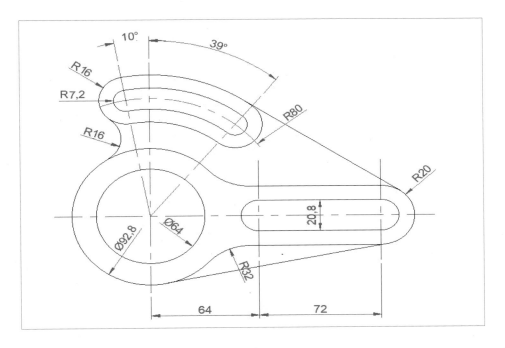

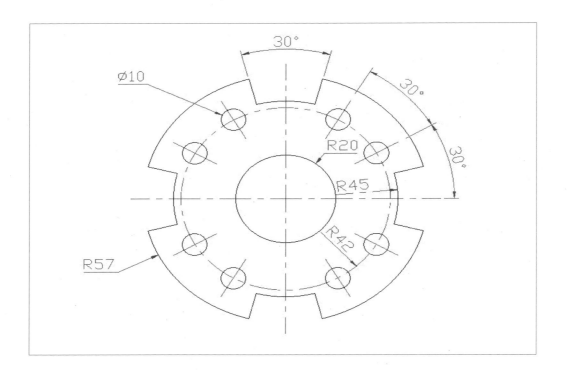

Part 4

배관 도면 작성

이번 파트에서는 배관 도면을 작성해보겠습니다. 배관산업기사, 에너지관리기능사 및 기능장 시험 문제의 도면을 작도하면서 배관 도면 작성법을 익히도록 하겠습니다.

Chapter 9

배관 평면도 작성

주어진 배관 평면도를 그대로 작성하는 방법으로 도면을 작성하겠습니다. 용지 크기와 척도, 부품 크기 및 문자 높이 등 기본적인 개념들을 이해하고 작업에 임합니다.

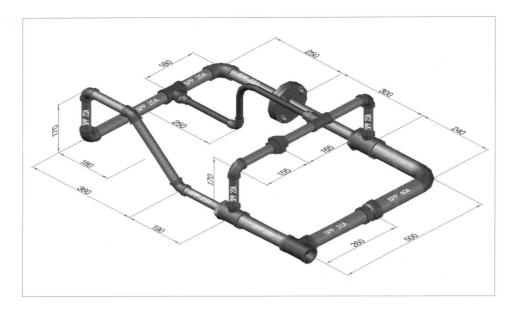

위의 도면을 평면도로 표현하면 다음과 같습니다. 다음의 도면을 작성합니다.

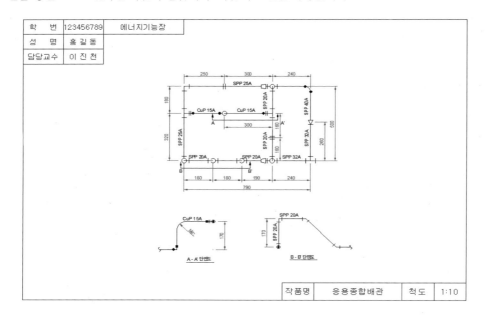

다음은 배관 도면만 확대한 도면입니다.

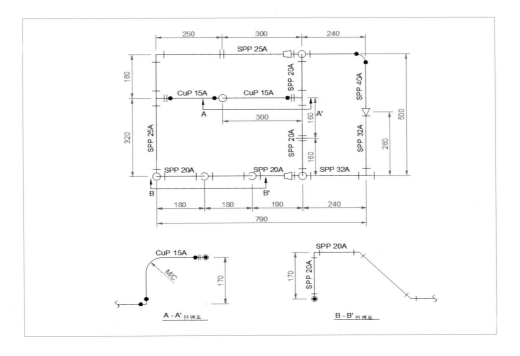

1 도면 작성 순서

도면을 작성하는 순서는 작성자(설계자)의 생각이나 기존 패턴에 따라 여러 방법이 있을 수 있겠지만 여기에서는 다음과 같은 순서로 진행하겠습니다. 처음에는 순서대로 따라서 해보고 독자 여러분이 효율적인 순서나 방법을 찾아 작업해보시기 바랍니다.

① 도면을 확인하고 치수가 명시되지 않은 부품 및 기구는 어느 크기로 할 것인지 미리 결정합니다. 기본적으로 치수가 명기된 부위는 치수대로 작성하지만 엘보, 밸브, 각종 부품류 등 작도를 위한 치수가 명기되어 있지 않은 심볼은 크기를 결정합니다. 보통 None Scale 심볼이라고 하는데 척도에 맞춰 크기를 지정해야 합니다. 도면은 전체적인 균형을 맞춰 작도하는 것이 중요합니다. 심볼의 크기도 도면의 균형에 맞춰 작도해야 합니다.

② 용지의 범위를 정합니다(명령: LIMITS 또는 MVSETUP). 기본적으로 A4용지를 사용하므로 297 * 210의 사이즈에 축척을 곱한 값을 경계로 잡습니다. 예를 들어, 척도가 1:20의 경우라면 (297*20) * (210*20)이 되므로 경계(LIMITS)는 좌표 (0,0)에서 (5940, 4200)으로 잡습니다. MVSETUP 기능을 사용하면 척도와 용지의 가로, 세로 길이를 입력하면 되기 때문에 계산이 필요하지 않으며 테두리를 작성해주기 때문에 편리합니다.

③ 도면층(LAYER) 및 색상(COLOR)을 설정합니다(명령: LAYER, COLOR). 이 작업은 도면을 작성한 후에 설정해도 되지만 가능하면 작업을 시작할 때 설정해놓고 진행하는 것이 효율적입니다. 도면을 모두 작성한 후에 마지막에 수행하는 방법도 괜찮습니다.

④ 안쪽 테두리를 작성합니다(명령: LINE, RECTANG, OFFSET 등). 시험 요강에 용지 끝에서 10mm(또는 5mm)의 간격을 두어 테두리를 작성해야 하므로 용지의 범위에서 10mm(5mm)를 계산해서 테두리를 작성합니다. 예를 들어, 척도가 1/20인 경우라면 10mm는 10 x 20(scale)=200이 됩니다. 따라서 좌표 (0,0)과 (5740,4000)에 이르는 직사각형을 작도합니다. 또는, 외곽 용지 테두리를 '200'만큼 간격 띄우기(OFFSET)하여 테두리를 작성합니다.

⑤ 인적 사항, 표제란을 작성합니다(명령: LINE, OFFSET, TRIM, TEXT 등). 이때도 도면의 균형에 맞도록 척도를 고려하여 작성합니다. 예를 들어, 1/20 도면에서 표제란에 4mm 문자를 작성한다고 가정하면 문자 높이는 '80'으로 설정해야 합니다.

⑥ 작도 및 편집 명령 등을 이용하여 도면을 작성합니다(명령: 작도 및 편집 명령). 반복적으로 사용하는 부품(엘보, 티, 밸브류 등)은 미리 작도해놓고 부품의 삽입 위치에 복사하여 편집하도록 합니다.

⑦ 치수기입 명령 및 문자 작성 명령을 이용하여 치수 및 문자를 기입합니다(명령: 치수 및 문자 작성 명령). 치수를 기입하기 전에는 치수 스타일(DIMSTYLE) 기능으로 치수선, 치수보조선, 문자 등의 크기를 설정합니다. 문자를 작성할 때도 문자 스타일(STYLE) 기능으로 글꼴을 설정합니다.

⑧ 도면이 올바르게 작도되었는지, 읽기 편하고 균형 있게 배치되었는지 도면을 검토한 후 출력장치(프린터 및 플로터)를 통해 출력합니다.

2 척도와 크기의 상관관계

척도(Scale)에 따라 부품의 크기 및 문자 높이를 설정해야 합니다. 도면을 작성할 때, 치수가 명시된 경우는 명시된 치수대로 작도하면 되지만 치수가 명시되지 않은 엘보, 부품, 문자 등은 척도에 맞춰 크기를 조정해야 합니다.

① 도면 영역 크기
도면 범위를 설정할 때 1:20의 축척에 A4용지를 설정할 경우 실제 작업할 공간은 A4용지의 20배가 되어야 합니다. 그래야 1/20로 출력을 하면 A4용지에 맞춰집니다.

따라서 척도가 1:20인 경우라면 용지 사이즈에 20배(297×20), (210×20)를 한 값(5940, 4200)이 실제 CAD에서의 작업 공간이 됩니다. 한계(LIMITS) 명령을 사용하여 경계를 설정할 때는 절대좌표 (0,0)에서 (5940, 4200)으로 설정해야 합니다.

참고로 용지별 크기는 다음의 표와 같습니다.

용지 명칭	치수
A0	841 * 1189
A1	594 * 841
A2	420 * 594
A3	297 * 420
A4	210 * 297

[용지의 크기]

일반적으로 도면의 테두리는 A0와 A1은 20mm로 하며, A2, A3, A4는 10mm로 합니다.

② 부품 및 피팅류의 크기

밸브나 레듀셔와 같은 부품이나 엘보, 티와 같은 피팅류의 크기는 작도하고자 하는 크기에 척도(Scale)만큼 곱한 값의 크기로 작도해야 합니다. 척도가 1:20인 경우 높이가 5mm인 게이트 밸브를 작도하고자 한다면 CAD 공간에서는 5×20 = 100 높이로 작도해야 합니다. 척도가 1:10인 경우는 5×10 = 50 높이로 작도해야 합니다. 다음과 같이 척도가 1:10인 경우, CAD에서 가로 80mm와 세로 50mm로 작도한 밸브는 1/10로 출력을 하게 되면 A4용지 도면에 8mm와 5mm 길이로 출력됩니다.

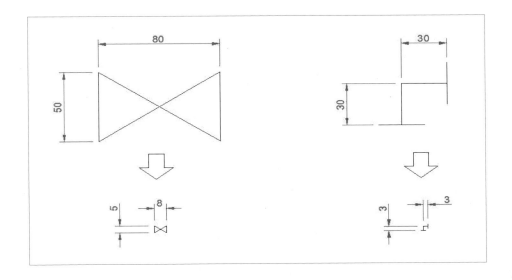

③ 문자의 크기

문자 크기(높이)도 부품의 크기와 동일합니다. 작성하고자 하는 문자의 높이에 척도(Scale)를 곱한 값으로 작성해야 합니다. 1:20의 척도에서 2.5mm 높이의 문자를 작성하고자 한다면 2.5×20 = 50으로 설정하여 작성해야 합니다. 척도가 1:10이라면 25mm 높이로 작성합니다. 25mm로 작성하여 1/10로 출력하면 용지에는 2.5mm로 출력됩니다.

앞에서 살펴보았듯이 CAD에서 작업 공간은 (출력 용지의 치수×축척) 값으로 범위를 설정해야 합니다.

3 작도 영역 설정 및 테두리 작성

다음과 같은 도면 테두리와 표제란, 인적 사항을 기입하겠습니다. 용지의 크기와 척도에 맞춰 작도 영역을 설정하고 안쪽으로 10mm 테두리를 작성하겠습니다. 축척 1:10의 A4용지를 기준으로 하며 오른쪽 하단에는 표제란, 왼쪽 상단에는 인적 사항을 작도합니다.

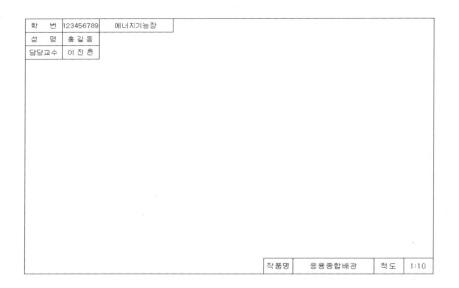

3.1 작도 영역 설정

작도 영역을 설정합니다. 두 가지 방법이 있습니다. 도면의 범위를 잡는 명령인 도면 한계(LIMITS) 기능으로 한계를 설정한 후 직사각형(RECTANGLE) 기능으로 테두리를 그리는 방법과 도면틀 작성(MVSETUP) 기능으로 작도 영역 설정과 테두리를 그리는 방법입니다.

{명령:} LIMITS

{모형 공간 한계 재설정: }

{왼쪽 아래 구석 지정 또는 [켜기(ON)/끄기(OFF)] 〈0.0000,0.0000〉:}에서 '0,0' 또는 〈엔터〉 키

{오른쪽 위 구석 지정 〈420.0000,297.0000〉:}에서 '2970,2100'을 입력합니다.

A4용지(297,210)의 축척 값 '10'을 곱한 값을 오른쪽 위 구석으로 지정합니다.

{명령:} ZOOM

{윈도우 구석을 지정, 축척 비율 (nX 또는 nXP)을 입력, 또는

[전체(A)/중심(C)/동적(D)/범위(E)/이전(P)/축척(S)/윈도우(W)] 〈실시간〉:}에서 'A'

또는 🔍

◊ **TIP** —— 여기에서 전체 도면을 펼치는 'Zoom'에서 'All'을 하는 이유는 도면의 범위를 설정했으므로 작업하기 위해 전체 영역을 펼칩니다.

🔧 **참고** **MVSETUP에 의한 테두리 작성**

도면 한계(LIMITS), 직사각형(RECTANGLE) 명령으로 작성하는 방법과 함께 'MVSETUP' 명령으로 도면의 범위와 테두리를 작성할 수 있습니다.

명령어 'MVSETUP'을 입력합니다.

{초기화 중...}

{도면 공간을 사용가능하게 합니까? [아니오(N)/예(Y)] <Y>:}에서 'N'를 입력합니다.

{단위 유형 입력 [과학(S)/십진(D)/공학(E)/건축(A)/미터법(M)]: }에서 'M'을 입력합니다.

다음과 같이 축척 목록이 표시됩니다.

{축척 비율 입력: }에서 '10'을 입력합니다.

{용지 폭 입력: }에서 '297'(A4 종이의 폭 값)을 입력합니다.

{용지 높이 입력: }에서 '210'(A4 종이의 높이 값)을 입력합니다.

도면 영역이 설정되면서 외곽선(테두리)이 작성됩니다.

{미터 축척}

(5000)	1:5000
(2000)	1:2000
(1000)	1:1000
(500)	1:500
(200)	1:200
(100)	1:100
(75)	1:75
(50)	1:50
(20)	1:20
(10)	1:10
(5)	1:5
(1)	전체

3.2 테두리 작성

실제 도면의 작성 공간이 될 테두리를 작성합니다. 도면 용지 범위로부터 10mm 안쪽으로 작성합니다. 선으로 작성하는 방법도 있지만 직사각형 명령으로 작성하겠습니다. MVSETUP 명령으로 도면 틀을 작성한 경우는 간격 띄우기(OFFSET) 명령으로 안쪽으로 10mm를 띄웁니다.

01 명령어 'REC' 또는 'RECTANG'을 입력하거나 ▣을 클릭합니다.

{첫 번째 구석점 지정 또는 [모따기(C)/고도(E)/모깎기(F)/두께(T)/폭(W)]:}에서 '0,0'을 입력합니다.

{반대쪽 구석점 지정 또는 [치수(D)]:}에서 절대좌표 '#2970,2100' 또는 상대좌표 '@2970,2100'을 입력합니다.

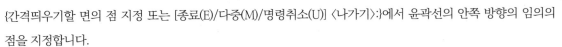

02 간격 띄우기(OFFSET) 기능으로 10mm(100) 안쪽으로 띄워 테두리를 작성합니다.

명령어 'O' 또는 'OFFSET'을 입력하거나 ▤을 클릭합니다.

{간격띄우기 거리 지정 또는 [통과점(T)/지우기(E)/도면층(L)] 〈통과점〉:}에서 '100'(10mm * 10(척도) =100)을 입력합니다.

{간격띄우기할 객체 선택 또는 [종료(E)/명령취소(U)] 〈종료〉:}에서 직전에 작성한 직사각형을 선택합니다.

{간격띄우기할 면의 점 지정 또는 [종료(E)/다중(M)/명령취소(U)] 〈나가기〉:}에서 윤곽선의 안쪽 방향의 임의의 점을 지정합니다.

{간격띄우기할 객체 선택 또는 [종료(E)/명령취소(U)] 〈종료〉:}에서 〈엔터〉 키를 누릅니다.

아래 그림과 같이 테두리 선이 작성됩니다.

03 지우기(ERASE) 명령으로 바깥쪽 외곽선을 지웁니다.

바깥쪽 테두리는 실제 A4용지의 테두리이므로 출력(플롯)할 때는 필요하지 않은 선입니다. 따라서 도면상에서는 지워야 합니다.

명령어 'ERASE' 또는 'E'를 입력하거나 ✎ 클릭합니다.

{객체 선택: }에서 지우고자 하는 외곽선을 선택합니다.

{객체 선택: }에서 〈엔터〉 키를 누릅니다. 다음 그림과 같이 테두리가 작성됩니다.

[A4용지의 10mm 안쪽에 작성된 테두리]

4 표제란 및 인적 사항 작성

지금부터 표제란 및 인적 사항을 기입하는 표와 문자를 작성하겠습니다.

4.1 표제란 작성

오른쪽 하단의 표제란을 작성합니다. 표제란의 크기는
다음과 같습니다. 여기에서 제시한 크기는 반드시 지켜
야 하는 크기가 아닙니다. 도면의 균형에 맞도록 조정
할 수 있습니다. 제시된 크기에 척도 값을 곱합니다. 여
기에서는 1:10이기 때문에 (치수×10)을 합니다. 문자
의 크기는 40mm로 합니다.

01 간격 띄우기(OFFSET) 명령으로 외곽선의 간격을 띄웁니다.

◊ **TIP** ── 간격 띄우기를 하기 전에 사각형 외곽선이 폴
리선과 같이 하나의 객체인 경우는 '분해(EXPLODE) 명령'으로
분해해야 합니다.

명령: EXPLODE 또는 🔲
{객체 선택: }에서 분해하고자 하는 외곽 테두리 선을 선택합니다.
{객체 선택: }에서 <엔터> 키로 종료합니다.

명령어 'OFFSET' 또는 'O'를 입력하거나 을 클릭합니다.

{간격띄우기 거리 지정 또는 [통과점(T)/지우기(E)/도면층(L)] 〈통과점〉:}에서 '120'(12mm 간격)을 입력합니다.

{간격띄우기할 객체 선택 또는 [종료(E)/명령취소(U)] 〈종료〉:}에서 띄우기할 객체 E1을 선택합니다.

{간격띄우기할 면의 점 지정 또는 [종료(E)/다중(M)/명령취소(U)] 〈나가기〉:}에서 P1 방향(위쪽 방향)을 지정합니다.

{간격띄우기할 객체 선택 또는 [종료(E)/명령취소(U)] 〈종료〉:}에서 〈엔터〉 키로 종료합니다.

다음과 같이 간격이 띄워집니다.

02 세로 방향의 선을 간격 띄우기 합니다.

명령어 'OFFSET' 또는 'O'를 입력하거나 을 클릭합니다.

{간격띄우기 거리 지정 또는 [통과점(T)/지우기(E)/도면층(L)] 〈통과점〉:}에서 '200'(20mm 간격)을 입력합니다.

{간격띄우기할 객체 선택 또는 [종료(E)/명령취소(U)] 〈종료〉:}에서 띄우기할 객체 E2를 선택합니다.

{간격띄우기할 면의 점 지정 또는 [종료(E)/다중(M)/명령취소(U)] 〈나가기〉:}에서 P2 방향(왼쪽 방향)을 지정합니다.

{간격띄우기할 객체 선택 또는 [종료(E)/명령취소(U)] 〈종료〉:}에서 직전에 간격 띄우기 한 수직선을 선택합니다.

{간격띄우기할 면의 점 지정 또는 [종료(E)/다중(M)/명령취소(U)] 〈나가기〉:}에서 P2 방향(왼쪽 방향)을 지정합니다.

{간격띄우기할 객체 선택 또는 [종료(E)/명령취소(U)] 〈종료〉:}에서 〈엔터〉로 종료합니다.

다음과 같이 간격이 띄워집니다.

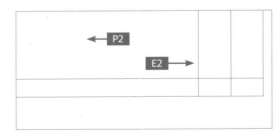

이와 같은 방법으로 550mm, 200mm 간격으로 세로선의 간격을 띄웁니다. 다음과 같이 간격이 띄워집니다.

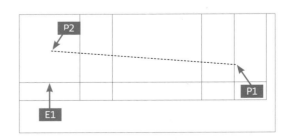

03 자르기(TRIM) 명령으로 선을 잘라 표를 완성합니다.

명령어 'TRIM' 또는 'TR'을 입력하거나 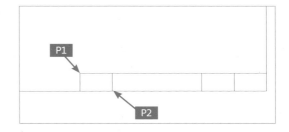을 클릭합니다.

{현재 설정: 투영=UCS, 모서리=없음, 모드=빠른 작업}

{자를 객체를 선택하거나 Shift 키를 누른 채로 선택하여 확장 또는 [절단 모서리(T)/걸치기(C)/모드(O)/프로젝트(P)/지우기(R)]:}에서 P1을 클릭

{다음 울타리 점 지정 또는 [명령 취소(U)]:}에서 P2를 클릭

{자를 객체를 선택하거나 Shift 키를 누른 채로 선택하여 확장 또는 [절단 모서리(T)/걸치기(C)/모드(O)/프로젝트(P)/지우기(R)/명령취소(U)]:}에서 E1을 선택

{자를 객체를 선택하거나 Shift 키를 누른 채로 선택하여 확장 또는 [절단 모서리(T)/걸치기(C)/모드(O)/프로젝트(P)/지우기(R)/명령취소(U)]:}에서 〈엔터〉 키로 종료합니다.

다음과 같이 표가 완성됩니다.

04 사각형 안에 문자를 작성하겠습니다.

명령어 'MTEXT' 또는 'MT'를 입력하거나 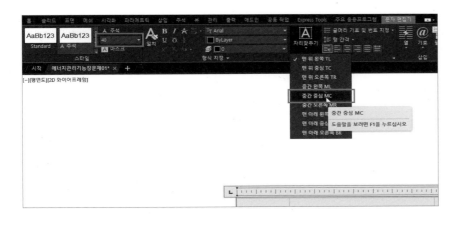을 클릭합니다.

{현재 문자 스타일: "Standard" 문자 높이: 100 주석: 아니오}

{첫 번째 구석 지정:}에서 P1을 지정합니다.

{반대 구석 지정 또는 [높이(H)/자리맞추기(J)/선 간격두기(L)/회전(R)/스타일(S)/폭(W)/열(C)]:}에서 P2를 지정합니다.

문자 편집기 탭 메뉴가 펼쳐집니다. 탭 메뉴에서 문자 높이를 '40'(4mm * 10), '자리맞추기' 목록에서 '중간 중심 MC'를 선택합니다.

문자 편집 상자에 '작품명'을 입력합니다. 문자 입력 후 상단의 문자 편집기 탭 메뉴에서 '문자 편집기 닫기 X'를 클릭합니다.

💧 **TIP** ——➤ 문자 작성에는 '여러 줄 문자(MTEXT)'와 '단일 행 문자(TEXT)' 방법이 있습니다. '단일 행 문자(TEXT)' 기능으로 작성하고자 할 때 문자를 칸의 중앙에 기입하기 위해서는 각 칸에 대각선 보조선을 긋고 '자리맞추기(J)' 옵션의 '중앙중간(MC)'을 선택하여 문자를 기입합니다.

다음 그림과 같이 문자가 표의 정가운데(중간 중앙)에 표기됩니다.

이와 같은 방법으로 '응용종합배관', '척도', '1:10'을 입력하여 다음과 같이 표제란을 완성합니다.

💧 **TIP** ——➤ 칸의 크기가 같은 경우에는 문자를 복사한 후 문자를 수정하는 방법이 빠릅니다. '척도'와 '1:10'은 '작품명'의 칸의 크기가 '20'으로 같은 크기이기 때문입니다.

4.2 인적 사항 작성

왼쪽 상단에 인적 사항 표를 작성하겠습니다. 표
의 크기는 다음과 같이 지정합니다. 문자 높이는
3.5mm로 작성합니다. 여기에서 제시한 크기는 반드
시 지켜야 하는 크기가 아닙니다. 도면의 균형에 맞
춰 지정합니다.

여기에서도 역시 척도(10)를 고려하여 각 치수에 10을 곱한 값으로 지정합니다. 문자의 높이는 $3.5 \times 10 = 35$의
높이로 지정합니다.

01 간격 띄우기(OFFSET) 명령으로 외곽선의 간
격을 띄웁니다.

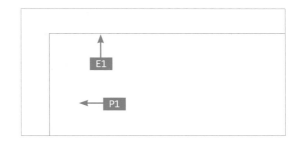

명령어 'OFFSET' 또는 'O'를 입력하거나 ▤을 클릭합니다.
{간격띄우기 거리 지정 또는 [통과점(T)/지우기(E)/도면층(L)] 〈통과점〉:}에서 '100'(10mm 간격)을 입력합니다.
{간격띄우기할 객체 선택 또는 [종료(E)/명령취소(U)] 〈종료〉:}에서 띄우기할 객체 E1을 선택합니다.
{간격띄우기할 면의 점 지정 또는 [종료(E)/다중(M)/명령취소(U)] 〈나가기〉:}에서 P1 방향(아래쪽 방향)을 지정
합니다.
{간격띄우기할 객체 선택 또는 [종료(E)/명령취소(U)] 〈종료〉:}에서 직전에 간격 띄우기가 된 선을 선택합니다.
{간격띄우기할 면의 점 지정 또는 [종료(E)/다중(M)/명령취소(U)] 〈나가기〉:}에서 P1 방향(아래쪽 방향)을 지정
합니다.
이와 같은 방법을 반복하여 다음과 같이 세 줄을 만듭
니다.

02 다음은 세로 방향의 선분을 간격 띄우기 합니다.

명령어 'OFFSET' 또는 'O'를 입력하거나 을 클릭합니다.

{간격띄우기 거리 지정 또는 [통과점(T)/지우기(E)/도면층(L)] 〈통과점〉:}에서 '250'(25mm 간격)을 입력합니다.

{간격띄우기할 객체 선택 또는 [종료(E)/명령취소(U)] 〈종료〉:}에서 띄우기할 객체 E2를 선택합니다.

{간격띄우기할 면의 점 지정 또는 [종료(E)/다중(M)/명령취소(U)] 〈나가기〉:}에서 P2 방향(오른쪽 방향)을 지정합니다.

{간격띄우기할 객체 선택 또는 [종료(E)/명령취소(U)] 〈종료〉:}에서 직전에 띄우기한 선을 선택합니다.

{간격띄우기할 면의 점 지정 또는 [종료(E)/다중(M)/명령취소(U)] 〈나가기〉:}에서 P2 방향(오른쪽 방향)을 지정합니다.

{간격띄우기할 객체 선택 또는 [종료(E)/명령취소(U)] 〈종료〉:}에서 〈엔터〉 키로 종료합니다.

〈엔터〉 키 또는 을 클릭하여 재실행합니다.

{간격띄우기 거리 지정 또는 [통과점(T)/지우기(E)/도면층(L)] 〈통과점〉:}에서 '500'(50mm 간격)을 입력합니다.

{간격띄우기할 객체 선택 또는 [종료(E)/명령취소(U)] 〈종료〉:}에서 직전에 간격 띄우기가 된 새로운 선을 선택합니다.

{간격띄우기할 면의 점 지정 또는 [종료(E)/다중(M)/명령취소(U)] 〈나가기〉:}에서 오른쪽 방향을 지정합니다.

{간격띄우기할 객체 선택 또는 [종료(E)/명령취소(U)] 〈종료〉:}에서 〈엔터〉 키로 종료합니다.

다음 그림과 같이 간격 띄우기 되어 표가 작성됩니다.

03 자르기(TRIM) 명령으로 표를 완성합니다.

명령어 'TRIM' 또는 'TR'을 입력하거나 을 클릭합니다.

{현재 설정: 투영=UCS, 모서리=없음, 모드=빠른 작업}

{자를 객체를 선택하거나 Shift 키를 누른 채로 선택하여 확장 또는 [절단 모서리(T)/걸치기(C)/모드(O)/프로젝트(P)/지우기(R)]:}에서 자르고자 하는 선의 범위를 지정합니다.

{다음 울타리 점 지정 또는 [명령 취소(U)]:}

{다음 울타리 점 지정 또는 [명령 취소(U)]:}

{다음 울타리 점 지정 또는 [명령 취소(U)]:}

{다음 울타리 점 지정 또는 [명령 취소(U)]:}

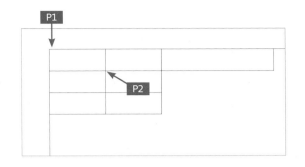

{자를 객체를 선택하거나 Shift 키를 누른 채로 선택하여 확장 또는 [절단 모서리(T)/걸치기(C)/모드(O)/프로젝트(P)/지우기(R)/명령취소(U)]:}에서 〈엔터〉 키를 눌러 종료합니다. 다음 그림과 같이 표가 작성됩니다.

04 문자를 기입합니다. 문자의 크기는 3.5mm로 합니다. 실제 CAD에서 작성할 때는 3.5×10 = 35의 크기로 지정해야 합니다.

명령어 'MTEXT' 또는 'MT'를 입력하거나 **A**을 클릭합니다.

{현재 문자 스타일: "Standard " 문자 높이: 40 주석: 아니오}

{첫 번째 구석 지정:}에서 P1을 지정합니다.

{반대 구석 지정 또는 [높이(H)/자리맞추기(J)/선 간격두기(L)/회전(R)/스타일(S)/폭(W)/열(C)]:}에서 P2를 지정합니다.

문자 편집기 탭 메뉴가 펼쳐집니다. 탭 메뉴에서 문자 높이를 '35'(3.5mm * 10), '자리맞추기' 목록에서 '중간 중심 MC'를 선택합니다.

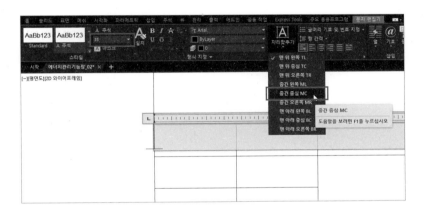

문자 편집 상자에 '학번'을 입력합니다. 문자 입력 후 상단의 문자 편집기 탭 메뉴에서 '문자 편집기 닫기 X'를 클릭합니다.

다음 그림과 같이 문자(학번)가 표의 정가운데(중간 중앙)에 표기됩니다.

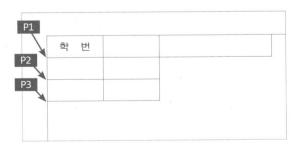

05 복사(COPY) 명령을 이용하여 문자를 복사합니다.

명령어 'COPY' 또는 'CO'를 입력하거나 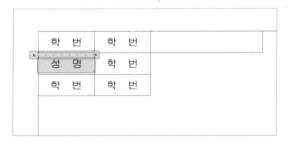을 클릭합니다.

{객체 선택: }에서 문자(수검번호)를 선택합니다. {선택1개를 찾음}

{객체 선택: }에서 〈엔터〉 키로 선택을 종료합니다.

{기본점 지정 또는 [변위(D)/모드(O)] 〈변위(D)〉: }에서 기준점 P1을 지정합니다.

{두 번째 점 지정 또는 [배열(A)]〈첫 번째 점을 변위로 사용〉: }에서 아래 칸의 교차점(P2)을 지정합니다.

{두 번째 점 지정 또는 [배열(A)/종료(E)/명령취소(U)] 〈나가기〉: }에서 그 다음 아래 칸의 교차점(P3)을 지정합니다.

반복해서 점을 지정하여 다음과 같이 문자를 복사합니다.

학　번	학　번	
학　번	학　번	
학　번	학　번	

06 문자를 수정합니다.

명령어 'DDEDIT'를 입력하거나 를 클릭합니다. 또는, 커서를 수정하고자 하는 문자에 대고 더블클릭합니다.

문자가 편집 모드가 되면 바꾸고자 하는 문자(성명)를 입력합니다. 문자의 입력이 끝나면 문자 편집 탭 메뉴에서 '문자 편집 종료'를 클릭합니다.

학　번	학　번	
성　명	학　번	
학　번	학　번	

이와 같은 방법으로 차례로 나머지 문자를 수정합니다.

학　번	123456789	
성　명	홍 길 동	
지도교수	이 진 천	

07 '여러 줄 문자(MTEXT)' 또는 '단일 행 문자(TEXT)' 기능을 이용하여 '에너지기능장'을 기입합니다. 다음과 같이 인적 사항이 완성되었습니다.

학　번	123456789	에너지기능장
성　명	홍 길 동	
지도교수	이 진 천	

다음과 같이 표제란과 인적 사항이 완성되었습니다. 이 상태에서 배관 도면을 작도합니다.

학 번	123456789	에너지기능장			
성 명	홍 길 동				
지도교수	이 진 천				
			작품명	응용종합배관	척도	1:10

5 파이프 및 부품 작성

작업 준비가 끝났으므로 파이프를 작도하고 피팅류(엘보, 티 등)와 부품(레듀셔 등)을 작도하겠습니다.

5.1 파이프 작도

먼저 파이프의 윤곽선을 작도합니다. 여기에서는 도면에 나와있는 치수대로 작도하면 됩니다.

01 선(LINE) 명령으로 파이프의 윤곽선을 작도합니다. 부품의 위치를 찾기 쉽게 하기 위해 180, 180, 190, 240 단위로 끊어서 작도합니다. 선(LINE) 명령을 실행합니다.

{첫 번째 점 지정:}에서 작도하고자 하는 시작점을 지정합니다.

{다음 점 지정 또는 [명령 취소(U)]:}에서 커서의 방향을 0도 방향(3시 방향)으로 맞춘 후 '180'을 입력합니다.

{다음 점 지정 또는 [명령 취소(U)]:}에서 '180'을 입력합니다.

{다음 점 지정 또는 [닫기(C)/명령 취소(U)]:}에서 '180'을 입력합니다.

{다음 점 지정 또는 [닫기(C)/명령 취소(U)]:}에서 '190'을 입력합니다.

{다음 점 지정 또는 [닫기(C)/명령 취소(U)]:}에서 '240'을 입력합니다.

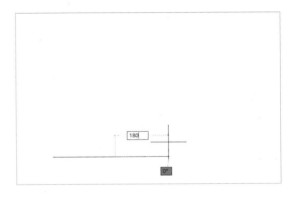

{다음 점 지정 또는 [닫기(C)/명령 취소(U)]:}에서 90
도 방향(12시 방향)으로 맞춘 후 '260'을 입력합니다.
{다음 점 지정 또는 [닫기(C)/명령 취소(U)]:}에서
'240'을 입력합니다.

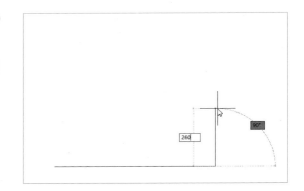

{다음 점 지정 또는 [닫기(C)/명령 취소(U)]:}에서 180
도 방향(9시 방향)으로 맞춘 후 '240'을 입력합니다.
{다음 점 지정 또는 [닫기(C)/명령 취소(U)]:}에서
'300'을 입력합니다.
{다음 점 지정 또는 [닫기(C)/명령 취소(U)]:}에서
'250'을 입력합니다.

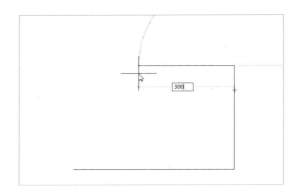

{다음 점 지정 또는 [닫기(C)/명령 취소(U)]:}에서 270
도 방향(6시 방향)으로 맞춘 후 '180'을 입력합니다.

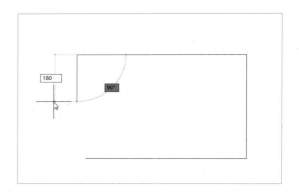

{다음 점 지정 또는 [닫기(C)/명령 취소(U)]:}에서 'C'
를 입력하여 닫습니다. 다음 그림과 같이 파이프 외곽
선이 작성되었습니다.

02 가운데 파이프 선을 작도하겠습니다.

〈엔터〉 키 또는 〈스페이스 바〉를 눌러 선(LINE) 명령을 재실행합니다.

{첫 번째 점 지정:}에서 앞에서 작성한 파이프 아래 외곽선의 세 번째 끝점을 지정합니다.

{다음 점 지정 또는 [명령 취소(U)]:}에서 커서의 방향을 90도 방향(12시 방향)으로 맞춘 후 '320'을 입력합니다.

{다음 점 지정 또는 [명령 취소(U)]:}에서 '180'을 입력합니다.

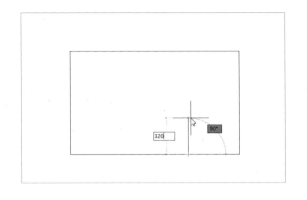

{다음 점 지정 또는 [닫기(C)/명령 취소(U)]:}에서 〈엔터〉 키를 눌러 종료합니다.

다음과 같이 작도됩니다.

〈엔터〉 키 또는 〈스페이스 바〉를 눌러 선(LINE) 명령을 재실행합니다.

{첫 번째 점 지정:}에서 앞에서 작성한 파이프의 길이 '320' 지점을 지정합니다.

{다음 점 지정 또는 [명령 취소(U)]:}에서 커서의 방향을 180도 방향(9시 방향)으로 맞춘 후 '300'을 입력합니다.

{다음 점 지정 또는 [명령 취소(U)]:}에서 '250'을 입력합니다.

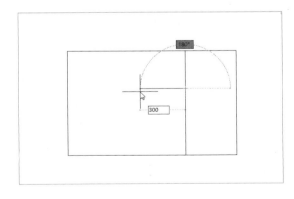

{다음 점 지정 또는 [닫기(C)/명령 취소(U)]:}에서 〈엔터〉 키를 눌러 종료합니다.
다음과 같이 파이프의 윤곽선이 작도됩니다.

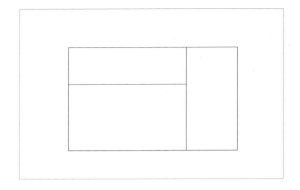

5.2 부품 작성

지금부터 엘보 및 부품을 작도하겠습니다. 엘보의 경우는 템플릿 형상을 만들어 각 부위에 복사한 후 필요하지 않은 부분을 지우는 방법으로 작성합니다.

01 선(LINE) 명령과 원(CIRCLE) 명령을 이용하여 다음과 같이 작도합니다. 선의 한 변의 길이는 '30'이 며 원의 반지름은 '15'입니다. 이 길이는 정해진 크기 는 아니며 도면의 척도나 복잡도에 따라 조정해야 합 니다.

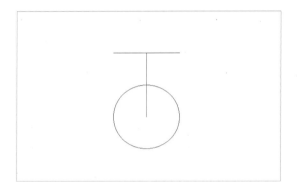

02 원형 배열(ARRAY) 명령으로 네 방향으로 배 열합니다.
명령어 'ARRAY' 또는 'AR'을 입력하여 옵션 '원형 (PO)'을 선택하거나 '홈' 탭의 '수정' 패널 또는 '수정' 도구막대에서 ⬚을 클릭합니다.
{객체 선택:}에서 수평선을 선택합니다.
{객체 선택:}에서 〈엔터〉 키 또는 〈스페이스 바〉를 눌 러 선택을 종료합니다.

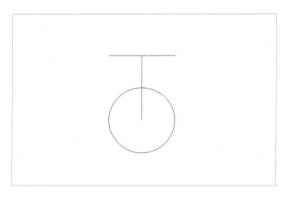

{배열의 중심점 지정 또는 [기준점(B)/회전축(A)]:}에서 원의 중심을 지정합니다.
'항목'의 수에 '4'를 입력하고 '연관'을 끕니다.

💧 **TIP** — '연관'을 끄는 이유는 배열한 객체를 하나의 객체가 아니라 각각 별개의 객체로 인식하게 하기 위함입니다. 그 래야 나중에 불필요한 객체를 지울 때 필요합니다.

다음과 같이 배열된 도형이 표시되면 '배열 닫기'를
클릭합니다.

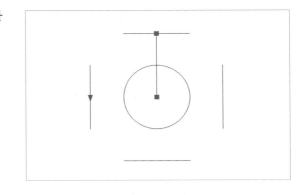

03 지우기(ERASE) 명령으로 가운데 수직선을
지운 후, 복사(COPY) 명령으로 각 피팅 위치(파이
프가 꺾어지는 위치)에 복사합니다. 다음과 같이 복
사됩니다.

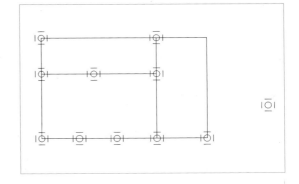

04 각 부위별로 심볼의 모양에 따라 지울 부분을
지우면서 피팅 심볼을 작성해나갑니다.

◦ **TIP** ——▶ 위에서 내려다봤을 때 파이프가 시선과 동
일한 선상에 있으면 원을 작도합니다.

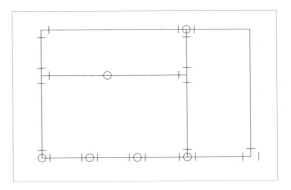

05 자르기(TRIM) 명령으로 파이프의 위쪽과 아
래쪽을 구분하도록 편집합니다. 아래쪽 파이프를 자
릅니다.

◦ **TIP** ——▶ 원으로 그려진 부분은 파이프가 올라가고
내려가는 부분입니다. 파이프가 위쪽에 있는 부분이 원 중심
까지 선이 그려지고 아래쪽 파이프는 원에서 선이 그려지지
않습니다.

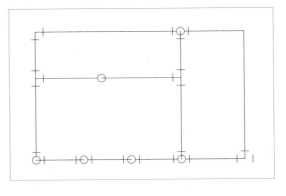

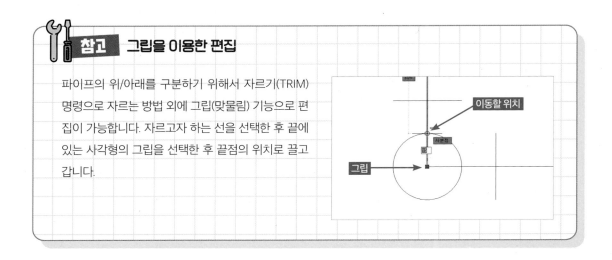

참고 그립을 이용한 편집

파이프의 위/아래를 구분하기 위해서 자르기(TRIM) 명령으로 자르는 방법 외에 그립(맞물림) 기능으로 편집이 가능합니다. 자르고자 하는 선을 선택한 후 끝에 있는 사각형의 그립을 선택한 후 끝점의 위치로 끌고 갑니다.

06 연장(EXTEND) 명령으로 왼쪽 하단의 티(Tee)를 완성합니다. 또는 왼쪽 하단의 파이프를 클릭한 후 그립(파란색 점)이 나타나면 마우스 왼쪽 버튼을 누른 채로 끌고(드래그) 가서 티(Tee)에 연결합니다.

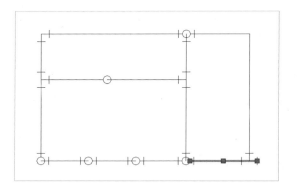

07 용접 위치에 점을 찍겠습니다. 먼저 모깎기(FILLET) 명령으로 반지름 '50'으로 모깎기합니다.

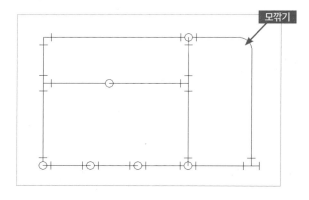

도넛(DONUT) 명령으로 용접 위치를 표시합니다.

명령어 'DONUT' 또는 단축키 'DO'를 입력하거나 '홈' 탭의 '그리기' 패널에서 ◉을 클릭합니다.

{도넛의 내부 지름 지정 〈0.5000〉:}에서 내부 지름 '0'을 입력합니다.

{도넛의 외부 지름 지정 〈1.0000〉:}에서 외부 지름 '20'을 입력합니다.

{도넛의 중심 지정 또는 〈종료〉:}에서 용접점의 위치를 지정합니다.

{도넛의 중심 지정 또는 〈종료〉:}에서 용접점의 위치
를 지정합니다.
{도넛의 중심 지정 또는 〈종료〉:}에서 〈엔터〉 키로 종
료합니다.

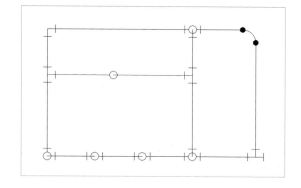

가운데 파이프도 용접 위치에 점을 찍습니다. 정확히
정해진 위치는 아니더라도 도면의 균형을 위해 일정
한 간격으로 찍습니다.

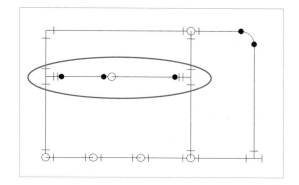

08 레듀셔를 작도하겠습니다. 복사(COPY) 또는
간격 띄우기(OFFSET) 명령으로 선을 두 개 복사하여
한쪽을 줄이는 방법으로 작도합니다. 이때 복사 위치
는 선으로부터 '10', '30'만큼 떨어지도록 복사합니
다. 여기에서 '10', '30'은 특별히 주어진 길이가 아니
고 도면의 균형을 생각하여 임의로 정한 길이입니다.

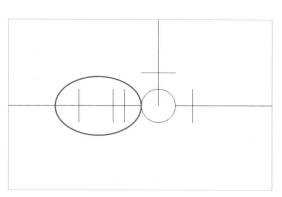

그립(맞물림) 기능으로 한쪽 선을 줄인 후 선(LINE)
명령으로 연결합니다.

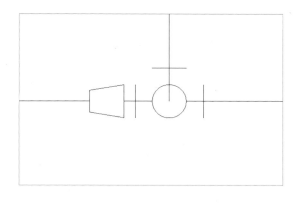

복사(COPY) 명령으로 직전에 작도한 레듀셔를 위쪽의 레듀셔 위치로 복사한 후 가운데 선을 지웁니다.

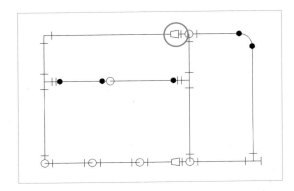

09 오른쪽 세로 방향에 있는 레듀셔를 작도합니다. 파이프의 '260' 위치에 선을 복사한 후 간격 띄우기(OFFSET) 명령으로 '15'만큼 양쪽으로 간격을 띄웁니다.

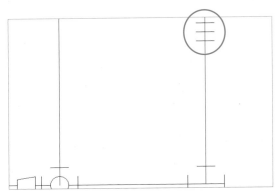

선(LINE) 명령으로 선을 연결한 후 필요하지 않은 가운데 선을 지우고 자르기(TRIM) 명령으로 선을 자릅니다.

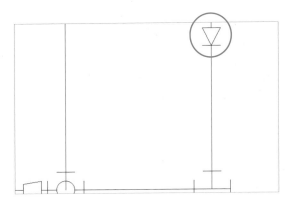

10 위쪽의 플랜지 심볼을 작도합니다. 복사(COPY) 명령으로 '250' 위치에 복사한 후, 간격 띄우기(OFFSET) 명령으로 양쪽으로 간격을 띄웁니다. 간격은 도면의 균형에 맞도록 지정합니다. 여기에서는 '7'로 지정했습니다. 복사했던 가운데 선을 지웁니다.

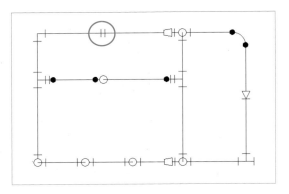

11 가운데 파이프의 유니온을 작도합니다. 앞의 플랜지와 동일한 방법으로 선을 복사한 후 양쪽으로 간격(간격: 10)을 띄웁니다.

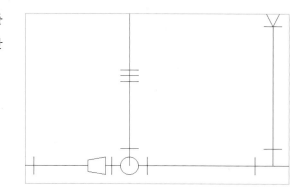

가운데 선의 그립(맞물림)을 선택한 후 양쪽으로 약간씩(예: 7) 늘립니다. 다음과 같이 유니온 심볼이 완성됩니다.

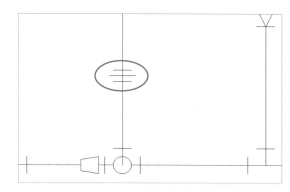

다음과 같이 파이프 도면이 완성되었습니다.

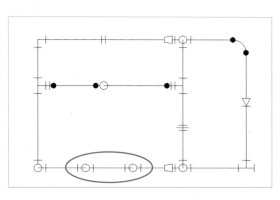

🔧 **참고** **경사진 파이프(45도)의 표현**

경사진 파이프(45도)를 표현할 때는 원이 아닌 반원으로 표시하기도 합니다. 45도 엘보와 같이 경사진 부품을 평면도에서 표현할 때는 한쪽을 오픈한 형태의 호(ARC)로 표현하기도 합니다. 다음과 같이 기울어진 방향이 열린 호의 모양으로 표현합니다.

여기에서는 단면 상세도(B-B')에서 경사 파이프를 표현하므로 원으로 표현하겠습니다.

12 단면 마크를 작도하겠습니다. 먼저 화살표를 작도합니다. 폴리선(POLINE) 명령을 실행합니다.

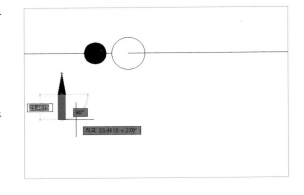

{시작점 지정:}에서 시작 점을 지정합니다.

{현재의 선 폭은 0.0000임}

{다음 점 지정 또는 [호(A)/반폭(H)/길이(L)/명령 취소(U)/폭(W)]:}에서 폭 옵션 'W'를 지정합니다.

{시작 폭 지정 〈0.0000〉:}에서 '0'을 입력합니다.

{끝 폭 지정 〈0.0000〉:}에서 '7'을 입력합니다.

{다음 점 지정 또는 [호(A)/반폭(H)/길이(L)/명령 취소(U)/폭(W)]:}에서 커서 방향을 아래쪽으로 맞춘 후 '20'을 입력합니다.

다음과 같이 길이가 '20'인 화살표가 작도됩니다.

{다음 점 지정 또는 [호(A)/닫기(C)/반폭(H)/길이(L)/명령 취소(U)/폭(W)]:}에서 다시 폭 옵션 'W'를 지정합니다.

{시작 폭 지정 〈7.0000〉:}에서 '0'을 입력합니다.

{끝 폭 지정 〈0.0000〉:}에서 '0'을 입력합니다.

{다음 점 지정 또는 [호(A)/닫기(C)/반폭(H)/길이(L)/명령 취소(U)/폭(W)]:}에서 단면 선이 작성될 위치를 차례로 지정합니다.

               :

{다음 점 지정 또는 [호(A)/닫기(C)/반폭(H)/길이(L)/명령 취소(U)/폭(W)]:}에서 다시 폭 옵션 'W'를 지정합니다.

{시작 폭 지정 〈0.0000〉:}에서 '7'을 입력합니다.

{끝 폭 지정 〈0.0000〉:}에서 '0'을 입력합니다.

{다음 점 지정 또는 [호(A)/반폭(H)/길이(L)/명령 취소(U)/폭(W)]:}에서 커서 방향을 위쪽으로 맞춘 후 '20'을 입력합니다.

{다음 점 지정 또는 [호(A)/닫기(C)/반폭(H)/길이(L)/명령 취소(U)/폭(W)]:}에서 〈엔터〉 키 또는 〈스페이스 바〉를 눌러 종료합니다.

다음과 같이 단면 표시가 작성됩니다.

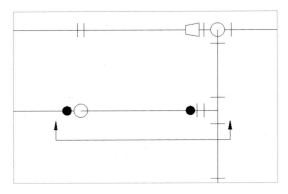

여러 줄 문자(MTEXT) 또는 단일 행 문자(TEXT) 명령으로 양쪽에 문자(A, A')를 기입합니다.

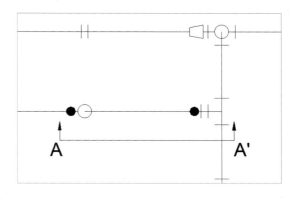

13 또 다른 단면 마크를 표시하기 위해 복사(COPY) 명령으로 앞에서 작성한 단면 마크를 복사합니다.

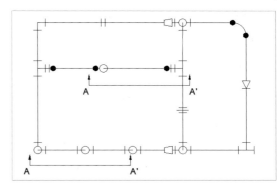

신축(STRETCH) 명령으로 크기에 맞춰 단면 마크를 늘리고 문자 편집 기능으로 문자를 바꿉니다(B, B').

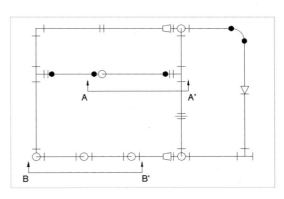

14 단면도를 작성합니다. 앞에서 작도한 방법으로 다음의 A-A' 단면도를 작도합니다.

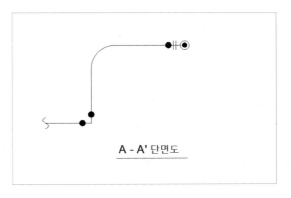

A - A' 단면도

앞에서 작도한 방법으로 다음의 B-B' 단면도를 작도
합니다.

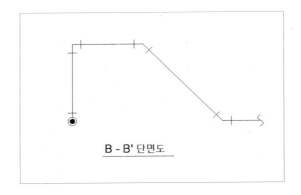

다음과 같이 도면이 작성됩니다.

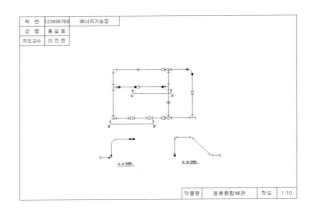

치수 및 문자 기입

배관 도면이 완성되었으므로 치수 및 문자를 기입하겠습니다.

6.1 치수 기입

치수 기입을 위한 환경을 설정한 후에 치수를 기입합니다.

01 치수 스타일 명령을 실행합니다. 명령어
'DDIM', 'D' 또는 'DST'를 입력하거나 메뉴 아
이콘 을 클릭합니다. 또는 '치수' 패널의 오
른쪽 끝에 있는 ↘ 을 클릭합니다.
치수 스타일 관리자에서 'ISO-25'를 선택하고
[수정(M)…]을 클릭합니다.

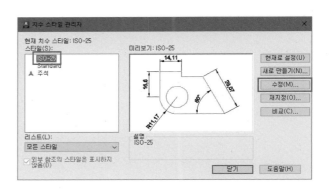

02 '선' 탭에서 치수선과 치수 보조선 색상을 '빨간색'으로 바꾸고 '원점에서 간격 띄우기(F)' 값을 '2'로 설정합니다.

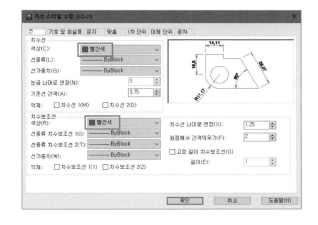

03 '기호 및 화살표' 탭을 클릭합니다.
화살촉을 '닫고 채움'으로 설정하고 '화살표 크기'를 '2', '중심 표식'을 '없음(N)'으로 설정합니다.

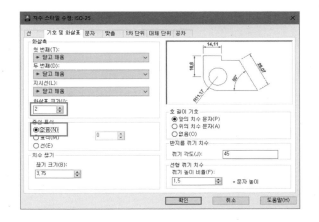

04 '문자' 탭을 클릭합니다.
문자 색상(C)을 '빨간색', 문자 높이(T)를 '2'로 설정합니다. 문자의 도면의 균형에 맞춰 '2.5', '3'으로 지정합니다.

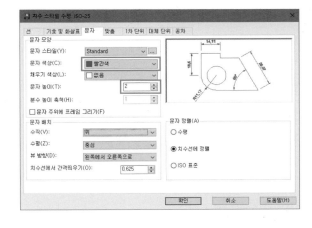

05 '맞춤' 탭을 클릭합니다.

'치수 피처 축척'의 '전체 축척 사용(S)'을 척도 값인 '10'으로 설정하고, '치수보조선 사이에 치수선 그리기(D)'의 체크를 해제합니다.

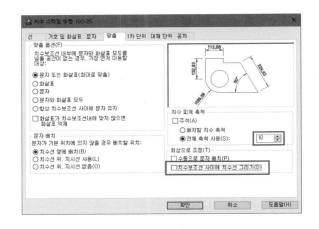

06 치수 스타일 설정이 끝나면 [확인]을 클릭합니다. 메인 화면에서 [닫기]를 클릭하여 종료합니다. 먼저 평면도의 치수를 기입하겠습니다.

선형 치수 명령을 실행합니다. 명령어 'DLI'를 입력하거나 '주석' 탭의 '치수' 패널 또는 '치수' 도구막대에서 █을 클릭합니다.

{첫 번째 치수보조선 원점 지정 또는 〈객체 선택〉:}에서 첫 번째 점을 지정합니다.

{두 번째 치수보조선 원점 지정:}에서 두 번째 점을 지정합니다.

{치수선의 위치 지정 또는 [여러 줄 문자(M)/문자(T)/각도(A)/수평(H)/수직(V)/회전(R)]:}에서 치수선의 위치를 지정합니다.

다음과 같이 선형 치수가 기입됩니다.

07 연속 치수를 기입합니다.

명령어 'DCO'를 입력하거나 '주석' 탭의 '치수' 패널 또는 '치수' 도구막대에서 █을 클릭합니다.

{두 번째 치수보조선 원점 지정 또는 [명령 취소(U)/선택(S)] 〈선택(S)〉:}에서 첫 번째 점을 지정합니다.

{두 번째 치수보조선 원점 지정 또는 [명령 취소(U)/선택(S)] 〈선택(S)〉:}에서 두 번째 점을 지정합니다.

{두 번째 치수보조선 원점 지정 또는 [명령 취소(U)/선택(S)] 〈선택(S)〉:}에서 세 번째 점을 지정합니다.

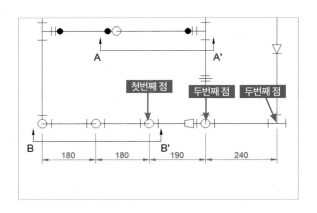

{두 번째 치수보조선 원점 지정 또는 [명령 취소(U)/선택(S)] 〈선택(S)〉:}에서 〈엔터〉 키를 눌러 종료합니다.

08 이와 같은 방법으로 다른 부분의 선형 치수를 기입합니다.

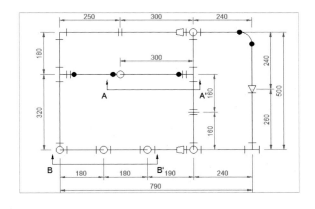

09 단면도의 치수도 동일한 방법으로 기입합니다.

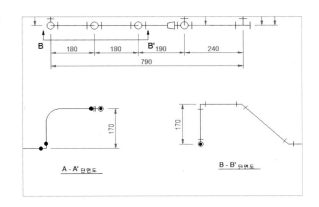

10 단면도에 굴곡진 부분의 기계 벤딩의 약어인 'M/C'를 기입합니다. 반지름 치수를 실행합니다.

명령어 'DRA'를 입력하거나 '주석' 탭의 '치수' 패널 또는 '치수' 도구막대에서 ◪을 클릭합니다.

{호 또는 원 선택:}에서 호를 선택합니다.

{치수 문자 = 60}

{치수선의 위치 지정 또는 [여러 줄 문자(M)/문자(T)/각도(A)]:}에서 '문자' 옵션 'T'를 입력합니다.

{새 치수 문자를 입력 〈60〉:}에서 'M/C'를 입력합니다.

{치수선의 위치 지정 또는 [여러 줄 문자(M)/문자(T)/각도(A)]:}에서 〈엔터〉 키를 눌러 종료합니다.

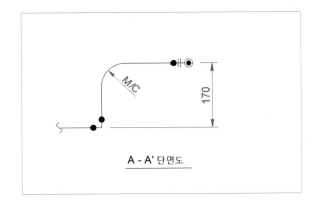

6.2 문자 기입

재질과 파이프 크기를 나타내는 문자를 작성하겠습니다. 문자의 크기는 치수 문자와 동일하게 2.0mm로 하겠습니다. 척도가 1/10이므로 20mm로 작성합니다. 가로 방향과 세로 방향으로 문자를 작성한 후 복사하여 문자를 수정하는 방법으로 작성하겠습니다.

01 단일 행 문자를 기입합니다.

명령어 'TEXT' 또는 단축키 'DT'를 입력하거나 '홈' 탭의 '주석' 패널 또는 '문자' 도구막대에서 **A**을 클릭합니다.

{문자의 시작점 지정 또는 [자리맞추기(J)/스타일(S)]:}에서 문자의 시작점을 지정합니다.

{높이 지정 〈100.0000〉:}에서 문자 높이 '20'을 지정합니다.

{문자의 회전 각도 지정 〈0〉:}에서 문자 각도 '0'을 지정합니다.

화면에서 문자 'SPP20A'를 입력합니다. 다음과 같이 가로 방향의 문자가 작성됩니다.

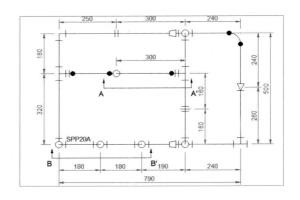

02 이번에는 세로 방향의 문자를 작성합니다.

〈엔터〉 키를 눌러 단일 행 문자 명령을 재실행합니다.

{문자의 시작점 지정 또는 [자리맞추기(J)/스타일(S)]:}에서 문자의 시작점을 지정합니다.

{높이 지정 〈25.0000〉:}에서 디폴트 값을 그대로 채용하므로 〈엔터〉 키를 누릅니다.

{문자의 회전 각도 지정 〈0〉:}에서 문자 각도 '90'을 지정합니다.

화면에서 문자 'SPP25A'를 입력합니다. 다음과 같이 세로 방향의 문자가 작성됩니다.

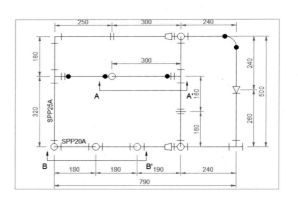

03 복사(COPY) 명령으로 문자를 작성할 위치에 복사합니다. 평면도와 단면도 모두 문자가 기입될 위치에 복사합니다.

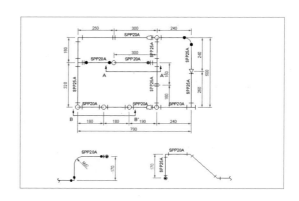

04 문자를 수정합니다. 수정하고자 하는 문자에 대고 더블클릭합니다. 다음과 같이 편집 모드로 바뀝니다. 이때 문자를 수정합니다.

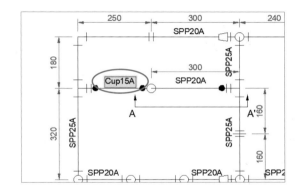

이러한 방법으로 다른 문자도 차례로 선택하여 수정합니다.

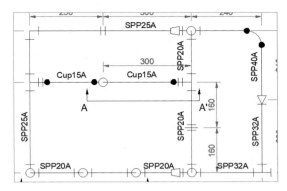

다음과 같이 치수 및 문자가 기입되어 도면이 완성되었습니다.

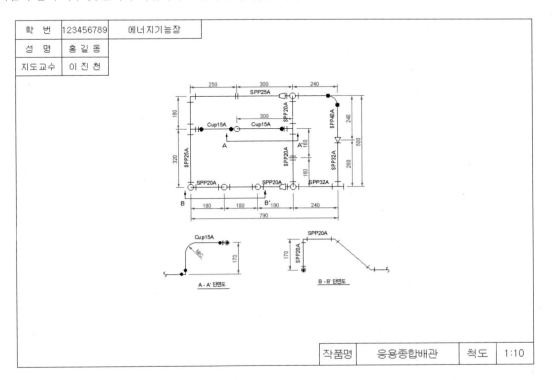

7 도면의 출력

작성된 도면을 출력하겠습니다.

01 도면 출력 명령을 실행합니다.

명령어 'PLOT' 또는 'PRINT'를 입력하거나 '출력' 탭의 '플롯' 패널 또는 신속접근 도구막대에서 🖶을 클릭합니다.

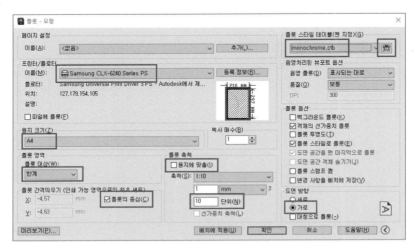

02 플롯 대화상자에서 출력 가능한 프린터/플로터를 지정합니다.

용지 크기(Z)를 'A4', 플롯 대상(W)을 '범위'로 설정하고 '플롯의 중심(C)'을 체크합니다.

플롯 축척에서 '용지에 맞춤(I)' 체크를 끄고 '단위(U)'에 척도인 '10'을 입력한 후 도면 방향은 '가로'를 선택합니다.

'플롯 스타일 테이블(펜 지정)(G)' 목록에서 'monochrome.ctb'를 선택합니다.

03 플롯 스타일 테이블 옆의 아이콘 🞖을 클릭합니다. 테이블 편집기에서 각 색상에 맞는 선 가중치(W) 값을 지정합니다. 시험 요강에 따라 선 가중치 값을 지정합니다.

(예: 하늘색 0.5mm, 녹색 0.35mm, 노란색 0.20mm, 흰색과 빨간색 0.18mm)

정의가 끝나면 [저장 및 닫기]를 클릭합니다.

04 플롯 대화상자로 돌아오면 [미리보기(P)…]를 클릭합니다. 다음 그림과 같이 출력의 미리보기 화면이 나타납니다. 이때 출력하고자 하는 화면이면 마우스 오른쪽 버튼을 눌러 바로가기 메뉴에서 '플롯'을 클릭하여 출력합니다.

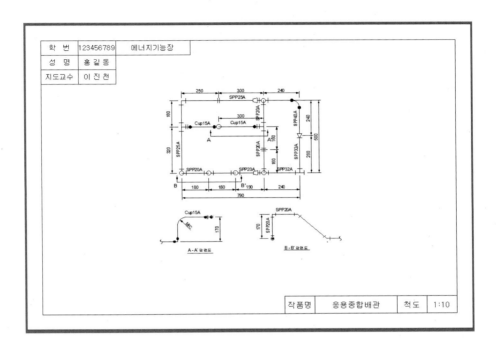

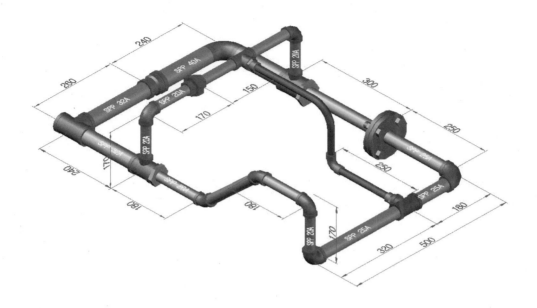

예제 실습

1. 다음의 3차원 배관 조립도를 보고 평면도 및 단면 상세도를 작성합니다.

다음과 같은 도면이 작성됩니다.

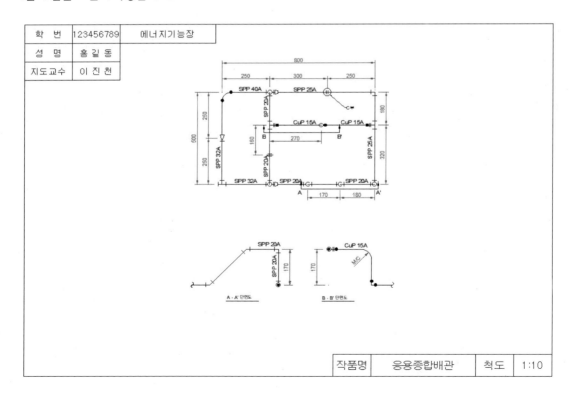

2. 다음의 등각투영도를 보고 평면도 및 정면도를 작성합니다.

수검번호	12345678	배관기능사
성 명	한 국 인	
감독위원	(인)	

문제1) 주어진 입체도면을 보고 평면도와 정면도를 제1각 정투상도로 제도하시오

문제2) 부품란에서 누락된 규격, 수량을 산출하시오 [척도(1:10)]

품명	규격	수량	비고
이경티	20A X 15A	①	
유니언	②	2	
엘보	15A	③	
PVC볼브소켓	20A	④	

1. 치수가 주어지지 아니한 부속등 용상 및 치수, 크기 등은 이 도면의 치수(크기) 및 용상과 유사하게 작도할 것.

작품명	응용종합배관	척도	N.S

(등각투영도: 치수 200, 800, 600, 130, 190, 300, 570, 380, 300, 200, R90 / PVC16A, SPP20A, SPP15A 표기)

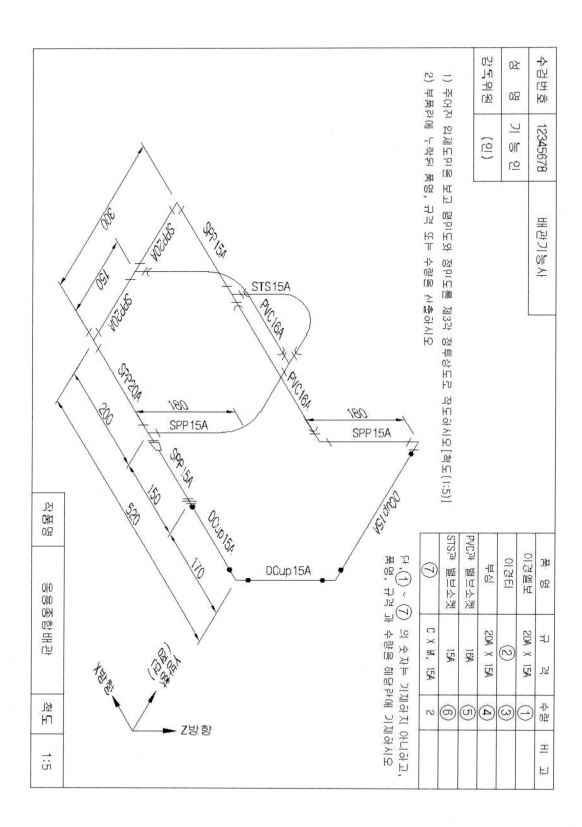

수검번호	12345678	배관기능사
성 명	기 능 인	
감독위원	(인)	

1) 주어진 입체도면을 보고 평면도와 정면도를 제3각 정투상법으로 작도하시오[척도(1:5)]
2) 부품란에 누락된 품명, 규격 또는 수량을 산출하시오

품명	규격	수량	비 고
이경엘보	20A X 15A	①	
이경티	②	③	
PVC관 밸브소켓	16A	④	
STS관 밸브소켓	15A	⑤	
부싱	20A X 15A	⑥	
⑦	C X B, 15A	2	

다, ① ~ ⑦ 의 숫자는 기재하지 아니하고, 품명, 규격 및 수량을 해당란에 기재하시오

작품명	응용종합배관	척도	1:5

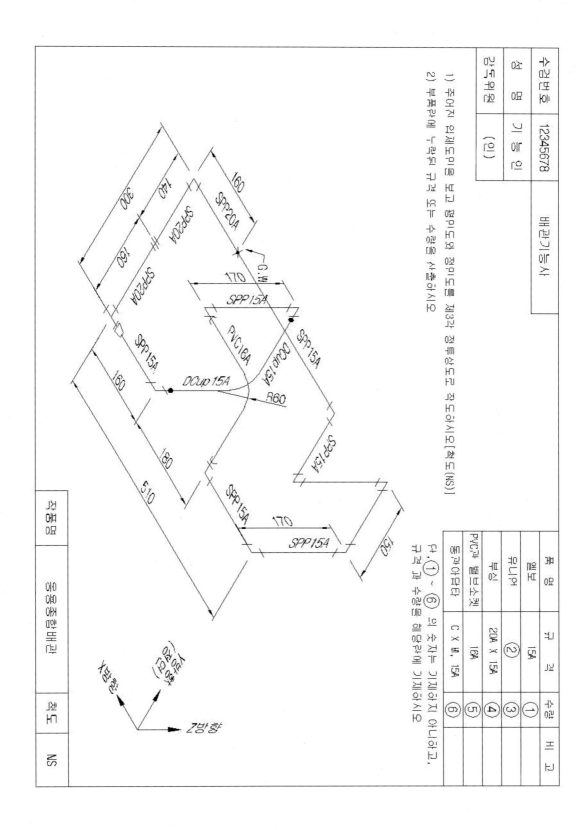

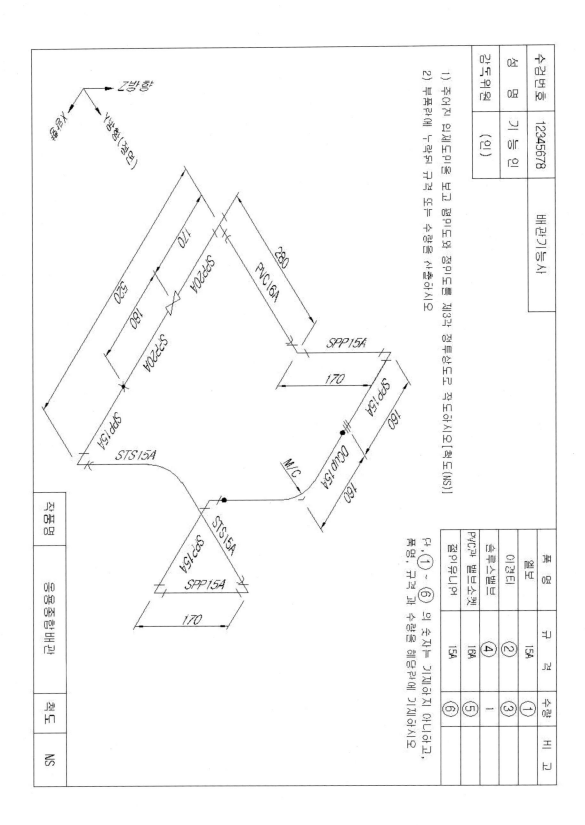

수검번호	12345678	배관기능사
성 명	기 능 인	
감독위원	(인)	

1) 주어진 입체도면을 보고 평면도와 정면도를 제3각 정투상도로 작도하시오[척도(NS)]

2) 부품란에 누락된 규격 모두 수량을 산출하시오

품 명	규 격	수량	비 고
엘보	15A	①	
이경티	②	③	
수로소켓	④	1	
PVC과 밸브소켓	16A	⑤	
캡이음쇠	15A	⑥	

단, ① ~ ⑥ 의 숫자는 기재하지 아니하고,
품명, 규격 과 수량은 해답란에 기재하시오

작품명	이음종합배관	척도	NS

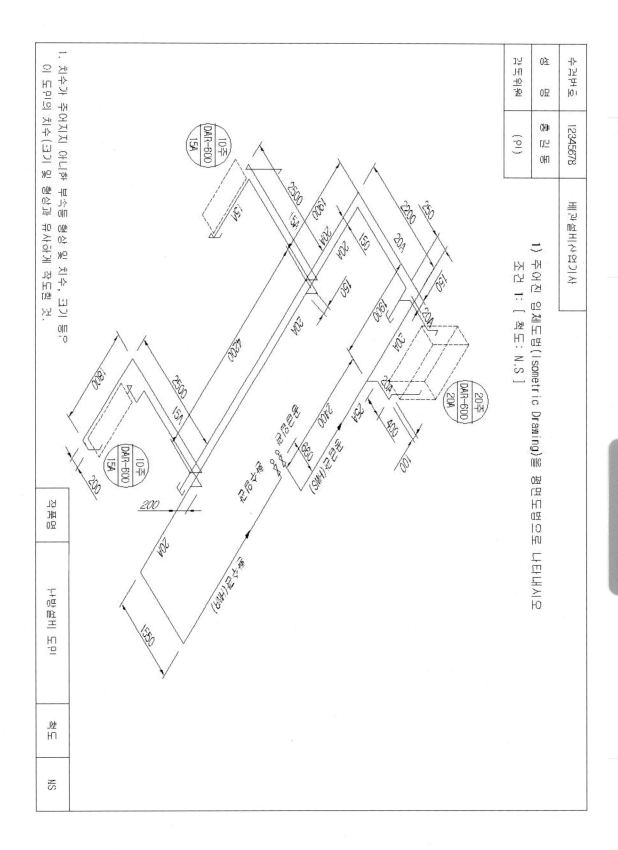

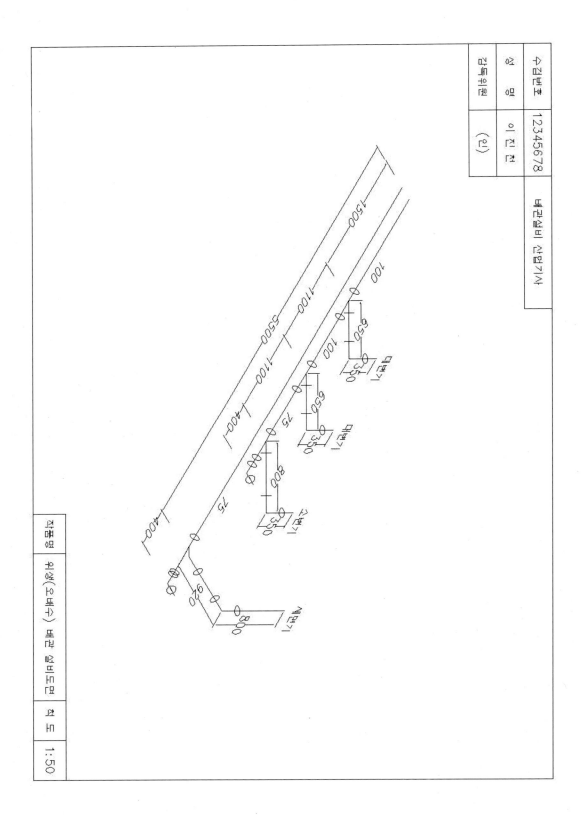

수검번호	12345678	배관설비 산업기사
성 명	이 진 천	
감독위원	(인)	

작품명	위생(오배수) 배관 설비도면	척 도	1:50

Part 5

플랜트 배관 도면 작성

이번 파트에서는 플랜트 도면의 작성 방법을 학습합니다. 플랜트에는 PLOT PLAN, PLANNING DWG, PIPING ARRANGEMENT DWG, P&ID, PIPING ISOMETRIC(ISO) DWG 등 많은 도면이 있습니다. 여기에서는 배관 평면도(PIPING ARRANGEMENT DWG) 및 아이소메트릭(PIPING ISOMETRIC DWG) 도면 작성법에 대해 알아보겠습니다.

플랜트 배관 평면도 작성

플랜트 배관(Piping) 도면 중에서 평면도(PIPING ARRANGEMENT DWG) 작성 방법에 대해 알아보겠습니다. 일반적으로 P&ID를 토대로 PIPING ARRANGEMENT DWG이 작성되는데, 여기에서는 배관 엔지니어링이 아니라 CAD 툴을 활용한 작성 방법으로 조작 흐름을 중심으로 설명합니다. 설계자에 따라 작도하는 순서나 방법이 다를 수 있다는 것을 전제로 여기에서 제시하는 순서나 방법은 하나의 예로 참고하시기 바랍니다. 다음과 같은 배관 평면도를 작성하겠습니다.

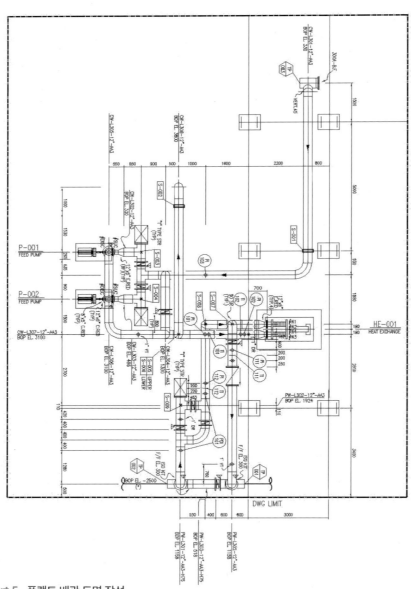

1 도면 설정

설계 주체나 복잡도 등에 따라 약간의 차이는 있으나 P&ID와 OVERALL PLOT PLAN 작업이 동시에 이루어지는 경우가 많습니다. PLOT PLAN에서 기기 위치를 확정하고 배관도면을 작성합니다. 배관도면 작성 중에 배관 ROUTE가 나올 수 없을 때는 기기 위치를 조정할 수 있습니다. 작업 중에 P&ID상에서 기기 추가, 삭제 또는 용량 변경이 있을 시 GENERAL ARRANGEMENT DWG. 작업자에게 통보되어 이를 반영하면서 작업이 진행됩니다. GENERAL ARRANGEMENT DWG.에는 부지 내의 도로, 건물, 지하 공동구 및 기기 위치를 표기하게 됩니다.

① PLOT PLAN에서 작도하고자 하는 범위의 도면 (DRAWING LIMIT)을 추출합니다. GENERAL ARRANGEMENT DWG.에는 도로, 건물 및 기기 배치도 등이 포함되면 척도는 1/100 정도로 각 AREA 별로 작성합니다.

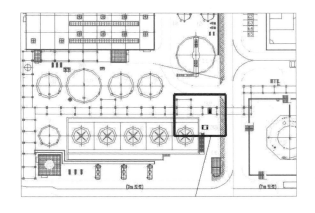

② 다음과 같이 PIPING ARRANGEMENT DWG. 도면 작성을 위해 도면을 추출합니다. PIPING ARRANGEMENT DWG. 은 척도를 1/50 ~ 1/100 정도로 도면의 복잡도에 따라 여러 AREA로 분리하여 작성합니다.

이때 추출하는 방법은 복사하고자 하는 범위를 지정하여 〈Ctrl〉 + 'C' 키를 누른 다음에 새로 작성하고자 하는 도면 템플릿에 가져가서 〈Ctrl〉 + 'V'를 클릭하여 붙여넣습니다.

또는, 잘라내고자 하는 도면의 범위를 선택한 후 외부 블록(WBLOCK)으로 저장하여 도면 템플릿에서 삽입(INSERT)합니다.

💧 **TIP** ── 여기에서 나오는 도면 템플릿이란 발주처나 설계사에 따라 정해진 양식의 도면을 말합니다.

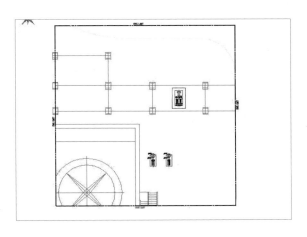

참고로 관경 및 Elv. 값을 참조하기 위해 노즐 차트를
표시합니다.

◎ 실습을 위한 샘플도면은
'www.dcs.co.kr/고객지원/책자료실/PIPING ARRAGEM
ENT DWG.dwg'를 클릭하여 다운로드받습니다.

NOZZLE CHART

| NOZZLE | | END CONNECTION | | DIMENSION | | ORIENTATION |
NO	SIZE	RATING & TYPE	COMP'N	ELEV	℄ TO FACE	
P-001/002						
#SUC.	6"	ANSI 150# RF	☒	570	–	–
#DIS.	5"	ANSI 125# RF	☒	925	–	–
HE-001						
#N1	6"	ANSI 150# RF	☒	2008	–	–
#N2	6"	ANSI 150# RF	☒	530	–	–
#N3	6"	ANSI 150# RF	☒	530	–	–
#N4	6"	ANSI 150# RF	☒	2008	–	–

2 기준선 작도

파이프가 지나는 기준선을 작도합니다. '밑선'이라는 표현을 사용하기도 합니다. 나중에는 파이프의 중심선이
되기도 합니다. 도면을 보고 파이프의 위치를 잡아 기준선을 작도합니다.

01 선(LINE) 명령으로 장비(펌프, 열교환기)의 입
구와 출구를 기준으로 선을 긋습니다.

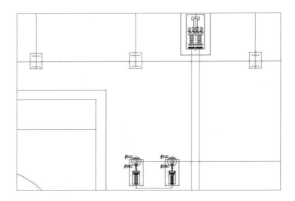

간격 띄우기(OFFSET) 명령으로 오른쪽 도면 경계선
으로부터 안쪽으로 '500', 위쪽 기둥 중심선을 아래쪽
으로 '800'을 띄웁니다. 두 펌프 사이의 중간점을 찾
아 위쪽 '800'만큼 띄운 선과 연결합니다. 이때 객체
스냅 '두 점 사이의 중간'을 이용하여 중간점을 찾습
니다.

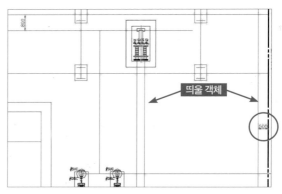

띄울 객체

밑선을 그을 때 모든 파이프의 선을 그어놓고 하게 되면 설계자가 혼동할 수 있으므로 일부분씩 완성해가면서 하는 것이 바람직합니다. 따라서, 밑선은 설계자가 구분하기 쉬운 범위 내에서 긋도록 합니다.

02 오른쪽부터 완성해나가도록 하겠습니다. 다시 간격 띄우기(OFFSET) 명령으로 오른쪽 수직선을 선택하여 왼쪽으로 '1680'만큼 띄웁니다. 또, 열교환기에서 나온 오른쪽 수직선을 오른쪽으로 '2700'만큼 띄웁니다.

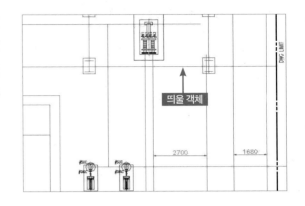

다음은 열교환기 아래쪽 수평선을 아래쪽으로 '600'만큼 띄웁니다. 다시 직전에 띄운 선을 아래쪽으로 '1000', '930'만큼 띄웁니다. 다음과 같이 선이 띄워집니다.

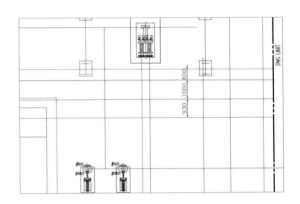

🔧 참고 파이프 라인 결정 순서

평면도에서 파이프 라인을 결정하는 순서나 방법은 매뉴얼처럼 정해진 방법은 없습니다만 일반적으로 대구경, 소구경, UTILITY 배관 순서로 결정합니다. OVERHEAD로 파이프를 결정할 경우는 파이프 SUPPORT를 감안하여 기둥이나 빔 주변으로 라인을 잡는 것이 좋습니다.

3 파이프 윤곽선 작도

기준선을 토대로 파이프의 크기에 맞춰 윤곽선을 작도합니다. 일반적으로 사용하는 명령이 '간격 띄우기 (OFFSET)'입니다만 설계자에 따라 '여러 줄 선(MLINE)' 명령을 사용하기도 합니다. 여기에서는 간격 띄우기로 작도하겠습니다.

01 간격 띄우기(OFFSET) 명령으로 기준선을 양쪽으로 '162'만큼 띄웁니다.

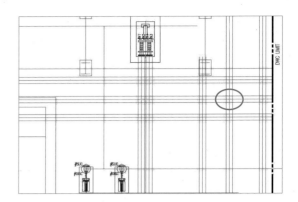

02 모깎기(FILLET) 명령으로 꺾어지는 부분(엘보)을 처리합니다. 반지름 값은 안쪽으로부터 295, 457, 619입니다.

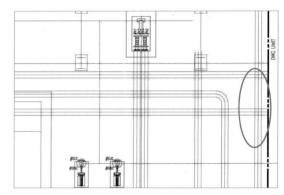

03 자르기(TRIM) 명령으로 오른쪽 파이프의 수직선 부분을 마무리 처리합니다.

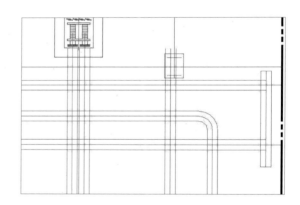

04 자르기(TRIM) 명령으로 열교환기에서 나오는 수직선과 교차하는 수평선을 마무리 처리합니다.

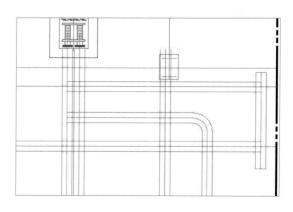

05 가운데 부분의 파이프도 다음과 같이 차례로
정리합니다.

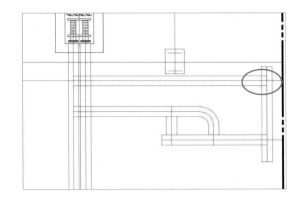

4 피팅류 작도

파이프 윤곽선이 완성되었으면 파이프와 파이프가 만나는 부분의 피팅류를 작도합니다. 실제 실무에서는 피팅
류(엘보, 티) 심볼을 저장해놓고 필요할 때마다 삽입(INSERT)하여 사용하는 경우가 많습니다만 여기에서는 작
도해보도록 하겠습니다.

01 호(ARC) 명령으로 파이프 끝부분에 호를 작도
하고 원(CIRCLE) 명령으로 반지름이 '242'인 원을 그
립니다.

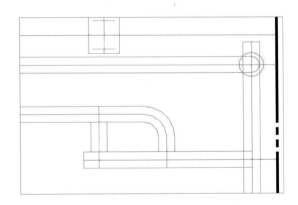

자르기(TRIM) 명령으로 파이프 더블라인을 경계로
호와 선을 자릅니다. 선으로 엘보 윤곽선을 그립니다.
다음과 같이 입상부의 엘보가 작도됩니다.

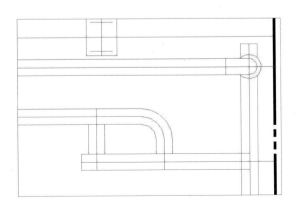

02 복사(COPY) 명령으로 엘보 모양을 복사한 후 자르기(TRIM) 명령으로 자릅니다.

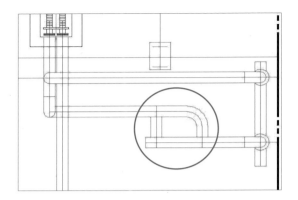

03 나머지 엘보와 티 부분도 이와 같은 방법으로 작도합니다.

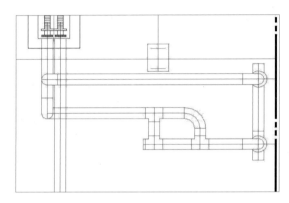

04 이와 같은 방법으로 나머지 파이프의 더블라인도 완성합니다.

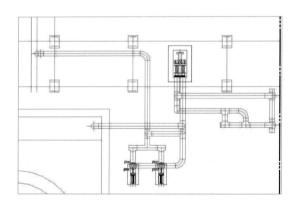

05 펌프 및 열교환기와 연결된 파이프의 레듀셔를 작도합니다. 펌프의 입구 및 출구의 파이프 크기는 노즐 차트(NOZZLE CHART)를 참조합니다. 펌프의 경우 SUCTION이 6", DISCHARG가 5"입니다.
간격 띄우기(OFFSET) 명령으로 세로 중심선을 양쪽으로 '84', 펌프 끝에 있는 원으로부터 106, 189만큼 띄웁니다.

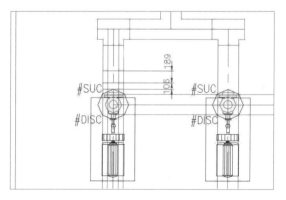

자르기(TRIM) 명령으로 불필요한 선을 정리하여 다음과 같이 레듀셔를 완성합니다.

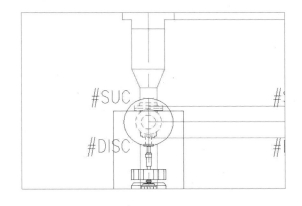

동일한 크기는 복사(COPY) 명령으로 복사하고 크기가 다른 경우는 앞에서와 같은 방법으로 레듀셔를 작도합니다. 다음과 같이 배관의 윤곽선이 완성되었습니다.

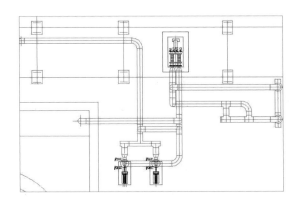

5 부품(밸브 등) 및 계기류 작도

파이프 사이에 삽입되는 밸브 및 계기류 등 다양한 부품을 작도합니다. 앞의 피팅류에서도 설명했듯이 자주 사용하는 부품은 블록으로 저장해서 이를 삽입(INSERT)하는 형식으로 작도합니다. 여기에서는 블록을 삽입하는 방식이 아닌 직접 작도하는 방법으로 조작하겠습니다.

01 버터플라이 밸브를 작도하겠습니다. 다음의 크기로 버터플라이 밸브를 작도합니다.

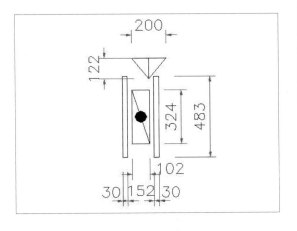

02 작도된 밸브를 배치 위치에 삽입합니다. 다음
과 같이 삽입됩니다.

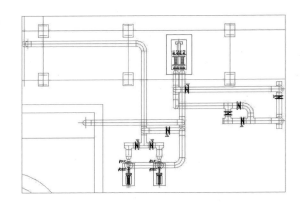

03 체크 밸브를 작도합니다. 다음의 크기로 작도
합니다.

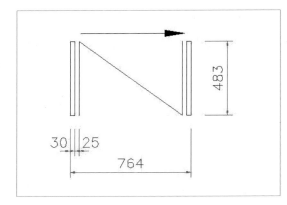

다음과 같이 체크 밸브가 작도됩니다.

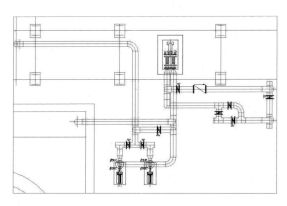

04 이번에는 'T Type Strainer'를 배치하겠습니
다. 다음과 같은 크기로 작도합니다.

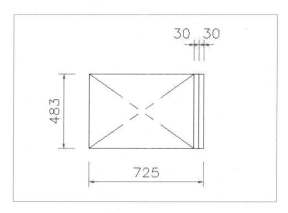

'T Type Strainer'의 배치할 위치에 삽입합니다.

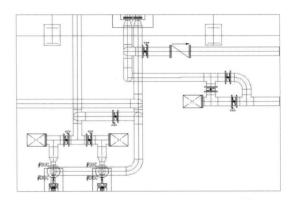

05 간격 띄우기(OFFSET), 자르기(TRIM), 선(LINE) 명령을 이용하여 말단부의 TP(Terminal Point) 부분을 작도합니다.

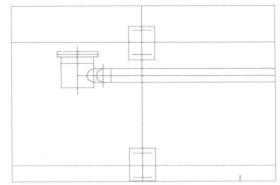

06 오른쪽 입상부의 버터플라이 밸브 마크인 삼각형을 작도합니다.

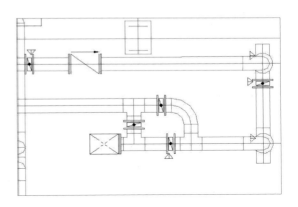

07 계기류(INSTRUMENT)를 배치합니다. 반지름이 '24'와 '54'인 두 개의 원을 작도합니다. 오른쪽 수직선의 파이프를 왼쪽으로 '760'을 띄운 후 두 개의 원을 배치합니다.

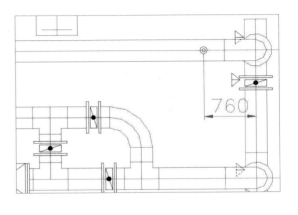

이러한 방법으로 압력계, 온도계, 차압계 등을 배치합니다.

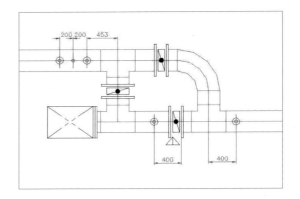

다음과 같이 계기류가 배치됩니다.

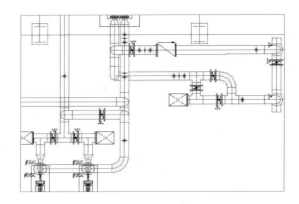

08 유체 흐름 기호를 배치합니다. 삼각형을 작성한 후 해치로 채워 작도합니다.

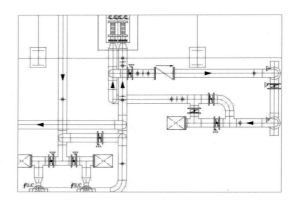

09 위쪽 파이프와 아래쪽 파이프의 구분을 위한 처리 및 파단 기호를 배치합니다.

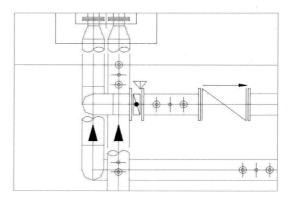

10 파이프 써포트 기호를 배치합니다. 가로 '100', 세로 '390' 크기의 사각형을 작도한 후 각 위치에 배치합니다.

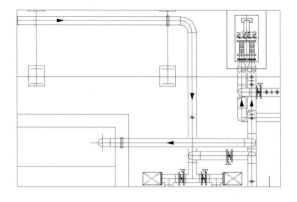

11 특성(PROPERTIES) 명령으로 중심선의 선 종류를 'Center'로 바꿉니다.

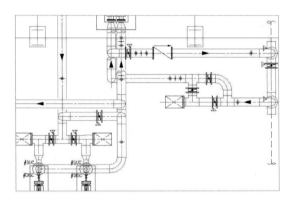

6 치수 및 문자 기입

파이프 및 부품 작도가 끝나면 치수 및 주석을 기입합니다. 치수 기입에 앞서 치수 스타일을 설정합니다.

01 치수를 기입할 환경을 설정합니다. 치수 스타일 관리자를 통해 환경을 설정합니다. 치수 스타일에 대한 자세한 설명은 '배관 도면'을 참조합니다.

02 선형 치수 및 연속 치수 명령을 이용하여 다음과 같이 치수를 기입합니다.

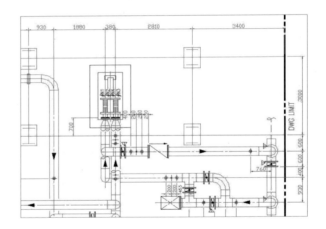

03 다중 지시선 기능을 사용하기 위해 지시선의 스타일을 설정합니다.
명령어 'MLEADERSTYLE' 또는 'MLS'를 입력하거나 '주석' 탭 '지시선' 패널의 오른쪽 끝에 있는 ⊻ 을 클릭합니다.
'지시선 형식'에서 유형(T)을 '스플라인'으로 지정합니다. 색상, 화살촉의 크기, 문자의 크기 등은 도면에 맞춰 지정합니다.

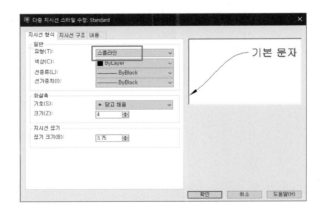

스타일 'Standard' 외에 별도의 스타일을 하나
더 만듭니다(예: BOX 문자).
'내용' 탭의 '프레임 문자(F)'를 체크합니다. 기타
설정은 'Standard'와 동일하게 설정합니다.
필요에 따라 스타일 'Standard' 또는 'BOX문자'
를 선택하여 작성합니다.

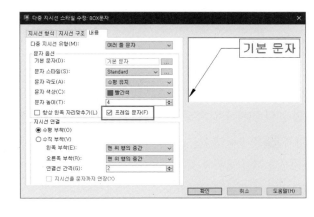

04 다중 지시선 문자를 실행합니다.
명령어 'MLEADER' 또는 'MLD'를 입력하거나
'주석' 탭의 '다중 지시선' 패널 또는 '다중 지시선
도구막대에서 을 클릭합니다.
{지시선 화살촉 위치 지정 또는 [지시선 연결선
먼저(L)/컨텐츠 먼저(C)/옵션(O)] 〈옵션〉:}에서
화살촉 위치를 지정합니다.
{지시선 연결선 위치 지정:}에서 지시선 연결선
위치를 지정합니다.
문자(예: ISO KIT 〈엔터〉 후 F/F EL. 300)를 기입합니다. 다음과 같이 표기됩니다.

다음과 같이 다중 지시선 기능으로 인출하여 표
기합니다.

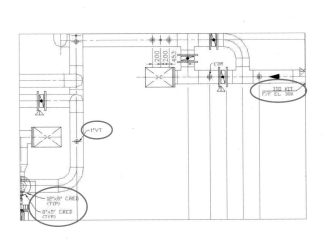

05 사각형 프레임에 둘러쌓인 서포트 번호를 기입합니다. 다중 지시선 스타일을 앞에서 작성한 'BOX 문자'로 바꿉니다. 다중 지시선 명령을 실행합니다.

명령어 'MLEADER' 또는 'MLD'를 입력하거나 '주석' 탭의 '다중 지시선' 패널 또는 '다중 지시선 도구막대'에서 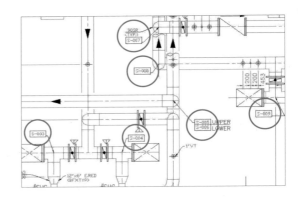을 클릭합니다.

{지시선 화살촉 위치 지정 또는 [지시선 연결선 먼저(L)/컨텐츠 먼저(C)/옵션(O)] ⟨옵션⟩:}에서 화살촉 위치를 지정합니다.

{지시선 연결선 위치 지정:}에서 지시선 연결선 위치를 지정합니다.

기입하고자 하는 문자를 기입합니다. 프레임으로 둘러쌓인 서포트 기호가 작성됩니다.

06 계기 번호(원형 내)를 기입하겠습니다. 원형 문자를 하나 작성한 후 복사하여 문자를 수정하는 방법으로 작성하겠습니다.

원(CIRCLE) 명령으로 반지름이 '200'인 원을 그리고 원 안에 높이 '100'인 문자를 두 줄로 기입합니다.

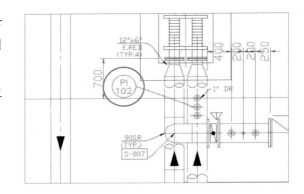

07 복사(COPY) 명령으로 원형 문자를 배치할 위치에 복사합니다.

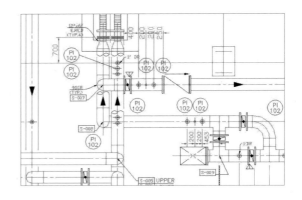

08 문자를 수정합니다. 수정할 문자에 커서를 맞춘 후 더블클릭합니다. 편집 모드로 바뀌면 문자를 입력합니다.

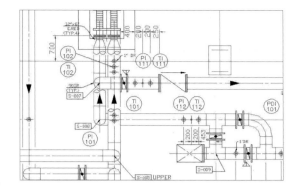

09 선(LINE) 명령으로 지시선을 연결합니다.

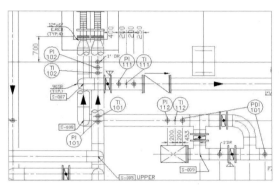

10 터미널 포인트(TP) 기호를 작성합니다. 다각형(POLYGON) 명령으로 육각형(반지름 250)을 작성하여 문자를 기입한 후 복사하여 문자를 수정합니다. 다음과 같이 작성합니다.

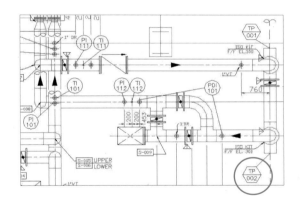

11 연결(인접)할 도면의 도면 기호를 입력합니다. 연결 도면 기호도 하나를 작성하여 복사한 후 수정하는 방법으로 작성합니다.
선(LINE) 명령으로 선을 긋고 단일 행 문자(TEXT, DT) 명령으로 문자를 작성합니다.

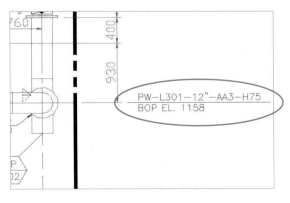

12 다음과 같이 직전에 작성한 연결 도면 기호를
복사합니다.

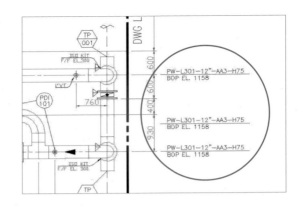

13 수정하고자 하는 문자를 더블클릭하여 복사한
도면 기호 문자를 수정합니다.

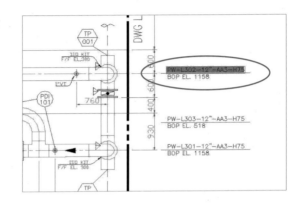

14 이와 같은 방법으로 연결 도면 기호를 작성합
니다.

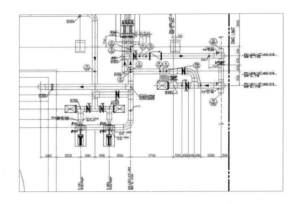

15 도면에 기입해야 할 문자를 확인하고 추가하거나 수정해야 할 곳이 있는지 세심히 체크한 후 도면 작업을 종료합니다.

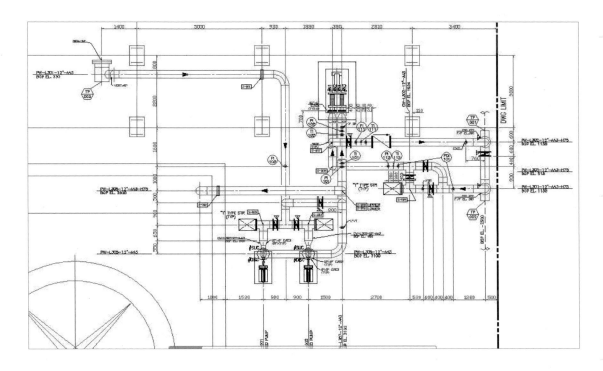

Chapter 11

아이소메트릭 도면 작성

플랜트 배관(Piping) 도면 중에서 아이소메트릭 도면 작성법에 대해 알아보겠습니다. 아이소메트릭 도면을 작도하기 위해서는 아이소메트릭에 대해 이해를 해야 합니다. 이번 챕터에서는 아이소메트릭 도면의 이해와 작도 방법에 대해 알아보겠습니다.

1 아이소메트릭이란?

아이소메트릭 도면(등각투영도)은 인간의 시각으로 볼 수 있는 3차원(X축, Y축, Z축)의 입체를 2차원의 공간에 표현한 것입니다. 표현하는 방법은 입체 공간의 Z값을 표현 공간(종이 또는 스크린)의 수직 방향으로 맞추고 X축과 Z축이 120도로 만나도록 선을 그어 표현합니다. 등각투영이라고 명명한 것은 각 축을 동일한 각도(등각)로 평행하게 표현하기 때문입니다.

아이소메트릭 도면을 작성하려면 먼저 아이소메트릭 축과 면에 대해 이해할 필요가 있습니다. X축과 Y축으로 이루어진 도면을 2차원 도면, X축, Y축, Z축으로 이루어진 도면을 3차원 도면이라 합니다. 아이소메트릭 도면은 2.5차원이라 부르기도 합니다. 2차원 평면에서 입체적으로 표현하기 위해 높이(두께)를 가상의 Z축을 만들어 표현하기 때문입니다.

아이소메트릭 도면에 있어 기본적인 축과 면은 다음과 같습니다.

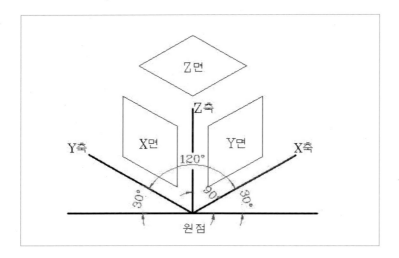

축의 이름은 작도하는 사람에 따라 XY를 반대로 표현하기도 하지만 기본 원리는 같습니다. 아이소메트릭 면은 축에서 직각 방향에 있는 면이 되고, 면의 명칭은 그 직각 방향에 있는 축과 같은 X, Y, Z를 사용합니다. 사실은 X와 Z의 축은 직각이지만 그림과 같이 90-30으로 60도가 됩니다. X, Y, Z의 각 축과 평행한 축은 모두 아이소메트릭 축이며 X, Y, Z의 각 면과 평행한 면은 모두 아이소메트릭 면이 됩니다.

아이소메트릭 뷰를 설명하는 데 가장 좋은 예는 원을 표현하는 방법입니다. 다음 그림은 컵을 예로 들었습니다. 컵의 입구가 원으로 되어 있는데 컵을 90도 위에서 보면 원형이지만 비스듬한 위치에서 보면 타원이 됩니다. 입체적으로 표현하기 위해서는 비스듬한 위치에서 보게 됩니다. 따라서 아이소메트릭에서 원을 표현할 때는 반드시 타원이 됩니다.

아이소메트릭 면에서는 타원은 35° 타원이 사용됩니다. 아이소메트릭 면에서는 X, Y, Z 어느 면에 관계없이 35° 타원을 사용합니다. 다음 그림은 컵의 윗면을 여러 각도에서 본 그림입니다. 정확한 각도는 35°16'입니다만 35°로 설정하여 작도합니다.

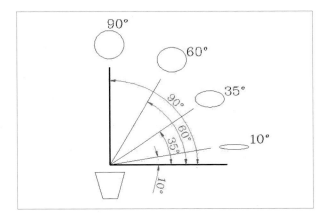

그러면 왜 35° 타원을 사용하는지 알아보겠습니다.

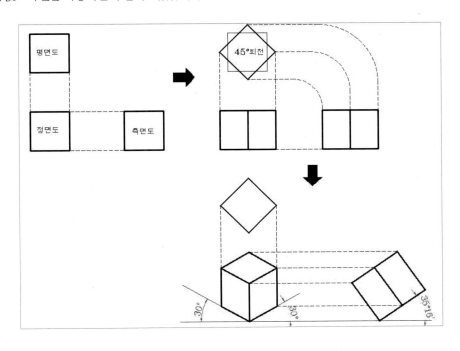

이 그림은 입방체의 정면, 평면, 측면도의 평면도를 45도 회전시킨 후 다시 그 입방체의 끝을 35°16'만큼 들어 올린 그림입니다. 마지막 그림을 보면 앞에서 설명한 아이소메트릭 축과 면의 관계와 같다는 것을 알 수 있습니다. 이 Z면에는 컵의 예에서와 같이 35°16' 위에서 본 경우의 35°16' 타원에 해당됩니다. 다른 XY의 각 면도 동일합니다. 35°16'이기 때문에 35° 타원을 사용하게 된 것입니다.

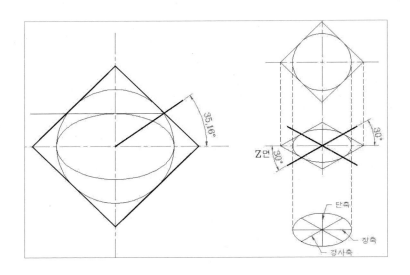

위의 왼쪽 그림은 수직 중심선과 타원의 교차점으로부터 수평으로 선을 그어 원과 교차점으로부터 타원의 중심으로 선을 그으면 수평선과의 각도가 35°16'이 됩니다.

위의 오른쪽 그림과 같이 평면도 위에 내접하는 원을 그리고 그것을 Z면에 투영합니다. 이때 그림과 같이 Z면의 각 변과 타원과의 교점을 타원의 중심과 연결하면 수평에 대해 30°의 각도가 됩니다. 이 선을 타원의 경사축(사축)이라고 합니다. 또, 중심을 지나는 타원의 가장 긴 축을 장축(長軸), 반대로 가장 짧은 축을 단축(短軸)이라고 합니다.

타원을 정렬해보면 이해가 쉽습니다. 각 면(X면, Y면, Z면)에 작도된 타원의 단축은 반드시 평면의 법선(수직축)과 평행합니다. X면에 작도된 타원의 단축 방향은 X축의 방향과 평행하게 됩니다. Y면의 타원의 단축은 Y축, Z면의 타원의 단축은 Z축과 평행합니다. 이는 평면상의 위치나 크기와 관계없이 적용되는 규칙입니다.

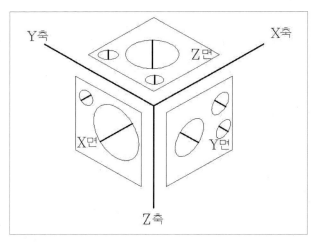

다음의 아이소메트릭 도면에서 수직선으로 표현된 부분은 실제 Z값(아래쪽에서 위쪽으로 올라가는 파이프)에 해당되는 부분입니다.

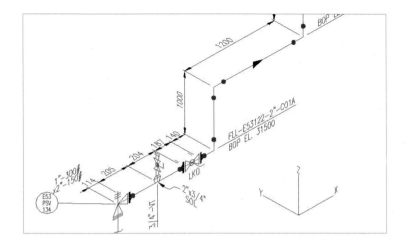

아이소메트릭 도면은 파이프의 흐름을 이해하기 쉽게 하기 위한 수단으로 작성하는 도면입니다. 흐름에 초점이 맞춰져 있기 때문에 모든 크기를 실제 크기로 작성하지 않습니다. 따라서, 아이소메트릭 도면의 척도는 반드시 도면의 실제 사이즈와 비례해 작도하지 않습니다. 척도에 맞춰 작성하는 것이 아니라 적당한 크기와 간격으로 파이프의 흐름을 설명하는 도면입니다. 단, 기입하는 치수는 실제 사용되는 정확한 치수를 기입합니다.

2 환경 설정

순수하게 AutoCAD를 이용하여 아이소메트릭 도면을 작성하기 위한 환경설정 방법에 대해 알아보겠습니다. 3 차원으로 모델링을 한 후 뷰를 조정하여 아이소메트릭 도면을 산출하는 방법도 있지만 여기에서는 2차원 기능으로 아이소메트릭 도면 작성을 설명하도록 하겠습니다. 3차원처럼 표현하지만 2차원 평면 위에 표현합니다.

2.1 아이소메트릭 환경 설정
2차원에서 아이소메트릭을 작도하기 위해서는 스냅 및 그리드(모눈)를 등각투상에 맞도록 환경을 설정해야 합니다.

01 '스냅 및 모눈' 설정 대화상자를 엽니다.
상태 영역의 그리기 도구에서 '스냅' 또는 '그리드'에 마우스를 대고 오른쪽 버튼을 누르면 '설정(S)'이 나타납니다. 이때, '설정(S)'을 클릭합니다.

02 제도 설정값 대화상자의 '스냅 및 그리드' 탭이 표시됩니다. 여기에서 아이소메트릭 작업을 위한 환경을 설정합니다. 대화상자에서 '스냅 유형'의 '등각투영 스냅(M)'을 선택한 후 [확인]을 누릅니다.

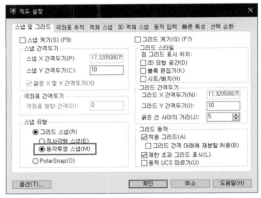

[스냅 및 그리드 설정 대화상자]

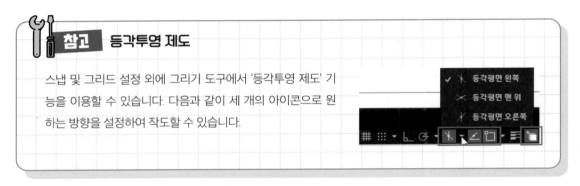

참고 등각투영 제도

스냅 및 그리드 설정 외에 그리기 도구에서 '등각투영 제도' 기능을 이용할 수 있습니다. 다음과 같이 세 개의 아이콘으로 원하는 방향을 설정하여 작도할 수 있습니다.

TIP —————→ 사용의 편의에 따라 스냅을 사용하려면 '스냅 켜기(S)(F9)'를 체크하여 켜고, 모눈 표시를 하려면 '그리드 켜기(G)(F7)'를 체크하여 켭니다. 스냅 및 그리드의 간격도 사용자가 지정할 수 있습니다.

'등각투영 스냅'을 켜면 다음과 같이 커서의 모양이 등각투영 모드로 바뀝니다. 그리드를 켜면 일정 간격으로 점이 표시됩니다.

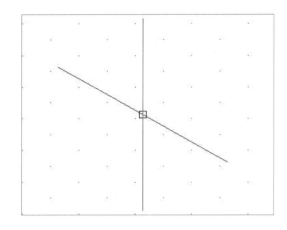

03 극좌표를 추적하기 위해 극좌표 각도를 설정합니다. 여기에서는 아이소메트릭 작도 각도인 30°를 설정하겠습니다.

상태 영역의 그리기 도구에서 '극좌표'에 마우스를 대고 오른쪽 버튼을 누르면 다음과 같이 설정 각도가 표시됩니다. 이때 '30'을 클릭합니다.

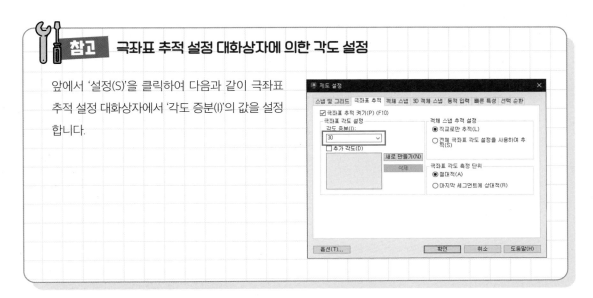

참고 극좌표 추적 설정 대화상자에 의한 각도 설정

앞에서 '설정(S)'을 클릭하여 다음과 같이 극좌표 추적 설정 대화상자에서 '각도 증분(I)'의 값을 설정합니다.

04 극좌표 추적을 켭니다. 설정 대화상자에서 '극좌표 추적 켜기(P)'를 체크하거나 〈F10〉을 눌러 극좌표 추적을 켭니다.

이렇게 하면 아이소메트릭을 작도할 수 있는 환경이 설정되었습니다.

3 아이소메트릭 도면 작도

다음과 같은 아이소메트릭 도면을 작도하는 연습을 하겠습니다.

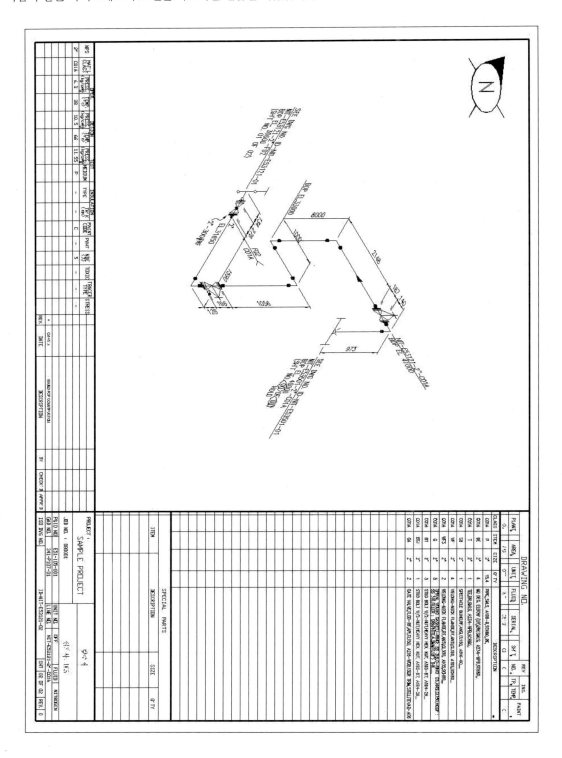

기본적으로 정해진 규격의 템플릿을 이용하여 작도합니다만 여기에서는 빈 공간에서 작도하도록 하겠습니다. 표제란 부분의 작도 방법은 앞의 '배관 도면 작성'에서 학습했으므로 여기에서는 생략하고 다음의 아이소메트 릭 부분만 작도하도록 하겠습니다.

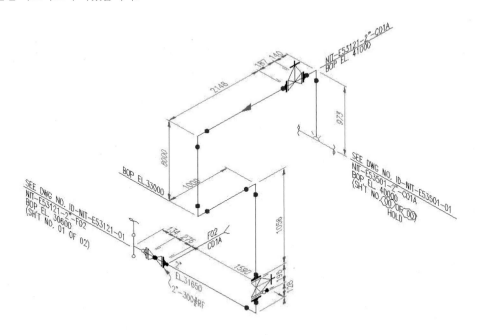

아이소메트릭 도면은 실제 표기된 길이로 작도하는 것이 아닙니다. 따라서, 작도하고자 하는 도면의 범위는 임 의로 설정하여 작도합니다. 여기에서는 척도 1/20로 A4 용지를 기준으로 설정하여 작업하도록 하겠습니다. 가능한 한 표기된 치수대로 작도하고 '8000'과 같이 길이가 너무 긴 경우는 생략하여 적당한 길이로 작도하겠 습니다.

3.1 환경 설정 및 파이프 라인 작도

01 먼저 도면 범위를 설정하겠습니다. 도면 틀 작 성 명령인 'MVSETUP'을 실행하여 1/20, A4용지 크기(297 × 210)를 설정합니다. 앞에서 학습한 대로 10mm 테두리 선을 작도합니다. 다음과 같이 도면 틀 이 작성됩니다. 템플릿 파일을 이용하는 경우 이 과정 은 생략됩니다.

02 스냅 모드를 '등각투영 스냅'으로 설정합니다.
상태 영역의 그리기 도구에서 '스냅' 또는 '모눈'에 마우스를 대고
오른쪽 버튼을 눌러 바로가기 메뉴에서 '설정(S)'을 클릭합니다.

대화상자에서 '스냅 유형'의 '등각투영 스냅(M)'을 선
택한 후 [확인]을 누릅니다. 이렇게 설정하면 커서가
비스듬하게 등각투영 모드로 바뀝니다.

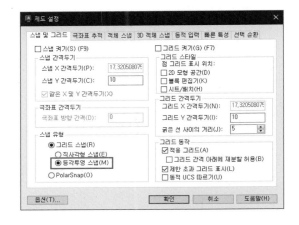

03 파이프 라인을 작도합니다. 파이프가 꺾어지는 단위로 전체 길이를 작도하도록 합니다.
선(LINE) 명령을 실행합니다.
{첫 번째 점 지정:}에서 임의의 한 점을 지정합니다.
직교 모드를 켭니다. 〈F8〉을 누르거나 그리기 도구에
서 █ 을 클릭합니다.
{다음 점 지정 또는 [명령 취소(U)]:}에서 커서의 방향
이 작도하고자 하는 면과 일치하는지 확인합니다. 작
도하고자 하는 면이 아닐 때는 〈F5〉 키를 누릅니다.
그러면 '등각평면 좌측면도'라는 메시지가 나타납
니다. 이때 작도하고자 하는 방향으로 맞추고 '2000'
을 입력합니다.
커서의 방향으로 길이 '2000'인 선이 작도됩니다.

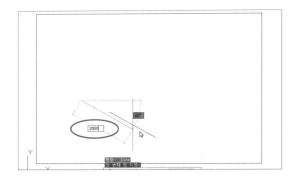

{다음 점 지정 또는 [명령 취소(U)]:}에서 커서를 위쪽
방향으로 맞추고 '1380'을 입력합니다.
위쪽 방향으로 길이 '1380'인 선이 작도됩니다.

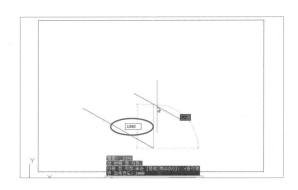

{다음 점 지정 또는 [닫기(C)/명령 취소(U)]:}에서
〈F5〉를 눌러 작도 면(등각평면 평면도)을 바꾼 후
'1000'을 입력합니다.

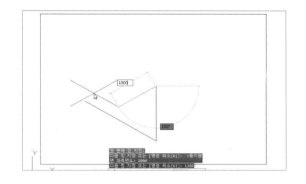

{다음 점 지정 또는 [닫기(C)/명령 취소(U)]:}에서 다시
〈F5〉를 눌러 작도 면(등각평면 우측면도)을 바꾼 후
'1000'을 입력합니다.

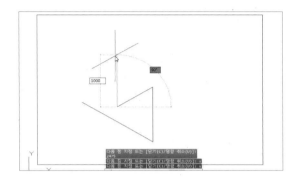

{다음 점 지정 또는 [닫기(C)/명령 취소(U)]:}에서 커서
를 오른쪽 방향으로 맞춘 후 '2475'를 입력합니다.

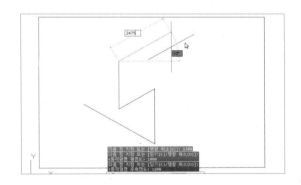

{다음 점 지정 또는 [닫기(C)/명령 취소(U)]:}에서 커서
를 아래쪽 방향으로 맞춘 후 '973'을 입력합니다.

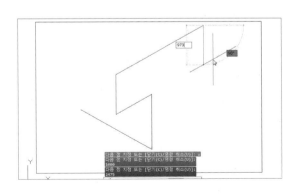

{다음 점 지정 또는 [닫기(C)/명령 취소(U)]:}에서 〈엔터〉 키 또는 〈스페이스 바〉를 눌러 종료합니다. 다음과 같이 파이프 윤곽선이 작도됩니다.

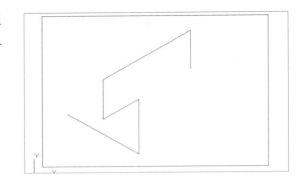

04 파이프 피팅류(엘보, 티)를 표시합니다. 용접점은 '도넛(DONUT)' 명령을 이용하여 표시하도록 하겠습니다. 템플릿 도형(피팅류)을 만들어 파이프의 각 꺾어지는 부분에 복사하여 불필요한 부분을 삭제하는 방식으로 작도하겠습니다.
먼저, 선 명령으로 다음과 같이 선을 작도합니다. 한 변의 길이는 '200'으로 설정합니다. 이 길이는 도면의 범위(크기)에 따라 설정합니다.

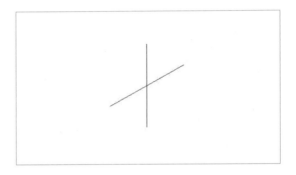

05 도넛(DONUT) 명령으로 각 끝 점에 점을 찍습니다.
도넛(DONUT) 명령을 실행합니다.
{도넛의 내부 지름 지정 〈0.5000〉:}에서 '0'을 입력합니다.
{도넛의 외부 지름 지정 〈1.0000〉:}에서 '50'을 입력합니다.

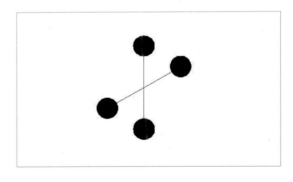

{도넛의 중심 지정 또는 〈종료〉:}에서 객체스냅 '끝점' ▨을 이용하여 끝점을 지정합니다.
{도넛의 중심 지정 또는 〈종료〉:}에서 차례로 네 곳의 끝점을 지정합니다.
:
{도넛의 중심 지정 또는 〈종료〉:}에서 〈엔터〉 키 또는 〈스페이스 바〉를 눌러 종료합니다.
다음과 같이 작도됩니다.

06 등각평면 좌측면도에 심볼을 복사하기 위해 대칭(MIRROR) 명령으로 대칭 복사합니다.

대칭(MIRROR) 명령을 실행합니다.

{객체 선택:}에서 앞에서 작성한 피팅류 객체를 선택합니다.

{대칭선의 첫 번째 점 지정:}에서 대칭 복사하고자 하는 축의 첫 번째 점을 지정합니다.

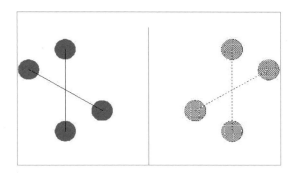

{대칭선의 두 번째 점 지정:}에서 대칭 복사하고자 하는 축의 두 번째 점을 지정합니다.

{원본 객체를 지우시겠습니까? [예(Y)/아니오(N)] 〈N〉:}에서 'N'을 지정합니다. 다음과 같이 대칭 복사됩니다.

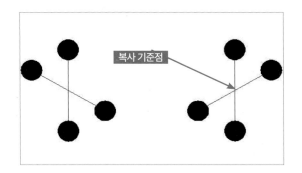

07 앞에서 작성한 용접 피팅류 템플릿을 각 위치에 복사합니다. 복사에 사용할 객체를 선택할 때는 선을 선택하지 않고 4개의 점만 선택하여 복사합니다.

복사(COPY) 명령을 실행합니다.

{객체 선택:}에서 앞에서 작성한 4개의 점(피팅류 템플릿)을 선택합니다.

{기본점 지정 또는 [변위(D)/모드(O)] 〈변위(D)〉:}에서 복사 기준점(두 선의 교차점)을 선택합니다.

{두 번째 점 지정 또는 [배열(A)] 〈첫 번째 점을 변위로 사용〉:}에서 피팅류 심볼에 해당하는 위치를 찾아 반복적으로 지정합니다.

:

{두 번째 점 지정 또는 [배열(A)/종료(E)/명령 취소(U)] 〈종료〉:}에서 〈엔터〉 키 또는 〈스페이스 바〉를 눌러 종료합니다. 다음과 같이 복사됩니다.

다른 면(등각투영 좌측면)도 동일한 방법으로 복사합니다. 다음과 같이 작도됩니다.

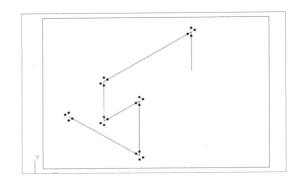

08 지우기(ERASE) 명령으로 불필요한 점을 지웁니다.

지우기(ERASE) 명령을 실행합니다.

{객체 선택:}에서 지우고자 하는 객체를 차례로 선택합니다.

다음 그림과 엘보 부위에 용접점이 작도됩니다.

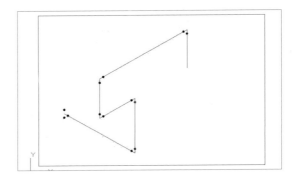

3.2 부속류(밸브류, 부품 등) 작도

이제 밸브를 작도하여 파이프에 삽입하겠습니다. 밸브의 크기 역시 실제 크기로 작도하는 것이 아니라 도면의 균형에 맞춰 작도합니다. 여기에서는 다음의 크기로 작도합니다.

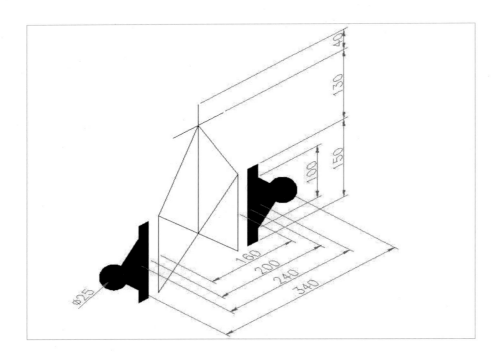

01 〈F5〉키를 눌러 '등각평면 우측면도'로 맞춥니다. 선(LINE) 명령으로 다음과 같이 가로 '340', 세로 '150'인 선을 작도합니다.

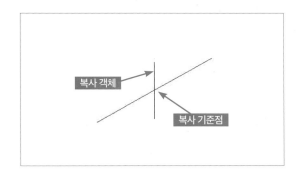

02 복사(COPY) 명령으로 선을 복사합니다.

{객체 선택:}에서 세로 방향의 선을 선택합니다.

{기본점 지정 또는 [변위(D)/모드(O)] 〈변위(D)〉:}에서 두 선의 교차점을 지정합니다.

{두 번째 점 지정 또는 [배열(A)] 〈첫 번째 점을 변위로 사용〉:}에서 상대 극좌표 '@80〈30'을 지정합니다.

{두 번째 점 지정 또는 [배열(A)] 〈첫 번째 점을 변위로 사용〉:}에서 '@100〈30'을 지정합니다.

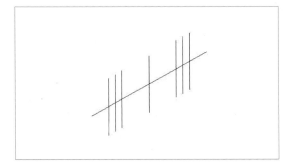

{두 번째 점 지정 또는 [배열(A)] 〈첫 번째 점을 변위로 사용〉:}에서 '@120〈30'을 지정합니다.

{두 번째 점 지정 또는 [배열(A)] 〈첫 번째 점을 변위로 사용〉:}에서 '@80〈210'을 지정합니다.

{두 번째 점 지정 또는 [배열(A)] 〈첫 번째 점을 변위로 사용〉:}에서 '@100〈210'을 지정합니다.

{두 번째 점 지정 또는 [배열(A)] 〈첫 번째 점을 변위로 사용〉:}에서 '@120〈210'을 지정합니다.

{두 번째 점 지정 또는 [배열(A)] 〈첫 번째 점을 변위로 사용〉:}에서 〈엔터〉 키를 눌러 종료합니다. 다음과 같이 수직선이 복사됩니다.

TIP ─── 여기에서 간격 띄우기(OFFSET) 명령을 이용하지 않고 복사(COPY) 명령을 이용하는 이유는 비스듬한 각도이기 때문에 간격 띄우기 한 객체가 비스듬하게 띄워지지 않기 때문입니다.

〈엔터〉키 또는 〈스페이스 바〉를 눌러 복사(COPY) 명령을 재실행합니다.

{객체 선택:}에서 가로 방향의 선을 선택합니다.

{기본점 지정 또는 [변위(D)/모드(O)] 〈변위(D)〉:}에서 두 선의 교차점을 지정합니다.

{두 번째 점 지정 또는 [배열(A)] 〈첫 번째 점을 변위로 사용〉:}에서 상대 극좌표 '@50〈90'을 입력합니다.

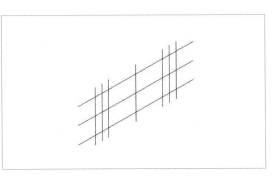

{두 번째 점 지정 또는 [배열(A)] 〈첫 번째 점을 변위로 사용〉:}에서 '@50〈270'을 입력합니다.

{두 번째 점 지정 또는 [배열(A)] 〈첫 번째 점을 변위로 사용〉:}에서 〈엔터〉 키를 눌러 종료합니다. 다음과 같이 복사됩니다.

03 선(LINE) 명령으로 다음과 같이 밸브의 윤곽선을 작도합니다.

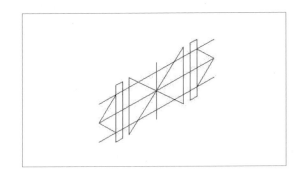

04 지우기(ERASE) 명령으로 불필요한 선을 지웁니다.

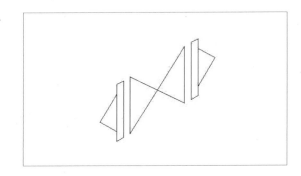

05 해치(BHATCH) 명령으로 다음과 같이 채웁니다. 해치 패턴은 'SOLID'입니다. 해치를 할 때는 양쪽을 따로 따로 수행하는 것이 나중에 편집할 때 수월합니다. 즉, 한쪽 패턴을 채우고 명령을 종료한 후 다른 한쪽을 채웁니다.

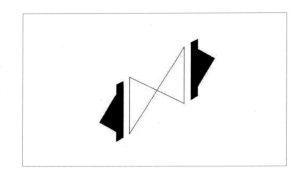

06 도넛(DONUT) 명령으로 양쪽에 용접 마크를 작도합니다. 도넛의 내부 지름은 '0', 외부 지름은 '50'으로 설정합니다.

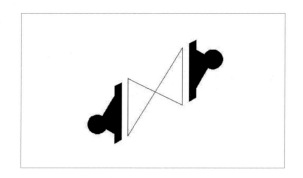

07 밸브 스템(핸들) 부분을 작도합니다. 선 명령으로 다음과 같은 크기로 선을 작도합니다.

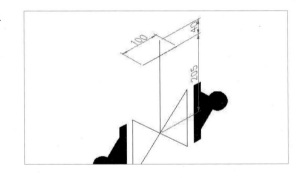

08 선(LINE) 명령으로 선을 그어 밸브를 완성합니다. 다음과 같이 밸브가 완성됩니다.

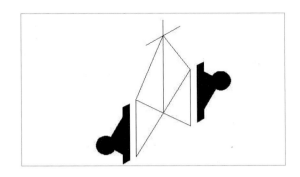

09 여러 측면에서 사용하기 위해 사용할 면에 맞도록 밸브 뷰의 형상을 만듭니다.
등각투영 좌측면도에 사용하기 위해 다음과 같이 대칭(MIRROR) 명령으로 대칭 복사합니다.

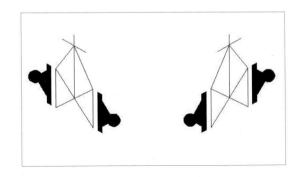

10 복사(COPY) 명령으로 오른쪽 밸브를 복사합니다.

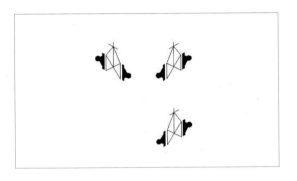

11 회전(ROTATE) 명령으로 밸브를 수직으로 회전합니다.

{객체 선택:}에서 밸브를 선택합니다.

{기준점 지정:}에서 밸브의 중심점을 지정합니다.

{회전 각도 지정 또는 [복사(C)/참조(R)] 〈0〉:}에서 참조 'R'을 입력합니다.

{참조 각도를 지정 〈0〉:}에서 참조각 '30'을 입력합니다.

{새 각도 지정 또는 [점(P)] 〈0〉:}에서 '90'을 입력합니다. 다음과 같이 회전합니다.

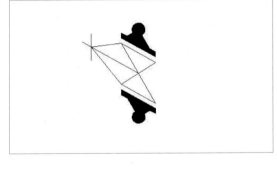

12 등각투영 우측면에 사용하기 위해 대칭(MIRROR) 명령으로 대칭 복사합니다.

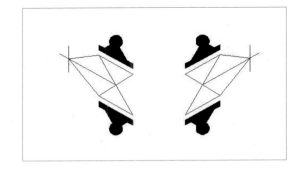

13 작성한 밸브를 밸브의 삽입 위치에 배치합니다. 복사(COPY) 또는 이동(MOVE) 명령을 이용하여 배치합니다.

{객체 선택:}에서 밸브를 선택합니다.

{기준점 지정 또는 [변위(D)] 〈변위〉:}에서 다음과 같이 용접 포인트의 중심점을 지정합니다.

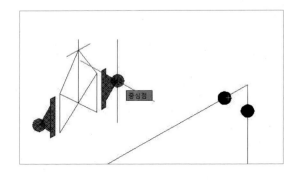

{두 번째 점 지정 또는 〈첫 번째 점을 변위로 사용〉:}에서 엘보의 용접점을 지정합니다.

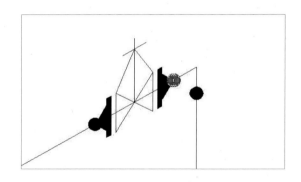

지우기(ERASE) 명령으로 다음과 같이 중복된 용접점을 지웁니다. 다음과 같이 밸브가 배치됩니다.

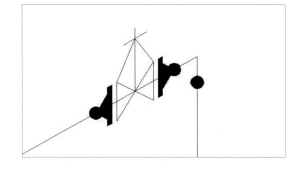

🜄 **TIP**── 지우기(ERASE) 명령을 생략하려면 복사 또는 이동 명령에서 객체를 선택할 때 용접점을 제외하고 선택하면 됩니다.

14 동일한 방법으로 등각투영 우측면에도 밸브를 배치합니다.

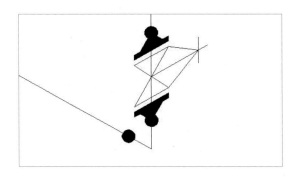

15 스펙타클 블라인드(SPECTACLE BLIND)를 작도합니다.

🜄 **TIP**── SPECTACLE BLIND는 PIPE의 연결부에 설치되어 비상시, 유체의 흐름을 완전히 차단하기 위한 장치입니다. 밸브의 보조 역할이라 할 수도 있으며 연결부의 나사를 풀고 SPECTACLE BLIND를 돌려 끼워 개/폐를 조절합니다. 이 도면에서는 NORMAL OPEN 상태입니다(파이프 라인 중심에 가까운 원이 하얀색이면 NORMAL OPEN이고, 검정색이면 NORMAL CLOSE 상태임).

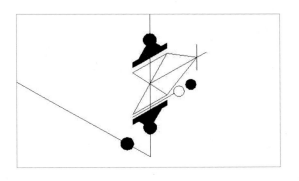

복사(COPY) 명령으로 선을 복사한 후 선을 연장합니다. 원(CIRCLE) 명령으로 원을 그려 각 위치로 배치합니다. 해치(BHATCH) 명령으로 위쪽 원을 채웁니다.

16 등각투영 좌측면도의 글로브 밸브를 배치합니다. 앞에서 대칭 복사해놓은 게이트 밸브를 다음 그림과 같이 글로브 밸브로 바꿉니다. 한쪽 면의 플랜지 표시와 용접 표시는 흰색으로 바꿉니다.

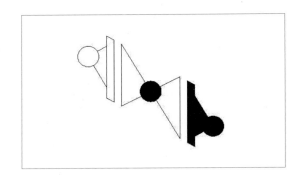

17 이동(MOVE) 명령으로 배치할 위치로 이동합니다. 이때 원의 기준점을 원의 중심으로 지정하여 용접점과 일치시킵니다.

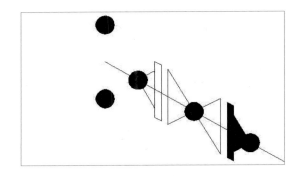

18 지우기(ERASE) 명령으로 중복된 용접점(검정색)을 지웁니다. 자르기(TRIM) 명령으로 원 사이의 선을 자릅니다.

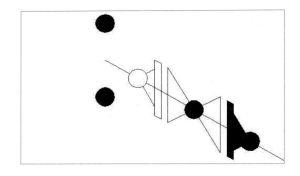

다음 그림과 같이 작도됩니다.

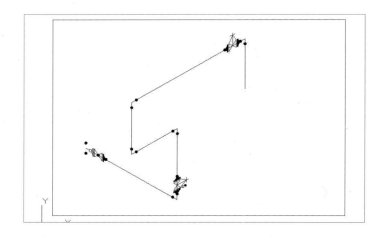

3.3 마무리

양 끝단을 마무리합니다.

01 글로브 밸브 끝단에 있는 티(Tee)의 용접점을
흰색 원으로 바꿉니다. 해당 위치에 원을 작도한 후
검정색 원(용접점)을 지웁니다.

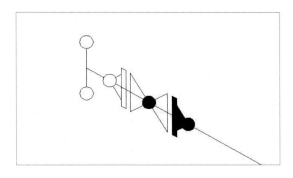

TIP ──── 도면에서 용접점의 색상을 검정색과 흰색으로 구분하는 이유는 물량산출의 유무 때문입니다. 검정색은 현재
도면에서 산출하는 물량(용접 개소)이고, 흰색 용접점은 연결된 도면에서 산출할 물량(연속 개소)입니다. 플랜지도 한쪽은 흰
색이고 다른 한쪽은 검정색인 이유는 현재 도면에서 산출해야 하는 도면은 검정색, 인근 도면에서 산출한 플랜지는 흰색으로
표시한 것이기 때문입니다. 용접 포인트든 플랜지든 중복 산출을 막기 위해 구분한 것입니다.

02 선(LINE) 명령으로 다음과 같이 선을 작도합
니다. 높이는 '200', 양쪽으로 '60' 길이의 선을 작도
합니다.

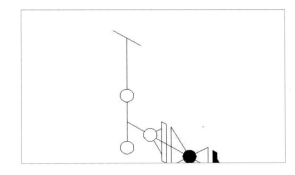

03 파단 기호를 작도합니다. 호(ARC)를 작도합니
다. 반지름은 '50'으로 지정합니다. 여기에서 반지름
의 크기는 절단 기호를 작성하기 위해 임의로 정한 값
입니다.

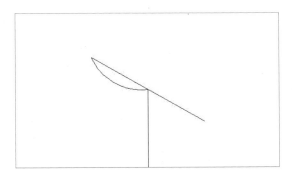

동일한 방법으로 호를 양쪽으로 작성한 후, 가운데 선
을 지웁니다. 다음과 같이 파단기호가 완성됩니다.

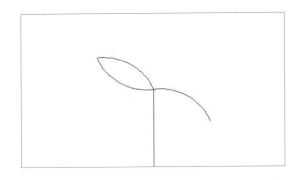

04 오른쪽 파이프 말단을 마무리하겠습니다.
선(LINE) 명령으로 길이 '500'인 선을 긋습니다. 복
사(COPY) 명령으로 앞에서 작성한 파단 기호를 선의
끝부분에 복사합니다.

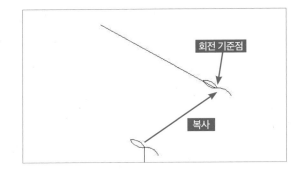

05 파단 기호를 세로 방향으로 사용하기 위해 회
전(ROTATE) 명령을 이용하여 세로 방향으로 회전합
니다. 회전할 때는 '참조각(R)' 옵션을 이용하여 90도
방향으로 회전합니다.
{객체 선택:}에서 파단 기호를 선택합니다.
{기준점 지정:}에서 파단 기호의 중간점을 지정합니다.
{회전 각도 지정 또는 [복사(C)/참조(R)] ⟨180⟩:}에서
'R'을 지정합니다.

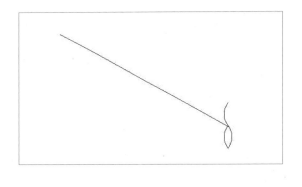

{참조 각도를 지정 ⟨330⟩:}에서 현재의 각도 '-30'을 지정합니다.
{새 각도 지정 또는 [점(P)] ⟨270⟩:}에서 맞추고자 하는 각도 '90'을 입력합니다.

06 반대편 끝점으로 복사하여 회전(ROTATE) 명
령으로 180도 회전합니다. 다음과 같이 양쪽에 파단
기호가 작도됩니다.

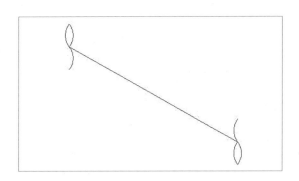

07 STUB-IN 기호를 작성하겠습니다.
타원(ELLIPSE) 명령을 실행합니다.
{타원의 축 끝점 지정 또는 [호(A)/중심(C)/등각원(I)]:}
에서 'C'를 입력합니다.
{타원의 중심 지정:}에서 선의 중간점을 지정합니다.
{축의 끝점 지정:}에서 '@30<150'을 입력합니다.
{다른 축으로 거리를 지정 또는 [회전(R)]:}에서 'R'을
입력합니다.
{장축 주위로 회전 지정:}에서 각도 '45'를 입력합니다.

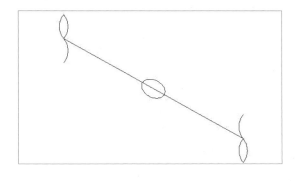

08 자르기(TRIM) 명령으로 타원의 아래 부분
을 잘라 STUB-IN 표시를 완성합니다. 선(LINE) 명
령으로 양쪽으로 비스듬한 선을 작도하여 FIELD
WELDING 표시를 합니다.

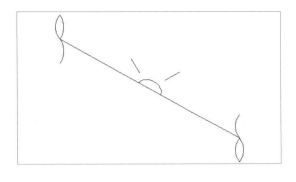

09 이동(MOVE) 명령으로 조금 전에 작성한 도형
을 파이프 끝부분에 이동합니다. 다음과 같이 파이프
끝부분이 마무리됩니다.

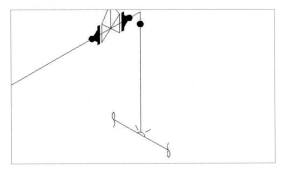

10 유체 흐름기호를 작성합니다. 삼각
형을 작도한 후 해치(BHATCH) 명령으로
삼각형 공간을 채워 표시하고자 하는 위치
에 배치합니다. 다음과 같이 아이소메트릭
도면의 파이프와 부품이 완성됩니다.

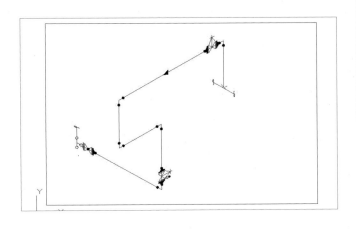

지금부터 치수와 문자를 표기하겠습니다. 문자와 치수 스타일을 설정한 후 표기 작업을 수행합니다.

01 먼저 문자를 작성하기 위해 스타일을 설정합니다. 비스듬하게 쓰기 위해 문자의 각도를 30도로 설정합니다. 양쪽으로 작성하기 위해 30도와 -30도 문자 스타일을 작성합니다.

문자 스타일 명령을 실행합니다. 명령어 'STYLE' 또는 'ST'를 입력하거나 메뉴 아이콘 을 클릭합니다. 문자 스타일 대화상자에서 [새로 만들기(N)]을 클릭하여 스타일 이름을 'ISO30'으로 설정하고 글꼴 이름(E)으로 'romans.shx'을 선택합니다. 기울기 각도(O)를 '30'으로 설정합니다.

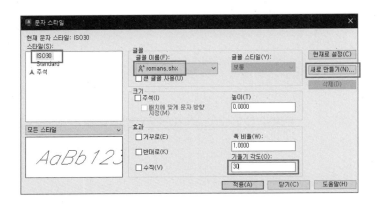

다시 [새로 만들기(N)]을 클릭하여 스타일 이름을 'ISO-30'으로 설정하고 글꼴 이름(E)으로 'romans.shx'을 선택합니다. 기울기 각도(O)를 '-30'으로 설정합니다.

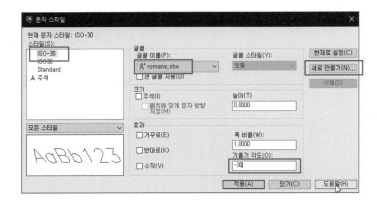

02 치수 스타일을 설정합니다. 치수 스타일은 문자의 기울기 각도에 맞춰 두 개의 스타일(ISO-25(30), ISO-25(-30))을 정의해놓고 상황에 따라 선택하여 사용합니다.

치수 스타일 명령을 실행합니다.

명령어 'DDIM', 'D' 또는 'DST'를 입력하거나 메뉴 아이콘 █을 클릭합니다. 다음과 같은 치수 스타일 관리자 대화상자가 나타납니다. [새로 만들기(N)]을 클릭합니다. '새 스타일 이름(N)'에 'ISO-25(30)'을 입력합니다.

[선] 탭을 클릭합니다. 치수선과 치수 보조선의 색상을 '빨간색'으로 설정한 후 '원점에서 간격 띄우기(F)'를 '2'로 설정합니다. '고정 길이 치수 보조선(O)'을 체크한 후 '길이(E)'를 '20'으로 설정합니다.

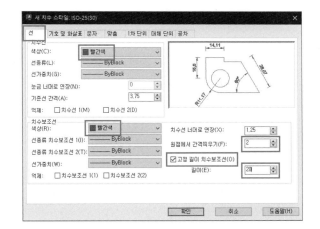

[문자] 탭을 클릭합니다. '문자 스타일(Y)'을 'ISO30'으로 설정한 후 '문자 색상(C)'을 '빨간색'으로 설정합니다. '문자 높이(T)'를 '2.5'로 설정합니다.

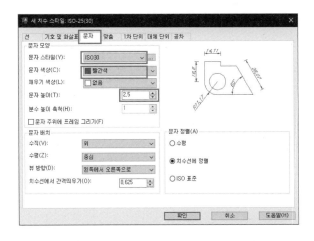

[맞춤] 탭을 클릭합니다. '전체 축척 사용(S)'을 '20'으로 설정합니다. '치수 보조선 사이에 치수선 그리기(D)'의 체크를 끕니다.

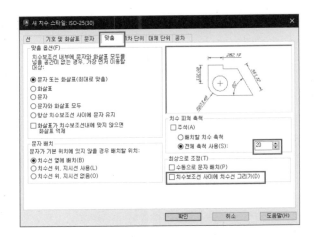

[1차 단위] 탭을 클릭합니다. 단위 형식과 정밀도, 각도의 단위 및 정밀도를 작성하고자 하는 도면의 양식에 맞춰 설정합니다. 설정을 마치면 [확인]을 클릭합니다.

03 치수 스타일 관리자 대화상자에서 [새로 만들기(N)]를 클릭합니다. '새 스타일 이름(N)'에 'ISO-25(-30)'을 입력한 후, '시작(S)'을 'ISO-25(30)'으로 선택한 후 [계속]을 클릭합니다. 이는 앞서 작성한 'ISO-25(30)' 스타일을 바탕으로 설정하겠다는 의미입니다.

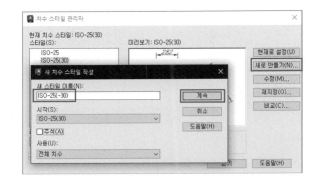

다른 설정은 그대로 두고 [문자] 탭을 클릭합니다. '문자 스타일(Y)'를 'ISO-30'을 지정합니다. 설정을 완료하면 [확인]을 클릭합니다.

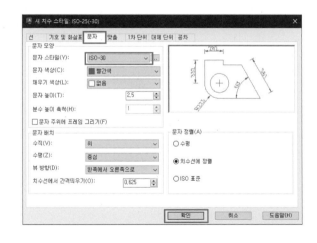

04 지금까지 각 문자 스타일에 맞춰 치수 스타일을 정의하였습니다. 즉, 문자 각도 30도와 –30도에 맞춰 치수 스타일도 'ISO-25(30)', 'ISO-25(-30)' 두 개를 정의하였습니다. 지금부터 치수를 기입하겠습니다. 치수를 기입할 때는 실제 치수가 아니기 때문에 측정된 치수를 사용할 수 없습니다. 치수 표기를 한 후, 치수 문자를 수정해야 합니다.

치수 스타일을 'ISO-25(-30)'으로 설정합니다. '주석' 탭의 '치수' 패널에서 'ISO-25(-30)'을 선택합니다.

정렬(DIMALIGNED) 치수를 기입합니다. 명령어 'DAL'을 입력하거나 '주석' 탭의 '치수' 패널 또는 '치수' 도구막대에서 █을 클릭합니다.

{첫 번째 치수보조선 원점 지정 또는 〈객체 선택〉:}에서 첫 번째 점을 지정합니다.

{두 번째 치수보조선 원점 지정:}에서 치수 보조선의 두 번째 점을 지정합니다.

{치수선의 위치 지정 또는 [여러 줄 문자(M)/문자(T)/각도(A)]: }에서 치수선의 위치를 지정합니다. 다음과 같이 치수가 표기됩니다.

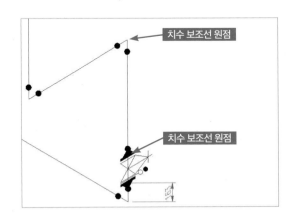

🔵 **TIP** ── 치수 문자를 수정하고자 할 때는 옵션 'M' 또는 'T'를 지정하여 치수 문자를 수정할 수 있습니다.

05 연속 치수(DIMCONTINUE)를 기입합니다.
명령어 'DCO'를 입력하거나 '주석' 탭의 '치수' 패
널 또는 '치수' 도구막대에서 ⊞을 클릭합니다.
{두 번째 치수보조선 원점 지정 또는 [명령 취소
(U)/선택(S)] ⟨선택(S)⟩:}에서 연속할 치수 보조선
위치를 지정합니다.
{두 번째 치수보조선 원점 지정 또는 [명령 취소
(U)/선택(S)] ⟨선택(S)⟩:}에서 연속할 치수 보조선
위치를 지정합니다.

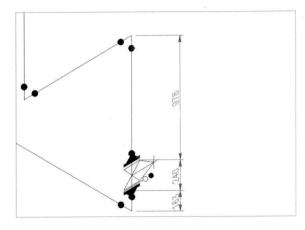

{두 번째 치수보조선 원점 지정 또는 [명령 취소(U)/선택(S)] ⟨선택(S)⟩:}에서 ⟨엔터⟩ 키로 종료합니다.
다음과 같이 연속 치수가 기입됩니다.

06 치수 편집(DIMEDIT) 명령으로 치수선 및
치수 보조선을 등각투영 각도로 조정합니다.
명령어 'DED'를 입력하거나 '치수' 도구막대에서
⊢⊣을 클릭합니다.
{치수 편집의 유형 입력 [홈(H)/새로 만들기(N)/회
전(R)/기울기(O)] ⟨홈(H)⟩:}에서 기울기 'O'를 입
력합니다.
{객체 선택:}에서 기울기를 변경할 치수 객체를 선
택합니다.{총 3개}

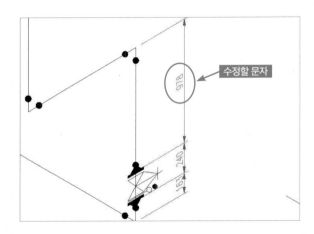

{기울기 각도 입력 (없는 경우 ENTER 키):}에서 기울기 각도 '30'을 입력합니다.
다음과 같이 치수선과 치수 보조선이 등각투영 각도(30도)로 변경되었습니다.

🔧 **참고** 치수선 및 문자의 각도, 기울기

아이소메트릭은 각 등각투영 면에 따라 치수선 및 문자의 각
도를 설정해야 합니다. 또, 치수선을 각 등각투영 면에 맞춰
기울기를 설정해야 합니다. 다음 그림은 다양한 문자 각도와
기울기를 나타낸 이미지입니다. 앞의 숫자는 문자의 각도이
며, 뒤쪽 숫자는 기울기 각도입니다.
문자의 경우는 진행 방향으로 기울어지면 +30도, 반대 방향
으로 기울어지면 −30도가 됩니다.

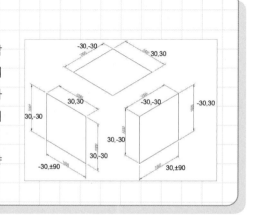

기울기는 수평선으로부터 반시계 방향으로 30도면 +, 시계 방향으로 30도면 -가 됩니다. 기울기 각도 90도의 경우는 +, -가 같습니다.

07 치수 문자를 수정합니다. 마우스 커서를 수정할 문자에 대고 더블클릭합니다. 다음과 같이 편집 모드로 바뀝니다. 이때 수정할 문자(1056)를 입력한 후 '문자 편집기 닫기'를 클릭합니다.

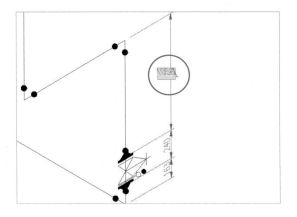

다음과 같이 문자가 수정됩니다.

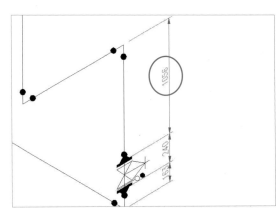

나머지 치수 문자도 동일한 방법으로 수정합니다. 다음과 같이 수정되었습니다.

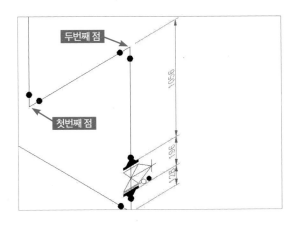

08 수평 부분의 치수를 기입합니다.

명령어 'DAL'을 입력하거나 '주석' 탭의 '치수' 패널 또는 '치수' 도구막대에서 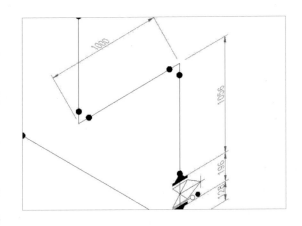을 클릭합니다.

{첫 번째 치수보조선 원점 지정 또는 〈객체 선택〉:}에 서 첫 번째 점을 지정합니다.

{두 번째 치수보조선 원점 지정:}에서 치수 보조선의 두 번째 점을 지정합니다.

{치수선의 위치 지정 또는 [여러 줄 문자(M)/문자(T)/ 각도(A)]: }에서 치수선의 위치를 지정합니다. 다음과 같이 치수가 표기됩니다.

09 기울기를 수정합니다. 명령어 'DED'를 입력하 거나 '치수' 도구막대에서 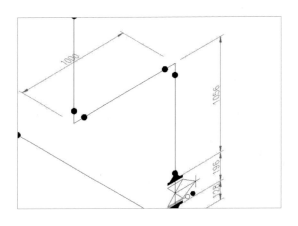을 클릭합니다.

{치수 편집의 유형 입력 [홈(H)/새로 만들기(N)/회전 (R)/기울기(O)] 〈홈(H)〉:}에서 기울기 'O'를 입력합니다.

{객체 선택:}에서 기울기를 변경할 치수 객체를 선택 합니다.{총 1개}

{기울기 각도 입력 (없는 경우 ENTER 키):}에서 기울 기 각도 '-30'을 입력합니다.

다음과 같이 치수선과 치수 보조선이 등각투영 각도 (-30도)로 변경됩니다.

10 이러한 방법으로 다른 치수도 차례로 기입합니다.

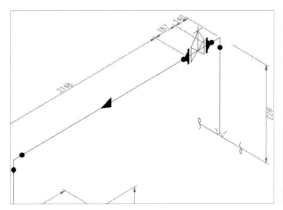

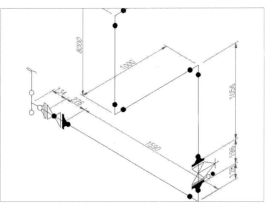

11 이번에는 문자를 표기하겠습니다. 문자도 역시 치수 기입과 마찬가지로 문자의 각도를 고려하여 표기해야 합니다.

단일 행 문자를 실행합니다. 명령어 'TEXT' 또는 단축키 'DT'를 입력하거나 '홈' 탭의 '주석' 패널 또는 '문자' 도구막대에서 **A**을 클릭합니다.

{문자의 시작점 지정 또는 [자리맞추기(J)/스타일(S)]:}에서 스타일 'S'를 입력합니다.

{스타일 이름 또는 [?] 입력 〈Standard〉:}에서 'ISO-30'을 입력합니다.

{문자의 시작점 지정 또는 [자리맞추기(J)/스타일(S)]:}에서 문자의 시작점을 지정합니다.

{높이 지정 〈100.0000〉:}에서 문자 높이 '45'를 입력합니다.

{문자의 회전 각도 지정 〈0〉:}에서 문자의 각도 '-30' 또는 '330'을 입력합니다.

문자 'SEE DWG No. ID-NIT-E53501-01'를 입력한 후 〈엔터〉 키를 치면 다음 행으로 이동합니다. 'NIT-E53501-2"-C01A' 입력 후 〈엔터〉 키, 이후 'BOP EL 40000' 입력 후 〈엔터〉 키, 이후 '(SH'T NO 00 OF 00)' 입력 후 〈엔터〉 키를 칩니다. 다시 한번 〈엔터〉 키를 치면 종료됩니다. 다음 그림과 같이 문자가 작성됩니다.

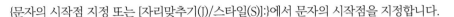

12 선(LINE) 명령으로 선을 긋고 이동(MOVE) 명령으로 문자를 이동하여 정렬합니다. 다음 그림과 같이 작성됩니다.

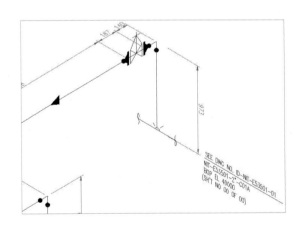

13 다시 단일 행 문자(DT)를 실행합니다.

{문자의 시작점 지정 또는 [자리맞추기(J)/스타일(S)]:}에서 스타일 'S'를 입력합니다.

{스타일 이름 또는 [?] 입력 〈ISO-30〉:}에서 'ISO30'을 입력합니다.

{문자의 시작점 지정 또는 [자리맞추기(J)/스타일(S)]:}에서 문자의 시작점을 지정합니다.

{높이 지정 〈45.0000〉:}에서 〈엔터〉 키를 칩니다.

{문자의 회전 각도 지정 〈0〉:}에서 문자의 각도 '30'을 입력합니다.

문자 'NIT-E53121-2"-C01A'를 입력한 후 〈엔터〉
키를 친 후 다음 행으로 이동하면 'BOP EL. 41000'을
입력한 후 〈엔터〉 키를 두 번 쳐서 종료합니다.
다음 그림과 같이 선을 긋고 문자를 이동하여 정렬합
니다.

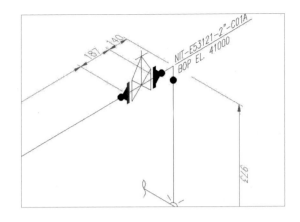

뒤쪽의 문자도 동일한 방법으로 다음과 같이 표기합
니다. 이때 앞에서 작성한 문자를 복사(COPY)하여
문자를 수정하는 것이 빠릅니다.

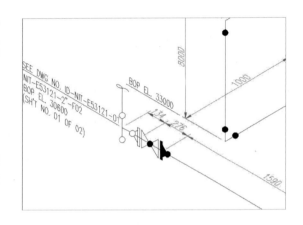

● **TIP** ── 동일한 등각투영 면에 있는 문자는 새로 작
성하는 것보다 복사(COPY)한 후 해당 문자를 더블클릭하여
수정하는 것이 효율적입니다.

14 곡선의 지시선과 화살표를 작도하고 플랜지
사양을 표기하겠습니다. 스플라인(SPLINE) 명령으로
곡선의 지시선을 작성합니다.
{첫 번째 점 지정 또는 [메서드(M)/매듭(K)/객체(O)]:}
에서 지시하고자 하는 점(플랜지 부분)을 지정합니다.
{다음 점 입력 또는 [시작 접촉부(T)/공차(L)]:}에서 곡
선의 윤곽을 지정합니다.
{다음 점 입력 또는 [끝 접촉부(T)/공차(L)/명령 취
소(U)]:}에서 지시선의 윤곽대로 차례로 지정해나갑
니다.

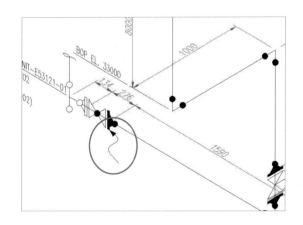

{다음 점 입력 또는 [끝 접촉부(T)/공차(L)/명령 취소(U)/닫기(C)]:}에서 〈엔터〉 키로 종료합니다.
선(LINE) 명령으로 삼각형을 그려 해치(BHATCH) 명령으로 채웁니다.

15 복사(COPY) 명령으로 동일한 등각투영 면의 문자(예: BOP EL. 33000)를 복사합니다. 다음과 같이 문자를 기입할 위치에 복사합니다.

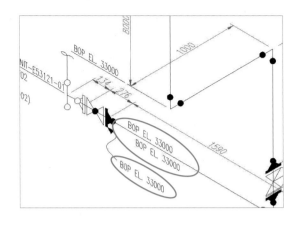

각 문자를 더블클릭하여 편집 모드로 바뀌면 문자를 수정합니다.

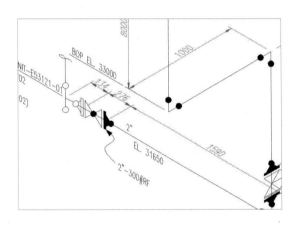

16 스펙 표시도 마찬가지 방법으로 작성합니다. 복사(COPY) 명령으로 등각투영 우측면도의 문자를 복사하여 수정합니다.

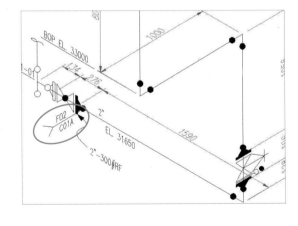

17 다음 그림과 같이 아이소메트릭 도면이 완성되었습니다.

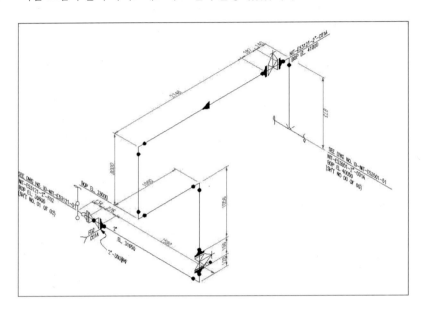

🔧 **참고** **템플릿 및 블록의 사용**

지금까지 아이소메트릭 도면 작성 방법을 학습했습니다. 설명에서는 용접점을 비롯하여 밸브나 레듀셔와 같은 부품, 파단기호나 유체 흐름기호와 같은 각종 기호, 문자 스타일과 치수 스타일과 같은 스타일 등을 모두 작성하고 정의하는 방법으로 설명하였습니다.

그렇지만 실무에서는 이렇게 하나씩 그리거나 환경을 정의하면서 작성하지 않습니다. 실무에서는 업무의 효율을 높이기 위해서 작업 환경은 템플릿 파일 형식으로 작성해놓고 상황에 따라 선택하고, 심볼이나 기호는 미리 작성하여 블록으로 저장해놓고 삽입하는 형식으로 도면 작업을 진행합니다. 문자의 경우도 각 등각 투영 면에 따라 문자를 작성해놓고 면에 맞춰 복사한 후 수정하여 사용합니다. 즉, 정형화된 패턴을 미리 만들어놓고 필요에 따라 불러들여 복사하거나 수정하는 방법으로 도면을 작성합니다.

일정 수준이 되면 효율적인 작업이 될 수 있도록 설계자 자신의 스타일에 따라 데이터를 구축하여 활용합니다. 더욱 쉽고 빠른 도면작성이 가능해집니다.

예제 실습

다음의 아이소메트릭 도면을 작도합니다.

1.

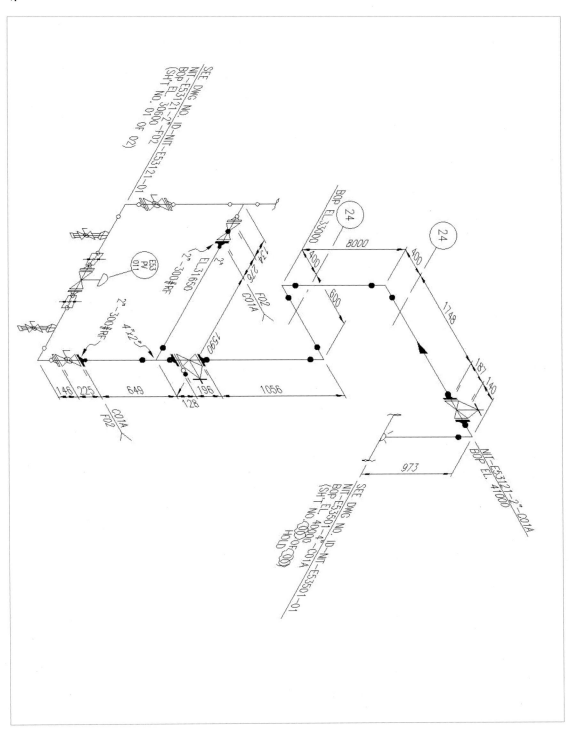

2.

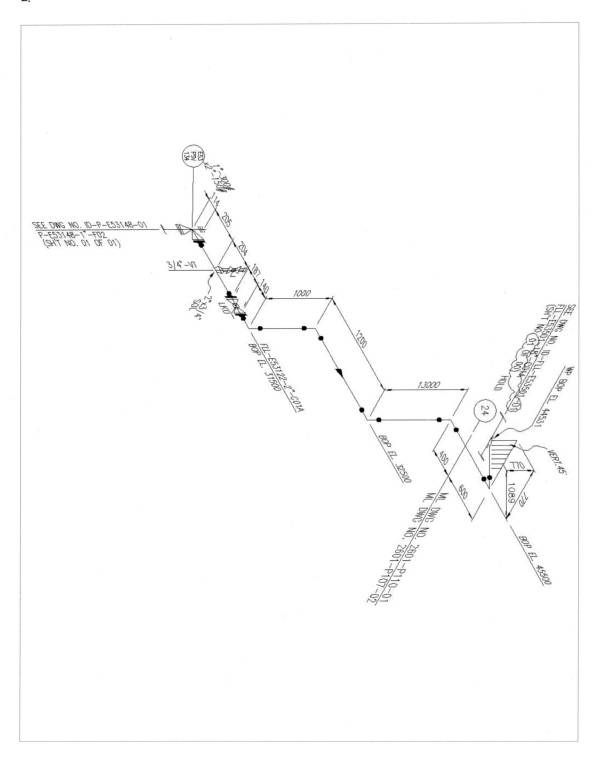

3.

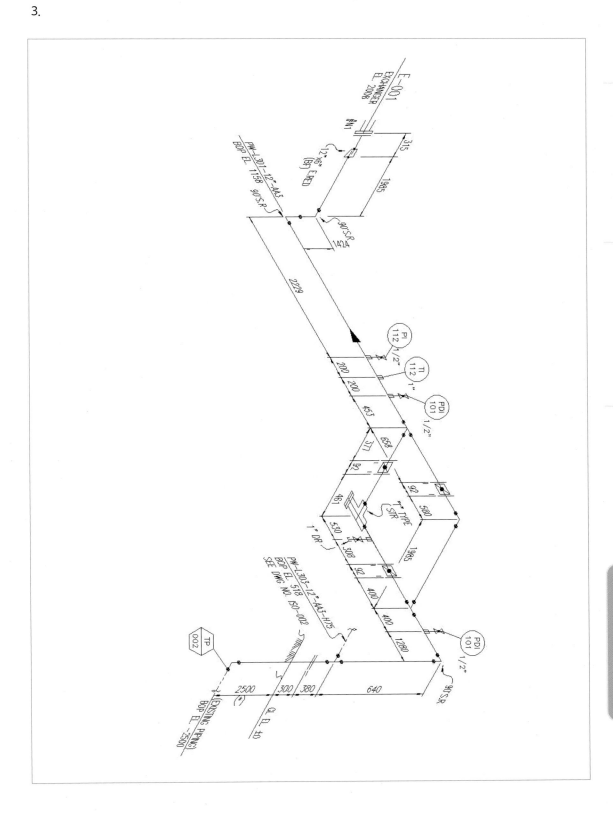

4.

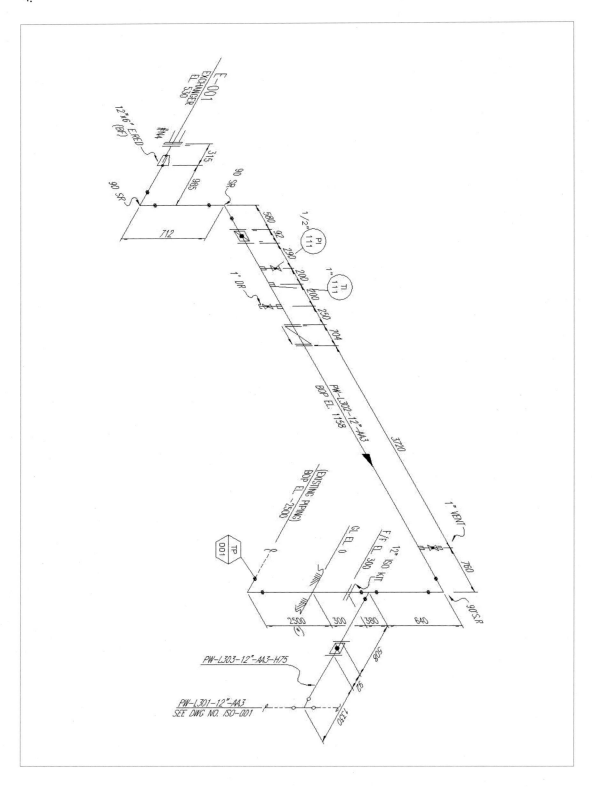

5.

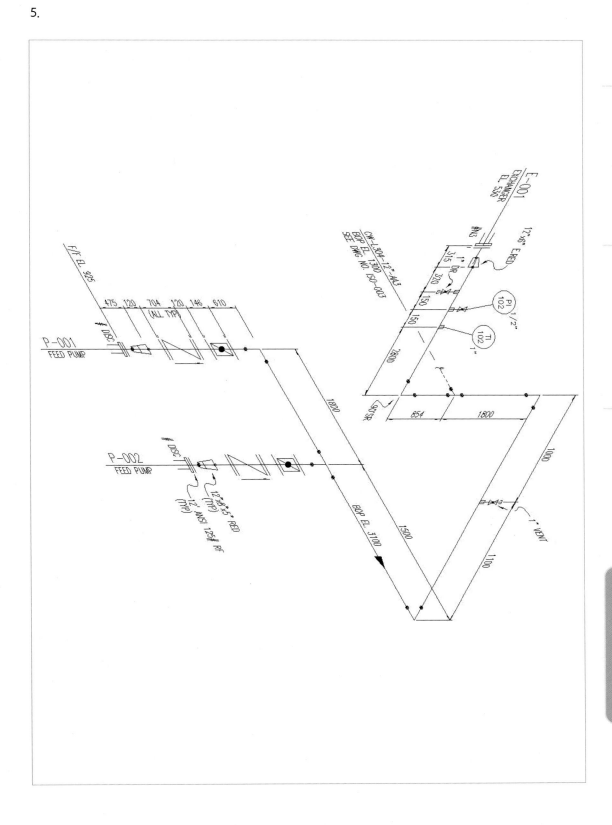

6.

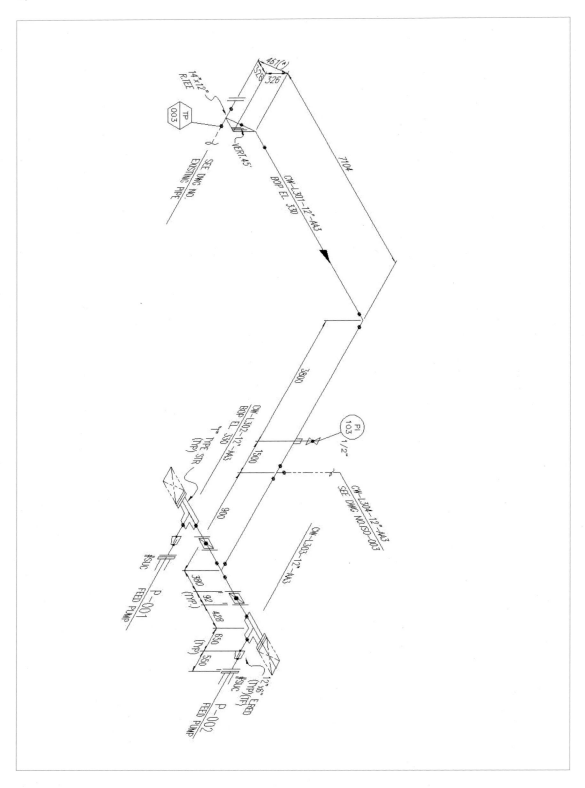

3차원 배관 모델링

지금부터 3차원 배관 모델링에 대해 학습하겠습니다. 2차원 도면 작성이 가능한 독자라면 3차원 모델링도 어렵지 않습니다. 실물처럼 현실감이 있는 모델을 다룬다는 측면에서 재미있게 학습할 수 있습니다.

Chapter 12

3차원 기초

3차원 작업을 위한 환경과 기초 지식과 좌표 지정, 뷰의 제어에 대해 알아보겠습니다.

1 2차원과 3차원의 차이

2차원은 X축과 Y축 두 개의 축으로 좌표를 지정하여 표현했으나 3차원은 여기에 Z축의 값을 더해 세 개의 축으로 표현합니다. 2차원(2 Dimension) 모델과 3차원(3 Dimension) 모델의 차이를 간단히 표현하면 'Z값(Z축)'의 차이입니다. 따라서 3차원 객체를 작성하거나 편집할 때는 특성에 Z값에 해당하는 '고도(Elevation)'와 '두께(Thickness)'를 고려해야 합니다. 엄밀히 말하면 컴퓨터 모니터는 2차원 표시 장치입니다. 따라서 우리가 하는 3차원 작업은 2차원 표시 장치에 3차원처럼 보이도록 표현하는 방법입니다.

작성된 3차원 모델을 관측하기 위해서는 보는 위치 즉, 시점의 관리와 모델의 표현 방법인 비주얼 스타일을 관리해야 합니다. 3차원 작업은 2차원 작업보다는 조작이 많아지고 데이터가 늘어납니다. 그러나 2차원과 3차원의 차이를 이해한다면 3차원 작업을 하는 데 큰 어려움은 없습니다. 오히려 3차원의 현실감 있는 모델을 조작하기 때문에 학습하는 데 있어서 더 흥미로울 수 있습니다.

1.1 고도(Elevation)와 두께(Thickness)

고도(Elevation)는 바닥으로부터 얼마만큼 떨어져 있는가를 의미합니다. 좌표의 Z값을 의미합니다. 이 값은 플러스(+) 또는 마이너스(−) 값을 지정할 수 있으며 기본 값은 '0'입니다. 고도를 지정하는 방법은 미리 '고도(Elevation)' 값을 정의한 후 객체를 작성할 수도 있고, 객체를 작성한 후 'Z값' 특성(Properties)을 수정할 수도 있습니다.

{명령:}에서 'ELEVATION'을 입력합니다.
{ELEVATION에 대한 새 값 입력 〈0.0000〉:}에서 지정하고자 하는 고도 값을 입력합니다.
여기에서 입력한 값이 Z값이 됩니다. 이렇게 설정한 후 객체를 작도하면 객체의 Z 값에는 설정한 값이 지정됩니다.

두께(Thickness)는 객체가 갖는 Z축 방향의 두께를 말합니다. 지정하는 방법은 미리 '두께(Thickness)' 값을 정의한 후 객체를 작성할 수도 있고, 객체를 작성한 후 '특성(Properties)' 명령을 통해 특성을 수정할 수도 있습니다.

{명령:}에서 'THICKNESS'를 입력합니다.
{THICKNESS에 대한 새 값 입력 〈0.0000〉:}에서 지
정하고자 하는 두께 값을 입력합니다.

여기에서 두께를 설정한 후 객체(선, 원 등)를 작도
하면 여기에서 설정한 두께 값을 갖는 객체가 작도
됩니다.

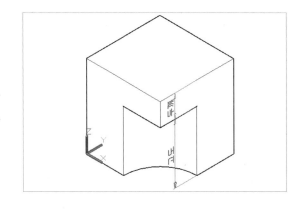

참고 | 고도 및 두께의 변경

2차원 객체에서 고도와 두께 값을 바꾸고자
할 때는 '특성(PROPERTIES)' 명령으로 쉽게
수정할 수 있습니다. 특성 명령은 명령어 영
역에서 'PROPERTIES' 또는 'CH', 'MO', 'PR',
'PROPS'를 입력하거나 '뷰' 탭의 '팔레트' 패널
또는 도구막대에서 █을 클릭합니다. 또는
바로가기 메뉴에서 '특성(S)'을 클릭합니다.

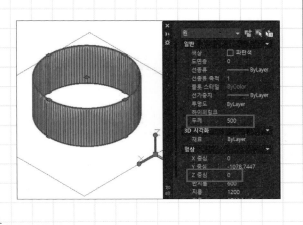

원의 경우, 특성 팔레트에서 '두께' 항목과 고
도 값을 갖는 'Z 중심(위치)'의 값을 지정합니다.

1.2 관측점

2차원은 항상 위에서 아래로 내려다 보는 평면뷰만
존재하지만 3차원 모델은 어느 위치에서 보느냐에 의
해 다양한 형태로 표현됩니다. 다음의 모델을 예로 보
면, 2차원 평면 뷰에서 보면 다음과 같이 표현됩니다.

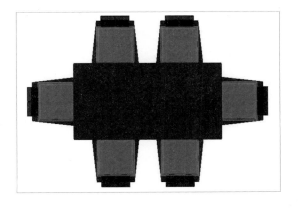

등각투영 뷰에서는 다음과 같이 표현됩니다. 이처럼 어느 위치에서 보느냐(시점)에 의해 전혀 다른 형상으로 표현됩니다.

1.3 표현 양식(비주얼 스타일)

모델은 어떤 표현 방법(비주얼 스타일)이냐에 의해 다양하게 표현됩니다. AutoCAD는 와이어프레임, 숨김, 음영처리, 사실적, 개념, 스케치, X레이 등을 다양하게 표현할 수 있습니다. 재질(재료)을 가미하여 사실적인 표현도 가능합니다. 다음의 예는 3D와이어프레임, 음영처리, 스케치, X레이로 표현한 결과입니다.

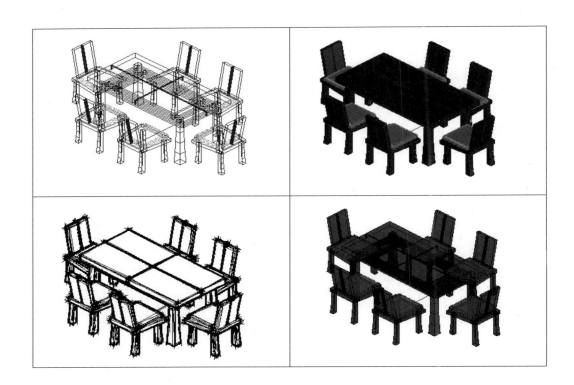

2 | 3차원 작업공간

3차원 모델링은 2차원 도면 작성 기능과 함께 추가로 3차원 모델링 기능을 사용합니다. 작업자가 신속하게 3차원 기능에 접근하기 위해서 화면구성(UI)을 바꾸는 것이 편리합니다. '작업공간 설정'을 이용하여 화면구성을 3차원 모델링 환경에 맞춰 바꿉니다.

01 화면 하단의 그리기 도구에서 '작업공간' 버튼을 클릭하면 작업공간 리스트가 표시됩니다. '3D 모델링'을 선택합니다.

02 다음과 같이 리본 메뉴가 3차원 작업을 위한 메뉴로 바뀝니다.

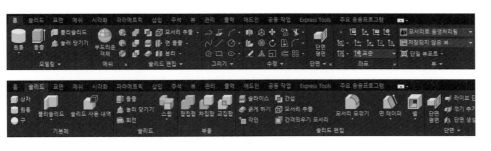

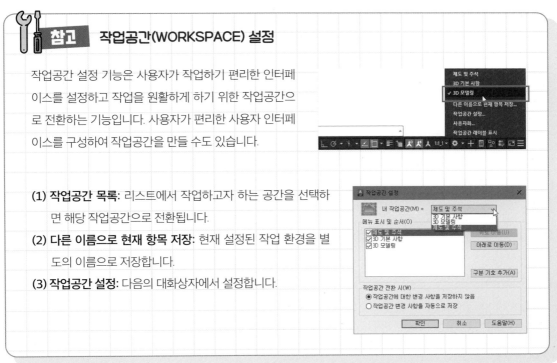

🔧 **참고** **작업공간(WORKSPACE) 설정**

작업공간 설정 기능은 사용자가 작업하기 편리한 인터페이스를 설정하고 작업을 원활하게 하기 위한 작업공간으로 전환하는 기능입니다. 사용자가 편리한 사용자 인터페이스를 구성하여 작업공간을 만들 수도 있습니다.

(1) **작업공간 목록**: 리스트에서 작업하고자 하는 공간을 선택하면 해당 작업공간으로 전환됩니다.
(2) **다른 이름으로 현재 항목 저장**: 현재 설정된 작업 환경을 별도의 이름으로 저장합니다.
(3) **작업공간 설정**: 다음의 대화상자에서 설정합니다.

① **내 작업공간(M):** 작업공간 리스트에 할당되어 있는 작업공간을 선택할 수 있는 작업공간의 목록을 표시합니다.

② **메뉴 표시 및 순서(O):** 작업공간 도구막대 및 메뉴에 표시하려는 작업공간의 이름을 체크하여 지정하고, 작업공간 이름 순서를 지정합니다. 필요에 따라 각 작업공간 이름 사이에 구분 기호를 추가할 수 있습니다.

③ **위로 이동(U):** 작업공간 이름을 위로 이동합니다.

④ **아래로 이동(D):** 작업공간 이름을 아래로 이동합니다.

⑤ **구분 기호 추가(A):** 작업공간 이름 사이에 구분 기호를 추가합니다.

⑥ **작업공간 전환 시(W):** 다른 작업공간으로 전환할 때 현재 작업공간에서 변경한 사항을 저장할 것인지, 저장하지 않을 것인지를 지정합니다.

(4) 사용자화: 사용자 인터페이스(UI)를 구성할 수 있는 'CUI' 기능이 실행됩니다.

(5) 작업공간 레이블 표시: 그리기 도구에 현재의 작업공간 명칭을 표시할지 여부를 지정합니다.

3 모델의 종류

AutoCAD의 3차원 모델(객체)은 크게 솔리드(Solid), 면(Surface), 메쉬(Mesh)로 나뉩니다. 이번에는 3차원 모델 객체에 대해 알아보겠습니다.

3.1 솔리드(Solid)

솔리드는 일반적으로 3차원 작업에서 가장 많이 사용되는 객체의 종류로 질량, 체적, 무게 중심 및 관성 모멘트와 같은 특성 정보를 가지고 있는 3D 표현입니다. 3D 모델링 종류 중에서 가장 많은 정보를 포함하며 모호성이 가장 낮습니다. 질량 특성에 대한 솔리드를 분석하고 NC(숫자 조정) 밀링 또는 FEM(유한요소 방법) 분석을 수행하는 응용프로그램에 데이터를 내보낼 수 있습니다. 가장 완성

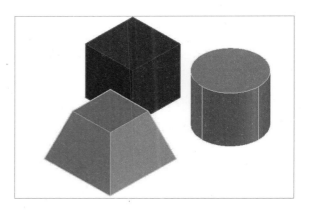

도가 높고 많은 정보를 갖고 있는 모델이므로 용량도 크고 속도가 떨어진다는 단점을 가지고 있습니다.

3.2 표면(Surface)

표면(Surface) 모델은 물체를 3D 객체의 쉐이프에 해당하는 무한히 얇은 쉘의 집합으로 표현합니다. 내부는 비어있는 표면만 존재하는 방식입니다. 뒤쪽의 보이지 않는 부분은 은선 처리로 제거할 수 있고 표면이 있기 때문에 물체가 양감을 지닌 것으로 보이지만 실제는 내부가 비어 있기 때문에 물체에 대한 물리적 데이터의 처리는 불가능합니다. AutoCAD에서는 솔리드 모형의 조작과 동일한 명

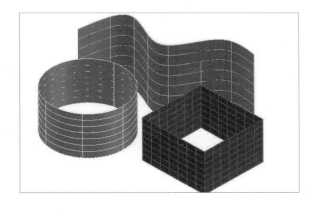

령 몇 가지를 사용하여 표면 모형을 작성할 수 있습니다. 표면을 구성하는 모든 요소와 정점(Vertices)의 집합을 메쉬(Mesh)라고 부릅니다.

○ **TIP** ──→ '솔리드(Solid)'가 찰흙으로 어떤 사물을 빚어내는 것이라고 가정하면 '표면(Surface)'은 라면 박스와 같은 얇은 종이 상자로 생각하면 이해하기 쉽습니다.

3.3 메쉬(Mesh)

3D 모델을 이루는 최소 단위는 정점(Vertex)이며 이 정점들을 연결하여 모서리선(Edge)이 되고, 이 선(Edge)들이 3개 이상 만나면 다각형 면(Polygon)이 만들어집니다. 따라서, 면의 최소 단위는 삼각 다각형입니다. 이러한 과정으로 다각형이 모여 하나의 덩어리가 되면 이를 메쉬(Mesh)라 합니다.

메쉬는 다각형(Polygon) 표현(삼각형 및 사각형 포함)을 사용하여 3D 모델을 정의하는 정점, 모서리 및 면으로 구성됩니다. AutoCAD에서는 솔리드 또는 표면에서는 사용할 수 없는 방식으로 메쉬 모형을 수정할 수 있습니다. 예를 들어, 각진 부분, 분할 및 증가하는 부드러기(Smooth) 레벨을 적용할 수 있습니다. 메쉬 하위 객체(면, 모서리 및 정점)를 끌어서 객체를 변형시킬 수도 있습니다. 보다 세부적인 결과를 얻기 위해 메쉬의 특정 영역을 정련한 뒤 수정할 수도 있습니다. 메쉬 기능을 이용하여 다음과 같은 자유로운 곡면을 작성할 수 있습니다.

4 3차원 좌표계와 좌표 지정

3차원의 좌표 지정은 기존 X축과 Y축 두 방향에 Z축 방향이 추가되기 때문에 2차원보다 복잡하고 다양합니다. 또, 좌표계도 2차원에서는 표준 좌표계인 WCS만으로도 가능했지만 3차원에서는 사용자 좌표계인 UCS를 이용해야 합니다. 3차원에서 필수적인 좌표계와 좌표지정 방법에 대해 학습하겠습니다.

4.1 표준 좌표계(WCS; World Coordinate System)

WCS는 공간상에서 모델이 위치한 곳이 미리 정의된 고정 좌표계로, 원점을 사용자가 임의로 바꿀 수 없습니다. 원점은 X, Y, Z축의 교차점(0,0,0)입니다. 일반적으로 2차원 작업에서 사용한 WCS는 X축은 0도 방향의 수평축이고 Y축은 90도 방향의 수직축입니다.

4.2 사용자 좌표계(UCS; User Coordinate System)

WCS는 고정된 좌표계이기 때문에 3차원의 모델을 생성하고 편집하기에는 불편한 점이 많습니다. UCS는 사용자가 정의하는 좌표계로 다양하게 정의할 수 있어 3차원 모델을 작성하거나 편집하는 데 유용하게 사용할 수 있습니다. 필요에 따라서는 이름을 부여하여 저장하고 이를 호출할 수도 있습니다. 'UCS' 명령에 의해 설정합니다. UCS 명령은 좌표의 원점을 사용자가 자유롭게 지정하는 기능입니다. UCS 기능의 자세한 내용은 뒤에서 실습을 통해 자세히 다루겠습니다.

4.3 3차원 절대 좌표(X, Y, Z)

2차원의 좌표 입력과 비슷하며 기존 2차원 절대 좌표에 Z값을 부여합니다.

예를 들어, (4,3,3)은 X축으로 4, Y축으로 3, Z축으로 3의 위치에 있는 좌표를 의미합니다.

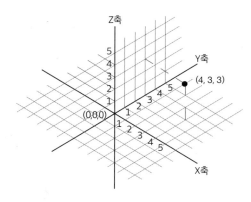

3차원 절대 좌표(4, 3, 3)

4.4 절대 원통 좌표(X축 거리<XY 평면의 각도, Z축 거리)

절대 원통 좌표는 X축의 단위 거리와 XY 평면에서 X축의 각도, Z축의 단위 거리를 지정하는 좌표입니다.

예를 들어 (4⟨30,3)은 X축으로 4, XY 평면에서 30도의 위치에서 Z가 3인 좌표를 나타냅니다.

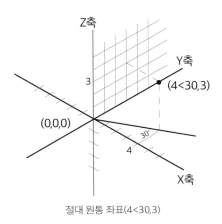

절대 원통 좌표(4<30,3)

4.5 상대 원통 좌표(@X축의 거리<XY 평면의 각도, Z축의 거리)

2차원의 상대 좌표와 마찬가지로 기준이 되는 좌표가 원점(0,0,0)이 아니라 최종 좌표를 기준으로 X축으로의 거리, XY 평면의 각도, Z축의 단위 거리만큼 위치한 좌표를 나타냅니다.

예를 들어, 최종 좌표가 (1,2,1)일 때 상대 원통 좌표가 (@4⟨30,3)이면, 최종 좌표로부터 X축으로 4만큼 XY 평면에서 30도 위치의 Z가 3만큼 떨어진 좌표를 나타냅니다.

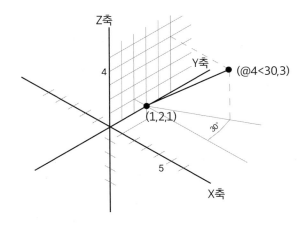

상대 원통 좌표(@4<30,3)

4.6 구 좌표 (X축 거리<XY 평면의 X축의 각도<XY 평면의 Z축 방향의 각도)

구(球) 좌표는 2차원의 극 좌표와 유사합니다. 먼저 X축 방향으로의 단위 거리를 입력하고 '<', 다음은 XY 평면에서 X축의 각도를 입력하고 '<', 마지막으로 XY 평면에서 Z축 방향으로의 각도를 입력합니다.

예를 들어, 구 좌표 (4<30<45)는 X축으로 4, XY 평면의 각도가 30도이며, Z축의 각도가 45인 위치를 지정합니다.

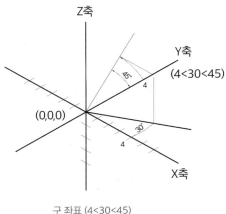

구 좌표 (4<30<45)

5 오른손 법칙

3차원이라고는 하지만 우리가 작업하거나 표시되는 공간은 디스플레이의 2차원 공간입니다. 실제로 2차원의 표현 공간에서 3차원처럼 보이게 하는 것입니다. 따라서 X, Y, Z 값을 필요로 하는 3차원 표현에 있어 2차원 공간에서 좌표의 표현 및 회전 방향을 잡을 때 혼란스러울 경우가 있습니다. 이때는 오른손 손가락을 이용하면 이해하기 쉽습니다.

5.1 X, Y, Z 방향

3D 좌표계에서 X 및 Y축의 방향을 알고 있는 경우, 오른손 법칙을 사용하여 Z축에 대한 양(+)의 축 방향을 알 수 있습니다. 화면에 오른손의 등을 대고 엄지로 양의 X축 방향을 가리킵니다. 왼쪽 그림과 같이 검지와 중지(가운데 손가락)를 펴고 검지로 양의 Y축 방향을 가리킵니다. 그런 다음, 중지로 양(+)의 Z축 방향을 가리킵니다. 즉, 중지가 자신의 얼굴을 향하도록 하는 것입니다. 그 상태로 손을 회전하면 UCS를 변경할 때 X, Y 및 Z축이 회전하는 방향을 알 수 있습니다.

X, Y, Z의 방향   회전 방향

5.2 회전 방향

앞의 오른쪽 그림은 오른손 법칙을 사용하여 3D 공간에서 축에 대한 기본 양(+)의 회전 방향을 결정합니다. 오른쪽 그림과 같이 오른손 엄지로 양(+)의 축 방향을 가리키고 손가락을 구부립니다. 그러면 구부린 손가락들이 축에 대한 양(+)의 회전 방향을 의미합니다.

◐ *TIP* ⟶ 객체가 작도되는 면은 XY 평면이므로 엄지(X)와 검지(Y) 사이의 면입니다. XY 평면을 설정할 때 오른손을 이용하여 가늠하면 편리합니다.

6 UCS 아이콘의 이해

2차원에서 UCS 아이콘은 단순히 X축과 Y축만을 지정하므로 큰 역할을 하지 않았습니다. 그러나 3차원 작업에서는 Z축이 더해지면서 중요한 역할을 하게 됩니다. 특히, 고정적인 WCS좌표계가 아닌 유동적인 UCS좌표계를 사용하기 때문에 좌표를 이해하는 데 중요한 역할을 합니다. 이 UCS 아이콘을 읽을 수 있어야 효율적인 3차원 작업을 할 수 있습니다. UCS의 표현으로는 다양한 아이콘을 사용할 수 있으며 크기, 위치 및 색상을 변경할 수 있습니다.

다음의 세 가지 아이콘 스타일 중 하나를 선택하여 표시합니다.

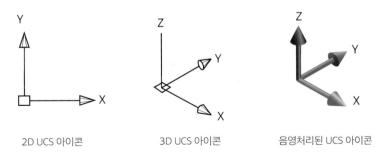

2D UCS 아이콘   3D UCS 아이콘   음영처리된 UCS 아이콘

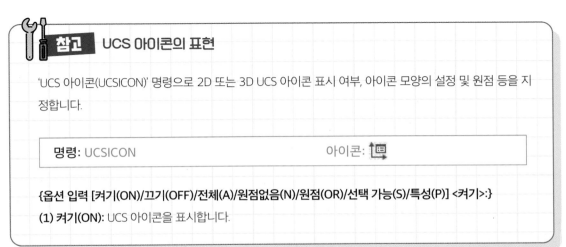

참고 UCS 아이콘의 표현

'UCS 아이콘(UCSICON)' 명령으로 2D 또는 3D UCS 아이콘 표시 여부, 아이콘 모양의 설정 및 원점 등을 지정합니다.

명령: UCSICON   아이콘: 🔲

{옵션 입력 [켜기(ON)/끄기(OFF)/전체(A)/원점없음(N)/원점(OR)/선택 가능(S)/특성(P)] <켜기>:}
(1) 켜기(ON): UCS 아이콘을 표시합니다.

(2) 끄기(OFF): UCS 아이콘을 표시하지 않습니다.

(3) 전체(A): 변경 사항을 모든 활성 뷰포트의 아이콘에 적용합니다.

(4) 원점 없음(N): UCS 원점의 위치에 관계없이 아이콘을 뷰포트의 왼쪽 하단에 표시합니다.

(5) 원점(OR): 아이콘을 현재 좌표계의 원점(0,0,0)에 표시합니다. 원점이 화면 밖에 있거나 아이콘을 원점에 위치시키면 뷰포트 모서리에서 잘리는 경우, 아이콘은 뷰포트의 왼쪽 하단에 표시됩니다.

(6) 선택 가능(S): {UCS 아이콘 선택 허용 [예(Y)/아니오(N)] <예>: } UCS 아이콘의 선택 여부를 지정합니다.

(7) 특성(P): 다음의 대화상자를 통해 UCS 아이콘의 특성을 설정합니다.

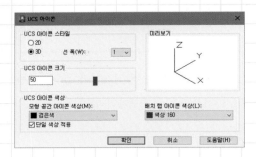

① **UCS 아이콘 스타일:** 2D 또는 3D UCS 아이콘의 표시와 그 모양을 지정합니다.

'2D'를 선택한 경우 다음과 같은 아이콘을 표시합니다.

'선 폭(W)'은 3D UCS 아이콘을 선택한 경우 UCS 아이콘의 선 너비를 조정합니다. 1, 2, 3 픽셀 중에서 선택합니다.

② **미리보기:** 설정한 UCS 아이콘의 모양을 미리보기로 표시합니다.

③ **UCS 아이콘 크기:** UCS 아이콘의 크기를 뷰포트 크기의 백분율로 조정합니다. 기본값은 12이며, 유효한 값의 범위는 5에서 95까지입니다.

④ **UCS 아이콘 색상:** 모형 공간 및 배치 탭에서의 아이콘 색상을 설정합니다.

UCS 아이콘은 기본적으로 X, Y, Z축 방향을 표시합니다. 그러나 좌표에 따라 다양한 형태로 표시됩니다.

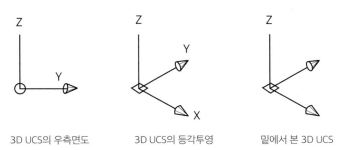

3D UCS의 우측면도	3D UCS의 등각투영	밑에서 본 3D UCS

7 사용자 좌표계 UCS

UCS는 사용자가 원점과 축을 자유롭게 정의할 수 있어 3차원의 모델을 작성하거나 편집하는 데 유용합니다. 'UCS' 명령은 사용자가 3차원 도면 작업을 용이하게 하기 위해 사용자 좌표계(UCS)를 설정하는 역할을 합니다. UCS 관리자는 이름을 부여하여 UCS를 관리, 복원하는 등 UCS 아이콘을 조정합니다.

7.1 사용자 좌표를 조정하는 UCS

사용자 좌표계(UCS)를 설정하고 관리합니다. 여기에서는 기본 개념만 이해하고 예제 실습을 통해 사용 방법과 기능에 대해 익힙니다.

명령: UCS	아이콘:

{현재 UCS 이름: *표준*}

{UCS의 원점 지정 또는 [면(F)/이름(NA)/객체(OB)/이전(P)/뷰(V)/표준(W)/X/Y/Z/Z축(ZA)] 〈표준(W)〉:}

(1) **UCS의 원점 지정** : 한 점, 두 점 또는 세 점을 지정하여 UCS를 지정합니다. 한 점을 지정할 경우 X, Y, Z 방향이 그대로 이동됩니다.

(2) **면(F)** : 3D 솔리드의 선택한 면에 UCS를 정렬합니다. 면을 선택하려면 면의 경계 내부 또는 모서리를 클릭합니다. 면이 강조되고 첫 번째로 찾은 면의 가장 가까운 모서리에 UCS의 X축이 정렬됩니다.

(3) **이름(NA):** 자주 사용하는 UCS를 이름을 부여하여 저장합니다.

(4) **객체(OB)** : 선택한 3D 객체를 기준으로 새로운 좌표계를 정의합니다. 새로운 UCS는 선택한 객체의 돌출 방향과 동일한 돌출 방향(양의 Z축)을 갖습니다. 즉, 선택한 객체가 작도될 때의 평면을 XY면으로 정의합니다. 원점은 선택한 객체에 따라 다음과 같이 정해집니다. 원이나 호는 중심점, 선의 경우는 가까운 끝점, 치수는 치수 문자의 중간점, 2D 폴리선은 폴리선의 시작점, 솔리드는 솔리드의 첫 번째 점, 문자, 블록, 속성 정의 등은 삽입점이 원점이 됩니다.

(5) 이전(P) : 이전 UCS로 되돌립니다.

(6) 뷰(V) : 관측 방향에 수직인(화면에 평행인) XY 평면으로 새로운 좌표계를 설정합니다. UCS 원점은 변경되지 않고 유지됩니다.

(7) 표준(W) : 현재 사용자 좌표계를 표준 좌표계로 설정합니다.

(8) X, Y, Z : 지정한 축을 중심으로 현재 UCS를 회전합니다.

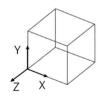

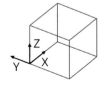

표준 좌표계   X축을 중심으로 90도 회전   Y축을 중심으로 90도 회전   Z축을 중심으로 90도 회전

(9) Z축(ZA) : 원점과 Z 축의 + 방향을 지정하여 UCS를 정의합니다. Z축을 정의하면 오른손 법칙에 의해 XY 평면을 쉽게 알 수 있습니다.

참고 작업 면인 XY 평면

AutoCAD의 모든 객체는 기본적으로 XY 평면에서 작도됩니다. 2차원에서는 가로 방향의 X축과 세로 방향의 Y축으로 XY 평면이 맞추어져 있어 별도의 설정이 필요 없이 선이나 원을 작도했습니다. 그러나 3차원에서는 다양한 면에 객체를 작도해야 하므로 UCS를 바꾸는 작업이 필요합니다. 즉, 설계자가 작도하고자 하는 면을 XY 평면으로 맞춰야 합니다. 이를 자유자재로 바꿀 수 있어야 자유로운 3차원 작업을 할 수 있습니다.

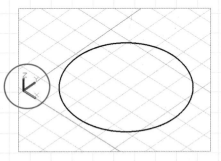
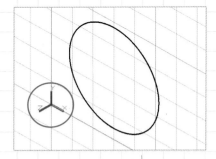

같은 원을 작도하더라도 XY 평면이 어디에 맞춰져 있느냐에 따라 원의 방향이 다르게 그려집니다.

7.2 UCS를 관리하는 UCS 관리자

정의된 사용자 좌표계와 명명되지 않은 사용자 좌표계를 표시하고 수정하며, 명명된 UCS와 직교 UCS를 복원하고 뷰포트의 UCS 아이콘 및 UCS 설정값을 지정합니다.

> **명령:** UCSMAN(단축키: UC) 아이콘: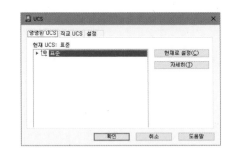

다음과 같은 대화상자가 표시됩니다.

(1) **명명된 UCS 탭:** 사용자 좌표계 목록을 표시하고 현재 UCS를 설정합니다.

① **현재 UCS:** 현재 UCS의 이름을 표시합니다. 저장 및 명명되지 않은 UCS는 '미지정'이 됩니다.

② **현재로 설정(C):** 선택된 좌표계를 현재의 좌표계로 설정합니다.

③ **자세히(T):** UCS 세부 사항 대화상자를 통해 UCS 좌표 데이터를 표시합니다.

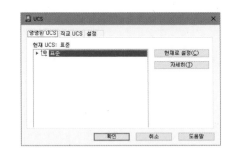

(2) **직교 UCS:** UCS를 직교 UCS 설정값 중 하나로 변경합니다.

① **이름:** 현재 도면에서 정의된 여섯 가지 좌표계의 목록을 표시합니다. 직교 좌표계는 기준 목록에서 지정한 UCS를 기준으로 정의됩니다. 깊이 값은 직교 좌표계와 UCS 기준 설정 값(UCSBASE 시스템 변수에 저장됨)의 원점을 통과하는 평행한 평면 사이의 거리입니다.

② **현재로 설정(C):** 직교 UCS를 정의하기 위한 기준 좌표계를 설정합니다. 기본적으로 WCS가 기준 좌표계입니다. 목록에는 현재 도면의 모든 명명된 UCS가 표시됩니다.

③ **자세히(T):** UCS 좌표 데이터를 표시하는 'UCS 세부 사항' 대화상자를 표시합니다. UCS 이름을 마우스 오른쪽 버튼으로 클릭하고 상세 정보를 선택하여 선택한 UCS에 대한 자세한 사항을 볼 수도 있습니다.

(3) **설정:** 뷰포트에 저장된 UCS 아이콘 설정 값과 UCS 설정 값을 표시하고 수정합니다.

7.3 동적 UCS(DUCS)

3차원 작도를 위해서는 UCS를 해당 면에 맞추어야 합니다. 따라서, 3차원 객체를 작성하거나 편집을 하다 보면 UCS를 바꾸는 작업이 빈번히 발생합니다. '동적 UCS'는 선택한 면에 UCS를 자동으로 맞춰 주는 기능입니다. 동적 UCS를 사용하여 UCS 방향을 수동으로 바꾸지 않고 3D 솔리드의 면에 UCS를 맞춰 이 면에 객체를 작성할 수 있습니다.

다음과 같이 경사진 면에 마우스를 가져가면 UCS가 자동으로 경사진 면에 맞춰집니다.

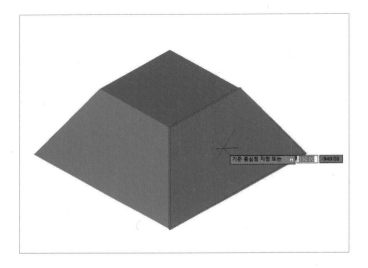

이 동적 UCS 기능을 이용하면 경사진 면에 원통이나 원뿔 등의 객체를 쉽게 작도할 수 있습니다. 다음과 같이 동적 UCS를 이용하여 비스듬한 면에 맞춰 모델을 모델링할 수 있습니다.

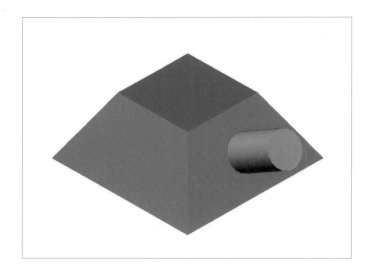

 **예제 실습**

다음과 같은 간단한 모델의 작성을 통해 3차원에 대한 개념과 UCS에 대해 이해하도록 하겠습니다. 여기에서 작성된 모델은 면(Surface)이 됩니다.

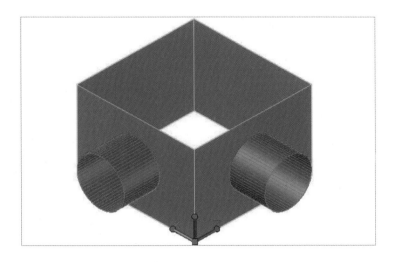

01 먼저 작도 영역 왼쪽 상단의 '뷰 조정' 컨트롤을 클릭하여 '남동 등각투영'을 클릭하거나 뷰큐브(ViewCube)를 이용하여 '남동 등각투영' 뷰를 펼칩니다.

02 직사각형(RECTANG) 명령으로 한 변의 길이가 '1000'인 정사각형을 작도합니다.

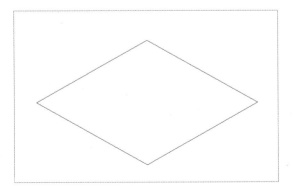

03 특성(PR) 명령으로 직사각형의 두께(Thickness) 값 '700'을 부여합니다.

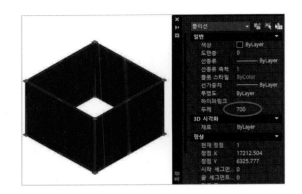

04 비주얼 스타일을 '3D 와이어프레임'으로 설정합니다. 원의 중심을 잡기 위해 선(LINE) 명령으로 두 면에 대각선의 선을 긋습니다.

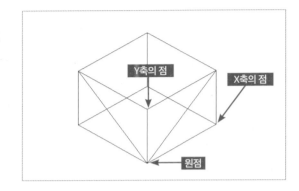

05 UCS 명령을 실행합니다.
{UCS의 원점 지정 또는 [면(F)/이름(NA)/객체(OB)/이전(P)/뷰(V)/표준(W)/X(X)/Y(Y)/Z(Z)/Z축(ZA)] ⟨표준⟩:}에서 UCS의 원점(0,0,0)을 지정합니다.
{X축에서 점 지정 또는 ⟨수락(A)⟩:}에서 X축의 점을 지정합니다.
{XY 평면에서 점 지정 또는 ⟨수락(A)⟩:}에서 Y축의 점을 지정합니다.
다음과 같이 UCS 아이콘이 배치됩니다.

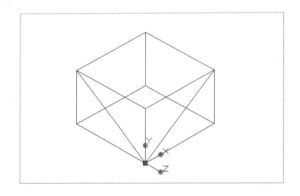

06 원(CIRCLE) 명령으로 대각선의 중간에 반지름이 '200'인 원을 작도합니다.

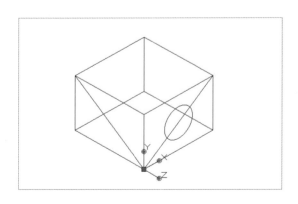

07 특성(PR) 명령으로 원의 두께(Thickness) 값 '300'을 부여합니다.

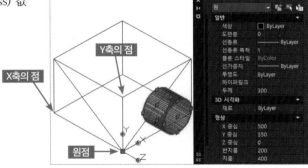

08 UCS 명령을 실행합니다.

{UCS의 원점 지정 또는 [면(F)/이름(NA)/객체(OB)/이전(P)/뷰(V)/표준(W)/X(X)/Y(Y)/Z(Z)/Z축(ZA)] 〈표준〉:}에서 UCS의 원점(0,0,0)을 지정합니다.

{X축에서 점 지정 또는 〈수락(A)〉:}에서 X축의 점을 지정합니다.

{XY 평면에서 점 지정 또는 〈수락(A)〉:}에서 Y축의 점을 지정합니다.

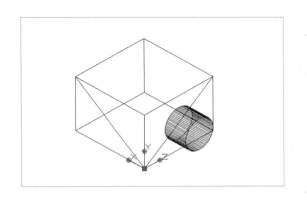

09 원(CIRCLE) 명령으로 대각선의 중간에 반지름이 '200'인 원을 작도한 후 특성(PR) 명령으로 두께 '300'을 부여합니다. 이때, Z의 방향에 따라 돌출하는 값이 양(+)의 값인지, 음(-)의 값인지 판단해야 합니다.

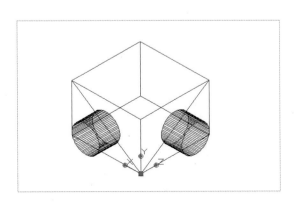

10 지우기(ERASE) 명령으로 대각선 선을 지우고, 특성(PR) 명령으로 면과 원통의 색상을 바꿉니다. '홈' 탭의 '뷰' 패널에서 비주얼 스타일 드롭다운 리스트를 눌러 '모서리로 음영처리됨'을 클릭합니다.

다음과 같이 표현됩니다.

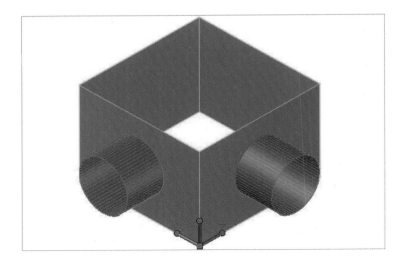

이번 실습에서는 UCS의 사용법에 대해 학습했습니다. 작도하고자 하는 객체(원)의 방향이 어느 쪽인지에 맞춰 UCS 명령을 이용하여 XY 평면을 설정합니다.

8 뷰 관리자(VIEW)

뷰 관리자는 명명된 뷰와 카메라 뷰, 배치 뷰 및 사전 설정 뷰를 작성하고 편집합니다.

명령: VIEW(단축키: V)

아이콘: [아이콘들]

---

01 뷰 관리자를 실행합니다. 명령어 'VIEW' 또는 'V'를 입력하거나 '시각화' 또는 '뷰' 탭의 '명명된 뷰' 패널에서 [아이콘]을 클릭합니다. 다음과 같은 뷰 관리자 대화상자가 표시 됩니다. [새로 만들기(N)]를 클릭합니다.

뷰 관리자 대화상자

(1) 뷰(V): 사용 가능한 뷰의 목록을 표시합니다. 각 노드(현재 노드 제외)를 확장하여 해당 노드의 뷰를 표시할 수 있습니다.

  ① **현재:** 현재 뷰와 해당 뷰 및 자르기 특성을 표시합니다.

  ② **모형 뷰:** 명명된 뷰 및 카메라의 목록을 표시하고 선택된 뷰의 일반, 뷰 및 자르기 특성을 표시합니다.

  ③ **배치 뷰:** 뷰를 정의하는 배치의 뷰포트 목록을 표시하고 선택된 뷰의 일반 및 뷰 특성을 표시합니다.

  ④ **사전 설정 뷰:** 직교 및 등각투영 뷰의 목록을 표시하고 선택된 뷰의 일반 특성을 표시합니다.

(2) 현재로 설정(C): 선택한 뷰를 현재의 뷰로 설정합니다.

(3) 새로 만들기(N): 새로운 뷰 대화상자를 통해 명명된 뷰를 작성합니다.

(4) 도면층 업데이트(L): 선택한 뷰와 함께 저장된 도면층 정보를 현재 모형 공간 또는 배치 뷰포트에서의 도면 층 가시성과 일치하도록 업데이트합니다.

(5) 경계 편집(B): 도면 영역의 나머지는 색상을 연하게 표시하여 명명된 뷰의 경계가 보이도록 선택한 뷰를 표 시합니다.

(6) 삭제(D): 선택한 뷰를 삭제합니다.

02 다음과 같이 새로운 뷰 대화상자가 표시됩니다. '뷰 이름(N)' 항목에 뷰 이름(등각투영 뷰)을 입력합니다. '비주얼 스타일(V)' 항목에서 '모서리로 음영처리됨'을 선택하고 '배경' 목록에서 '솔리드'를 선택한 후 그러데이션 색상을 지정합니다. [확인]을 클릭하여 뷰 관리자로 되돌아갑니다.

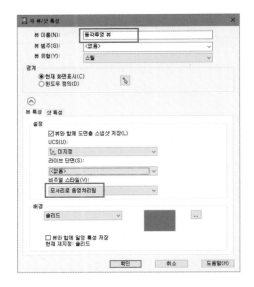

TIP ──→ 뷰 관리자를 이용하지 않고 새로운 뷰를 작성하려면 '시각화' 또는 '뷰' 탭의 '명명된 뷰'의 '새 뷰 🔍'를 클릭합니다.

03 다시 뷰 관리자로 돌아오면 '등각투영 뷰'가 만들어졌다는 것을 확인할 수 있습니다. [현재로 설정(C)]을 클릭한 후 [적용(A)]을 클릭합니다.

04 다음과 같이 '등각투영 뷰'에 설정된 뷰가 표시됩니다.

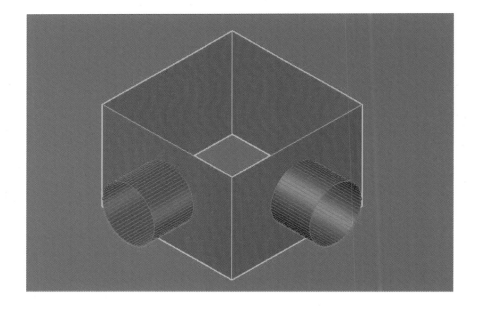

05 다음으로는 사전 설정된 뷰를 표시해보겠습니다. 뷰 관리자를 실행합니다. 명령어 'VIEW' 또는 'V'를 입력하거나 아이콘 을 클릭합니다.

뷰 관리자 대화상자에서 '사전 설정 뷰'를 클릭하여 목록이 펼쳐지면 '정면도 🗇'를 선택한 후 [현재로 설정(C)]을 클릭합니다. [적용(A)]을 클릭한 후 [확인]을 클릭하여 뷰 관리자를 종료합니다.

또는 '홈' 탭의 '뷰' 패널의 뷰 목록에서 '정면도'를 클릭합니다.

다음과 같이 지정한 뷰(정면도)가 표시됩니다.

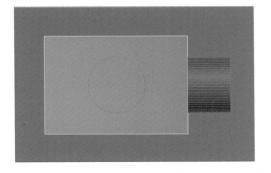

🌢 **TIP** ──➤ 앞에서 작성한 뷰(등각투영 뷰)를 다시 표현하고자 할 때는 '뷰 관리자(VIEW)' 명령을 실행하여 대화상자에서 명명된 뷰 '등각투영 뷰'를 선택합니다. 또는 '홈' 탭 '뷰' 패널의 뷰 목록에서 '등각투영 뷰'를 선택합니다.

9 평면(PLAN)

지정한 사용자 좌표계의 XY 평면에 대한 직교 뷰를 표시합니다. 앞의 도면에 이어서 실습하겠습니다.

명령: PLAN	메뉴: [뷰(V)]-[3D 뷰(3)]-[평면도(P)] -[…]

현재 설정된 뷰(정면도) 상태에서 평면 명령을 실행합니다. 명령어 'PLAN'을 입력합니다.
{옵션 입력 [현재 UCS(C)/UCS(U)/표준(W)] 〈현재〉:}에서 〈엔터〉 키를 입력합니다.

다음과 같이 표준(WCS) 평면 뷰가 표시됩니다.

 참고 [옵션 설명] {옵션 입력 [현재 UCS(C)/UCS(U)/표준(W)] ⟨현재⟩:}

(1) **현재 UCS(C):** 현재 UCS의 뷰포트에 맞도록 화면 표시의 평면 뷰를 표시합니다.

(2) **UCS(U):** 명명된 UCS 이름을 지정하여 지정한 UCS의 평면 뷰를 표시합니다.

(3) **표준(W):** 도면 범위가 표준 좌표계(WCS)의 화면에 맞도록 화면 표시의 평면 뷰를 표시합니다.

10 3D 궤도(3DORBIT)

현재의 뷰포트에서 선택된 객체 또는 전체 모형에 대한 다양한 3차원 뷰를 제공합니다. 와이어프레임 또는 음영 모드에서 실시간으로 볼 수도 있습니다. 필요에 따라서는 연속 궤도 기능을 이용하여 동적으로 움직이게 할 수 도 있습니다.

> **명령:** 3DORBIT(단축키: 3DO, ORBIT)　　　아이콘:

01　다음과 같이 3차원 모델을 펼칩니다.

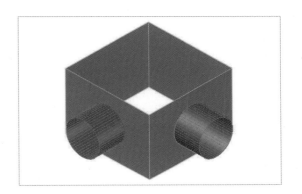

02　**자유 궤도:** 3D 궤도 명령을 실행합니다. 명령어 '3DORBIT', '3DO', 'ORBIT'을 입력하거나 탐색도 구에서 '자유 궤도'를 클릭합니다. 또는 '궤도' 도구막 대에서 을 클릭합니다.

다음과 같이 궤도 아이콘이 나타납니다. 이때 마우스 왼쪽 버튼을 누른 채로 회전하고자 하는 방향으로 움 직입니다. 마우스의 궤도에 따라 뷰가 자유롭게 바뀝 니다. 이처럼 자유 궤도는 설계자가 보고자 하는 뷰를 마우스를 움직여 자유롭게 볼 수 있습니다.

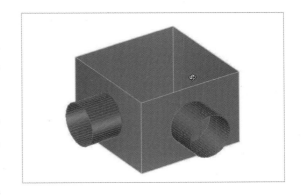

03　마우스를 상하좌우로 움직이면 마우스의 움 직임에 따라 3D 뷰를 자유롭게 펼쳐볼 수 있습니다. 〈Shift〉 키와 마우스 휠을 누른 채로 마우스를 움직이 면 3D 뷰를 자유롭게 펼칠 수 있는 궤도 기능을 수행 합니다.

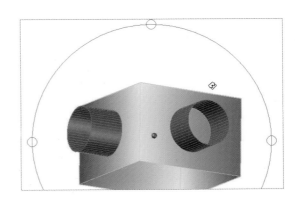

04 연속 궤도: 다음과 같이 마우스 오른쪽 버튼을 눌러 바로가기 메뉴에서 '기타 검색 모드(O)'의 '연속 궤도(O)'를 클릭합니다. 또는 '궤도' 도구막대에서 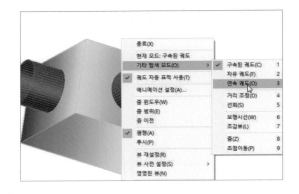을 클릭합니다.

마우스 왼쪽 버튼을 눌러 궤도를 지정합니다. 마우스 왼쪽 버튼을 놓으면 지정한 궤도를 따라 애니메이션처럼 연속적으로 움직입니다. 궤도를 지정할 때의 마우스가 움직이는 속도에 따라 회전 속도가 달라집니다.

종료하고자 할 때는 〈ESC〉 키를 누르거나 바로가기 메뉴에서 '나가기(X)'를 클릭합니다.

참고 일부 객체만의 궤도 탐색

현재 도면에 작성된 객체 전체가 아닌 일부 객체만 탐색하고자 할 때는 탐색하고자 하는 객체를 선택한 후 '3D궤도(3DORBIT)' 명령을 실행합니다. 예를 들어, 선택한 일부 모델만 돌려보고 싶다면 돌려보고 싶은 모델을 선택한 후 궤도 명령을 실행합니다.

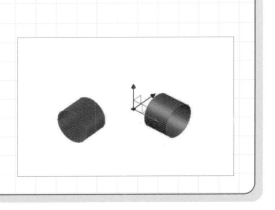

참고 3D 궤도 바로가기 메뉴 옵션

3D 궤도 실행 후 마우스 오른쪽 버튼을 눌러 '기타 검색 모드(O)'를 누르면 다음과 같은 바로가기 메뉴가 표시됩니다.

(1) 거리 조정(D): 카메라를 객체와 더 가깝게 또는 멀리 이동하도록 조정합니다. '카메라 거리 조정(3DDISTANCE)' 기능을 실행합니다.

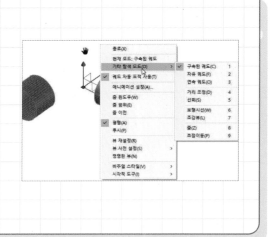

(2) 선회(S): 커서를 휘어진 모양의 화살표로 변경하고 카메라 회전 효과를 나타냅니다. '카메라 선회(3DSWIVEL)' 기능을 실행합니다.

(3) 보행 시선(W): 커서를 더하기 기호로 변경하며, 카메라의 위치 및 표적을 동적으로 조정하여 XY 평면 위의 고정된 높이로 모형에서 '보행 시선'을 수행할 수 있습니다. '보행 시선(3DWALK)' 기능을 실행합니다. 자세한 내용은 '보행 시선(3DWALK)'을 참조합니다.

(4) 조감 뷰(L): 커서를 더하기 기호로 변경하며, XY 평면 위의 고정된 높이로 제한하지 않고 모형을 조감할 수 있습니다. '조감 뷰(3DFLY)' 기능을 실행합니다. 자세한 내용은 '조감 뷰(3DFLY)' 명령을 참조합니다.

(5) 줌(Z): 더하기(+) 기호와 빼기(-) 기호를 사용하여 커서를 돋보기로 변경하며, 카메라를 객체와 더 가깝게 또는 멀리 이동하도록 합니다. 거리 조정 옵션처럼 동작합니다. '줌(ZOOM)' 기능을 실행합니다.

(6) 초점 이동(P): 커서를 손 모양 커서로 변경하고 커서의 이동 방향으로 뷰를 이동합니다. '초점 이동(PAN)' 기능을 수행합니다.

11 뷰포트(VPORTS)

3차원의 입체적인 물체를 작성하고 편집하기 위해서는 다양한 시점(관점)의 뷰를 필요로 합니다. 그런데 뷰가 필요할 때마다 하나의 화면에서 뷰를 바꾸어 가면서 작업을 진행하면 대단히 번거롭습니다. 이때 여러 개의 창을 펼쳐놓고 각기 다른 뷰(평면도, 정면도, 등각 투영도 등)를 설정해놓으면 보다 효율적인 3차원 작업을 할 수 있습니다.

명령: VPORTS   **아이콘:**

01 뷰포트 명령을 실행합니다. 명령어 'VPORTS'를 입력하거나 '뷰' 탭의 '뷰포트' 패널 또는 '뷰포트' 도구막대에서 을 클릭합니다. 다음과 같은 대화상자가 표시됩니다. '표준 뷰포트(V)' 목록에서 '셋: 왼쪽'을 선택합니다.

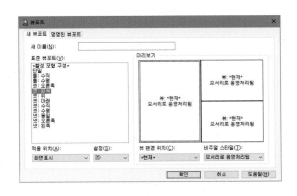

뷰포트 대화상자

뷰포트 대화상자는 모형 공간과 배치 공간에서 새로운 뷰포트를 작성하고 구성하며 관리합니다.

(1) '새 뷰포트' 탭: 표준 뷰포트 구성 리스트를 표시하고 배치 뷰포트를 구성합니다.

    ① **새 이름(N):** 새로운 모형 공간 뷰포트 이름을 지정합니다. 여기에서 지정하지 않으면 저장되지 않고 배치에서 사용할 수 없습니다.

    ② **표준 뷰포트(V):** 표준 뷰포트 구성 목록을 표시하고 설정하고자 하는 뷰포트를 지정합니다.

    ③ **미리보기:** 선택한 뷰포트의 구성을 표시합니다.

    ④ **적용 위치(A):** 모형 공간 뷰포트 구성을 전체 화면 표시 또는 현재 뷰포트에 적용합니다.

    ⑤ **설정(S):** 2D, 3D를 선택합니다. 2D는 초기 단계의 새로운 뷰포트 구성이 모든 뷰포트의 현재 뷰로 이루어집니다. 3D는 구성하는 뷰포트에 표준 직교 3D 뷰 세트가 적용됩니다.

    ⑥ **뷰 변경 위치(C):** 선택한 뷰포트의 뷰를 목록에서 선택한 뷰로 대치합니다. 명명된 뷰를 선택할 수 있습니다.

    ⑦ **비주얼 스타일(T):** 비주얼 스타일(2D 와이어프레임, 3D 와이어프레임, 3D 숨김, 개념, 실제 등)을 지정합니다.

(2) '명명된 뷰포트' 탭: 도면에 저장된 모든 뷰포트 구성을 표시합니다. 뷰포트 구성을 선택하면 저장된 구성의 배치가 미리보기에 표시됩니다.

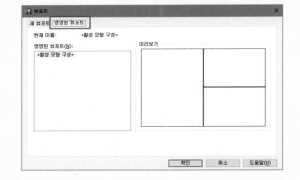

    ① **현재 이름:** 현재 선택된 뷰포트 이름을 표시합니다.

    ② **명명된 뷰포트(N):** 저장되어 있는 명명된 뷰포트 목록을 표시합니다. 이 목록에서 구성하고자 하는 뷰포트 이름을 선택합니다.

02 다음과 같이 세 개의 창으로 분할됩니다. 테두리가 굵은 선인 창(왼쪽 창)이 현재 활성화된 창입니다.

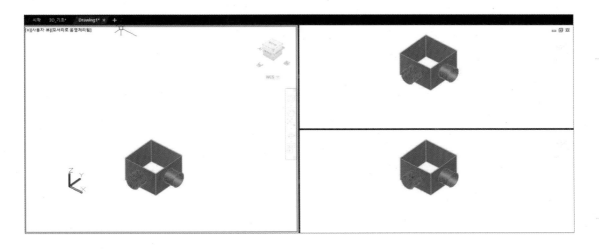

03 활성화된 창을 바꾸고 시점을 바꾸겠습니다. 오른쪽 상단의 창에 마우스를 맞추고 클릭합니다. 그러면 오른쪽 상단의 창 테두리가 굵은 선으로 바뀌어 활성화됩니다. 이때 '시각화' 탭의 '뷰' 패널 또는 도구막대에서 '평면도 ⬚'를 클릭합니다. 다음과 같이 오른쪽 상단의 창이 평면도로 바뀝니다.

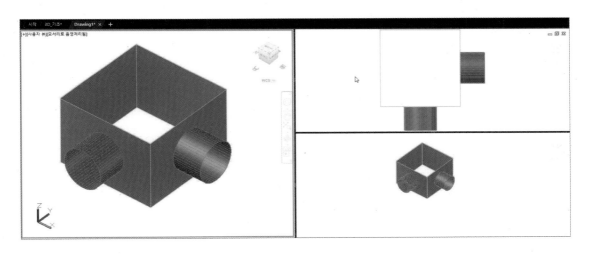

04 오른쪽 하단 창에는 정면도를 표시하겠습니다. 마우스를 왼쪽 하단 창에 맞추고 클릭합니다. 왼쪽 하단 창이 굵은 선으로 바뀌며 활성화됩니다. 이때 '시각화' 탭의 '뷰' 패널 또는 도구막대에서 '정면도 🔳'를 클릭합니다.

다음과 같이 오른쪽 하단 창이 정면도 뷰가 됩니다.

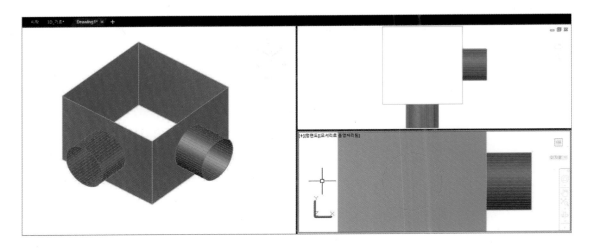

💧 **TIP** ── 이렇게 여러 개의 창으로 설정한 후 3차원 작업을 진행하게 되면 각 뷰의 움직임이나 변화를 쉽게 알 수 있어 도면을 이해하거나 3차원 객체를 다루는 데 도움이 됩니다. 단, 창을 분할해서 사용하다 보니 창이 작아져 객체가 작게 표현되는 단점이 있습니다. 따라서, 설계자가 상황에 따라 창의 수나 크기를 설정해서 사용하도록 합니다.

05 창을 다시 하나로 만들어보겠습니다. 명령어 'VPORTS'를 입력하거나 '시각화' 탭의 '모형 뷰포트' 패널에서 🖼️을 클릭하면 대화상자가 나타납니다.

'표준 뷰포트(V)' 목록에서 '단일'을 선택합니다. 또는 '시각화' 패널의 '모형 뷰포트' 패널에서 '뷰포트 구성' 드롭다운 리스트를 펼쳐 '단일'을 선택합니다. 다음과 같이 하나의 뷰포트가 됩니다. 현재 활성화된 뷰(정면도)가 펼쳐집니다.

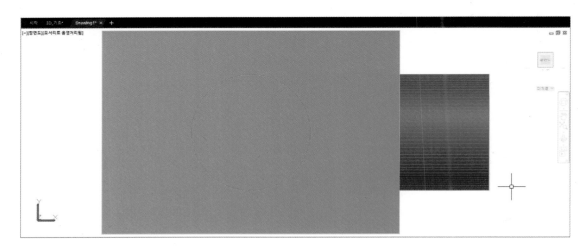

참고 뷰포트 결합

인접한 뷰포트를 하나의 뷰포트로 결합합니다. 단, 인접한 두 뷰포트는 같은 길이의 모서리를 공유하고 있어야 가능합니다. 3개의 뷰포트 상태에서 실습해보겠습니다.

'시각화' 탭의 '모형 뷰포트' 패널에서 '뷰포트 결합 🔲'을 클릭합니다.

{옵션 입력 [저장(S)/복원(R)/삭제(D)/결합(J)/단일(SI)/?/2/3/4/전환(T)/모드(MO)] <3>: j}

{주 뷰포트 선택 <현재 뷰포트>:}에서 오른쪽 아래 뷰포트(정면도)를 선택합니다.

{결합할 뷰포트 선택:}에서 오른쪽 위 뷰포트(평면도)를 선택합니다.

세 개의 뷰포트에서 다음과 같이 오른쪽 두 개가 결합되어 두 개의 뷰포트만 남습니다.

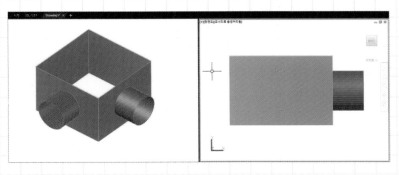

💧 *TIP* '뷰포트 복원 🔲'은 단일 뷰포트와 마지막에 작성한 다중 뷰포트를 전환합니다. 한 번 누르면 단일 뷰포트가 되고 다시 한번 누르면 다중 뷰포트로 바뀝니다.

12 비주얼 스타일

'비주얼 스타일'은 작도된 모델의 표현 방법입니다. 비주얼 스타일을 적용하거나 설정값을 변경한 후 뷰포트에서 그 효과를 즉시 확인할 수 있습니다. AutoCAD에서는 2D와이어프레임, 3D 와이어프레임, 3D 숨기기, 음영처리, 실제, 개념, X레이 등 다양한 비주얼 스타일을 제공하며, 필요에 따라 사용자의 설정에 의해 작성할 수도 있습니다.

참고 비주얼 스타일 목록

'홈' 탭의 '뷰' 패널 또는 '시각화' 탭의 '비주얼 스타일' 패널에는 다음과 같이 12개의 다양한 비주얼 스타일을 제공합니다. 표현하고자 하는 스타일을 클릭합니다. 추가로 새로운 비주얼 스타일이 필요한 경우에는 새로운 스타일을 만들어 추가할 수 있습니다.

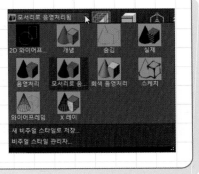

12.1 2D 와이어프레임

경계를 나타내는 선과 곡선을 사용하여 객체를 표시합니다. 래스터와 OLE 객체, 선 종류 및 선가중치를 볼 수 있습니다.

아이콘:

'홈' 탭의 '뷰' 패널의 비주얼 스타일 목록에서 '2D 와이어프레임 '을 클릭합니다. 또는 '시각화' 탭의 '비주얼 스타일' 패널에서 '2D 와이어프레임'을 선택합니다.

12.2 개념

객체를 음영처리하며 다각형 면 사이의 모서리를 부드럽게 만듭니다. 쉐이딩에서는 어두운 색상에서 밝은 색상으로의 변환보다는 차갑고 따뜻한 색상 사이로의 변환인 Gooch면 스타일을 사용합니다. 표현은 실제 질감이 표현되지 않으나 모형의 상세를 쉽게 확인할 수 있도록 해 줍니다.

아이콘:

12.3 스케치 비주얼 스타일

돌출부 및 경계선을 손으로 스케치된 효과로 표현합니다.

12.4 실제

실제 객체를 음영처리하며 다각형 면 사이의 모서리를 부드럽게 만듭니다. 객체에 부여한 재료 특성을 반영하여 표시합니다.

아이콘:

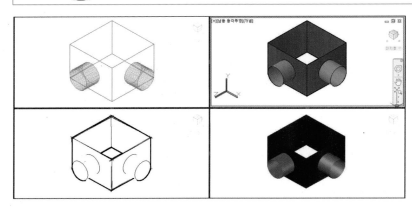

12.5 음영처리

부드러운 음영으로 처리합니다.

12.6 X레이

모델이 부분적으로 투명하도록 면의 투명도를 조정합니다.

12.7 숨김

현재의 시점에서 보이는 부분을 표시하고 가려진 부분을 숨겨서 표시합니다.

12.8 회색 음영처리

회색의 모노 색상을 사용하여 객체를 음영처리합니다.

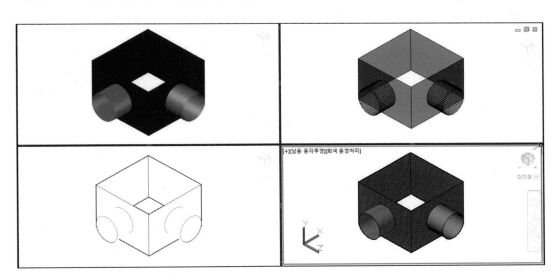

12.9 비주얼 스타일 관리자(VISUALSTYLES)

비주얼 스타일을 작성하거나 편집합니다.

| 명령어: VISUALSTYLES | 아이콘:  |

(1) **사용 가능한 비주얼 스타일 목록**: 도면에서 사용 가능한 비주얼 스타일의 견본 이미지를 표시합니다. 선택한 비주얼 스타일의 면, 환경 및 모서리 설정은 설정 패널에 표시됩니다. 선택한 비주얼 스타일은 노란색 경계로 표시되며 비주얼 스타일의 이름은 패널의 맨 아래에 표시됩니다.

(2) ⚙ **새로운 비주얼 스타일 작성**: 새로운 비주얼 스타일을 작성합니다. 대화상자에서 새로운 비주얼 스타일 이름을 작성합니다.

(3) 📋 **선택한 비주얼 스타일을 현재 뷰포트에 적용**: 선택된 비주얼 스타일을 현재 뷰포트에 적용합니다.

(4) 🔍 **선택한 비주얼 스타일을 도구 팔레트로 내보내기**: 선택된 비주얼 스타일에 대한 도구를 작성하고, 활성화된 도구 팔레트에 배치합니다. 도구 팔레트 윈도우가 닫혀 있는 경우에는 도구 팔레트가 열리고 도구는 맨 위 팔레트에 배치됩니다.

(5) 🔍 **선택한 비주얼 스타일 삭제**: 도면에서 비주얼 스타일을 제거합니다. AutoCAD에서 제공하는 기본 비주얼 스타일 또는 사용 중인 비주얼 스타일은 삭제할 수 없습니다.

(6) **면 설정**: 각 항목의 값을 조정하여 뷰포트에 있는 면의 모양을 조정합니다.

(7) **환경 설정**: 각 항목의 값을 조정하여 그림자 및 배경을 설정합니다.

(8) **모서리 설정**: 각 항목의 값을 조정하여 모서리의 표시 방법을 설정합니다.

(9) **설정 항목**: 하단의 면, 환경, 모서리의 색상이나 재질, 돌출 정도를 사용자가 정의하여 비주얼 스타일을 작성합니다.

Chapter 13

솔리드 작성 및 편집

솔리드(SOLID) 객체는 3차원 모델 중 가장 많은 정보를 갖고 있어 해석과 연산이 가능하여 3차원 모델에서 가장 일반적으로 사용하는 객체입니다. 솔리드 객체의 작성과 편집 기능에 대해 알아보겠습니다.

1 솔리드 기본체

기본 3D 형상(솔리드 기본 객체)인 상자, 원추, 원통, 구, 쐐기, 피라미드 및 토러스(도넛)를 작성합니다. 중복된 옵션의 설명은 생략합니다.

1.1 상자(BOX)

3D 솔리드 상자를 작도합니다.

명령: BOX	아이콘:

{첫 번째 구석 지정 또는 [중심(C)]:}에서 시작점 '50,50'을 지정합니다.

{반대 구석 지정 또는 [정육면체(C)/길이(L)]:}에서 반대편 구석 '@150,150'을 지정합니다. {높이 지정 또는 [2점 (2P)]:}에서 높이 '200'을 입력합니다.

> 🔧 **참고** **옵션 설명**
>
> **{첫 번째 구석 지정 또는 [중심(C)]:}**
> (1) **중심(C):** 상자의 중심점을 지정합니다.
>
> **{반대 구석 지정 또는 [정육면체(C)/길이(L)]:}**
> (1) **정육면체(C):** 변의 길이가 동일한 상자를 작성합니다.
> (2) **길이(L):** 지정한 길이, 폭 및 높이 값으로 상자를 작성합니다. 길이는 X축, 폭은 Y축, 높이는 Z축에 해당합니다.
>
> **{높이 지정 또는 [2점(2P)] <200.0000>:}**
> (1) **2점(2P):** 두 점을 지정하여 측정된 거리를 높이 값으로 합니다.

1.2 원통(CYLINDER)

원형 또는 타원형 밑면 및 상단을 가진 3D 솔리드를 작성합니다.

> **명령:** CYLINDER(단축키: CYL) 아이콘:

{기준 중심점 지정 또는 [3P/2P/Ttr/타원형(E)]:}에서 중심점 '550,150'을 지정합니다.

{기준 반지름 지정 또는 [지름(D)] ⟨120.0000⟩:}에서 반지름 '100'을 입력합니다.

{높이 지정 또는 2점(2P)/축 끝점(A)] ⟨200.0000⟩:}에서 높이 '200'을 입력합니다.

⟨엔터⟩ 키 또는 ⟨스페이스 바⟩를 눌러 원통 명령을 재실행합니다.

{기준 중심점 지정 또는 [3P/2P/Ttr/타원형(E)]:}에서 타원형 옵션 'E'를 입력합니다.

{첫 번째 축의 끝점 지정 또는 [중심(C)]:}에서 축의 한쪽 끝점 '650,150'을 지정합니다.

{첫 번째 축의 다른 끝점 지정:}에서 축의 반대편 끝점 '@200,0'을 지정합니다.

{두 번째 축의 끝점 지정:}에서 절대좌표 '#750,100'을 입력합니다.

{높이 지정 또는 [2점(2P)/축 끝점(A)] ⟨200.0000⟩:}에서 타원형 원통의 높이 '200'을 입력합니다.

> ### 🔧 참고 옵션 설명
>
> **{기준 중심점 지정 또는 [3P/2P/Ttr/타원형(E)]:}**
> (1) **3P/2P/Ttr:** '원(CIRCLE)' 명령과 동일한 옵션으로 원을 작도하는 방법을 지정합니다.
> (2) **타원형(E):** 타원형 원통을 작도합니다.
>
> **{높이 지정 또는 [2Point(2P)/축 끝점(A)/상단 반지름(T)] <200.0000>:}**
> (1) **2점(2P):** 두 점을 지정하여 높이를 설정합니다.
> (2) **축 끝점(A):** 원추 축에 대한 끝점 위치를 지정합니다.

다음과 같이 상자와 원통, 타원형 원통이 모델링됩니다.

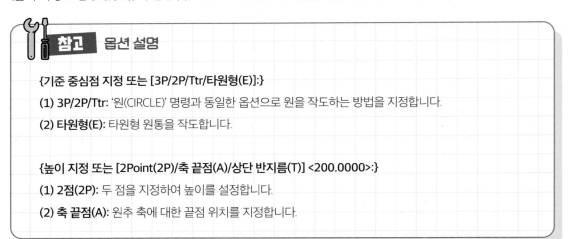

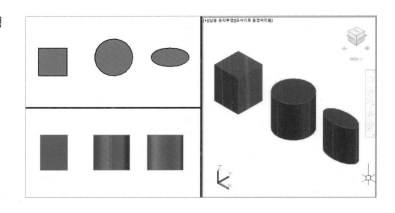

1.3 원추(CONE)

대칭적으로 점, 원형 또는 타원형 평면을 향해 점점 줄어드는 원형 또는 타원형 밑면을 사용하여 3D 솔리드를 작성합니다.

명령: CONE	**아이콘**: △

{기준 중심점 지정 또는 [3P/2P/Ttr/타원형(E)]:}에서 중심점 '150,150'을 지정합니다.

{기준 반지름 지정 또는 [지름(D)] ⟨50.0000⟩:}에서 밑면의 반지름 '100'을 입력합니다.

{높이 지정 또는 [2Point(2P)/축 끝점(A)/상단 반지름(T)] ⟨100.0000⟩:}에서 높이 '200'을 지정합니다.

⟨엔터⟩ 키 또는 ⟨스페이스 바⟩를 눌러 원추 명령을 재실행합니다.

{기준 중심점 지정 또는 [3P/2P/Ttr/타원형(E)]:}에서 타원형 'E'를 입력합니다.

{첫 번째 축의 끝점 지정 또는 [중심(C)]:}에서 한 점 '300,150'을 지정합니다.

{첫 번째 축의 다른 끝점 지정:}에서 축의 다른 끝점 '@200,0'을 지정합니다.

{두 번째 축의 끝점 지정:}에서 두 번째 축의 끝점을 절대좌표 '#400,100'으로 지정합니다.

{높이 지정 또는 [2Point(2P)/축 끝점(A)/상단 반지름(T)] ⟨200.0000⟩:}에서 상단 반지름 'T'를 입력합니다.

{상단 반지름 지정 ⟨50.0000⟩:}에서 반지름 '50'을 입력합니다.

{높이 지정 또는 [2점(2P)/축 끝점(A)] ⟨200.0000⟩:}에서 높이 '200'을 입력합니다.

 참고 **옵션 설명**

{기준 중심점 지정 또는 [3P/2P/Ttr/타원형(E)]:}
(1) **3P/2P/Ttr**: '원(CIRCLE)' 명령과 동일한 옵션으로 원을 작도하는 방법을 지정합니다.
(2) **타원형(E)**: 타원형 원통을 작도합니다.

{높이 지정 또는 [2점(2P)/축 끝점(A)/상단 반지름(T)] <200.0000>:}
(1) **2점(2P)**: 두 점을 지정하여 높이를 설정합니다.
(2) **축 끝점(A)**: 원추 축에 대한 끝점 위치를 지정합니다.
(3) **상단 반지름(T)**: 위쪽 면의 반지름을 지정합니다.

1.4 구(SPHERE)

3D 솔리드 구를 작도합니다. 중심점에서 시작하는 경우 구의 중심 축은 현재 사용자 좌표계(UCS)의 Z축에 평행합니다.

<table>
<tr><td>명령: SPHERE</td><td>아이콘: ⬤</td></tr>
</table>

{중심점 지정 또는 [3점(3P)/2점(2P)/Ttr-접선 접선 반지름(T)]:}에서 구의 중심점 '650,150'을 지정합니다.

{반지름 지정 또는 [지름(D)] <100.0000>:}에서 구의 반지름 '100'을 지정합니다.

다음과 같이 원추와 구가 모델링됩니다.

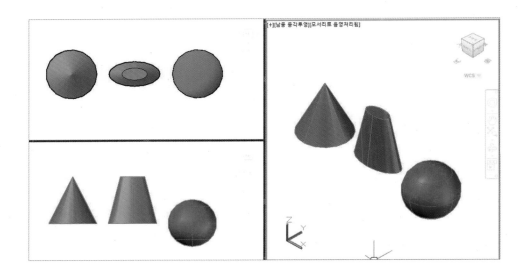

1.5 피라미드(PYRAMID)

3D 솔리드 피라미드를 작도합니다.

<table>
<tr><td>명령: PYRAMID(단축키: PYR)</td><td>아이콘: ◆</td></tr>
</table>

{기준 중심점 지정 또는 [모서리(E)/변(S)]:}에서 피라미드의 중심점 '150,150'을 지정합니다.

{기준 반지름 지정 또는 [내접(I)] <100.0000>:}에서 '120'을 입력합니다.

{높이 지정 또는 [2점(2P)/축 끝점(A)/상단 반지름(T)] <200.0000>:}에서 높이 '200'을 입력합니다.

<엔터> 키 또는 <스페이스 바>를 눌러 피라미드 명령을 재실행합니다.

{기준 중심점 지정 또는 [모서리(E)/변(S)]:}에서 변 옵션 'S'를 입력합니다.

{면의 수 입력 <4>:}에서 육각형을 작도하기 위해 '6'을 입력합니다.

{기준 중심점 지정 또는 [모서리(E)/변(S)]:}에서 기준점 '450,150'을 지정합니다.

{기준 반지름 지정 또는 [내접(I)] <100.0000>:}에서 반지름 '120'을 입력합니다.

{높이 지정 또는 [2점(2P)/축 끝점(A)/상단 반지름(T)] <150.0000>:}에서 상단 반지름을 지정하기 위해 'T'를 입

력합니다.

{상단 반지름 지정 〈0.0000〉:}에서 상단 반지름 '60'을 입력합니다.

{높이 지정 또는 [2점(2P)/축 끝점(A)] 〈200.0000〉:}에서 높이 '200'을 입력합니다.

 **옵션 설명**

{기준 중심점 지정 또는 [모서리(E)/변(S)]:}
(1) **모서리(E)**: 피라미드 밑면의 한 모서리 길이를 지정합니다. 두 점을 지정하여 모서리 길이를 지정할 수 있습니다.
(2) **변(S)**: 변의 수(다각형의 수)를 지정합니다.

{높이 지정 또는 [2점(2P)/축 끝점(A)/상단 반지름(T)] <150.0000>:}
(1) **2점(2P)**: 두 점을 지정하여 높이 값을 지정합니다.
(2) **축 끝점(A)**: 피라미드의 축에 대한 끝점 위치를 지정합니다.
(3) **상단 반지름(T)**: 위쪽 면의 반지름을 지정합니다.

1.6 쐐기(WEDGE)

경사진 면이 있는 다섯 개의 면을 가진 3D 솔리드 쐐기를 작성합니다.

| **명령**: WEDGE(단축키: WE) | 아이콘: ◸ |

{첫 번째 구석 지정 또는 [중심(C)]:}에서 시작점 '700,100'을 지정합니다.

{반대 구석 지정 또는 [정육면체(C)/길이(L)]:}에서 반대편 구석 '@200,100'을 지정합니다. {높이 지정 또는 [2점(2P)] 〈200.0000〉:}에서 높이 '200'을 지정합니다.

 **옵션 설명**

{첫 번째 구석 지정 또는 [중심(C)]:}
(1) **중심(C)**: 상자의 중심점을 지정합니다.

{반대 구석 지정 또는 [정육면체(C)/길이(L)]:}

(1) 정육면체(C): 변의 길이가 동일한 상자 및 삼각 기둥을 작성합니다.

(2) 길이(L): 지정한 길이, 폭 및 높이의 값으로 상자 및 삼각 기둥을 작성합니다. 길이는 X축, 폭은 Y축, 높이
　　는 Z축에 해당합니다.

{높이 지정 또는 [2점(2P)] <200.0000>:}

(1) 2점(2P): 두 점을 지정하여 측정된 거리를 높이 값으로 합니다.

1.7 토러스(TORUS)

3D 도넛형의 솔리드 토러스를 작도합니다.

명령: TORUS(단축키: TOR)	아이콘: ◎

{중심점 지정 또는 [3점(3P)/2점(2P)/Ttr-접선 접선 반지름(T)]:}에서 '500,-150'을 입력합니다.

{반지름 지정 또는 [지름(D)] <120.0000>:}에서 바깥 원의 반지름 '100'을 입력합니다.

{튜브 반지름 지정 또는 [2점(2P)/지름(D)] <30.0000>:}에서 튜브의 반지름 '20'을 입력합니다.

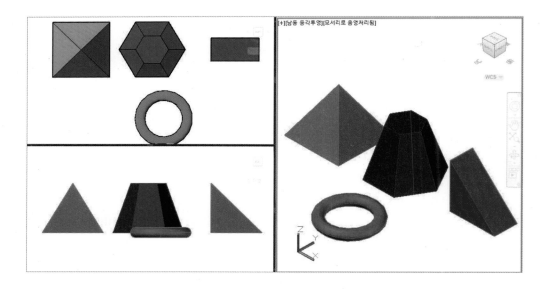

2 프로파일을 이용한 솔리드 모델링

2D 프로파일을 이용하여 솔리드 형상을 모델링하는 방법에 대해 알아봅니다. 2D 프로파일은 선, 폴리선, 원, 호를 이용하여 작도합니다.

2.1 폴리솔리드(POLYSOLID)

기존 선, 2D 폴리선, 호 또는 원을 직사각형 프로파일이 있는 솔리드로 변환할 수 있습니다. 폴리솔리드는 곡선 세그먼트를 가질 수 있으나 윤곽은 항상 기본적으로 직사각형입니다. 맞물림(그립) 편집에 의해 위와 아래의 두께가 다른 폴리솔리드를 만들 수도 있습니다.

명령: POLYSOLID(단축키: PSOLID)　　　　　　　　　　　**아이콘:** 🗔

01　'폴리선(PLINE) ▦' 명령으로 다음과 같이 작도합니다. 가로 방향이 '3400', 세로 방향이 '2400(1400 + 1000)'입니다.

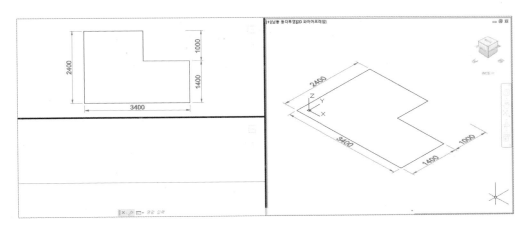

02　폴리솔리드 명령을 실행합니다. 명령어 'POLYSOLID' 또는 'PSOLID'를 입력하거나 '솔리드' 탭의 '기본체' 패널 또는 '모델링' 도구막대에서 🗔을 클릭합니다.

{높이 = 100.0000, 폭 = 5.0000, 자리맞추기 = 중심}

{시작점 지정 또는 [객체(O)/높이(H)/폭(W)/자리맞추기(J)] 〈객체(O)〉:}에서 높이 옵션 'H'를 입력합니다.

{높이 지정 〈100.0000〉:}에서 높이 '1000'을 입력합니다.

{시작점 지정 또는 [객체(O)/높이(H)/폭(W)/자리맞추기(J)] 〈객체(O)〉:}에서 폭 옵션 'W'를 입력합니다.

{폭 지정 〈5.0000〉:}에서 폭 '150'을 입력합니다.

{시작점 지정 또는 [객체(O)/높이(H)/폭(W)/자리맞추기(J)] 〈객체(O)〉:}에서 객체 옵션 'O'를 입력합니다.

{객체 선택:}에서 작도된 폴리선을 선택합니다.

다음과 같이 폴리선이 높이 '1000', 폭 '150'인 3D 솔리드로 변환됩니다.

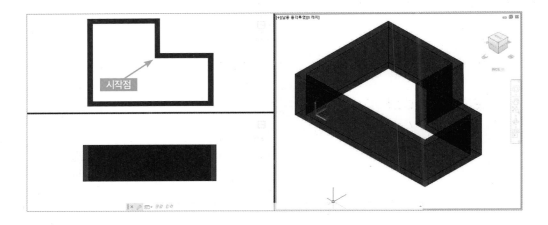

03 〈엔터〉 키 또는 〈스페이스 바〉를 눌러 폴리솔리드를 재실행합니다.

{높이 = 1000.0000, 폭 = 150.0000, 자리맞추기 = 중심}

{시작점 지정 또는 [객체(O)/높이(H)/폭(W)/자리맞추기(J)] 〈객체(O)〉:}에서 자리맞추기옵션 'J'를 입력합니다.

{자리맞추기 입력 [왼쪽(L)/중심(C)/오른쪽(R)] 〈중심(C)〉:}에서 왼쪽 'L'을 입력합니다. {높이 = 1000.0000, 폭 = 150.0000, 자리맞추기 = 왼쪽}

{시작점 지정 또는 [객체(O)/높이(H)/폭(W)/자리맞추기(J)] 〈객체(O)〉:}에서 객체스냅 '끝점' 을 이용하여 시작점을 지정합니다.

{다음점 지정 또는 [호(A)/명령 취소(U)]:}에서 반대편 끝점을 지정합니다.

{다음점 지정 또는 [호(A)/명령 취소(U)]:}에서 〈엔터〉 키 또는 〈스페이스 바〉를 눌러 종료합니다. 다음과 같이 3D 솔리드가 작도됩니다.

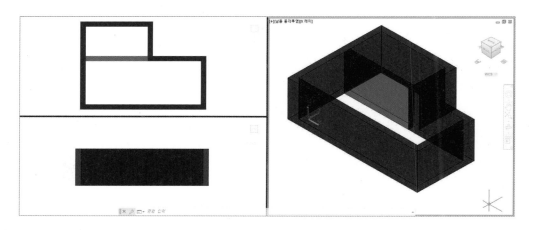

◆ **TIP** ── 폴리솔리드로 변환될 수 있는 객체는 선, 호, 원, 2D 폴리선, 스플라인입니다.

참고 [옵션 설명] {시작점 지정 또는 [객체(O)/높이(H)/폭(W)/자리맞추기(J)] 〈객체(O)〉:}

(1) **높이(H):** 폴리솔리드의 높이를 지정합니다.
(2) **폭(W):** 폴리솔리드의 폭을 지정합니다.
(3) **자리 맞추기(J):** 폴리솔리드를 작도할 기준점을 지정합니다. 즉, 지정한 점이 폴리솔리드의 어느 위치인가를 지정합니다.
{자리맞추기 입력 [왼쪽(L)/중심(C)/오른쪽(R)] 〈중심(C)〉:}에서 선택합니다.

2.2 돌출(EXTRUDE)

2차원 객체(선, 호, 원, 폴리선, 스플라인 등) 또는 3D 면에 거리 및 방향을 부여하여 돌출시켜서 3차원 객체로 만듭니다. 이때 열린 객체는 2차원 표면(Surface), 닫힌 객체는 솔리드(Solid) 3차원 객체가 됩니다.

명령: EXTRUDE(단축키: EXT)   **아이콘:**

01 구름형 리비전, 폴리선과 원 명령을 이용하여 다음과 같이 2차원 객체를 작도합니다.

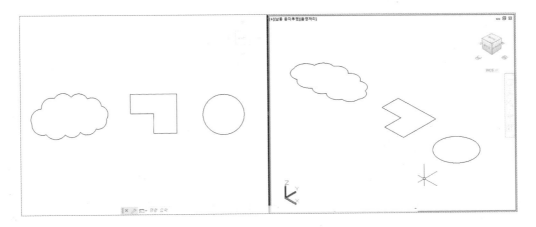

02 명령어 'EXTRUDE' 또는 'EXT'를 입력하거나 '솔리드' 탭의 '솔리드' 패널 또는 '모델링' 도구막대에서 을 클릭합니다.
{현재 와이어프레임 밀도: ISOLINES=4, 닫힌 윤곽 작성 모드 = 솔리드}
{돌출할 객체 선택 또는 [모드(MO)]: _MO}
{닫힌 윤곽 작성 모드 [솔리드(SO)/표면(SU)] 〈솔리드〉: _SO}
{돌출할 객체 선택 또는 [모드(MO)]:}에서 돌출시키고자 하는 객체인 직사각형을 선택합니다. {1개를 찾음}

{돌출할 객체 선택 또는 [모드(MO)]:}에서 〈엔터〉 키 또는 〈스페이스 바〉를 눌러 선택을 종료합니다.

{돌출의 높이 지정 또는 [방향(D)/경로(P)/테이퍼 각도(T)]:}에서 돌출 높이 '500'을 입력합니다. 다음과 같이 선택한 객체(직사각형)가 돌출되어 육면체가 됩니다. 폐쇄 공간의 객체를 돌출시키면 솔리드(Solid) 객체가 됩니다.

TIP── 돌출, 회전, 스윕, 로프트 등을 수행할 때 객체의 색상을 지정하려면 명령을 실행하기 이전에 미리 색상을 지정한 후 실행하면 지정된 색상으로 작도됩니다.

03 〈엔터〉 키 또는 〈스페이스 바〉를 눌러 돌출 명령을 재실행합니다.

{돌출할 객체 선택 또는 [모드(MO)]:}에서 돌출시키고자 하는 객체인 원을 선택합니다.

{돌출할 객체 선택 또는 [모드(MO)]:}에서 〈엔터〉 키 또는 〈스페이스 바〉를 눌러 선택을 종료합니다.

{돌출의 높이 지정 또는 [방향(D)/경로(P)/테이퍼 각도(T)]〈300.0000〉:}에서 테이퍼 각도 옵션 'T'를 입력합니다.

{돌출에 대한 테이퍼 각도 지정 〈0〉:}에서 각도 '10'을 입력합니다.

{돌출의 높이 지정 또는 [방향(D)/경로(P)/테이퍼 각도(T)] 〈500.0000〉:}에서 높이 '500'을 입력합니다. 다음과 같이 원이 지정한 각도로 테이핑이 되면서 돌출됩니다.

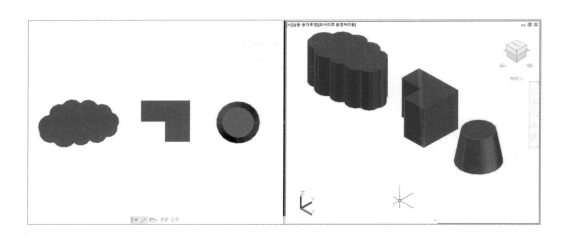

참고 열린 객체를 돌출한 경우

열린 객체를 돌출하면 표면(Surface) 객체가 됩니다. 다음과 같이 열린 스플라인, 호 등을 돌출하면 표면 (Surface)이 모델링됩니다.

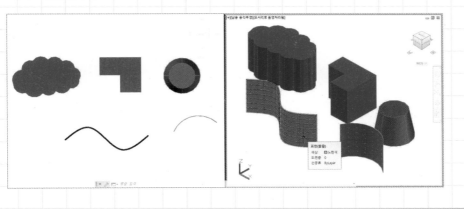

참고 [옵션 설명] {돌출의 높이 지정 또는 [방향(D)/경로(P)/테이퍼 각도(T)] <300.0000>:}

(1) **방향(D):** 두 점을 지정하여 돌출의 길이 및 방향을 지정합니다.

(2) **경로(P):** 돌출 경로를 지정하여 방향과 길이를 지정합니다. 다음과 같이 스플라인에 직각인 원이 작도된 경우를 가정하겠습니다.

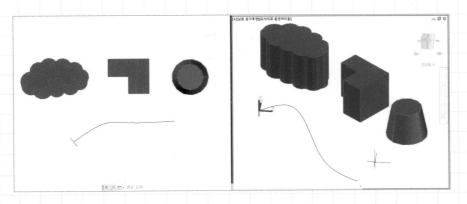

{돌출할 객체 선택 또는 [모드(MO)]:}에서 돌출할 객체 원을 선택합니다. {1개를 찾음}

{돌출할 객체 선택 또는 [모드(MO)]:}에서 <엔터> 키 또는 <스페이스 바>를 눌러 선택을 종료합니다.

{돌출 높이 지정 또는 [방향(D)/경로(P)/테이퍼 각도(T)/표현식(E)] <300.000>:}에서 경로 옵션 'P'를 입력합니다.

{돌출 경로 선택 또는 [테이퍼 각도(T)]:}에서 경로로 사용할 객체(스플라인)를 선택합니다. 스플라인 경로를 따라 원이 돌출되어 플렉시블 파이프가 모델링됩니다.

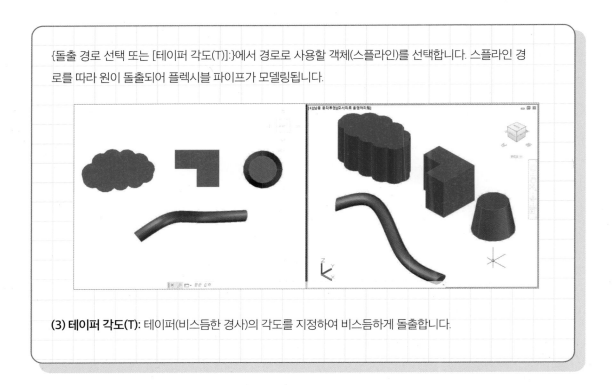

(3) 테이퍼 각도(T): 테이퍼(비스듬한 경사)의 각도를 지정하여 비스듬하게 돌출합니다.

2.3 경계 영역 눌러 당기기(PRESSPULL)

경계 영역을 자동 인식하여 누르거나 당깁니다. 원이나 사각형과 같은 폐쇄 객체뿐 아니라 선이나 호로 이루어진 폐쇄 공간도 쉽게 인식합니다. 점토를 당기거나 밀어 넣는 듯한 조작입니다.

명령: PRESSPULL   **아이콘:** 🔲

01   다음과 같이 작도합니다. 가로 방향이 '3400', 세로 방향이 '2400(1400 + 1000)'입니다.

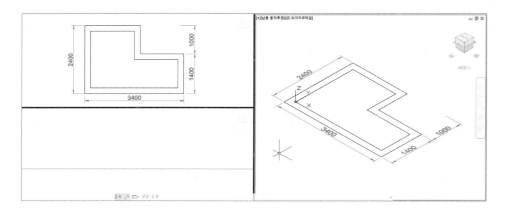

02 명령어 'PRESSPULL'을 입력하거나 '솔리드' 탭의 '솔리드' 패널 또는 '모델링' 도구막대에서 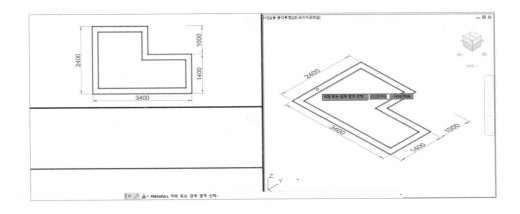를 클릭합니다.

{객체 또는 경계 영역 선택:제거 대상인 솔리드, 표면 및 영역을 선택 ..}에서 마우스를 누르기/당기기할 영역의 내부로 가져가면 다음과 같이 폐쇄 공간을 찾아 하이라이트됩니다.

03 이때 클릭합니다. {1 루프이(가) 추출됨.}

{돌출 높이 지정 또는 [다중(M)]:}에서 누르거나 당길 높이 '1000'을 입력합니다.

{1개의 돌출이 작성됨}

{객체 또는 경계 영역 선택:}에서 〈엔터〉 키 또는 〈스페이스 바〉를 눌러 종료합니다.

다음과 같이 지정한 폐쇄 공간이 눌러 당겨져서 솔리드 객체가 작성됩니다.

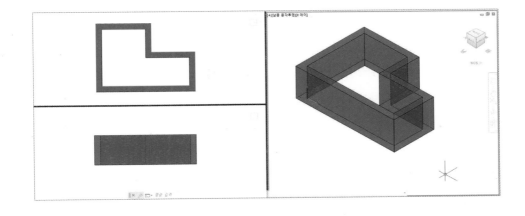

04 '원(CIRCLE)' 명령으로 솔리드 면에 원을 작도합니다.

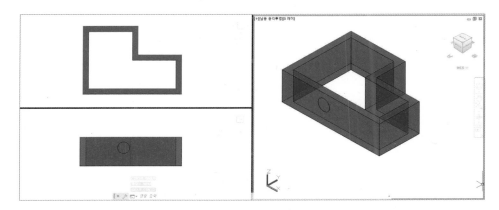

🔧 참고 **동적 UCS 활용**

현재 UCS의 XY평면이 아닌 위치에 객체를 작성하고자 할 때는 '동적 UCS'를 활용하면 쉽게 작도할 수 있습니다. 동적 UCS는 선택한 객체의 UCS를 자동으로 찾아줍니다.

1. 하단의 그리기 도구에서 '동적 UCS(🔳)'를 켭니다(ON).
2. '원(CIRCLE)' 명령을 실행합니다.
   {원에 대한 중심점 지정 또는 [3점(3P)/2점(2P)/Ttr - 접선 접선 반지름(T)]:}에서 마우스 커서를 작도하고자 하는 3D 면에 가져가면 면(작도될 면)이 하이라이트됩니다. 이때, 클릭합니다.
3. {원의 반지름 지정 또는 [지름(D)] <200.0000>:}에서 반지름 값을 입력합니다.

05 누르기/당기기 명령을 실행합니다. 명령어 'PRESSPULL'을 입력하거나 '솔리드' 탭의 '솔리드' 패널 또는 '모델링' 도구막대에서 🔲를 클릭합니다.
{객체 또는 경계 영역 선택:}에서 직전에 작도한 원을 선택합니다. {1 루프이(가) 추출됨.}
{돌출 높이 지정 또는 [다중(M)]:}에서 벽체 방향으로 높이를 지정합니다. 높이는 벽체 두께보다 두껍게 지정합니다.

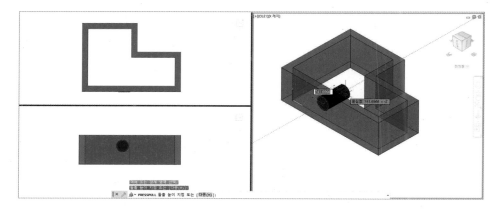

{객체 또는 경계 영역 선택:}에서 〈엔터〉 키 또는 〈스페이스 바〉를 누릅니다.

돌출 방향을 솔리드 방향으로 당기면 다음과 같이 구멍이 뚫립니다.

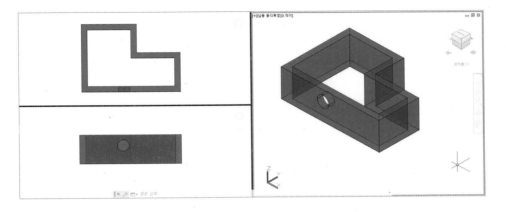

2.4 3차원 회전체를 만드는 회전(REVOLVE)

2D 객체를 축을 중심으로 회전하여 3D 솔리드 또는 표면을 작성합니다. 닫혀 있는 객체를 회전하면 솔리드 객체가 되고, 열려 있는 객체를 회전하면 표면 객체로 바뀝니다.

명령: REVOLVE	아이콘: 🛢

01 스플라인(SPLINE) 또는 폴리선(PLINE) 명령으로 다음과 같이 작도합니다. 곡선은 하나의 객체가 되도록 작도합니다. 가운데 축은 별도의 선으로 작도합니다.

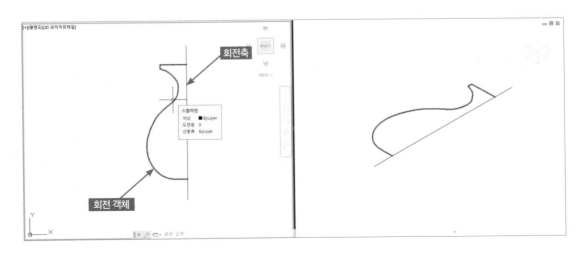

02 회전 명령을 실행합니다. 명령어 'REVOLVE'를 입력하거나 '솔리드' 탭의 '솔리드' 패널 또는 '모델링' 도구막대에서 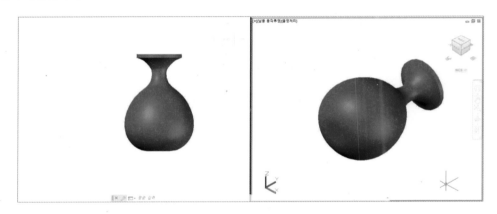을 클릭합니다.

{현재 와이어프레임 밀도: ISOLINES=4, 닫힌 윤곽 작성 모드 = 솔리드}

{회전할 객체 선택 또는 [모드(MO)]: _MO}

{닫힌 윤곽 작성 모드 [솔리드(SO)/표면(SU)] 〈솔리드〉: _SO}

{회전할 객체 선택 또는 [모드(MO)]:}에서 회전할 객체를 선택합니다. {1개를 찾음}

{회전할 객체 선택 또는 [모드(MO)]:}에서 〈엔터〉 키 또는 〈스페이스 바〉를 눌러 선택을 종료합니다.

{축 시작점 지정 또는 다음에 의해 축 지정 [객체(O)/X/Y/Z] 〈객체(O)〉:}에서 객체 옵션 'O'를 입력합니다.

{객체 선택:}에서 축이 되는 수직선을 선택합니다.

{회전 각도 지정 또는 [시작 각도(ST)/반전(R)/표현식(EX)] 〈360〉:}에서 '360'을 입력합니다. 다음과 같이 회전체 솔리드가 작성됩니다.

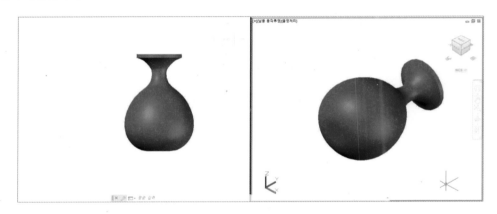

🔧 **참고** 회전 각도 및 회전축의 위치

회전 각도에 따라 모양이 달라집니다. 다음은 회전 각도를 '180'으로 지정한 경우입니다.

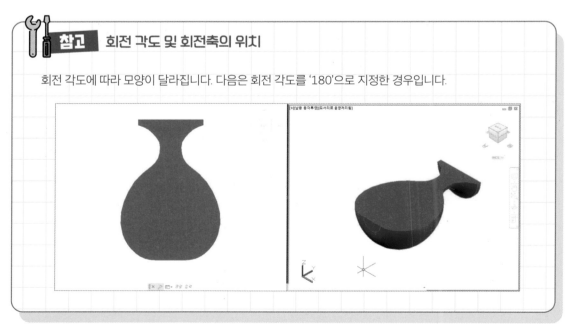

회전체를 작성할 때 회전 객체가 폐쇄 공간이거나 축과 맞닿아 있으면 솔리드 객체가 되고 폐쇄 공간이 아닌 객체이거나 객체가 축과 떨어져 있으면 표면 객체가 됩니다. 다음은 회전 객체가 회전축이 떨어져 있으며 270도 회전한 상태입니다. 표면 객체인 것을 알 수 있습니다.

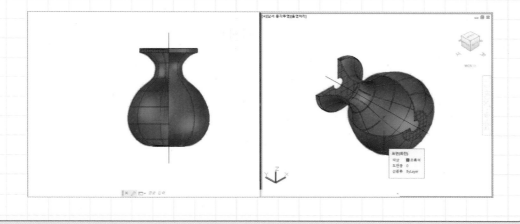

 [옵션 설명] {축 시작점 지정 또는 다음에 의해 축 지정 [객체(O)/X/Y/Z] 〈객체(O)〉:}

축의 지정은 마우스 또는 좌표 입력으로 직접 지정할 수도 있고 앞의 실습에서와 같이 축이 되는 객체를 선택하여 지정할 수도 있습니다.

(1) **객체(O):** 객체를 선택하여 축을 지정합니다.

(2) **X/Y/Z:** 선택한 축을 기준으로 회전 각도를 지정합니다.

2.5 단면 사이의 공간을 연결하는 로프트(LOFT)

몇 개의 객체(단면)를 이어서 솔리드 또는 면을 작성합니다. 단면 지정 순서에 따라 객체의 모양이 달라지므로 객체 선택 순서를 고려해 지정해야 합니다.

명령: LOFT   아이콘: 🔘

01 큰 사이즈에서 작은 사이즈로 바뀌는 직사각형과 원형 레듀셔를 작도해보겠습니다. 다음과 같이 크기가 다른 원과 사각형을 작도합니다.

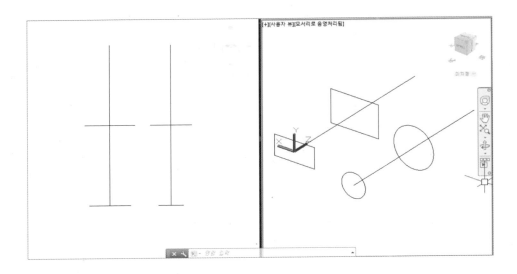

02 로프트 명령을 실행합니다. 명령어 'LOFT'를 입력하거나 '솔리드' 탭의 '솔리드' 패널 또는 '모델링' 도구막대에서 🛢을 클릭합니다.

{현재 와이어프레임 밀도: ISOLINES=4, 닫힌 윤곽 작성 모드 = 솔리드}

{올림 순서로 횡단 선택 또는 [점(PO)/다중 모서리 결합(J)/모드(MO)]: _MO}

{닫힌 윤곽 작성 모드 [솔리드(SO)/표면(SU)] 〈솔리드〉: _SO}

{올림 순서로 횡단 선택 또는 [점(PO)/다중 모서리 결합(J)/모드(MO)]:}에서 앞쪽에 있는 객체(원 또는 사각형)를 선택합니다. {1개를 찾음} 차례로 올라가면서 원을 선택합니다. 다음과 같이 선택한 객체를 토대로 가상의 형상을 보여줍니다.

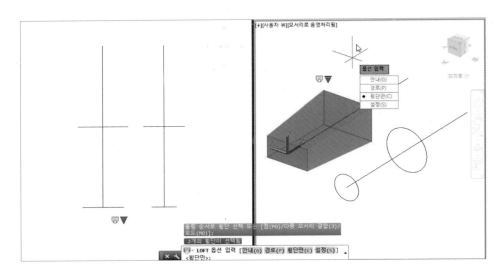

{올림 순서로 횡단 선택 또는 [점(PO)/다중 모서리 결합(J)/모드(MO)]:}에서 〈엔터〉 키 또는 〈스페이스 바〉를 눌러 선택을 종료합니다.

{2개의 횡단이 선택됨}

{옵션 입력 [안내(G)/경로(P)/횡단만(C)/설정(S)] 〈횡단만〉:}에서 〈엔터〉 키를 누릅니다. 다음과 같이 솔리드 객체가 모델링됩니다. 동일한 방법으로 원을 차례로 선택하여 레듀셔를 작도할 수 있습니다.

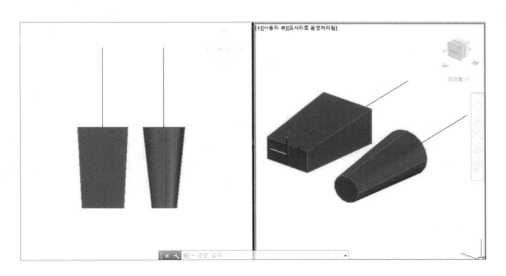

03 '스플라인(SPLINE)' 명령과 '선(LINE)' 명령으로 다음과 같이 위쪽과 아래쪽에 객체를 작성합니다.

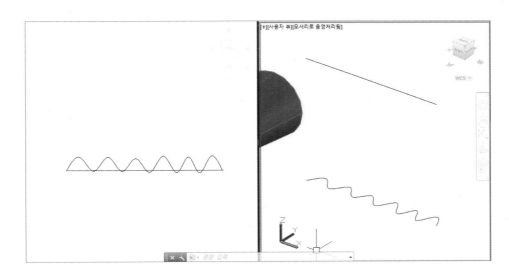

04 로프트 명령을 실행합니다.

{올림 순서로 횡단 선택 또는 [점(PO)/다중 모서리 결합(J)/모드(MO)]:}에서 아래쪽의 굴곡이 있는 스플라인을 선택합니다. {1개를 찾음}

{올림 순서로 횡단 선택 또는 [점(PO)/다중 모서리 결합(J)/모드(MO)]:}에서 위쪽의 직선을 선택합니다.

{올림 순서로 횡단 선택 또는 [점(PO)/다중 모서리 결합(J)/모드(MO)]:}에서 〈엔터〉 키 또는 〈스페이스 바〉를 눌러 선택을 종료합니다. {2개의 횡단이 선택됨}

{옵션 입력 [안내(G)/경로(P)/횡단만(C)/설정(S)] 〈횡단만〉:}에서 〈엔터〉 키를 누릅니다. 열린 객체를 선택하면 다음과 같이 표면 객체가 작성됩니다.

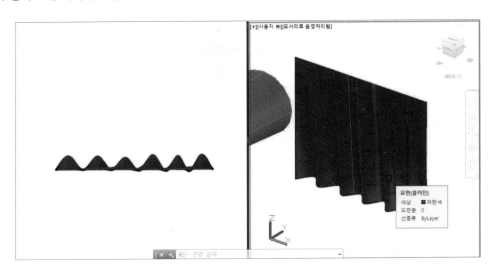

🔧 **참고** **[옵션 설명] {옵션 입력 [안내(G)/경로(P)/횡단만(C)/설정(S)] 〈횡단만〉:}**

(1) **안내(G):** 로프트 솔리드 또는 곡면의 쉐이프를 조정하는 안내 곡선을 지정합니다. 가이드 곡선은 각 횡단면을 교차해야 하며 첫 번째 횡단면에서 시작해야 하고 마지막 횡단면에서 끝나야 합니다. 가이드 곡선은 추가적인 와이어 프레임 정보를 객체에 추가하여 솔리드나 곡면의 형태를 추가로 정의하는 선이나 곡선입니다. 결과 솔리드 또는 곡면에 생기는 주름 등의 원치 않는 결과를 없애려면 가이드 곡선을 사용하여 해당 횡단에 점이 일치하는 방법을 조정할 수 있습니다.

(2) **경로(P):** 로프트 솔리드 또는 곡면에 대한 단일 경로를 지정합니다. 경로 곡선은 횡단면의 모든 평면을 교차해야 합니다.

(3) **횡단만(C):** 안내 또는 경로를 사용하지 않고 횡단만으로 로프트된 객체를 작성합니다.

(4) **설정(S):** 로프트 표면 및 해당 횡단면의 윤곽선을 조정합니다. 또한 표면이나 솔리드를 닫을 수 있습니다.

① **직선 보간(R):** 솔리드 또는 곡면이 횡단 간에 직선 보간
　 (직선)되며 횡단에 뾰족한 모서리가 있습니다.

② **부드럽게 맞춤(F):** 부드러운 솔리드 또는 곡면이 횡단
　 사이에 그려지며 시작 및 끝 횡단에 뾰족한 모서리가
　 있음을 지정합니다.

③ **다음 항목에 수직(N):** 횡단면을 통해 통과하는 솔리드
　 또는 곡면의 곡면 법선을 조정합니다. 시작 횡단면, 끝
　 횡단면, 시작 및 끝 횡단면, 모든 횡단면에 수직 중에서
　 선택합니다.

④ **기울기 각도(D):** 로프트 솔리드 또는 표면의 첫 번째 및
　 마지막 횡단 기울기 각도 및 크기를 조정합니다. 기울
　 기 각도는 표면의 시작 방향입니다. 0은 곡선의 평면으로부터 바깥쪽으로 정의됩니다.

다음 그림은 시작 각도와 끝 각도의 설정에 따라 작성되는 로프트 객체를 나타낸 것입니다.

0도	90도	180도	45도
90도	90도	180도	135도

⑤ **표면 및 솔리드 닫기(C):** 표면 또는 솔리드를 닫거나 엽니다. 이 옵션을 사용하면 횡단은 토러스 모양 패턴을
　 형성하여 로프트 표면 또는 솔리드가 닫힌 튜브를 형성할 수 있습니다.

2.6 경로를 따라 솔리드 형상을 만드는 스윕(SWEEP)

2D 곡선을 경로에 따라 스윕하여 3D 솔리드 또는 곡면을 작성합니다.

명령: SWEEP	아이콘: 🗔

01 파이프를 모델링하겠습니다. 폴리선(PLINE), 모깎기(FILLET), 원(CIRCLE) 명령으로 다음과 같이 작성합니다.

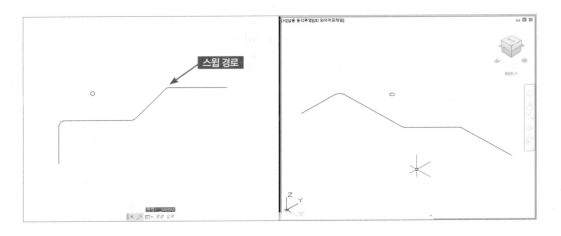

02 스윕 명령을 실행합니다. 명령어 'SWEEP'를 입력하거나 '솔리드' 탭의 '솔리드' 패널 또는 '모델링' 도구 막대에서 █을 클릭합니다.

{현재 와이어프레임 밀도: ISOLINES=4, 닫힌 윤곽 작성 모드 = 솔리드}

{스윕할 객체 선택 또는 [모드(MO)]: _MO}

{닫힌 윤곽 작성 모드 [솔리드(SO)/표면(SU)] 〈솔리드〉: _SO}

{스윕할 객체 선택 또는 [모드(MO)]:}에서 원을 선택합니다. {1개를 찾음}

{스윕할 객체 선택 또는 [모드(MO)]:}에서 〈엔터〉 키 또는 〈스페이스 바〉를 눌러 선택을 종료합니다.

{스윕 경로 선택 또는 [정렬(A)/기준점(B)/축척(S)/비틀기(T)]:}에서 경로를 선택합니다. 다음과 같이 경로를 따라 원형 솔리드 객체가 작성됩니다.

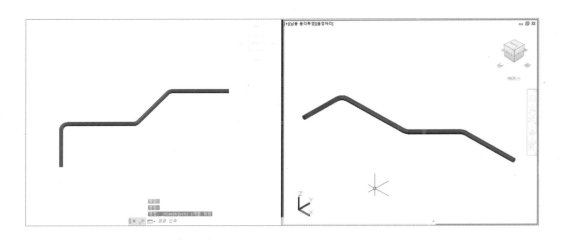

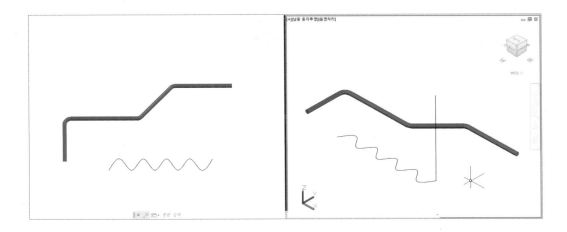

TIP ─── 여기에서 결과는 앞에서 학습한 '돌출(EXTRUDE)'과 유사한 효과를 얻습니다. 이런 경우는 돌출보다 스윕이 사용하기 편리한 기능입니다. 돌출은 돌출시키기 위한 객체(프로파일)를 경로와 수직으로 작도해야 하지만 스윕은 어느 위치에 작도해놓아도 해당 경로를 따라 스윕되기 때문입니다.

03 스플라인(SPLINE)과 선(LINE) 명령으로 다음과 같이 작도합니다.

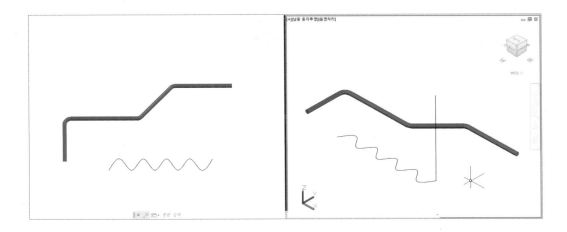

04 스윕(SWEEP) 명령을 실행합니다.

{스윕할 객체 선택 또는 [모드(MO)]:}에서 지그재그 스플라인을 선택합니다. {1개를 찾음}

{스윕할 객체 선택 또는 [모드(MO)]:}에서 〈엔터〉 키 또는 〈스페이스 바〉를 눌러 선택을 종료합니다.

{스윕 경로 선택 또는 [정렬(A)/기준점(B)/축척(S)/비틀기(T)]:}에서 수직선을 선택합니다. 다음과 같이 경로의 수직선을 따라 지그재그 곡선이 스윕되면서 표면이 작성됩니다.

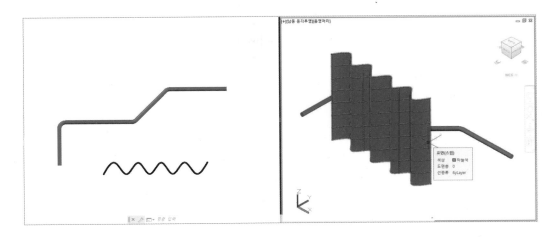

TIP ─── 경로는 3차원상의 선, 호, 폴리선 등 임의의 객체를 지정할 수 있습니다. 열린 객체를 스윕하면 표면(Surface) 객체가 됩니다.

참고 **[옵션 설명] {스윕 경로 선택 또는 [정렬(A)/기준점(B)/축척(S)/비틀기(T)]:}**

(1) **정렬(A):** 윤곽이 스윕 경로의 접선 방향에 수직으로 정렬될지 여부를 지정합니다. 기본적으로 윤곽이 정렬됩니다.

(2) **기준점(B):** 스윕할 객체에 대한 기준점을 지정합니다. 지정한 점이 선택된 객체의 평면에 있지 않은 경우, 평면에 투영됩니다.

(3) **축척(S):** 스윕 작업을 위한 축척 비율을 지정합니다. 축척 비율은 스윕 경로의 시작부터 끝까지 스윕되는 객체에 균일하게 적용됩니다.

(4) **비틀기(T):** 스윕되는 객체에 대한 회전 각도를 설정합니다. 회전 각도는 스윕 경로의 전체 길이를 따라 회전의 양을 지정합니다

2.7 표면을 두께가 있는 솔리드로 바꾸는 굵게 하기(THICKEN)

표면에 두께를 부여하여 3D 솔리드로 변환합니다.

명령: THICKEN	아이콘:

01 앞의 스윕 실습에서 작성된 표면을 이용하여 실습하겠습니다.

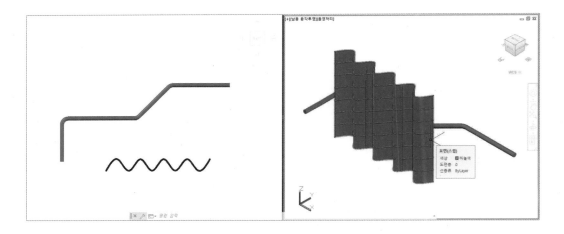

02 굵게 하기 명령을 실행합니다. 명령어 'THICKEN'을 입력하거나 '솔리드' 탭의 '솔리드 편집' 패널에서 을 클릭합니다.

{두껍게 할 곡면 선택:}에서 굵게 할 표면 객체를 선택합니다. {1개를 찾음}

{두껍게 할 곡면 선택:}에서 〈엔터〉 키 또는 〈스페이스 바〉를 눌러 선택을 종료합니다.

{두께 지정 〈5.0000〉:}에서 두께 값 '100'을 입력합니다. 다음과 같이 선택한 표면 객체가 두께 '100'인 솔리드 객체로 바뀝니다.

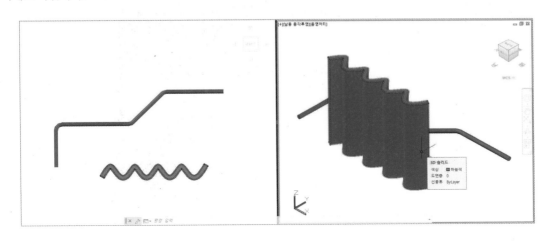

3 솔리드의 연산

솔리드의 장점 중 하나인 솔리드 객체의 부울 연산과 편집 기능을 이용해야 복잡한 3차원 객체를 효율적으로 모델링할 수 있습니다. 솔리드 객체의 연산(더하기, 빼기, 교집합) 기능에 대해 알아보겠습니다.

3.1 영역 또는 솔리드를 하나로 만드는 합집합(UNION)

선택한 영역 또는 솔리드 객체를 하나의 객체로 결합합니다.

명령: UNION(단축키: UNI)   아이콘:

01 다음과 같은 모델이 있다고 가정하겠습니다. 솔리드(상자, 구)를 중복되도록 모델링한 후 복사합니다.

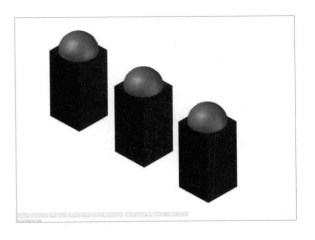

02 합집합 명령을 실행합니다. 명령어 'UNION' 또는 'UNI'를 입력하거나 '솔리드' 탭의 '부울' 패널 또는 '모델링' 도구막대에서 🔳을 클릭합니다.

{객체 선택:}에서 상자 객체를 선택합니다.

{객체 선택:}에서 구 객체를 선택합니다.

{객체 선택:}에서 〈엔터〉 키 또는 〈스페이스 바〉를 눌러 종료합니다.

다음과 같이 두 개의 객체가 하나로 합쳐진 것을 알 수 있습니다.

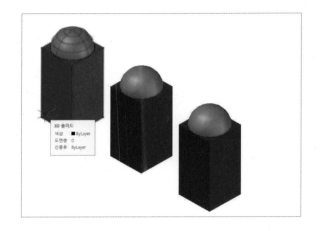

3.2 영역 또는 솔리드의 차이를 만드는 차집합(SUBTRACT)

선택한 3D 솔리드, 표면 또는 2D 영역을 차집합으로 결합합니다. 기존 3D 솔리드 세트를 그와 겹치는 다른 세트에서 빼서 3D 솔리드 또는 표면을 작성할 수 있습니다. 겹치는 표면이나 2D 영역으로도 가능합니다.

명령: SUBTRACT(단축키: SU)	아이콘:

명령어 'SUBTRACT' 또는 'SU'를 입력하거나 '솔리드' 탭의 '부울' 패널 또는 '모델링' 도구막대 🔳를 클릭합니다.

{제거 대상인 솔리드, 표면 및 영역을 선택 ..}

{객체 선택:}에서 상자 객체를 선택합니다. {1개를 찾음}

{객체 선택:}에서 〈엔터〉 키 또는 〈스페이스 바〉를 눌러 선택을 종료합니다

{제거할 솔리드, 표면 및 영역을 선택 ..}

{객체 선택:}에서 구 객체를 선택합니다. {1개를 찾음}

{객체 선택:}에서 〈엔터〉 키 또는 〈스페이스 바〉를 눌러 종료합니다.

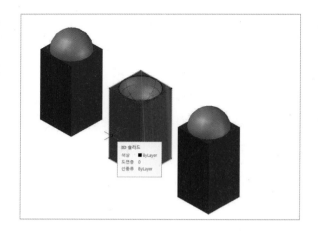

다음과 같이 상자에서 선택한 원추를 뺀 형상이 작성됩니다.

3.3 두 객체의 공통 부분을 추출하는 교집합(INTERSECTION)

겹치는 솔리드, 표면 또는 영역으로부터 서로 중복이 되는 3D 솔리드, 표면 또는 2D 영역을 작성합니다. 기존 3D 솔리드, 표면 또는 영역이 서로 겹치는 공통 체적으로 3D 솔리드를 작성할 수 있습니다. 메쉬를 선택한 경우, 먼저 솔리드나 표면으로 변환한 다음 작업을 완료합니다.

명령: INTERSECT(단축키: IN) **아이콘:**

명령어 'INTERSECT' 또는 'IN'을 입력하거나 '솔리드' 탭의 '부울' 패널 또는 '모델링' 도구막대에서 을 클릭합니다.

{객체 선택:}에서 상자 객체를 선택합니다.

{객체 선택:}에서 구 객체를 선택합니다. {1개를 찾음, 총 2개}

{객체 선택:}에서 〈엔터〉 키 또는 〈스페이스 바〉를 눌러 선택을 종료합니다.

다음과 같이 두 객체가 겹치는 부분만 남고 나머지는 제거됩니다.

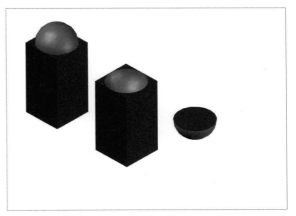

4 장치(GIZUMO)의 조작

3D 장치(편집 장치)를 사용하여 선택한 3D 객체를 3D 축이나 평면을 따라 이동, 회전 또는 크기(축척)를 조정할 수 있습니다.

4.1 편집 장치(기즈모)의 선택

장치를 실행하기 위해서는 먼저 사용할 장치를 선택해야 합니다. 편집 장치는 '메쉬' 또는 '솔리드' 탭의 '선택' 패널에서 사용하고자 하는 편집 장치를 선택합니다.

시스템 변수 'DEFAULTGIZMO' 모드에 의해 편집 장치를 지정할 수 있습니다. 편집 장치를 지정하는 모드는 다음과 같습니다.

0: 3D 작업공간에서 객체를 선택하면 3D 이동 장치가 기본적으로 표시됩니다.

1: 3D 작업공간에서 객체를 선택하면 3D 회전 장치가 기본적으로 표시됩니다.

2: 3D 작업공간에서 객체를 선택하면 3D 축척 장치가 기본적으로 표시됩니다.

3: 3D 작업공간에서 객체를 선택할 때 기본적으로 아무 장치도 표시되지 않습니다.

이 장치는 객체를 선택한 후 지정할 수도 있고, 명령을 먼저 실행하고 난 후 지정할 수도 있습니다. 또, 객체가 선택된 상태에서 기존 지정된 장치에서 다른 장치로 쉽게 바꿀 수도 있습니다. 예를 들어, A라는 객체에 이동 장치가 나타나 있는 상태에서 회전 장치로 바꾸고자 할 때는 그 상태에서 바로 회전 장치로 바꾸면 됩니다.

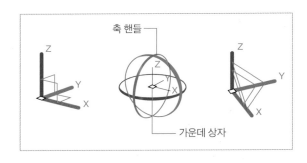

편집 장치를 지정하고 객체를 선택하면 다음과 같은 장치 아이콘이 나타납니다. 이 장치는 3차원 뷰에서만 사용할 수 있습니다. 앞에서부터 차례로 '이동', '회전', '축척' 아이콘입니다. 이 아이콘은 처음 지정한 선택 세트(정점, 모서리, 면)의 중심 위치에 나타나지만 사용자가 위치를 지정할 수 있습니다.

장치의 가운데 상자(또는 기준 그립)는 수정을 위한 기준점을 설정합니다. 장치에 있는 축 핸들이 이동이나 회전을 축이나 평면으로만 제한합니다. 장치의 축을 지정하면 해당 축에 제한하여 편집할 수 있습니다.

4.2 회전 장치의 조작

실습을 통해 이해하도록 하겠습니다. 회전 장치를 조작해보겠습니다.

01 원통의 솔리드 객체를 작성합니다. '솔리드' 또는 '메쉬' 탭의 '선택' 패널에서 편집 장치를 '회전 장치'로 지정합니다.

02 원통 객체를 선택하면 회전 장치가 표시됩니다. 이때 회전하고자 하는 축을 지정합니다. 지정한 축은 금빛으로 바뀝니다.

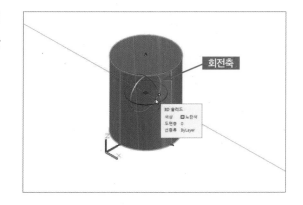

03 {*** 회전 ***}

{회전 각도 지정 또는 [기준점(B)/명령 취소(U)/참조 (R)/종료(X)]:}에서 회전 각도 '90'을 입력합니다. 다음 과 같이 선택한 모서리가 지정한 각도(90도)만큼 회전 합니다.

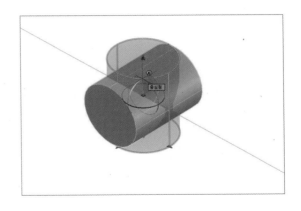

 참고 **맞물림 회전 도구**

맞물림 회전 도구를 사용하면 객체 및 하위 객체를 자유롭게 이동하거나 축 의 회전을 제한할 수 있습니다. 맞물림 도구의 가운데 상자(또는 기본 맞물 림)에서 지정된 이 위치는 이동의 기준점을 설정하며, 선택한 객체가 회전할 동안 UCS의 위치를 임시로 변경합니다.

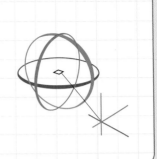

4.3 축척 장치의 조작

01 이번에는 축척 장치를 알아보겠습니다. '솔리드' 또는 '메쉬' 탭의 편집 장치를 '축척 장치'로 지정합니다.

02 솔리드 원통을 선택합니다. 축척 장치 아이콘 이 나타나면 마우스로 축척 비율을 조정합니다.

{*** 신축 ***}

{신축점 지정 또는 [기준점(B)/명령 취소(U)/종료 (X)]:}에서 마우스를 움직여 신축 길이를 지정합니다. 마우스의 움직임에 따라 모양이 바뀌는 것을 알 수 있습니다.

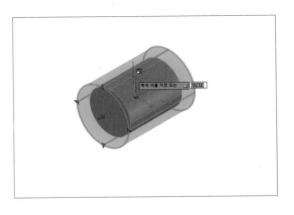

{** 축척 **}

{축척 비율 지정 또는 [기준점(B)/복사(C)/명령 취소
(U)/참조(R)/종료(X)]:}에서 '1.5'를 입력합니다. 다음
과 같이 원통 모델이 1.5배 커집니다.

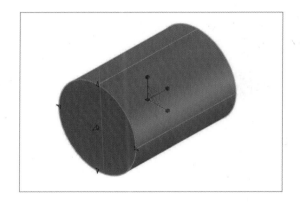

●TIP── 메쉬 객체에서 편집 장치를 이용할 때는 특
정 면이나 모서리를 선택하고 장치(이동, 회전, 축척)를 이용
하여 편집할 수 있습니다.

Chapter 14

배관 모델링

앞에서 학습한 솔리드 모델링 기능을 활용하여 배관 모델을 작성해보면서 3차원 모델 작성 능력을 배양하도록 하겠습니다.

1 배관 조립도

지금까지 학습한 솔리드 기능을 이용하여 배관 조립도를 모델링하겠습니다. 다음은 2차원 도면입니다.

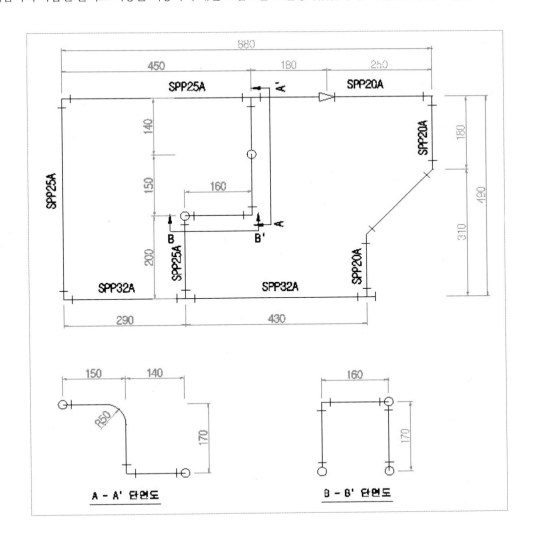

2차원의 배관 조립도를 다음과 같은 3차원 모델로 작성하겠습니다. 먼저 피팅류를 모델링하여 각 피팅류 위치에 배치한 후 파이프를 모델링하겠습니다. 여기에서는 턱의 두께는 일괄로 80mm로 하겠습니다.

참고 · 강관의 외경과 부속품의 길이

강관의 외경 및 주요 부속의 길이는 다음과 같습니다.

	호칭 지름	외경	두께
강관 외경	20	27.2	2.65
	25	34.0	3.25
	32	42.7	3.25
	40	48.6	3.25

	호칭 지름	90도 엘보	45도 엘보
엘보	20	32	25
	25	38	29
	32	46	34
	40	48	37

	호칭 지름	중심에서 단면까지 A	중심에서 단면까지 B
이경 엘보	25 x 15	32	33
	25 x 20	34	35
	32 x 20	38	40
	32 x 25	41	45
	40 x 25	41	45
	40 x 32	45	58

	호칭 지름	길이 L	
이경 소켓	25 x 20	42	
	32 x 20	48	
	32 x 25	48	
	40 x 25	52	
	40 x 32	52	

	호칭 지름	중심에서 단면까지	
티	20	32	
	25	38	
	32	46	
	40	48	

	호칭 지름	중심에서 단면까지 A	중심에서 단면까지 B
이경 티	25 x 15	32	33
	25 x 20	34	35
	32 x 20	38	40
	32 x 25	40	42
	40 x 25	41	45
	40 x 32	45	48

모델링 편의상 부속류의 외경은 배관 외경보다 4mm, 턱은 8mm 더한 값으로 하겠습니다. 정확한 부속류의 크기는 시중의 제품 카탈로그를 참조합니다.

01 피팅류(엘보, 티)를 모델링하겠습니다. 먼저 25A 엘보를 모델링하겠습니다. 스윕(SWEEP) 명령으로 모델링하기 위해 다음과 같은 경로와 프로파일을 작성합니다.

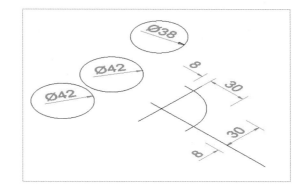

02 스윕(SWEEP) 명령을 실행합니다.

{현재 와이어프레임 밀도: ISOLINES=4, 닫힌 윤곽 작성 모드 = 솔리드}

{스윕할 객체 선택 또는 [모드(MO)]:}에서 작은 원(지름:38)을 선택합니다.

{스윕할 객체 선택 또는 [모드(MO)]:}에서 〈엔터〉 키 또는 〈스페이스 바〉를 누릅니다.

{스윕 경로 선택 또는 [정렬(A)/기준점(B)/축척(S)/비틀기(T)]:}에서 경로가 될 호를 선택합니다. 다음과 같이 모델링됩니다.

03 다시 스윕(SWEEP) 명령을 실행합니다.

이번에는 스윕할 객체는 큰 원을 선택하고, 스윕 경로는 양쪽의 선을 선택하여 다음과 같이 엘보의 턱을 모델링합니다. 20A 엘보도 이와 동일한 방법으로 모델링합니다.

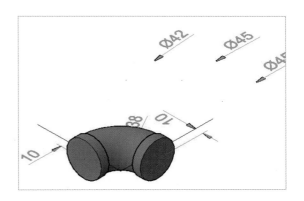

04 이번에는 '32×25' 이경 티(Tee)를 모델링하겠습니다. 다음과 같이 경로와 프로파일을 작성합니다.

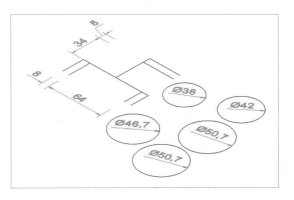

05 스윕(SWEEP) 명령을 실행합니다.

각 부위의 직경과 맞는 원을 선택한 후, 경로를 선택하여 스윕 모델을 작성합니다. 다음과 같은 이경 티가 모델링됩니다.

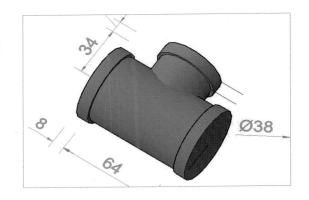

06 이번에는 레듀셔 엘보(32×25)를 모델링하겠습니다. 다음과 같은 크기의 도형을 작도합니다.

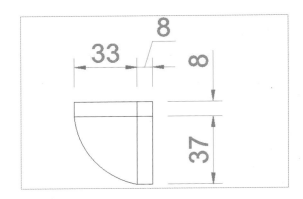

07 남동등각투영 뷰로 바꾼 후 다음과 같이 UCS를 바꿔가며 시작점, 중간점, 끝점에 프로파일 원을 작도합니다.

원의 지름은 '46.7', '42.4', '38.0'입니다. 여기에서 42.4는 양쪽 원의 중간 값으로 지정한 것입니다. UCS는 작도하고자 하는 면과 직각이 되도록 XY 평면을 설정합니다.

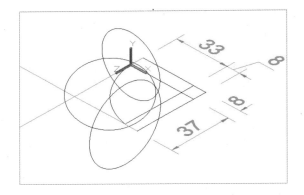

08 로프트(LOFT) 명령을 실행합니다.

{올림 순서로 횡단 선택 또는 [점(PO)/다중 모서리 결합(J)/모드(MO)]:}에서 차례로 원을 선택합니다.

:

{옵션 입력 [안내(G)/경로(P)/횡단만(C)/설정(S)] 〈횡단만〉:}에서 〈엔터〉 키를 눌러 종료합니다.

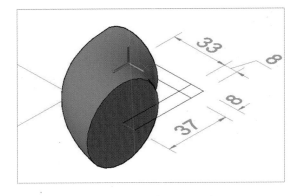

09 턱을 작도할 프로파일(원)을 작도합니다. 원의 지름은 '50.7', '42'입니다.

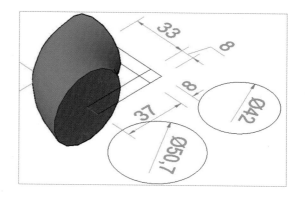

10 스윕(SWEEP) 명령으로 양쪽 턱을 모델링합니다.

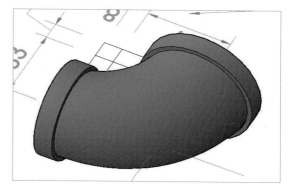

11 45도 엘보를 모델링하겠습니다. 다음과 같이 밑선을 작도합니다.

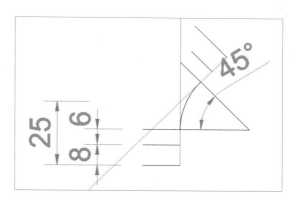

12 스윕(SWEEP) 명령을 이용하여 모델링합니다. 안쪽은 지름 31.2, 턱은 지름 35.2로 모델링합니다.

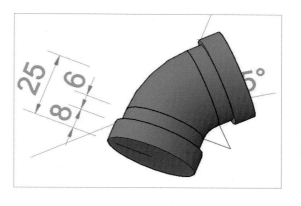

13 레듀셔(25×20)를 모델링하겠습니다. 다음 치수에 맞춰 선을 끊어서 작도합니다.

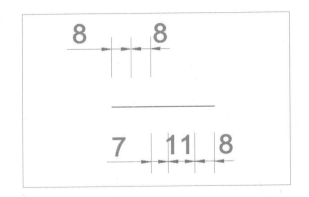

14 UCS를 선과 직각이 되도록 설정한 후, 파이프가 줄어드는 위치에 두 개의 원(31.2, 38.0)을 작도합니다.

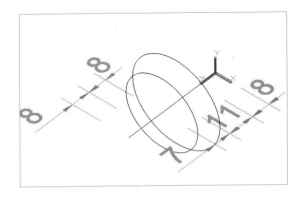

15 로프트(LOFT) 명령을 이용하여 두 원을 선택하여 다음과 같이 모델링합니다.

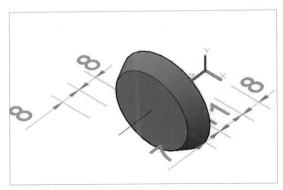

16 스윕(SWEEP) 명령을 실행하여 각 선의 길이만큼 스윕 모델을 작성합니다. 지름은 왼쪽부터 35.2, 31.2, 38.0, 42.0입니다.

다음과 같이 피팅류가 작성됩니다. 다른 피팅류를 포함한 부속류도 이와 같은 방법으로 모델링합니다. 각 모델을 합집합(UNION) 명령을 이용하여 합쳐서 하나의 부속으로 만듭니다.

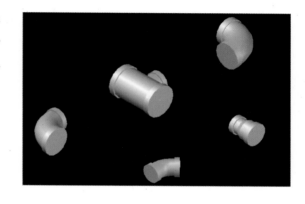

각 모델에는 복사 또는 이동을 위해 기준점을 지정하기 위한 보조선을 작도해놓는 것이 좋습니다.

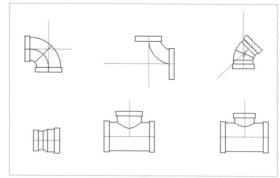

17 배관의 윤곽선을 작도합니다. 일직선상의 배관이더라도 배관의 길이에 맞춰 끊어서 작도합니다. 그래야 각 피팅류 위치를 지정하기 쉽습니다.

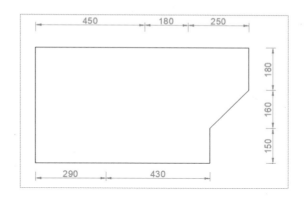

18 동남등각투영 뷰로 바꾼 후 다음과 같이 배관을 작도합니다.

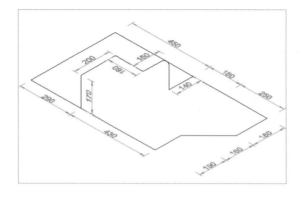

19 이제부터 앞에서 작성한 피팅류를 각 위치에
배치합니다.

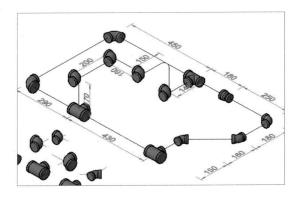

20 배치된 피팅류를 배관 각도에 맞춰 회전합니다. 먼저 장
치(GIZUMO)를 '회전'으로 설정 또는 3DROTATE 명령을 이용
합니다.

회전하고자 하는 객체를 선택한 후 각도를 지정합니
다. 이때 중심축이 바뀌지 않도록 정확히 정렬해야
합니다.

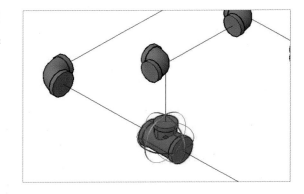

다음과 같이 각 부위에 피팅류가 배치됩니다.

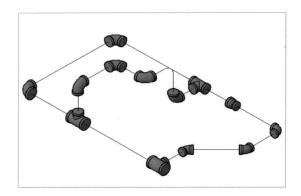

21 배관을 모델링합니다. 선분을 피팅류 끝점에 맞춘 후 해당 배관의 외경에 맞춰 스윕(SWEEP) 명령으로 모델링합니다.

다음과 같이 비주얼 스타일을 '2D 와이어프레임'으로 설정합니다.

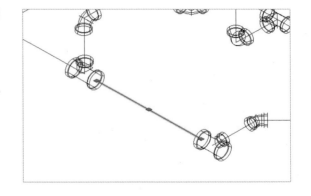

22 스윕(SWEEP) 명령으로 모델링합니다. 각 배관 외경에 맞춰 원을 작성한 후 각 배관의 선을 따라 스윕합니다. 다음과 같이 모델링됩니다.

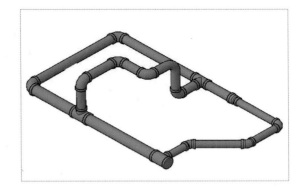

비주얼 스타일을 '실제'로 바꾸면 다음과 같이 표현됩니다.

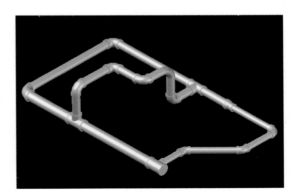

23 재질을 정의하여 각 부속에 적용하여 현실감있게 표현합니다. 재료 검색기(MATBROWESEROPEN)를 엽니다. 재료 목록의 'Global'의 오른쪽 버튼을 눌러 '복제'를 클릭한 후 이름을 '강관부속'으로 바꿉니다.

24 하단의 재료 목록에서 Autodesk – 금속 – 강철을 클릭합니다. 옆에 섬네일 이미지가 나타나면 '강철 – 주조'를 선택합니다.

동일한 방법으로 하나를 복제하여 '강관'이라는 재료를 만들어 '강철 – 연마'를 지정합니다.

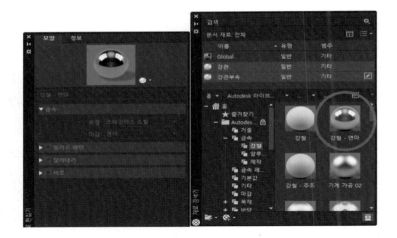

25 정의된 재료를 객체에 적용합니다. 예를 들어 '강관부속'을 드래그하여 부속인 엘보로 가져가서 마우스를 놓으면 재료가 적용됩니다. 이때 비주얼 스타일을 반드시 '실제'로 설정해야 화면에서 표현됩니다.

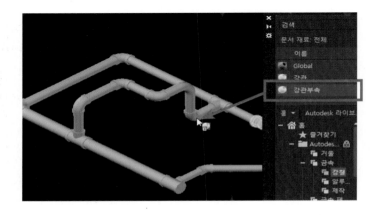

26 렌더링을 실행합니다. '그림자'를 '전체 그림자'로 설정합니다. '시각화' 탭의 '렌더' 패널에서 '렌더 크기'를 '1280×720 픽셀 – HDTV'로 클릭합니다. '렌더 수준'을 '높음'으로 설정한 후 렌더를 실행합니다. 다음과 같이 렌더가 진행됩니다.

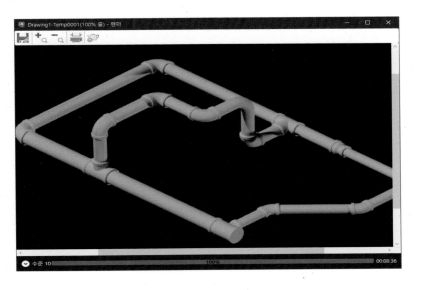

27 조명을 정의하여 렌더링해보겠습니다. '시각화' 탭의 '라이트' 패널에서 '라이트 작성' 드롭다운 리스트를 펼쳐 '점'을 선택합니다.

{원본 위치 지정 〈0,0,0〉:}에서 조명의 위치를 지정합니다. 조명 위치를 지정한 후 특성(PR) 팔레트를 펼쳐 '광도' 또는 '광도 비율' 등을 변경해가면서 조명의 밝기를 조정합니다.

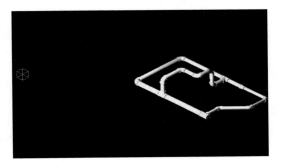

렌더링을 하면 조명이 반영된 렌더 모델이 표시됩니다.

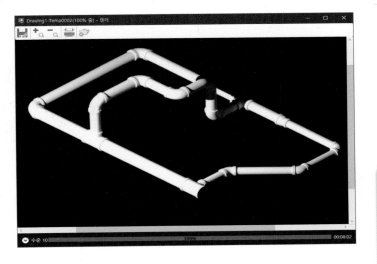

2 장비와 배관

지금까지 학습한 솔리드 기능을 이용하여 다음과 같은 모델을 완성합니다. 장비와 밸브는 하나의 모델로 결합합니다.

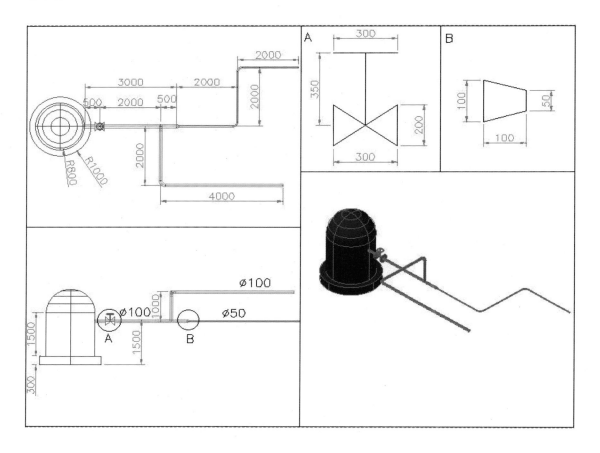

01 뷰포트(VPORTS) 기능으로 세 개의 창으로 나누고 각 뷰포트에 평면도, 정면도, 남동등각투영 뷰를 설정합니다.

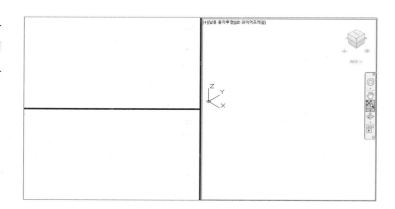

02 먼저 기준이 되는 장비를 모델링합니다. 원통(Cylinder) 기능으로 반지름이 '1000', 높이가 '300'인 원통을 모델링합니다.

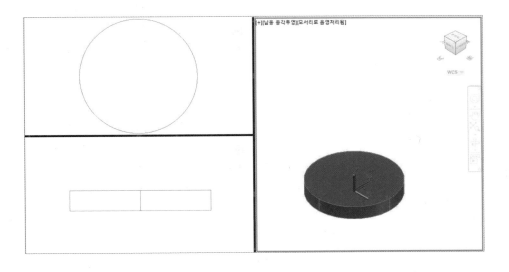

03 상단의 원통을 모델링합니다. 반지름이 '800', 높이가 '1500'입니다.

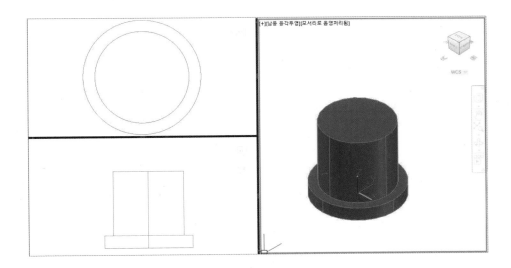

TIP 직전에 모델링한 원통 위에 모델링하기 위해서 '동적 UCS'를 켜고 기준 중심점을 지정합니다. 또는 'UCS' 명령으로 UCS의 원점을 원통의 위쪽에 이동한 후 모델링합니다.

04 구(SPHERE) 기능으로 구를 모델링합니다. 반지름은 '800'입니다.

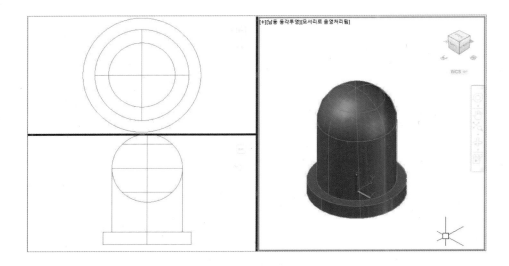

05 합집합(UNION)으로 장비를 하나의 모델로 합칩니다.

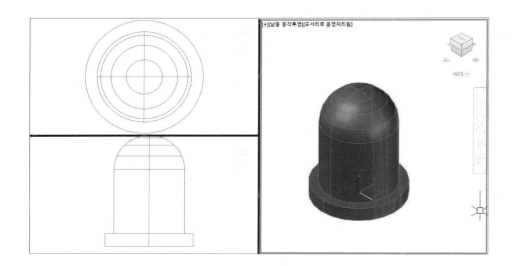

06 선(LINE) 기능으로 파이프가 지나갈 경로를 작도합니다. 선을 작도할 때는 밸브나 레듀셔 등 부품의 삽입 위치에서는 끊어서 작도합니다.

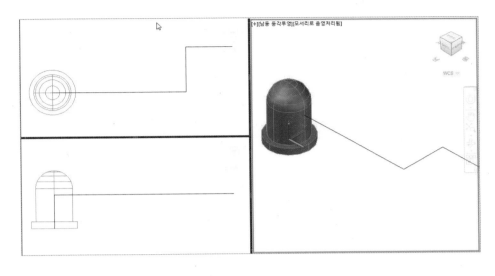

07 밸브를 모델링합니다. 밸브의 간격을 지정하기 위해 밸브 위치에 선을 그은 후 간격 띄우기(OFFSET) 기능으로 '150'씩 양쪽으로 띄웁니다. 그리고 자르기(Trim) 기능으로 밸브가 삽입될 위치를 자릅니다.

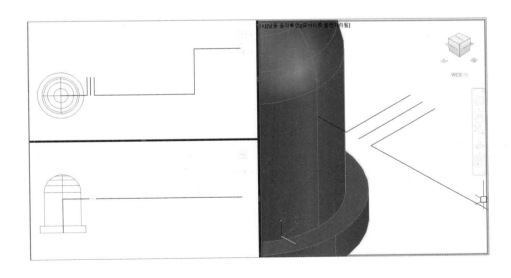

08 UCS 기능을 이용하여 XY 평면을 파이프와 직각이 되도록 한 후 원추(CONE) 기능으로 다음과 같이 모델링합니다.

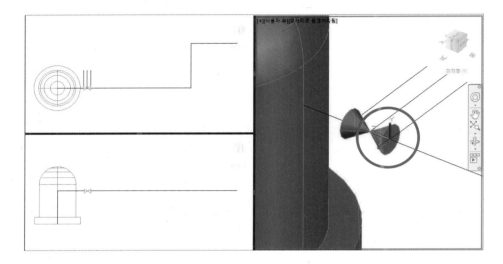

💧 **TIP** ──▶ UCS 명령의 'Z축' 옵션을 지정하여 Z축을 파이프 방향으로 지정하면 원추를 작도할 수 있는 XY 평면이 설정됩니다.

09 UCS를 표준으로 되돌린 후 스템(가운데 원통)을 모델링합니다. 반지름 '15', 높이 '350'입니다.

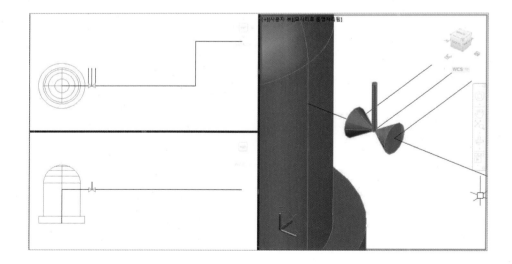

10 토러스(TORUS) 기능으로 핸들을 모델링합니다. 밸브 모델링이 끝나면 합집합(UNION) 기능으로 하나의 객체로 만듭니다.

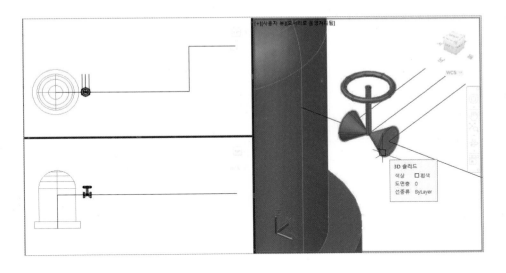

11 로프트(LOFT) 기능을 이용하여 다음과 같이 레듀셔를 모델링합니다. 자세한 방법은 '로프트(LOFT)'를 참조합니다.

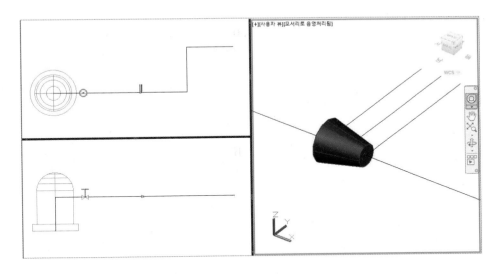

12　스윕(SWEEP) 기능을 이용하여 파이프를 모델링합니다. 꺾어지는 부분은 모깎기(FILLET) 기능으로 반지름 '100'으로 모깎기를 한 후 결합(JOIN) 기능으로 선을 결합하여 폴리선으로 만듭니다. 파이프 사이즈에 맞는 원을 작도한 후 스윕 기능을 실행합니다.

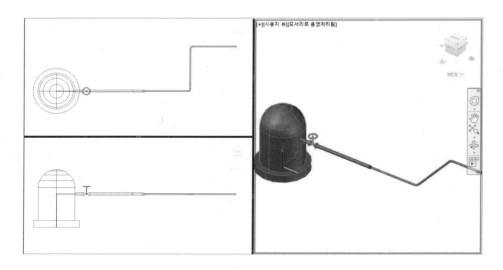

13　입상(위로 올라간)된 파이프를 모델링합니다. 선(LINE) 기능으로 파이프 경로를 따라 길이 '1000', '2000', '4000'인 선을 긋습니다. 모깎기(FILLET) 기능으로 반지름 '100'으로 모깎기 처리합니다.

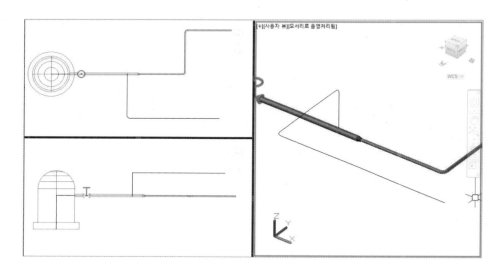

14 결합(JOIN) 기능으로 결합한 후 스윕(SWEEP) 기능으로 스윕 처리합니다. 다음과 같이 모델링됩니다.

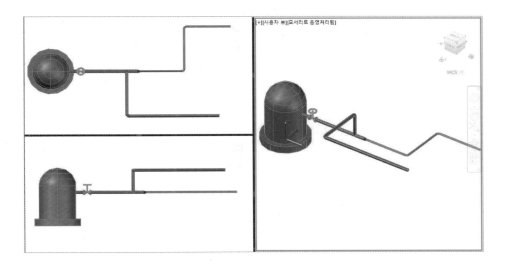

다음과 같이 모델이 완성됩니다.

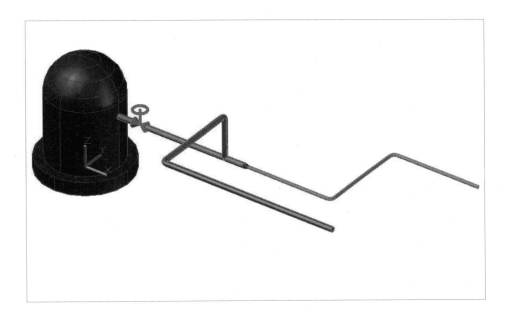

3 동관 제작도

다음과 같은 동관 제작도를 모델링합니다.

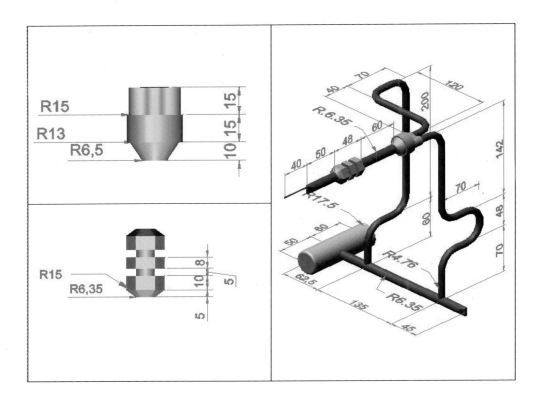

01 선(LINE) 기능으로 파이프의 프로파일을 작도
합니다.

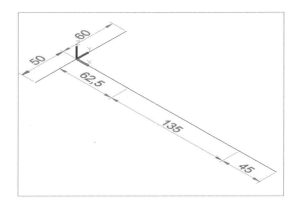

02 UCS를 바꾼 후 위쪽 파이프 경로를 작도합니
다. 모깎기 반지름은 '24'로 합니다. 몸통 쪽의 파이
프는 UCS가 서로 달라서 모깎기 처리가 안 됩니다.
이때는 분해(EXPLODE)한 후 모깎기 처리를 한 다음
다시 결합(JOIN) 명령으로 연결합니다. 같은 사이즈
로 동일 선상에 있는 파이프는 하나의 객체로 결합합
니다.

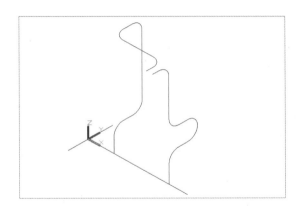

03 스윕(SWEEP) 기능으로 파이프를 모델링합
니다. 스윕할 객체인 원을 작도합니다. 원의 크기는
'17.5', '6.35', '4.76'입니다. '4.76'은 두 개가 필요합
니다.

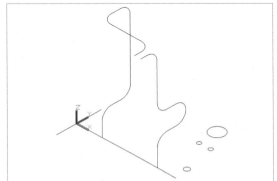

04 스윕(SWEEP) 기능을 실행합니다. 스윕할 객
체인 원을 선택한 후 경로인 선을 선택하여 다음과
같이 모델링합니다.

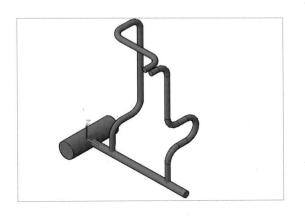

05 연결 조인트를 모델링하겠습니다. 길이 '15'
인 선(LINE)을 긋고 양쪽에 반지름이 '6.5'인 원
(CIRCLE)을 작도한 후 다음과 같이 땅콩 모양으로 작
도합니다.

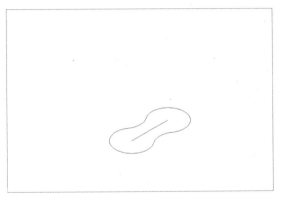

06 돌출(EXTRUDE) 또는 눌러 당기기(PRESSPULL) 기능으로 높이 '15'만큼 돌출하고, 다시 반지름이 '15'인 원을 그린 후 높이 '15'만큼 돌출합니다.

07 반지름 '13', '6.5'인 원을 두 개 작성한 후 로프트(LOFT) 기능으로 레듀셔를 모델링합니다. 높이는 '10'입니다.

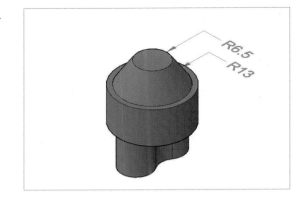

08 돌출(EXTRUDE) 또는 스윕(SWEEP) 기능으로 반지름 '6.25'인 원을 길이 '60'만큼 모델링합니다.

09 지금부터 후레아를 모델링합니다. 반지름이 '6.25'인 원과 반지름이 '15'인 육각형을 작도한 후 로프트(LOFT) 기능으로 로프트합니다. 높이는 '5'입니다.

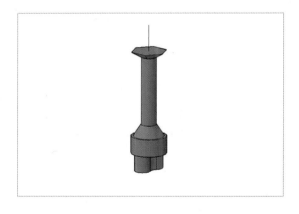

10 눌러 당기기(PRESSPULL) 기능으로 육각형을 높이 '10'만큼 끌어올립니다. 다시 반지름이 '6.35'인 원을 작도한 후 돌출(EXTRUDE) 기능으로 '5'만큼 돌출합니다.

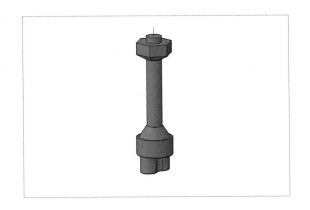

11 반지름 '15'인 육각형을 작도한 후 높이 돌출 (EXTRUDE) 기능으로 '8'만큼 돌출합니다.

12 대칭(MIRROR) 기능으로 대칭 복사합니다. 이때 대칭축은 육각형의 중간점입니다. 이렇게 후레 아가 모델링됩니다.

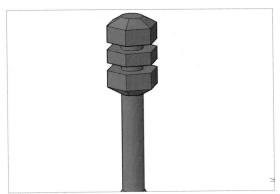

13 반지름 '6.35'인 원을 작도하여 길이 '50'만큼 돌출합니다.

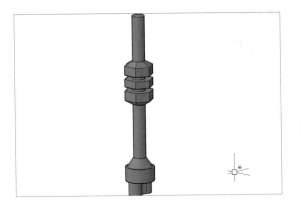

14 반지름 '1'인 모세관을 모델링(돌출 높이: 40)
합니다.

15 작도한 파이프를 본체로 이동합니다. 이때 장치(GIZUMO)
를 이용하여 회전합니다. 먼저 '회전 장치'를 설정합니다.

작성한 모델을 선택하면 회전 장치가 나타납니다. 이
때 회전 장치를 이용하여 파이프의 방향에 맞춰 회전
합니다.

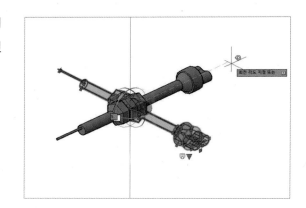

16 이동(MOVE) 기능으로 다음과 같이 본체에 연
결합니다.

17 파이프 말단부를 처리합니다. 기존 파이프에서 차집합(SUBTRACT)으로 잘라내는 방법으로 모델링하겠습니다. 다음과 같이 차집합을 위한 형틀 모델을 작성합니다. 높이는 파이프 직경보다 큰 임의의 값(예: 20)으로 설정합니다.

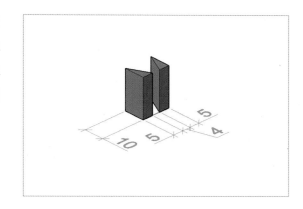

18 해당 위치로 이동하여 차집합(SUBTRACT)으로 잘라냅니다.

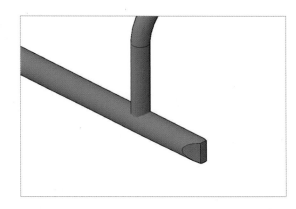

다음과 같이 모델이 완성됩니다. 색상을 부여하여 비주얼 스타일을 '실제'로 표현한 모델입니다.

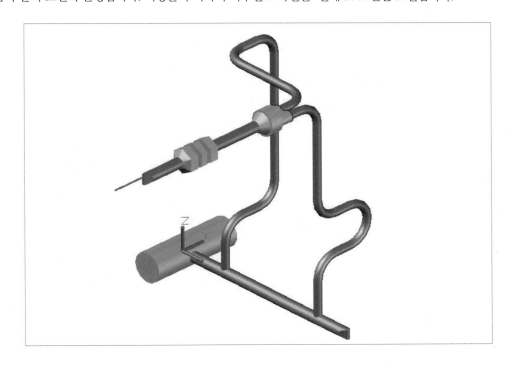